ORIGINALAUSGABE

Exklusiv für unsere Leser

Tel.: 01805 / 30 99 99

(0,14 €/Min., Mobil max. 0,42 €/Min.)

www.buchredaktion.de

Johannes Seiffert

Der Vatikan

Sex, Lügen und Verbrechen

Edition Berolina

ISBN 978-3-95841-561-4

1. Auflage dieser unveränderten Neuausgabe

Umschlaggestaltung: BEBUG mbH
Druck und Bindung: CPI Moravia Books

edition berolina

Alexanderstraße 1
10178 Berlin
Tel. 01805/30 99 99
FAX 01805/35 35 42
(0,14 €/Min., Mobil max. 0,42 €/Min.)

www.buchredaktion.de

Noch sehen wir alles undeutlich und verrätselt,
wie durch Zerrspiegel
Schon bald aber klar und deutlich,
wie von Angesicht zu Angesicht
1 Kor., 13,12.

Abendland: Jener Teil der Welt, der westlich (bzw. östlich) des Morgenlandes liegt. Größtenteils bewohnt von Christen, einem mächtigen Unterstamm der Heuchler, dessen wichtigste Gewerbe Mord und Betrug sind, von ihnen gern »Krieg« und »Handel« genannt.
[Occident, n. The part of the world lying west (or east) of the Orient. It is largely inhabited by Christians, a powerful subtribe of the Hypocrites, whose principal industries are murder and cheating, which they are pleased to call ›war‹ and ›commerce‹.]
Ambrose Bierce – Devil's Dictionary

Alle in diesem Buch genannten
Fakten, Kunstwerke, Bauten und Handlungen
entsprechen der Wirklichkeit.
Dan Brown

Inhalt

Einleitung

Ein Papst, der sich Prostituierte zu Dutzenden in den Palast bestellt? Der sie nackt in seinem Schlafzimmer tanzen lässt? Der mit ihnen die perversesten und brutalsten Orgien feiert? Dessen Körper am Ende seines Lebens von Geschlechtskrankheiten und Völlerei zu einer stinkenden unförmigen Fleischmasse angeschwollen ist, dem aber dennoch weiterhin Huren zugeführt werden müssen? Ein Papst, der die eigenen Kinder zu hohen Würdenträgern im Vatikan ernennt? Ein Papst, der an der Spitze eines Söldnerheeres in den Krieg zieht? Ein Papst, der Millionen dafür ausgibt, zusammen mit Geheimdiensten Regierungen und ein gesamtes weltpolitisches Bündnissystem zu stürzen, und der sich dabei auf das zu Zehntausenden zählende Heer der »Geistlichen« vor Ort stützen kann?

Unvorstellbar, meinen Sie? Und doch nur allzu reale Beispiele aus der Geschichte der Institution »Katholische Kirche« während der letzten zwei Jahrtausende. Die Päpste standen und stehen dabei einer Institution vor, die, wie zu zeigen sein wird, auf einem Lügengebäude aufgebaut ist, auf gefälschten Dokumenten und »redigierten« Texten in der sogenannten Bibel. Die Figur des historischen Jesus – falls es ihn jemals wirklich gab – ist bis zur Unkenntlichkeit entstellt, seine zentralen Thesen geradezu ins Gegenteil verkehrt worden. Liebe! Demut! Armut! Gerechtigkeit! Solidarität! – Wenn man sich diese urchristlichen Ideale vor Augen führt, wird der eklatante Widerspruch dazu, in dem die heutige Amtskirche mit dem Papst an der Spitze steht, umso deutlicher. Mit dem Sieg des heidenchristlichen »Apostel« »Paulus« über die judenchristlichen Gemeinschaften in und um Jerusalem hatte diese Entwicklung begonnen, die hin zu einer immer stärkeren Hierarchisierung und Institutionalisierung der Katholischen Kirche führte.

Was wir heute unter diesem Namen vor uns haben, ist eine straff autokratisch organisierte, weltumspannende, nach wie vor mächtige Kultgemeinschaft, deren führende Mitglieder einer abstrusen Ideologie anhängen, und nicht zuletzt einer völlig verqueren Sexualmoral. Im Namen dieser »katholischen« Sexualmoral (Keuschheit! Körperfeindlichkeit! Zölibat!) verbietet der jeweilige Papst beispielsweise regelmäßig den Gebrauch von Kondomen (weil die Sexualität von der reinen Fortpflanzungsvereinigung hin zu einer lustbetonten Freizeitbeschäftigung verschiebend) selbst in Gegenden mit den höchsten Aids-Raten dieser Welt, sprich: er macht sich des Völkermordes schuldig.

Wer sich nun die Mühe macht, die historischen Fundamente der Katholischen Kirche und des Papsttums zu ergründen, stößt schnell auf Sackgassen, auf historische Nebelfelder, zu Deutsch: auf heiße Luft, auf Lügen. Gräbt man tief genug, stellt sich heraus, dass für den Katholizismus, das Papsttum, ja selbst die Figur Jesu Christi keinerlei belastbare historische Fakten vorhanden sind, die ausreichen würden, um sie zweifelsfrei zu legitimieren. Anders ausgedrückt: Kirche, Papsttum und Zentralgestalt basieren offenbar auf historischen Phantasieprodukten, die sich im Laufe der Jahrhunderte und Jahrtausende im Denken der Gläubigen und Interessenvertreter zu Tatsachen verdichteten. Aber eben erst im Nachhinein.

Egal ob es sich um die wesentlichen Zutaten des katholischen Glaubens handelt, um die Nomenklatur der Insignien und Ämter, oder um die Zentralgestalt Jesu Christi selbst: Nüchtern betrachtet sind gerade »Jesus« und die um ihn herum erzeugte Amtskirche eine Akkumulation von klassischen antiken Topoi, von damals im Umlauf befindlichen Retter-Klischees,[1] wurden in der mutmaßlich fiktiven Figur Jesus die gängigsten damals berühmten Eigenschaften von gottähnlichen mythologischen Gestalten versammelt: von Mithras, Zarathustra, Dionysos und Buddha. Indem man das Beste von allen konkurrierenden Kulten übernahm, trachtete der innere Zirkel der Christenkirche (die vatikanische Kurie) danach, alle anderen Religionen aus dem Feld zu schlagen und allein siegreich auf dem Spielfeld zu bleiben. Und es gelang. Spirituell bzw. ideologisch-marketingmäßig durch die Übernahme der bekanntesten Merkmale konkurrierender Kulte, aber auch ganz banal praktisch durch die Überbauung der berühmtesten Kultstätten konkurrierender

Bewegungen mit katholischen Kirchen. Indem man bei anderen Kulten raubte und plünderte, requirierte, was passte und zur Überhöhung der eigenen Führergestalt »Jesus« dienen konnte, indem man also frech usurpierte, was andere Kulte eigenständig an Erfolgsrezepten entwickelt hatten, überholte man die übrigen Kulte und setzte sich für anderthalb Jahrtausende nahezu unangefochten an die Spitze der entwickelten Welt.

Das wäre alles im Sinne der Gedankenfreiheit zu tolerieren, hätte es nicht in einer frühen Phase der Kirchengeschichte eine fatale Entscheidung gegeben: den Zölibat für die Priester dieses Kults einzuführen, die Ehelosigkeit, das Sex-Verbot. Wie es die Logik gebietet und die Erfahrung lehrt, führt ein solcher Zwang naturgemäß zu sexualkriminellen Fehlentwicklungen, Grenzüberschreitungen, Gebotsübertretungen, Missbrauch, Leid und Tod. Homosexualität, Pädophilie und Präferenzstörungen wurden und werden offenbar durch den Zölibat begünstigt bzw. verstärkt. Und gerade die obersten Anführer des Christenkultes namens Katholische Kirche, die Päpste, agierten an führender Stelle dabei als teilweise krankhafte Sex-Maniacs, die für die eigene körperliche Lust vor kaum einem Verbrechen zurückschreckten. Der Begriff *Pornokratie*[2], den man als auf das heutige Zeitalter der allgegenwärtigen, kostenlos zugänglichen Pornographie gemünzt glauben könnte, wurde eigens für einen bestimmten Abschnitt der Papstgeschichte geprägt, als die Exzesse überhand nahmen.Dazu später mehr.

Gerade in den letzten Jahren wurden weltweit Missbrauchsfälle im Rahmen der von den Päpsten geleiteten Katholischen Kirche bekannt, die alles bisher Dagewesene in den Schatten stellen. Dieses Phänomen ist nicht auf Deutschland beschränkt, sondern in allen Weltregionen aufgetreten, es handelt sich mithin also offenbar um ein strukturelles Problem des Katholischen Kultes.[3] Dieser Faktor lenkt den Blick auf ein gerne unterschlagenes, unterdrücktes Element der Kirchengeschichte, der offiziell unterdrückten und verabscheuten Sexualität der Kirchenvertreter von der Basis bis an die Spitze. Die folgende Darstellung geht genau dieser Frage nach, der Frage, wie sich das Sexualleben an der Spitze der Bewegung, wo ja zumindest theoretisch der höchste Grad an Idealismus zu erwarten wäre, wie sich also das Sexualleben der Päpste innerhalb der von ihnen geleiteten »Katholischen Kirchen« in den vergangenen zweitausend Jahren gestaltete. In den Blick genommen werden sollen aber auch andere Abweichungen von der reinen Lehre, sprich Fälle, in denen sich Amtsinhaber über die eigentlich mit ihrem Amt verbundenen Enthaltsamkeitsregeln hinwegsetzten und Reichtümer aufhäuften, Kriege führten, Verbrechen begingen, Verbrechen deckten oder gar initiierten.

Es ist naheliegend anzunehmen, dass der historische Jesus, falls es ihn gegeben haben sollte, der »Katholischen Amtskirche«, wie sie sich in der Spätantike und im frühen Mittelalter um das Zentrum Rom herum entwickelte, heutzutage in diametraler Gegnerschaft gegenüberstehen würde. Dass er über die nicht zuletzt von den obersten Chefs dieser Bewegung, den Päpsten, in seinem Namen begangenen Verbrechen, entsetzt und deprimiert sein würde. Dass er ähnlich wie damals gegen die Pharisäer, heute unter Einsatz all seiner Kräfte, ja seines Lebens gegen die in äußerlicher, kalter Pracht erstarrte, einem sinnentleerten Pomp verpflichtete Katholische Kirche kämpfen würde, dass er ihre zu Götzenanbetern degenerierten »Priester« mit der Peitsche aus den »Kirchen« hinausjagen würde. Dass er die in seinem Namen betriebene Bewegung voller Abscheu verdammen würde, dass er ihre Millionenetats, ihren Milliardenbesitz, von denen nur Bruchteile bei den Armen und Bedürftigen ankommen, geißeln, dass er nicht zuletzt Einrichtungen wie die aus dem Haushalt des Verteidigungsministeriums (!) bezahlten[4] Militärbischöfe beider Konfessionen, die den Soldaten bei ihrem mörderischen Tun geistlichen Beistand leisten sollen, als geradezu absurd, als diametral entgegengesetzt zu seinem eigenen Tun, zu seinen eigenen Wirkungsabsichten der Nächstenliebe und des Altruismus empfinden würde.

Kaum ein größerer Gegensatz ist denkbar als zwischen den mutmaßlichen urchristlichen Idealen und beispielsweise den jeweiligen Wahlveranstaltungen zur Neuwahl des obersten Kultbosses, wenn die in kostbare Roben gewandeten »Würdenträger« in prachtvollen Gemächern lustwandeln, in Luxuslimousinen hin-

und herkutschiert, von zahllosen Köchen aufwendigst versorgt, von unzähligen »Nonnen« umhegt werden. Sie alle leben auch selbst in Palästen, werden von Bediensteten versorgt, verfügen über prachtvolle Sommerresidenzen (im Falle des Papstes der riesige Palast in Castel Gandolfo östlich von Rom). Wie konnte es so weit kommen? Um eine Antwort auf diese Frage zu bekommen, muss man sich die maßgeblichen Ereignisse innerhalb dieser »Kultorganisation« in den letzten 2000 Jahren vor Augen führen.

Ein grundsätzlicher Hinweis vorab: Dieses Buch fühlt sich mit jedem einzelnen Wort dem Geist und dem Werk Karlheinz Deschners verpflichtet, Verweise auf sein wegweisendes Gesamtwerk, angefangen von *Abermals krähte der Hahn* (1958) bis zu seinem Opus magnum, der 2013 abgeschlossenen zehnbändigen *Kriminalgeschichte des Christentums* werden daher nicht im Einzelnen aufgeführt – im Zweifel gebührt ihm das Verdienst, bestimmte Sachverhalte aufgedeckt zu haben, ebenso wie es in die Verantwortung des untenstehenden Autors fällt, falls sich in die nach bestem Wissen und Gewissen ausgeführte Darstellung einzelne Fehler eingeschlichen haben sollten.

Lassen Sie uns also nun einen Gang durch die Sexual- und Kriminalgeschichte des Papsttums unternehmen, und die versammelten Verbrechen und Perversionen unvoreingenommen, offen und mit der gebotenen Objektivität betrachten.

Ich wünsche Ihnen eine erkenntnisreiche Lektüre.

Coimbra, im Frühjahr 2014,

Johannes Seiffert

Der Beginn

Petrus

Der Mann, der der Überlieferung zufolge der erste Papst gewesen sein soll (Beweise dafür fehlen), war ein Jünger von Jesus und hieß angeblich Petrus oder Simon Petrus.[5] Sein eigentlicher jüdischer Taufname dürfte *Shimon* gewesen sein, Simon davon die gräzisierte Form. Als Beiname erhielt er den aramäischen Zusatz »Kephas« (Fels, Stein), aus dem im Griechischen *Petros* und im Lateinischen *Petrus* wurde. Die wahrscheinlichste Theorie zur Herkunft dieses auffälligen Beinamens (dazu mehr unten) besagt, dass es sich wahrscheinlich um eine ironische Anspielung auf den damals herrschenden jüdischen Hohepriester Kajaphas handelte, und somit eine Verballhornung dieses Namens gewesen ist. Der bedankte sich hierfür, indem er der Auslieferung von Jesus an die Römer und seiner Hinrichtung zustimmte.[6]

Dieser »Petrus« wurde der Legende nach – belastbare historische Beweise: Fehlanzeige! – der erste Papst in Rom. Und war – verheiratet![7] Schon daran ist zu ersehen, wie schwachsinnig die weitverbreitete Behauptung ist, Päpste hätten immer schon zölibatär, also sexuell enthaltsam gelebt. Wie konnte aber dieser im fernen Morgenland geborene, häufig als etwas tumb bzw. jähzornig geschilderte, verheiratete Shimon plötzlich auf den obersten Thron der Christenheit gelangen (wenn man einmal davon ausgeht, dass dem überhaupt so gewesen sein sollte, woran begründete Zweifel bestehen)? Greift man auf der Suche nach Hinweisen auf die Evangelien zurück, so wurde dort durch nachträgliche redaktionelle Eingriffe aus dem Mitläufer *Shimon* die Zentralfigur *Petrus*, der *primus inter pares* der Apostel gewesen sein und Jesus schon immer am nächsten gestanden haben soll.

Andererseits wird Shimon gleichzeitig in als halbwegs authentisch angesehen Jesus-Worten in die Nähe des Satans gerückt bzw. mit diesem gleichgesetzt, was für eine eher distanzierte Beziehung des Idols zu seinem Apostel sprechen dürfte.[8]
Und dann gibt es ja noch den berühmten Ausspruch von dem Felsen, auf dem die Kirche gebaut werden soll, bis heute Leitmotiv der katholischen Herrschaftslehre und in riesigen, unübersehbaren goldenen Lettern am Petersdom zu Rom verewigt: *Tu es Petrus, et super hanc petram ædificabo Ecclesiam meam, et portæ inferi non prævalebunt adversus eam.*[9] Dieses scheinbar fundamentale Bekenntnis zu Petrus, zum römischen Bischofsamt und zur Katholischen Kirche ist aber – so der heutige Stand des Wissens – eine nachträgliche Einfügung in den Evangelientext (und kommt überhaupt nur in einem der vier Evangelien vor!). Damit sollte offenbar nachträglich die infame, unverschämte Verkehrung der urchristlichen Ideen in ihr amtskirchliches Gegenteil legitimiert werden. Ausgerechnet dieser »Fels« (der Spitzname von Shimon kann im Zweifelsfall nur ironisch gemeint gewesen sein, wenn überhaupt) ist es ja, der Jesus nicht weniger als dreimal in einer Nacht verleugnet.[10] Nach der Erscheinung des auferstandenen Christus habe »Petrus« dann – vom »Heiligen Geist« befeuert – seine erste Predigt gehalten. Dabei sollen die Umstehenden gleich massenweise in die neue Religionsgemeinschaft eingetreten sein.[11]
Als Apostel und Missionar habe Petrus dann auf verschiedenen Reisen kreuz und quer durchs Land für die Bekehrung der Massen in ganz Israel geworben. Dabei soll er auch – wie könnte es anders gewesen sein – ein paar Wunder gewirkt haben, ganz in der Nachfolge seines am Kreuz gestorbenen und wiederauferstandenen Herrn. Schließlich und endlich soll er es sogar nach Rom geschafft haben – wofür aber wiederum jegliche historischen Belege fehlen. Derartige Behauptungen entstehen erst in den folgenden Jahrhunderten, und sollen ex post einer Legitimierung des römischen Bischofsamtes dienen bzw. dessen Primat über die restliche Katholische Kirche zementieren. Die Geschichte wird dabei nach und nach immer fantasievoller ausgeschmückt, bis hin zum angeblichen Märtyrertod unter Nero, der die Juden und Christen nach dem von ihm verursachten

Brand Roms als Sühnemaßnahme habe verfolgen und hinrichten lassen. Petrus habe dabei darauf bestanden, mit dem Kopf nach unten gekreuzigt zu werden, da er nicht würdig sei, in gleicher Art wie sein Herr zu sterben, also eine Art Kreuzigung hoch zehn, da der Kreuzestod auf diese Weise noch schmerzhafter und peinigender als der von Jesus Christus gewesen sein soll.

Immer weiter wird die Geschichte in der Folge ausgeschmückt, im fünften Jahrhundert wird Petrus dann schon eine 25-jährige Amtszeit als Bischof angedichtet, und ein gemeinsamer Tod als Märtyrer mit dem ebenfalls noch – der Legende zufolge – nach Rom gekommenen Paulus. Begraben worden sei Petrus auf dem Vatikanshügel. Dort ließ im vierten Jahrhundert Kaiser Konstantin ein erstes Kirchengebäude zu Ehren des angeblichen Märtyrers Petrus über dessen vermeintlicher Grabstätte errichten. An dessen Stelle steht heute die Peterskirche, mittlerweile die zentrale Kultstätte des katholischen Christentums. In der Vierung der Kirche, zwischen Kirchenschiff und Chor, soll angeblich das Grab des Petrus im Boden vorhanden sein. Der Vatikan ließ – um den historischen Anspruch zu untermauern – nach dem Zweiten Weltkrieg dort archäologische Grabungen durch katholische Archäologen durchführen, die wunschgemäß bestätigten, dass sich dort unzweifelhaft das Grab des Apostels und Märtyrers Petrus befindet. Von der übrigen archäologischen Wissenschaft wird dieser Befund jedoch als zweifelhaft zurückgewiesen, ein sicherer Nachweis für das dortige Vorhandensein eines Grabes von Petrus als unmöglich angesehen.[12]

Die historische Forschung hat ergeben, dass das Bischofsamt als Führungsamt erst in nachchristlichen Jahrhunderten entsteht, und für Rom ohnehin erst für das fünfte Jahrhundert sicher nachweisbar ist. Die katholische Lehre beharrt jedoch bis heute auf einer (fiktiven) lückenlosen Reihe von Bischöfen, beginnend mit dem ersten Bischof von Rom, Petrus. Ja, sie ist unbedingt auf eine solche Amtszeit des Petrus angewiesen, legitimiert sie doch den Führungsanspruch des Papstes gegenüber der katholischen Glaubensgemeinschaft (und der Welt) durch die Sukzession, die lückenlose Abfolge der römischen Bischöfe, von der auch die von Petrus begonnene und von diesem an alle seine Nachfolger verliehene Vorrangstellung herrühre. Dieser habe also gleich einem weltlichen Kaiser seine Macht innerhalb einer Erbmonarchie vererbt. Pseudowissenschaftlicher Unsinn, wie heutzutage feststeht. Da es überhaupt keine Anhaltspunkte für römische Bischöfe vor dem zweiten Jahrhundert gibt (und für ihre Vorrangstellung erst seit dem fünften Jahrhundert), sind die angeblichen, vom Vatikan verbreiteten lückenlosen Bischofslisten gerade für die ersten beiden Jahrhunderte als reine Erfindung anzusehen.

Insgesamt war die Gesellschaft im antiken Rom nicht weniger durchsexualisiert als unsere heutige Gesellschaft der allgegenwärtigen Erotik bzw. Pornographie. Das im Original erhaltene Stadtbild des antiken Pompejis gibt eine gute Vorstellung davon, wie man im alten Rom lebte. Prostituierte weiblichen wie männlichen Geschlechts an jeder Ecke, Bordelle in großer Zahl, die an ihren Außenwänden überlebensgroße unzweideutige Darstellungen der dort gebotenen Dienstleistungen aufwiesen, dazu die einschlägigen erotischen Kulte wie der des Mutunus Tutunus (des römischen Gegenstücks zum griechischen Priapos),[13] des Bacchus (samt den sprichwörtlichen Bacchanalien, die jedes Jahr um die Mitte des Monats März stattfanden), der Venus,[14] des Amor, des Faunus mit seinen Lupercalien, der Bellona (Magna Mater bzw. Kybele), der Voluptas, der Angerona samt den Angeronalien, der Fortuna virilis, der Juno (mit den Matronalia), der Isis, der Fortuna, der Ceres, der Acca Larentia (samt den Larentalia), des Liber (samt den Liberalia), und nicht zu vergessen Saturn mit seinen Saturnalien. Sex war also allgegenwärtig und allzeit in allen Varianten verfügbar.

Mit ihrer von Paulus begründeten Körper- und Sexualfeindschaft setzten sich gerade die römischen Christen (eine frühe, von Petrus und Paulus aber völlig unabhängige Gemeinde ist seit dem Jahr 50 n. Chr. nachgewiesen) von ihrem Zeitalter, ihrer unmittelbaren Umgebung in Rom ab. Sie setzten sich aber auch und gerade von den damals herrschenden Clans in Rom ab, die ein – gelinde gesagt – entspanntes Verhältnis zu Perversitäten aller Art aufwiesen. Hatte zur Zeit der Geburt von Jesus noch Kaiser

Augustus geherrscht und das römische Weltreich sich auf dem Höhepunkt von Macht und Ausdehnung befunden, eine Ära langen Friedens geherrscht (das legendäre Augusteische Zeitalter), eine Ära von Recht und Anstand (Augustus ließ u. a. den Dichter Ovid wegen Verstoßes gegen diese Vorschriften ans Schwarze Meer in die Nähe der Krim verbannen), so begann mit dem Tod von Augustus im Jahre 19 unserer Zeit eine Ära des Niedergangs der Sitten und der Moral. Schon sein Nachfolger Tiberius geriet angesichts der Umtriebe in seinem Zweitpalast auf Capri in die »Schlagzeilen«. Der Kaiser soll sich dort eine ganze Kohorte von Lustknaben gehalten haben, die ihm im Warmwasserbad des Palastes unter Wasser per *fellatio* (Oralsex) zu Diensten sein mussten, und darob vom Kaiser seine »Fischlein« genannt wurden. Der in dieser Zeit nach Rom gekommene, aus Spanien gebürtige Dichter Martial erwähnt in diesem Zusammenhang, dass die Variante der *irrumatio* (»Kehlenfick«, »Deepthroating«) auch zur Bestrafung von Delinquenten angewendet wurde.[15]

Schon der nächste Amtsinhaber auf dem römischen Cäsarenthron ist gleichsam zum Synonym für Perversität und Sexualpsychosen geworden: Caligula. Dieser *Gaius Caesar Augustus Germanicus*, dessen Spitz- und Spottnamen *Caligula* (Stiefelchen) war, regierte insgesamt vier Jahre, von 37–41 unserer Zeitrechnung. Geboren im Jahr 14, wuchs Caligula in einer Zeit auf, die sehr gefährlich für den Nachwuchs der obersten Oberschicht war, da ja die Geblütsnachfolge, das dynastische Prinzip herrschte, man also durch die Geburt schon zum präsumtiven Nachfolger des Herrschenden wurde. Das führte dazu, dass die erweiterte Verwandtschaft oder Konkurrenten durch gezielte »Eingriffe« (vor allem Giftmorde) die Reihe der potenziellen Nachfolger eines Herrschers gezielt dezimierten. Es grenzte zeitweise an ein Wunder, wenn man als Sohn eines Mitglieds der Herrscherfamilie die ersten zwei Lebensjahrzehnte überlebte.

Sein Vater war gestorben, als Caligula 7 Jahre alt war. Bis zu seinem 18. Lebensjahr hatte Caligula bereits die Ermordung von seiner Mutter und seinen beiden Brüdern miterleben müssen. Die letzten Jahre war er gemeinsam mit seinen drei Schwestern erzogen worden, mit denen er inzestuöse Beziehungen unter-

halten haben soll. Mit 19 gehörte Caligula zur Entourage des Tiberius auf Capri. Sechs Jahre lang habe er die Perversitäten am Hof des Tiberius geteilt, an Folterungen und sexuellen Ausschweifungen aller Art teilgenommen, und schließlich Tiberius im Jahre 37 mit einem Kissen erstickt. Mit Unterstützung der kaiserlichen Leibgarde, der Prätorianer, wurde Caligula zwei Tage später zum Nachfolger, zum obersten Potestaten Roms ausgerufen. Der Senat bestätigte diese Wahl wenige Tage später. Den von Tiberius eigentlich vorgeschlagenen, sieben Jahre jüngeren Gemellus adoptierte Caligula kurzerhand.
Seine Politik war zunächst von beliebtheitssteigernden Maßnahmen gekennzeichnet. Er ließ die unter Tiberius mächtig angewachsene Gruppe der kaiserlichen Lustknaben in die Provinz des Weltreiches verbannen, gestattete exilierten Senatoren die Rückkehr nach Rom, senkte die Steuern, und machte nicht zuletzt der Prätorianergarde aus Dankbarkeit ein millionenschweres Geldgeschenk. Dazu veranstaltete er massenwirksame Spiele und Gladiatorenkämpfe. Im Herbst 37, nach halbjähriger Herrschaft, erlitt er im Alter von 25 Jahren einen Zusammenbruch, den er selbst auf eine Vergiftung zurückführte. Seine Frau Iunia Claudilla starb während dieser Zeit unter unklaren Umständen bei der Geburt des ersten Kindes. Danach begann sich Caligulas Politik zu radikalisieren. Zu den ersten Opfern dieser Radikalisierung zählten sein Adoptivsohn Gemellus, sein Schwiegervater Silanus, und der Prätorianer-Chef Macro, die als angebliche Verschwörer verhaftet und zum Selbstmord gezwungen wurden. Ein Jahr später starb Caligulas heißgeliebte Lieblingsschwester Drusilla, mit der er Tisch und Bett geteilt haben soll. In der Öffentlichkeit hatte er sie, die offiziell mit einem seiner engsten Freunde verheiratet war, wie seine Ehefrau präsentiert. Nach ihrem Tod erhob er sie zur Göttin und machte ihre öffentliche Verehrung zur Pflicht. Seine in der Folge eingegangenen vier Ehen waren jeweils nur von kurzer Dauer. Die von Caligula erlassenen Heimatschutzgesetze, die zur Ahndung von Hochverrat dienten, setzten zahlreiche Bürgerrechte außer Kraft. So ließ er auch Senatoren foltern, die eigentlich über Immunität gegenüber weltlichen Gerichten verfügten. Zeitweise reichte angeblich

schon eine abfällige Äußerung über die Kleidung des Kaisers, um gefoltert und hingerichtet zu werden.
Gleichzeitig düpierte Caligula den Senat, indem er sein Lieblingspferd, den Hengst »Incitatus«, zum Konsul ernennen ließ, also auf eines der Führungsämter des Senats berief. Eigens für Caligula wurde angesichts der folgenden Ereignisse der Ausdruck »Cäsarenwahnsinn« geprägt.[16] So ließ er zeitweise eine fünf Kilometer lange Schiffsbrücke über den Golf von Neapel errichten, über die er in der einen Richtung ritt, in der anderen mit einem Streitwagen fuhr. Damit machte er sich über die Prophezeiung lustig, seine Chancen, römischer Kaiser zu werden, seien in etwa so groß wie über den Golf von Neapel mit Pferden zu reiten. Caligulas Leben endete am 24. Januar 41 mit seiner Ermordung durch eine Gruppe von Senatoren, die ihn im Untergeschoss des Marcellus-Theaters gemäß den Regeln einer rituellen Schlachtung töteten. Caligula war auf dem Weg zu einer Gruppe von Lustknaben, mit denen er sich treffen wollte, als die Verschwörer ihm auflauerten. Seine Frau und seine Tochter wurden ebenfalls umgebracht.[17]
Caligulas Nachfolger war der hinkende Claudius, der von 41–54 regierte. Claudius war deutlich älter als Caligula, und schon 51 Jahre alt, als er den Thron bestieg. Vermutlich war er ein Mitwisser oder gar Auftraggeber der Ermordung Caligulas. Er amnestierte die Verschwörer und ließ die Statuen seines Vorgängers zerstören. Die Prätorianergarde erhielt für ihre Unterstützung bei seiner Machtübernahme erneut eine hohe Belohnung. Auch mit dem Senat suchte Claudius die Aussöhnung. Dennoch kam es weiterhin zu Putschversuchen gegen ihn.
Trotz seiner militärischen, architektonischen und verwaltungstechnischen Erfolge (unter anderem die Besetzung der britischen Inseln) stellt Claudius einen weiteren dunklen Punkt in der Herrscherfolge Roms zur Zeit der frühen Christenheit dar. Zwar waren Homosexualität und Päderastie kein Thema für ihn. Nach verschiedenen kürzeren Ehen hatte er allerdings um 39 (im Alter von 49 Jahren) mit der 14-jährigen Messalina eine der verruchtesten Frauenfiguren der Antike geheiratet. Diese war offenbar von unersättlichem sexuellen Appetit. Zu ihrem eigenen Amü-

sement soll sie andere adlige Damen gezwungen haben, sich im Kaiserpalast vor den Augen ihrer Gatten zu prostituieren, und wahllos Freiern zu Diensten zu sein. Ihrem Gatten Claudius führte Messalina Sklavinnen als Geliebte zu.

Damit aber nicht genug. Um ihren eigenen grenzenlosen Sexualtrieb zu stillen, war sie auf eine besondere Idee verfallen. Messalina prostituierte sich mit blonder Perücke und sparsam gekleidet zur Befriedigung ihres ausschweifenden Sexualtriebs auch noch in den Freudenhäusern Roms. Dabei forderte sie einmal eine bekannte Hure zu einem Wettkampf der besonderen Art heraus. Während die Profi-Sexworkerin nach 25 Freiern aufgab, machte Messalina noch munter weiter, »bis ihre Bettstatt in den Säften schwamm«. Ihr Leben endete wenig später, als sie gerade 23 Jahre alt geworden war, im Jahr 48 während einer Verschwörung: Claudius war von zahlreichen Hofmitgliedern davon überzeugt worden, dass sie ihm nach dem Leben trachtete, und ließ sie hinrichten. Claudius heiratete danach die 32-jährige Agrippina, die im heutigen Köln geborene Schwester und mutmaßliche Geliebte Caligulas. Agrippina brachte Claudius dazu, sie offiziell zur Kaiserin zu ernennen, die erste römische Adlige, die diesen Titel zu Lebzeiten verliehen bekam.

Nach zwei Jahren Ehe mit Agrippina willigte Claudius im Jahr 50 ein, Agrippinas Sohn Nero zu adoptieren. Als er diesen allerdings von der direkten, alleinigen Nachfolge ausschließen wollte, die Claudius seinem leiblichen Sohn Britannicus vorbehalten wollte, hatte er sein eigenes Todesurteil unterschrieben. Bevor er die Erbregelung zugunsten des Britannicus verbindlich verkünden konnte, starb Claudius »plötzlich und unerwartet« im vergleichsweise biblischen Alter von 64 Jahren (vermutlich von Agrippina vergiftet). Damit war der Weg frei für den 18-jährigen Nero, im Jahr 54 sein Nachfolger zu werden. Da die Prätorianergarde seiner Erhebung zum Kaiser zustimmte, konnte Nero den römischen Kaiserthron usurpieren. Um seine Herrschaft und die Nachfolge seiner Kinder zu sichern, ließ Nero offenbar ein Jahr später seinen Stiefbruder Britannicus ermorden.

Auch Nero, zu dessen Erziehern unter anderem der berühmte Philosoph Seneca zählte, bemühte sich anfangs, durch populäre Maßnahmen seine Beliebtheit zu steigern. Dazu gehörten ein gutes Verhältnis zum Senat, die Veranstaltung aufwendiger Spiele und die Senkung der Getreidepreise. Außerdem zeigte er sich als erklärter Anhänger der »Grünen« – nein, keineswegs einer ökologisch orientierten Partei der Römerzeit, sondern eines damals gerade in plebejischen Kreisen populären Rennstalls (genannt *Prasina*), der zusammen mit drei anderen großen Konkurrenten die meisten Siegerpferde bei den Wagen- und Pferderennen stellte. Wenig später sollte Nero entscheidend für das weitere Schicksal der christlichen Gemeinde in Rom werden.

Der in Córdoba geborene, knapp 50-jährige *Seneca* und der aus Südfrankreich stammende Feldherr und Finanzmagnat *Sextus Afranius Burrus* waren die wichtigsten Berater des jungen Nero. Sie sorgten dafür, dass der von seiner Mutter und Geliebten Agrippina eifersüchtig abgeschottete Nero Gelegenheit bekam, die üppigen Reize der Sklavin Claudia Acte zu genießen. Nero war zwar im Jahr 53 – ein Jahr vor seiner Ernennung zum Kaiser – mit 17 Jahren offiziell verheiratet worden, aber die Ehe mit der von seiner Mutter für ihn ausgesuchten Stiefschwester *Octavia*, die leibliche Tochter seines Stiefvater Claudius, die zum Zeitpunkt der Hochzeit 13 Jahre alt war, war offenbar nie mehr als eine Proforma-Ehe. Auch nach seiner Verheiratung blieb Nero völlig von seiner Mutter abhängig, mit der er mehrfach am Tag Sex hatte. Diese versuchte dadurch ihren entscheidenden Einfluss auf die römische Politik zu behalten.

Nach der Ernennung Neros zum Kaiser versuchten Seneca und Burrus, die in ihren Augen verhängnisvolle Bindung Neros an seine Mutter endgültig zu durchkreuzen. Die beiden führten ihm die in einschlägigen Kreisen bereits bekannte und beliebte 17-jährige Sexsklavin Claudia Acte als Geliebte zu. Was mit der Verheiratung Neros nicht gelungen war, trat nun ein. Der von ihrer perfekten Figur und ihren erotischen Fähigkeiten begeisterte Kaiser übernahm auch bald selbst die bisher von seinen beiden engsten Beratern beglichene Bezahlung der Prostituierten. Das inzestuöse Verhältnis zu seiner Mutter kühlte in dieser Zeit rasch ab, der Beischlaf mit ihr wurde nur noch selten vollzogene Übung. Agrippina geriet dadurch in Panik und befürchtete, den entscheidenden Einfluss auf ihren Sohn und Geliebten, ihren Einfluss also auf die römische Politik zu verlieren. Sie begann ihrem Sohn zu drohen und ihn zu erpressen, andernfalls würde sie ihn stürzen lassen.

Die aus der heutigen Türkei stammende Claudia hatte Nero mit exotischen Sexualtechniken, die dem Kaiser bis dahin unbekannt gewesen waren, an sich gebunden. Mit ihr konnte Neros Mutter Agrippina trotz aller Verderbtheit erotisch nicht konkurrieren. Seine offizielle Ehefrau, die unbedarfte Octavia, spielte dagegen in Neros sexuellem Universum keine Rolle, sie hatte nichts zu bieten, was den erotischen Appetit des Kaisers hätte anregen können. Über die auch nach mehreren Jahren noch ungebrochene Attraktion der Sexualakrobatik mit Claudia hinaus scheint die Beziehung zwischen dem Kaiser und der zwischenzeitlich freigelassenen Sklavin zumindest von Claudias Seite aus auch von echter Liebe und Dankbarkeit geprägt gewesen zu sein. Die vom Kaiser für ihre extravaganten Dienste üppigst entlohnte Claudia, die wenige Jahre später zu den Großgrundbesitzerinnen im Römischen Reich zählte, war ihm auch noch freundschaftlich zugetan, als er sich mit 23 Jahren 59 von ihr trennte. Claudia war es auch, die sich nach der Ermordung Neros im Jahr 68 um die Bestattung seines Leichnams kümmerte, sie bezahlte auch die Beerdigungskosten von über 200 000 Sesterzen.

Auch Seneca gegenüber hatte sich Nero – unter anderem als Dank für die Anbahnung des Verhältnisses zu Claudia Acte – sehr großzügig gezeigt. Das Steuerverzeichnis Roms führt Seneca wenig später mit einem Vermögen von 300 Millionen Sesterzen als einen der reichsten Männer des Imperiums auf. Allein auf der britischen Insel standen ihm Kreditrechte in Höhe von 40 Millionen Sesterzen zu. Nero war so angetan von Claudia, dass er zwischenzeitlich sogar versuchte, ein Gesetz aufheben zu lassen, das Heiraten zwischen Angehörigen des römischen Adels und freigelassenen Sklavinnen verbot. Er wollte zu diesem Zeitpunkt die Scheidung von Octavia, um frei zu sein für Claudia.

Aber wie alles Irdische war auch diese Verbindung nur auf Zeit. Es kam, wie es kommen musste. Eine Frau trat auf den Plan, die noch mehr zu bieten hatte als Claudia: Poppaea, deren Name Programm war. Poppaeas Familie zählte zu diesem Zeitpunkt zu den Opfern der herrschenden Clans. So war ihre Mutter von Messalina durch Drohungen wegen angeblichen Ehebruchs in den Selbstmord getrieben worden. Der damals noch regierende Kaiser Claudius wusste gar nichts davon, sodass er wenige Tage nach dem Todesfall an Scipio, ihren Gatten, als dieser bei ihm speiste, die Frage richtete, warum er denn ohne seine Gemahlin gekommen sei. Worauf dieser trocken zur Antwort gab, sie sei leider zwischenzeitlich verstorben.[18]

Poppaea war mit 12 Jahren in erster Ehe mit dem damaligen Prätorianer-Chef Rufrius Crispinus verheiratet worden. Diesen ließ Agrippina im Jahr 51 (Poppaea war zu diesem Zeitpunkt 19 Jahre alt) seines Amtes entheben und durch Burrus ersetzen. Poppaea reichte mit 26 Jahren im Jahr 58 die Scheidung ein, da sie mittlerweile eine Liaison mit Marcus Otho eingegangen war, einem engen Freund und Zechbruder Neros. Als dieser Nero von den speziellen Fähigkeiten Poppaeas erzählte, war die Neugier des Kaisers geweckt. Und wie es das Schicksal will, schlug beim ersten Zusammentreffen der Blitz ein, Nero begehrte sie von der ersten Sekunde an, alle anderen seiner Frauen (Agrippina und Claudia Acte) waren ab sofort mehr oder weniger abgeschrieben, da er nur noch Augen für Poppaea hatte, die ihm mit allen Mitteln der Kunst so oft wie gewollt Lustgewinn verschaffte.

Poppaea war aber von anderem Kaliber als Claudia Acte, die sich mit der Rolle als Geliebte und Lustspenderin begnügt hatte. Poppaea wollte mehr, sie wollte den Thron, sie wollte den Titel einer Kaiserin. Sie brachte Nero dazu, seinen Freund Marcus Otho als Kampfkommandant ins ferne Portugal zu versetzen (das war aber vergleichsweise milde, in vergleichbaren Fällen war der Ehemann ansonsten kurzerhand per Mordanschlag oder Vergiftung aus dem Weg geschafft worden). Außerdem ließ sie keine Gelegenheit aus, Nero wegen seines Geschlechtsverkehrs mit der eigenen Mutter und mit einer Sklavin aus dem niedrigsten Stand zu verspotten. Sie machte das so lange, bis es die gewünschten Folgen zeitigte. Denn sie schreckte nicht einmal davor zurück, Nero der Feigheit zu bezichtigen und von ihm zu

verlangen, Otho aus Portugal zurückzuholen, sie langweile dieses ganze Hin und Her schon, dieser Versprechungen von wegen der künftigen Trennung von Mutter und Sklavin, die dann doch nicht eingehalten wurden.
Agrippina ihrerseits blieb nicht untätig, und drohte Nero, wenn er nicht zur Raison komme, werde sie dafür sorgen, dass er gestürzt werde. Die Situation spitzte sich immer mehr zu. Wenige Monate später hatte Poppaea Nero so weit, dass er sogar zum äußersten Mittel griff, und seine Mutter und bisherige Geliebte Agrippina im März 59 umbringen ließ, um endlich und unumschränkt frei zu sein für Poppaea. Außerdem trennte er sich ihr zuliebe auch von seiner bisherigen Traum(neben)frau Claudia.
Doch noch gab es ein Hindernis für den Durchmarsch Poppaeas auf den Kaiserthron: die offizielle Ehefrau Neros, Octavia, mittlerweile 19 Jahre alt. Zudem waren da die beiden bisherigen Berater Neros, Seneca und Burrus, die dem Treiben Poppaeas kritisch gegenüber standen und den Kaiser davon zu überzeugen suchten, sich nicht völlig der »machtgeilen Metze« auszuliefern. Doch Poppaea setzte ihr Werk fort nach dem Motto, steter Tropfen höhlt den Stein. Drei Jahre später hatte sie auch die letzten Hindernisse vor dem Kaiserthron aus dem Weg geschafft. Nero hatte seine beiden engsten Berater aus ihren Diensten entlassen, und die Trennung von Octavia verkündet. Ihr wurde offiziell vorgeworfen, man habe sie in flagranti mit einem nubischen Sklaven beim Sex erwischt. Nero ließ sie daraufhin »empört« nach Süditalien verbannen.
Was er und Poppaea allerdings unterschätzt hatten, war die Beliebtheit Octavias beim einfachen Volk. Dort galt sie als mustergültige Ehefrau in einem durch und durch verderbten Kaiserhof. Den vorgebrachten Anschuldigungen schenkte man keinen Glauben. Es kam zu Unruhen und Demonstrationen zugunsten Octavias. Diese nahmen derart an Intensität zu, dass Nero sich zwangsläufig einige Wochen später dazu durchringen musste, Octavia nach Rom zurückzuholen, wo sie von jubelnden Volkmassen empfangen wurde, finster beobachtet vom Kaiser und seiner Geliebten. Poppaea ruhte und rastete nicht, bis der Kaiser ermüdet von dem Doppelspiel höchster körperlicher Lust und

ständigen psychologischen Drucks, Octavia erneut verbannte, diesmal auf die festlandsferne Insel Pandataria. Poppaea war damit aber nicht zufrieden. Da sich erneut Volksmassen zugunsten von Octavia zusammenrotteten, brachte sie Nero dazu, verbunden mit der Nachricht, sie sei im übrigen mittlerweile schwanger von ihm, auch hier den letzten Schritt zu tun. Er ließ Octavia am 7. Juni 62 ermorden, und Poppaea das Haupt der toten Octavia als Beweis zu Füßen legen.[19]

Nun endlich war Poppaea am Ziel, hatte sich die intensive Arbeit am Körper und an der Psyche des Kaisers gelohnt. Alle Widersacher waren aus dem Weg geschafft, keine Agrippina mehr, kein Seneca und kein Burrus, und vor allem keine Octavia mehr, die ihr noch das Anrecht auf den höchsten Thron der damals bekannten Welt streitig machen konnten. Zwölf Tage nach der Ermordung Octavias heiratete Nero in einer vom kritisch opponierenden Volk hermetisch abgeschirmten Zeremonie die mittlerweile deutlich schwangere Poppaea. Wenige Monate später kam Anfang 63 das erste gemeinsame Kind des neuen Kaiserpaares zur Welt, die Tochter Claudia Augusta. Auch Poppaea war mittlerweile der Ehrentitel der Augusta verliehen worden. Das Kind starb jedoch schon nach wenigen Wochen.

Poppaea wurden von den Zeitgenossen als wirklich außergewöhnlich schöne Frau geschildert. Kupferrotes Haar floss ihr bis auf die Schultern, leuchtend blaue Augen, eine Haut zart und weiß wie Milch. Von der psychischen Konstitution her war sie offenbar eine Borderlinerin, ihre berüchtigten Wutanfälle lassen auf ein cholerisches, durch Erziehung und Weisheit kaum gezügeltes, möglicherweise psychopathisches Temperament schließen. Dennoch hatte sie buchhalterische Qualitäten: Sie achtete penibel darauf, dass Nero sich auch finanziell ihr gegenüber in angemessener Weise erkenntlich zeigte, und verwies angesichts ihres stetig wachsenden Reichtums gerne darauf, dass sie das alles mit ihren Genitalien und sonstigen Körperöffnungen erwirtschaftet habe. Zur Pflege ihre Haut ließ sie auf allen Reisen ihre private Herde an Eselinnen mitführen, in deren Milch sie täglich mehrfach zu baden pflegte. Zu ihrer dauerhaften Berühmtheit trug bei, dass sie zeitweise als heimliche Judenchristin angesehen wurde, die bei zahlreichen

Eingaben den Kaiser darin bestärkt habe, verschiedentlich Gnade gegenüber Angehörigen ihrer Religion walten zu lassen.[20]
Im Sommer 65 war Poppaea erneut schwanger, Nero machte sich genau wie sie Hoffnungen, nun endlich den erhofften Thronfolger vorweisen zu können. Doch bei einer ihrer berüchtigten Auseinandersetzungen, bei der ihn Poppaea anbrüllte, weil er zu spät vom Wagenrennen heimgekommen war, und ihn mit Ironie, Sarkasmus, Zynismus, unflätigen Anwürfen und ihren unkontrollierten Ausbrüchen überschüttete, reagierte Nero mit Faustschlägen und Fußtritten in den Bauch der Schwangeren, die zu ihrem Tod führten.[21] Trotz allem ließ ihr Nero ein fürstliches Begräbnis ausrichten, ließ ihren Leib einbalsamieren, auf dass ihre Schönheit niemals zerstört werde, und sie im eigenen Familiengrab beisetzen. Das Verlangen nach ihr war auch nach ihrem Tod so stark, dass Nero eine spätere Bekanntschaft dazu zwang, sich wie Poppaea zu kleiden und zu frisieren. Einen seiner Lustknaben namens Sporus ließ er kastrieren und nannte ihn seitdem »Poppaea«. Nero ließ sich mit dem Lustknaben sogar in Griechenland vermählen und teilte fortan mit ihm Tisch und Bett.[22] Offiziell heiratete Nero allerdings noch einmal in Rom, diesmal Statilia Messalina, die er 66 zur Augusta ernannte.
Noch vor dem Tod Poppaeas im Jahr 65 war mit dem *Brand von Rom* im Juli 64 das entscheidende Ereignis für die weitere Herrschaftsgeschichte Neros eingetreten. Dabei wurden drei Stadtviertel völlig zerstört, weitere waren teilweise niedergebrannt, und nur vier der insgesamt 14 Stadtteile Roms waren unzerstört. Unmittelbar vor Ausbruch des Brands hatte eine sommerliche Hitzeperiode Land und Stadt ausgedörrt. Außerdem herrschte starker Wind, der die schnelle Ausbreitung des Feuers begünstigte. Erster Brandherd waren offenbar die Verkaufsbuden am Circus Maximus im Süden der Stadt, wo an offenen Feuern auch Nahrungsmittel zubereitet wurden. Als die ersten Buden brannten, fachte der sturmartige Wind das Feuer an und schleuderte brennende Teile und Funken in einem weiten Umkreis über die Stadt. Da viele Häuser aus Holz bestanden und die Dächer teilweise mit Stroh gedeckt waren, entstand binnen kurzer Zeit eine Feuerwalze, die über eine Woche lang die Stadt verheerte.

Nero hielt sich, entgegen späteren Anschuldigungen, nicht in der Stadt auf, sondern auf seinem fünfzig Kilometer entfernten Landsitz bei Antium an der Küste. Er ließ sofort Gegenmaßnahmen einleiten. Eilig geschlagene Brandschneisen und kontrollierte Gegenfeuer sollten dem Großbrand die Nahrung entziehen. Außerdem ließ Nero das Marsfeld, den Palast des Agrippa und seinen eigenen Palast für die flüchtenden Volksmassen öffnen, um diese in Sicherheit zu bringen und dort mit Nahrungsmitteln versorgen zu können. Zusätzliche Nahrungsmittel wurden aus den Lagern der Hafenstadt Ostia herbeigeschafft, der Getreidepreis auf Befehl Neros auf drei Sesterzen pro Kilo gesenkt. Als der Brand schon fast gelöscht war, begann er unmittelbar neben den Besitzungen des Prätorianerchefs und engen Verbündeten Neros, Tigellinus, erneut. Einen Tag später war der Brand endgültig gelöscht. Sofort begannen die Schuttabfuhr und die Wiederaufbaumaßnahmen. Erstmals wurden jetzt Brandschutzbestimmungen in großem Maßstab beim Wiederaufbau berücksichtigt. Die Straßen wurden verbreitert, um ein Überspringen des Brandes zu erschweren, außerdem die Außenmauern der Häuser aus Stein errichtet. Verbilligte Kredite und staatliche Prämien sorgten dafür, dass schon ein Jahr später neue Bauten das Bild bestimmten, und kaum noch Ruinen zu sehen waren.

War der Brand auch gelöscht, so begann gleichzeitig mit dem Brand eine propagandistische Schlacht. Die Gegner Neros versuchten, ihm die Schuld für den Brand in die Schuhe zu schieben. So wurde er unter anderem beschuldigt, den Brand selbst gelegt zu haben – tatsächlich hielt er sich zum Zeitpunkt des Ausbruchs wie erwähnt fünfzig Kilometer von Rom entfernt auf. Als Grund für die angebliche Brandstiftung des Kaisers wurde angeführt, Nero haben Platz für Bau eines neuen Stadtviertels und eines neuen gigantischen Palastes schaffen wollen. Auch habe er während des Brandes auf einer Aussichtsplattform begeisterte Hymnen auf den Brand und die Flammenmeere aus voller Kehle gesungen. Nero wehrte sich so gut wie möglich dagegen, allerdings hält sich bis heute dieses Gerücht und bestimmt das Ansehen des Kaisers. Dabei waren Großbrände in Rom keine Seltenheit, in regelmäßigen Abständen ging eines der

Stadtviertel in Flammen auf. Außerdem brach der Brand gerade nicht in den Elendsvierteln aus, die Nero möglicherweise hätte überbauen wollen, sondern am Circus Maximus, also am südlichen Rand der Innenstadt, gelegen in der Talsenke zwischen den beiden Hügeln des Palatin und des Aventin. Dagegen wurde bei dem Brand der gerade fertiggestellte neue Palast Neros samt seiner unersetzlichen Kunstsammlung zerstört. Als der Brand schon fast gelöscht wurde, ging auch der Palast seines engsten Vertrauten Tigellinus in Flammen auf – was darauf schließen lässt, dass sich die Brandstiftungen offenbar gegen Nero und seine engsten Gefolgsleute richteten, und dass ihm nun im Nachhinein auch noch die Schuld dafür in die Schuhe geschoben werden sollte. Unersetzliche Kunstwerke waren bei dem Brand zerstört worden, Hunderttausende Obdachlos geworden, viele gestorben.

Die Auswirkungen des Brandes hatten wiederum direkte Folgen für die christliche Gemeinde Roms und die jüdische Bevölkerung Palästinas. Nero ließ zum einen die Tempelschätze vieler nicht-römischer Gottheiten, so auch den großen Tempel in Jerusalem plündern, was zum dortigen Aufstand und zum Rachefeldzug des Titus führte, welche die Vertreibung der Juden aus Palästina nach sich zog und damit den Beginn der jüdischen Diaspora markiert. Außerdem ließ Nero, um die »Schuld« von sich abzulenken, die Christen in Rom der Brandstiftung beschuldigen. Einige von ihnen wurden gefangen genommen und im Zirkus den wilden Tieren zum Fraß vorgeworfen, teilweise nächtens in den Straßen verbrannt. Insgesamt fielen wohl zwischen 200 und 300 Christen diesen Verfolgungen zum Opfer, was ungefähr zehn Prozent der damaligen Gemeinde entsprach.[23]

Hier kommt nun auch wieder Petrus ins Spiel. Der soll im Zuge dieser Christenverfolgung nach dem großen Brand in Rom gefangen genommen und auf dem Vatikanhügel, wo sich der von Nero erbaute neue Circus befand, gekreuzigt und begraben worden sein.[24] Gleichzeitig mit ihm soll auch der Apostel Shaul (Paulus) in die Stadt gekommen sein, und ebenfalls den Verfolgungen zum Opfer gefallen sein. Zweifel daran sind angebracht. Nicht zuletzt deswegen, weil Paulus in seinem Brief an die römische

Christengemeinde (entstanden zwischen 56 und 60 unserer Zeit) die Gemeindemitglieder in der Anrede einzeln grüsst, aber Petrus überhaupt nicht erwähnt.[25] Auch die *Apostelgeschichte* erwähnt zwar (die vermutlich ebenfalls erfundene) Romreise des Shaulus (Paulus), erwähnt in diesem Zusammenhang aber ebenfalls Petrus mit keinem Wort.[26] Die beiden in der Bibel enthaltenen Gemeindebriefe des Petrus enthalten ebenfalls keine Hinweise auf eine Missionstätigkeit des Kephas in Rom.

Erst im zweiten Jahrhundert unserer Zeit wird von einem angeblichen Romaufenthalt von Shimon (und Sha'ul) berichtet. Wurde Petrus zunächst einfach nur als Besucher erwähnt, so entsteht daraus im Lauf der Zeit die Behauptung, er sei nicht nur Besucher, sondern – wenn auch nur kurz – Bischof von Rom gewesen. Anfangs des fünften Jahrhunderts ist dann daraus schon eine 25-jährige Herrschaft als Bischof geworden.[27] Im Übrigen beanspruchten alle großen Patriarchate – außer Rom auch noch Alexandria, Antiochia, Jerusalem und Konstantinopel – Petrus als ihren ersten Bischof, um auf diese Weise von der Ehrwürdigkeit einer solchen (fiktiven) Traditionslinie profitieren zu können. Nur in Rom wurde das allerdings über 2000 Jahre so aggressiv vertreten, dass mittlerweile keine ernsthaften innerkirchlichen Gegenstimmen zum Primat von Rom mehr vorhanden sind. Im derzeit gültigen Codex des Kanonischen Rechts (Fassung von 1983) heißt es daher bündig:

»Der Bischof der Kirche von Rom, in dem das vom Herrn einzig dem Petrus, dem Ersten der Apostel, übertragene und seinen Nachfolgern zu vermittelnde Amt fortdauert, ist Haupt des Bischofskollegiums, Stellvertreter Christi und Hirte der Gesamtkirche hier auf Erden, deshalb verfügt er kraft seines Amtes in der Kirche über höchste, volle, unmittelbare und universale ordentliche Gewalt, die er immer frei ausüben kann.«[28]

Damit ist der gegenwärtige Zustand zementiert, der durch die weitgehend unwidersprochen hingenommene, autokratische Vorrangstellung des Papstes innerhalb der Katholischen Kirche in der westlichen Welt geprägt ist.

Zölibat

Von Jesus selbst ist im Matthäus-Evangelium nur ein Satz überliefert, der allgemein beschreibt, dass es Menschen gebe, die in Ehelosigkeit lebten »um des Himmelreiches willen« – dabei handelt es sich aber keinesfalls um ein Gebot, und schon gar nicht um ein Gebot der Ehe- und Sexlosigkeit für Kirchenvertreter.

Dagegen heißt es im 1983 verabschiedeten und bis heute gültigen kirchlichen Rechtscodex (*Codex Iuris Canonici*) im eklatanten Gegensatz zur Sinnenfreude und Körperbetontheit des Urchristentums in Canon 277, Absatz 1: »Die Kleriker sind gehalten, vollkommene und immerwährende Enthaltsamkeit um des Himmelreiches willen zu wahren; deshalb sind sie zum *Zölibat* verpflichtet, der eine besondere Gabe Gottes ist, durch welche die geistlichen Amtsträger leichter mit ungeteiltem Herzen Christus anhangen und sich freier dem Dienst an Gott und den Menschen widmen können.« Damit steht die Kirche – nicht zum ersten- und nicht zum letzten Mal – in diametralem Gegensatz zu dem, was von der mythisch-mystischen Figur Jesus »dem Gesalbten« (Christus) an Äußerungen überliefert ist. Ob diese Verbindung von »Katholischer Kirche« und Zölibat bzw. sexueller Enthaltsamkeit, sexueller Selbstkasteiung und allgemeiner Körper- und Sinnenfeindlichkeit damit zu tun hat, dass eben gerade auf dem Vatikanischen Hügel, etwa an der Stelle, wo heute der Petersdom steht, in römisch antiker Zeit eines der wichtigsten Heiligtümer des Kybele- und Attiskults lag, das so genannte Phrygianum, wäre noch zu erforschen. Auffällig ist, dass es sich bei diesem Kult ausgerechnet um einen Kult der Selbstkasteiung und des freiwilligen Zölibats handelte, der in seinem kultischen Furor so weit ging, die Selbstentmannung, die Autokastration seiner Priester und Anhänger zu fördern und zu fordern. Teil des Phrygianums war das Taurobolium, ein großer Opferaltar, auf dem in regelmäßigen Abständen Ochsen geschlachtet wurden. Das Blut lief durch ein offenes Gitter hinunter und floss auf die unter dem Altar befindlichen Neophyten und Neuanhänger, die sich darauf hin, von der wirbelnden, ekstatischen Musik animiert, nun selbst zu kasteien und zu kastrieren begannen. Möglicherweise sind Geist und Gebot dieses Kults als Teil des Genius Loci auf die Katholische Kirche und ihre obersten Vertreter übergegangen, mit Auswirkungen bis heute.[29]

Paulus

Man kann nicht über *Petrus* sprechen, ohne *Paulus* zu erwähnen. Betrachtet man die Sache nüchtern, müsste man die »Katholische Kirche« eigentlich »Paulinische Sekte« nennen. Niemand vorher oder nachher hat den ursprünglichen Gedanken der angeblichen Jesus-Figur, wie man sie mühsam aus den am wenigsten verfälschten, frühesten Schriften herausfiltern muss, stärker verändert, drastischer in ihr Gegenteil verkehrt als Paulus. Eben nach diesem als *Sha'ul* (latinisiert Saulus) getauften Mensch wird seit mehr als hundert Jahren eine eigene, die »paulinische Theologie« benannt.[30] Würden die entsprechenden Fachwissenschaftler ihre jeweiligen Kurzschlüsse weiterdenken, käme man gar nicht umhin, die gesamte »Katholische Kirche« in »Paulinische Kirche« oder »Paulinische Sekte« umzubenennen.

»Paulus«, von Beruf Zeltmacher, setzte einige der verheerendsten Verfälschungen des ursprünglichen Gedankens ins Werk. Und das Erstaunliche ist, dass ihm dabei fast zweitausend Jahre lang so viele Menschen unkritisch folgten. Er machte aus einer lebensbejahenden, kosmopolitischen, frauenfreundlichen, körperfreundlichen Philosophie ein Theorem des Frauenhasses, der Feindseligkeit, des Chauvinismus, der Lebensverachtung und der Leibfeindlichkeit. Durch ihn gewann die Askese ihre völlig ahistorische, nichts desto weniger jedoch überdominante Stellung in der Katholischen Kirche, durch ihn wurde die Frau in der Kirche zu einem Wesen zweiter (oder dritter) Klasse, durch ihn wird der entsetzliche Irrweg des Mönchtums in die Welt gesetzt. Diese Reihe ließe sich noch lange fortführen. Es dauerte jedenfalls nicht lange, und Frauen waren vom Priesteramt – das sie bis dahin häufig ausgeübt hatten – komplett ausgeschlossen (bis heute). Doch damit nicht genug. Bald wurden auch menstruierende oder schwangere Frauen als »unrein« vom Gottesdienst insgesamt ausgeschlossen, durften diesem also auch nicht mehr als einfache Gläubige beiwohnen.

Paulus verdrehte und verfälschte den ursprünglichen Sinn, die Zielsetzung des Christentums auf einzigartige Weise. Und hatte damit fast zweitausend Jahre lang Erfolg. Erst seit dem 20. Jahrhundert setzte mit der Säkularisierung, mit der Erosion der Anhängerschaft, mit der zunehmenden Entkirchlichung der westlichen Industriegesellschaften eine Entwicklung ein, an deren Ende die Marginalisierung der Katholischen Kirche, ihre Reduktion zu einer von vielen Sekten auf der Welt stehen dürfte. Dass Paulus aber dennoch so erstaunlich lang anhaltenden Erfolg mit seinen Sinnesfälschungen hatte, sollte man nicht als Rechtfertigung für sein Tun heranziehen. Auch andere verbrecherische Ideologeme weisen eine lange Erfolgsgeschichte auf. Damit lässt sich also keine historische Vormachtstellung, kein Anspruch auf Ehre und Ruhm begründen. Stattdessen muss er bei nüchterner Betrachtung als Initiator einer 2000-jährigen Leidensgeschichte angesehen werden, die bis heute andauert: der Geschichte der Katholischen Kirche und der von ihr ausgehenden repressiven Moralvorstellungen, die zu Unterdrückung, Leiden, Folter, Mord und Völkermord führte.

Im Namen dieser paulinischen Kirche wurden »Ungläubige« »missioniert«, indem man sie umbrachte, so zum Beispiel in zahllosen »Kreuzzügen« zur »Befreiung« der damals längst regulär in arabischem Besitz befindlichen Stadt Jerusalem, wurden ganze Kontinente entvölkert (Nord- und Südamerika), wurden »Ungläubige« als »Ketzer« ins Gefängnis geworfen, degradiert, oder gar verbrannt, wurden der Empfängnisverhütung kundige weise Frauen als »Hexen« verbrannt, wurde mit der Inquisition eine der verabscheuungswürdigsten Institutionen geschaffen, wurde die Geschichte zensiert (durch den von der Kirche zusammengestellten »Index der verbotenen Bücher«, der nur noch

kirchenfreundliches Schrifttum für die Gläubigen zuließ, die in ewiger Unmündigkeit gehalten werden sollten).
Im Namen dieser repressiven, moralinsauren Kirche wurden viele Generationen ihrer Anhänger im Glauben an die eigene Schlechtigkeit, die eigene Sündhaftigkeit gehalten, eine von Paulus in die Welt gesetzte Wahnvorstellung, die vermutlich auf eine eigene Impotenz, auf seinen mangelnden Erfolg bei Frauen zurückzuführen ist, die ihn dazu brachte, alles Weibliche, alles mit Sexualität verbundene zu hassen und zu verdammen und allen seinen Anhängern rundheraus zu verbieten. Die auf der Basis seiner verqueren Weltanschauung geschaffene »Amtskirche« kooperierte willig mit Diktaturen, förderte die Ausbeutung der Unterschichten in Staaten, in denen sie als Staatskirche das Sagen hatte, forderte ihre Anhänger wörtlich zu kritiklosem, unbedingten Gehorsam auf, und verbot zeitweise jegliche Freudenempfindung als »unchristlich«. Die von Paulus begonnene Hierarchisierung der vorher basisdemokratischen Glaubensgemeinschaft führte zu der heute noch existierenden »Amtskirche« mit ihrer Verschwendung, dem aufgeblähten, überflüssigen Apparat an »Würdenträgern«, dem maßlosen Anspruch, über Wohl und Wehe aller Menschen auf dieser Erde zu entscheiden. In seinem Namen entstand nicht zuletzt das Papsttum, von dessen Verfehlungen, Abirrungen und Verbrechen auf den folgenden Seiten die Rede sein wird.
Auch Paulus soll in Rom zum Märtyrer geworden sein, im Umfeld des großen Brandes und der anschließenden Christenverfolgung. Als römischer Bürger wurde er wohl nicht gekreuzigt, sondern mit dem Schwert enthauptet. Sein Grab soll sich in der Kirche Sankt Pauk vor den Mauern befinden.[31] Anderen Überlieferungen zufolge kam Paulus nicht in Rom ums Leben, sondern reiste munter weiter bis nach Spanien.

Die ersten Päpste nach »Petrus« kann man getrost übergehen, da sie – wie gezeigt – pure Erfindung sind, nachträglich ausgedacht als Belege für die ununterbrochene Liste der apostolischen Sukzession in der Nachfolge des ersten Papstes »Petrus«. Zu diesen historischen Konjekturen gehört auch der »heilige« Soterus

(angeblich im Amt 166–175), auf den – so die Sage – die Erfindung des kirchlich gesegneten Instituts der Ehe zurückgeht (war vorher eine rein weltliche Angelegenheit), bestimmte er doch angeblich, dass Ehen ohne kirchlichen Segen ungültig seien.
Ansatzweise historisch zuverlässige Nachrichten, wenn auch noch im sehr überschaubaren, teilweise nachträglichen Erfindungen geschuldeten Bereich, gibt es dann um die Wende zum dritten Jahrhundert:

»Heiliger« Viktor I.

(Bischof von Rom 189–199(?))

Unter »Viktor« soll es zu ersten direkten Verbindungen der als Untergrundreligion entstandenen Katholischen Kirche und dem regierenden Herrscherhaus unter Kaiser Commodus (161–192, Kaiser 180–192, Sohn von Marc Aurel) gekommen sein. Bindeglied war in diesem Fall eine angeblich christliche Prostituierte namens Marcia. Aufgewachsen in einem vom Eunuchen Hyacinthus geleiteten Mädchenheim für Nachwuchs-Huren, wurde sie im Alter von 14 Jahren als Sexsklavin dem Kaiserneffen Marcus Claudius Ummidius Quadratus zugeführt. Dieser wurde allerdings wenig später als Mitglied einer Verschwörung der Kaiserschwester Lucilla gegen Commodus hingerichtet. Commodus übernahm Marcia mit der »Erbmasse« seines Neffen für die nächsten zehn Jahre in seinen eigenen Harem.
Marcia gehörte zum Bekanntenkreis des Papstes Viktor. Sie setzte sich angeblich wegen Sympathien für den christlichen Kult für die Freilassung zahlreicher Christen ein, die zur Sklavenarbeit in den Bergwerken Sardiniens verurteilt worden waren. Dazu spielte sie dem Kaiser wiederholt von Viktor zusammengestellte Listen verurteilter Christen zu, die angeblich ungerechtfertigt auf der Insel schufteten. Zu den Begnadigten gehörte auch der spätere Papst

Calixt I. (s. u.). Marcia zählte angeblich zu den Drahtzieherinnen eines weiteren Anschlags auf Kaiser Commodus, dem dieser zum Opfer fiel. Er wurde von einem anderen Geliebten Marcias, dem Gladiator Narcissus, im Bad erwürgt. Marcia hatte den nackten Kaiser zuvor offenbar mit erotischen Handreichungen abgelenkt und durch die Gabe von Narkosegiften betäubt.

Allerdings konnte sie sich ihrer Machtstellung am Hof seines Nachfolgers nicht lange erfreuen, da sie wenig später selbst als angebliche Verschwörerin im Alter von 25 Jahren hingerichtet wurde.[32]

Calixt I.

(um 160–222, Bischof von Rom 217–222(?))

Als verurteilter Finanzbetrüger zählte er zu den Bergwerkssklaven auf Sardinien, die im Zuge der von der Prostituierten Marcia eingefädelten Begnadigungen in den 180er Jahren freigelassen wurden. Geprägt ist seine angebliche Amtszeit durch den von ihm verkündeten, mutmaßlichen »Generalablass«, den Erlass der Sündenstrafen durch tätige Reue. In den Genuss dieses »Schulderlasses« kamen bei ihm auch Mörder, die ihre Tat bereuten, Ehebrecher und sonstige Sexualsünder, was ungemein zu seiner Beliebtheit beitrug. Bis zu diesem Zeitpunkt waren solche »Todsünden« auf Erden nicht mehr gut zu machen gewesen. Gleichzeitig sorgte dieses laxe Amtsverständnis dafür, dass es zu einer puristischen Gegenbewegung unter dem Heiligen Hippolytos kam. Dieser ebenfalls aus dem Nahen Osten stammende Vertreter der reinen Lehre wirkte ab 192 Presbyter in Rom, und ab 217 als erster Gegenbischof zu dem laxen Calixt. Hippolytos sprach sich gegen den Erlass der Strafen für Todsünden aus. Außerdem beschuldigte er Calixt, verschiedentlich Gelder der Kirche unterschlagen und zu seinem eigenen Vergnügen missbraucht zu haben.

Der Vielschreiber Hippolyt, von dem unter anderem eine »Apostolische Überlieferung« (Traditio Apostolica) stammt, eine erste »Kirchenordnung«, welche das erste bekannte Hochgebet enthält (*Ebenso nahm er auch den Kelch und sprach: Dies ist mein Blut, das für euch vergossen wird. Wenn ihr dies tut, tut ihr es zu meinem Gedächtnis*, etc.), ist er vor allem für seine Sammlung bekannter häretischer Bestrebungen bekannt, die *Refutatio omnium haeresium* oder *Philosophumena*. Darin schildert er auch berühmte Zaubertricks einschlägig bekannter Häretiker. Bedeutsam ist seine Beschreibung der gesamten ihm bekannten antiken griechischen Philosophie bis hin zu indischen Brahmanen und keltischen Druiden.

Der damalige Kaiser Varius Avitus Bassianus, nach der von ihm propagierten Gottheit Elagabal genannt, stammte von seinen Eltern her aus Syrien. Schon sein Urgroßvater war im heutigen Homs in Syrien (damals Emesa) Priester des Gottes Elagabal gewesen. Nach der Ermordung Caracallas wurde Varius samt seiner Familie nach Homs verbannt. Dort übernahm er mit 13 Jahren das seiner Familie erblich zustehende Amt des Elagabal-Priesters. Ein Jahr später wurde er mit 14 Jahren in Rom zum Kaiser gekürt. Inwieweit er tatsächlich selbstbestimmt die Macht ausübte, ist ungewiss, zog im Hintergrund doch seine einflussreiche Großmutter Julia Maesa die Fäden. Diese hatte in ihrer Jugend in die kaiserliche Familie Roms eingeheiratet. Traditionell werden die Entscheidungen, die Varius traf, allerdings meist nur ihm selbst zugeschrieben. So etwa im folgenden Fall, als Varius bestimmte, dass nun auch in Rom der Elagabal (Gott Berg, abgeleitet von einem bienenstockförmigen schwarzen Kultstein, möglicherweise einem Meteoriten, der kultisch verehrt wurde, und den Varius aus Homs nach Rom mitgebracht hatte) verehrt werden solle, und zwar nicht nur als eine, sondern als die oberste, sogar dem bisherigen Staatsgott Jupiter übergeordnete Macht.

Zum ekstatischen Kult des Elagabals gehörte der Genuss von Rauschmitteln wie Alkohol und der laszive Tanz spärlich bekleideter Priesterinnen. Dazu spielte ohrenbetäubende Musik von Zimbeln und Trommeln. Das Blut der Tieropfer wurde mit Wein vermischt und getrunken. Dabei sollen auch regelmäßig Menschenopfer dargebracht worden, möglicherweise sogar Kinderopfer. Varius hatte zu diesem Zweck einen riesigen Tempel auf dem Palatin errichten lassen, wo die tägliche Gottesdienst-Ekstase stattfand. Doch damit war es Varius angeblich nicht genug. Dem konservativen antiken Historiker Cassius Dio zufolge, der ihn nachträglich zu verdammen suchte, zog Varius als Frau verkleidet durch die Bordelle Roms und bot sich dort wahllos Freiern an, schlief er mit unzähligen Frauen, um weibliche Sexualtechniken zu lernen, ließ er sich von seinem Lieblingssklaven Hierokles schlagen und vergewaltigen. Als Ursache für diese spezielle Form des Cäsarenwahns machten schon die antiken Historiker seine orientalische Herkunft dingfest, die auch seine Vorliebe für Schauspieler, Wagenlenker und Komödianten erkläre. So habe der Kaiser bei einem Gelage tonnenweise Rosenblüten von der Decke regnen lassen, so viele, dass einige seiner Gäste daran erstickten.

Anterus (Bischof von Rom 235/236)

Erst mit Nr. 19 haben wir den ersten historisch einigermaßen gesicherten römischen Bischof vor uns. Die Christen in Rom erlebten in dieser Ägide eine eher ruhige Zeit, waren sie doch als noch zahlenmäßig kleine Sekte nicht im Fokus des römischen Machtapparates, der ohnehin eher liberal eingestellt war, was die Praktizierung anderer Glaubensrichtung anging, und nur dann einschritt, wenn die geforderten, obligatorischen Opfer für die Staatsgötter verweigert wurden (was dann Sanktionen gegen ausschließliche, monotheistische Kulte wie das Christentum nach sich zog, was aber immer regional und zeitlich beschränkt blieb). Eine letzte Welle der Christenverfolgung spielte sich gegen Ende des dritten Jahrhunderts und zu Beginn des vierten Jahrhunderts ab, kurz vor dem endgültigen Durchbruch des Christentums zur Staatsreligion im römischen Reich.

Cornelius (Bischof von Rom 251–253)

Wie schon bei Viktor, so rief auch die laxe Herrschaftspraxis von Cornelius direkt einen strenggläubigen Gegenbischof hervor, in diesem Fall einen Herrn namens Novatian (200–258). Zu den von ihm geäußerten Vorwürfen gegen Cornelius zählte jener, Cornelius habe sich das Bischofsamt durch Bestechung verschafft, noch zu den harmloseren. Seinen besonderen Zorn hatte Cornelius hervorgerufen, indem er gegen die bis dato gängige Praxis auch vom Glauben abgefallene Christen wieder in die Kirche aufnahm (was sich in der Folge als gängig durchsetzte, und zur Popularisierung des Kults beitrug). Zuvor zählte der Abfall vom Glauben zu den Todsünden, die auf Erden nicht zu tilgen sind, und die im Fegefeuer gebüßt werden müssen. Zwar gewann Novatian rasch Anhänger, aber Cornelius schaffte es, über sechzig italienische Bischöfe hinter sich zu bringen (möglicherweise wieder mithilfe von Bestechungsgeldern), und noch 251 einen Beschluss zur Exkommunikation Novatians herbeizuführen.

Das dritte Jahrhundert ist dann eine Zeit der Ruhe für die Christen, die sich speziell in Rom immer mehr den Herrscherhäusern annähern. Um den Beginn des vierten Jahrhunderts kommt es dann – nach mehreren Anschlägen auf den Kaiser – unter Diokletian zu erneuten, letzten Christenverfolgungen.

Sixtus II. (Bischof von Rom 257–258)

Zwischenzeitlich wird mit Sixtus II. (um 257) der erste römische Bischof in den kirchlichen Darstellungen erwähnt, der einen bislang schon von einem anderen Bischof geführten Namen übernimmt, und dessen Name daher mit der Ordnungszahl römisch zwei versehen wird.

Marcellinus (Bischof von Rom 304)

In seiner angeblichen Grabesinschrift wird dieser Bischof erstmals als Papst bezeichnet. Doch es dauert noch bis zur regelmäßigen Verwendung dieses Begriffs für den jeweiligen römischen Bischof, nämlich bis zur Wende zum siebten Jahrhundert.
Die Wende zum vierten Jahrhundert ist durch eine Kaiserpersönlichkeit geprägt, die nachhaltige Folgen für die Entwicklung der Katholischen Kirche haben sollte – Konstantin (270–337, Kaiser von 306–337, davon ab 324 als Alleinherrscher). Noch ist die Kirche keine Staatsreligion. Doch unter

Miltiades (Bischof von Rom 310–314)

erhält die Kirche bereits bedeutende Schenkungen materieller Art vom regierenden Herrscherhaus, beispielsweise auch den seither als Amtssitz genutzten Palast der Laterani (Lateranspalast), einen riesigen antiken Stadtpalast, der in seiner damaligen Form von Marc Aurel über älteren Ruinen erbaut worden war. Dort fanden im 12. Jahrhundert die bedeutenden Lateranischen Konzile statt. Der Palast gehört bis heute zu den exterritorialen Besitzungen des Vatikans, obwohl er auf italienischem Staatsgebiet liegt. Die zugehörige, auf Befehl Konstantins errichtete Kirche *San Giovanni in Laterano* (im 17. Jahrhundert barockisierend umgebaut) ist seit konstantinischen Zeiten ranghöchste Patriarchalbasilika (päpstliche Kirche) Roms, und steht im Rang offiziell noch über dem Petersdom. Zu ihr gehört auch das älteste Baptisterium (Taufkapelle) des Christentums.

Silvester I. (Bischof von Rom 314–335)

Mit Konstantin beginn die Phase der Katholischen Kirche, in der sie innerhalb weniger Jahrzehnte von einem verfolgten Minderheitenkult zur offiziellen Staatskirche des römischen Reiches wird (gegen Ende des vierten Jahrhunderts). Konstantins Vater stammte vom Balkan. Er hatte dort, im Raum des heutigen Serbien, eine christliche Schankdirne namens Helena kennengelernt. Konstantins Vater war zu diesem Zeitpunkt 20 Jahre alt, als er (noch lange vor seiner Erhebung zu Kaiser) im Jahr 270 Helena in einem Puff traf, wo sie anschaffte. Nach dem ersten Sex mit ihr war er von ihren erotischen Fähigkeiten so angetan, dass er sie zu seiner offiziellen Konkubine (Geliebten) machte. Sie wurde noch im selben Jahr schwanger und gebar seinen ersten Sohn Konstantin. Zur Sicherung seiner Stellung in den höchsten Reichshierarchien heiratete Konstantins Vater, damals bereits Prätorianerchef, allerdings 289 die Kaisertochter Theodora, und trennte sich damit nach einer fast zwei Jahrzehnte dauernden Beziehung offiziell von Helena.
Konstantin wurde im heute serbischen Niš geboren. Nach der Trennung seiner Eltern 289 wurde der 19-jährige Konstantin von seinem Vater dennoch offiziell weiterhin als Kind anerkannt und galt damit, trotz der illegitimen Herkunft, als von kaiserlicher Abstammung und damit als Kandidat für das Kaisertum. Konstantin verehrte zunächst wie sein Vater den Sonnengott Sol. Seine Jugend verbrachte er am Hof des damaligen Kaisers Diokletian in der östlichen Reichshälfte. Die militärische Karriere seines Vaters, der als General mehrere Siege über die Völker an den Reichsgrenzen errang, begünstigte den weiteren Aufstieg Konstantins. Auch dieser wurde Soldat und bestand erste Bewährungsproben bei Kämpfen gegen sarmatische Aufständische im Donaugebiet. Konstantin erhielt während weiterer Aufenthalte am Kaiserhof – offenbar als Geisel, eine damals übliche Praxis, um vor Umsturzversuchen hoher Generäle sicher zu sein – eine humanistische Bildung. 305, mittlerweile 35 Jahre alt, erhielt Konstantin die Erlaubnis, zu seinem damals in Gallien (dem

heutigen Frankreich) residierenden und als Mit-Cäsar regierenden Vater zu übersiedeln. Vom heutigen Boulogne-sur-Mer am Ärmelkanal aus begleitete Konstantin seinen Vater bei dessen Feldzug gegen aufständische Stämme auf den britischen Inseln. Als sein Vater während dieser Kämpfe im heutigen York starb, wurde Konstantin »spontan« von dessen Truppen zum Kaiser ausgerufen. Treibende Kraft bei der Erhebung Konstantins zum Kaiser war offenbar der Alamannenfürst Crocus, der mit seinen Einheiten im römischen Heer als Söldner diente. Nach einer Reihe von Kämpfen gegen andere, von ihren jeweiligen Truppen ausgerufenen Cäsaren setzte sich Konstantin schließlich durch. Konstantin verfolgte dabei dieselbe Strategie wie sein Vater. Er trennte sich von seiner langjährigen Konkubine, der Prostituierten Minervina, mit der er einen Sohn Crispus hatte, der später noch eine tragische Rolle spielte, und heiratete 307 die zwölfjährige Kaisertochter Fausta, mit der er mehrere Kinder zeugte.

Konstantins Herrschaftsgebiet bestand damals aus Gallien, Spanien und Britannien. Seine Residenz hatte er im heutigen Trier, wo unter seiner Herrschaft zahlreiche neue Gebäude (Thermen, Basilika u. a.) entstanden. Militärisch erfolgreich im Kampf gegen die Grenzstämme, schreckte er nicht davor zurück, einige ihrer Könige im Zirkus von wilden Tieren zerfleischen zu lassen. Seine härtesten Konkurrenten um das Kaiseramt waren zu diesem Zeitpunkt schon gestorben oder von Konstantin militärisch besiegt worden. Im Gegensatz zum Christentum seiner Mutter hing Konstantin weiterhin dem Sonnengott Sol an. Um den Kampf um die höchsten Position im Reich endgültig zu entscheiden, marschierte Konstantin im Frühjahr 312 in Italien ein. Er gewann erste Schlachten gegen seinen Konkurrenten Maxentius. Dieser suchte nun, statt in der wohlgesicherten Stadt Rom Zuflucht zu suchen, die Entscheidung in offener Feldschlacht. Dabei kam es an der Milvischen Brücke nördlich des Stadtgebietes zu keiner richtigen Schlacht. Stattdessen flüchteten die Soldaten von Maxentius nach Vorhutgefechten über eine Hilfsbrücke, die einstürzte, wobei viele Soldaten und auch Maxentius ertranken. Angeblich hatte Konstantin vor der Schlacht in einem Traum die Eingebung erhalten, auf seinen Feldzeichen das Christusmonogramm (XP/Chi-Rho) anzubringen, da ihm versprochen worden war, unter diesem Zeichen zu siegen (*in hoc signo vinces*). Dabei verbanden sich offenbar die Sonnengottverehrung und der christliche Glaube, da Konstantin zuvor schon 310 eine Sonnenerscheinung gehabt hatte. Als erste Maßnahme nach seinem Sieg ließ Konstantin die Prätorianergarde auflösen, die damit ihre Rolle als Königsmacher verlor. Mit dem Cäsar der östlichen Reichshälfte, Licinius, traf Konstantin 313 die Mailänder Vereinbarung, die allen Religionen im Reichsgebiet freie Ausübung zusicherte. Gleichzeitig erkannte Konstantin die »katholische Religion« als Korporation an, womit eine Reihe von Privilegien verbunden war, die den Eintritt in die Kirche nun auch für höhergestellte Kreise attraktiv machte. Zuvor war der christliche Glaube hauptsächlich in der Unterschicht vertreten gewesen. Gleichzeitig wurde mit der Aufnahme von Elementen der griechischen Philosophie ins kirchliche Schrifttum auch ein für höhere Gesellschaftsschichten attraktiver Theorieüberbau geschaffen, den es zuvor so nicht gegeben hatte.

Konstantin, der für sich weiterhin den Kaisertitel *Pontifex Maximus* (oberster Priester) in Anspruch nahm (er wurde erst Jahrhunderte später von den Päpsten übernommen), begann nun auch, sich in die inneren Angelegenheit der katholischen Kirche einzumischen, Personalentscheidungen zu treffen, Konzile zu beeinflussen. Zehn Jahre später gewann er mit Hilfe seines Sohns Crispus die Entscheidungsschlacht gegen seinen Mitkaiser Licinius bei Edirne (an der heutigen türkisch-bulgarischen Grenze, damals Hadrianopolis) und konnte damit die Gesamtherrschaft im Römerreich übernehmen. Licinius war erst nach Byzanz geflohen, flüchtete dann aber weiter auf die asiatische Seite des Bosporus, wo er wenig später bei Üsküdar (Chrysopolis) ein letztes Mal geschlagen wurde. Licinius, der zuvor selbst seine Hauptgegner (Galerius, Maximinus Daia und Severus) samt Familien hatte ermorden lassen, wurde zunächst in Saloniki interniert, wenig später aber auf Befehl Konstantins exekutiert.

Konstantin verlegte nun seinen Herrschersitz nach Byzanz, das er in Konstantinopel umbenennen ließ. Dort ließ er zahlreiche

neue Regierungsgebäude errichten. Für das römische Bistum war das ein schwerer Schlag, da seine steigende Autorität natürlich mit der Nähe zum obersten Boss, dem Kaiser Konstantin verbunden gewesen war. Kurze Zeit später ließ Konstantin 326 seine 31-jährige Frau Fausta und seinen 21-jährigen Sohn Crispus ermorden. Sohn und Stiefmutter hatten offenbar schon länger ein Verhältnis. Der Legende nach sollen beide während eines Rombesuchs des eigentlich in Trier residierenden Crispus durch Dienerschaft in flagranti beim Sex erwischt worden sein, was dem damals 56-jährigen Kaiser zugetragen wurde, der daraufhin kurzen Prozess machte.
Konstantin selbst hing weniger dem christlichen Glauben als der Vorstellung einer höchsten Gottheit an, deren genaue Definition eigentlich egal war, bei der es nur darauf ankam, dass man sie sich günstig gewogen hielt. Bei seiner Reform des Justizwesens wurden die Strafen teils drastisch verschärft, teils brutalisiert (Abhacken von Gliedmaßen, »Säcken«, eine Strafe, bei der Verurteilte mit einer Schlange und einem Skorpion in einen Sack eingenäht und anschließend ins Meer geworfen wurde), auch Kreuzigungen wurden noch durchgeführt. Kurz vor seinem Tod erreichte den Kaiser eine Botschaft indischer Fürsten, die ihm wertvolle Geschenke schickten, und ihn um Intervention gegen den gemeinsamen Feind, die Perser baten. Der 67-jährige Konstantin ließ zu einem großen Kriegszug rüsten, starb aber noch bei den Vorbereitungen, als er eine Parade der versammelten Truppen in Nikomedia (heute Izmit, östlich von Istanbul) abhielt. Auf dem Totenbett ließ er sich taufen, eine damals übliche Prozedur, weil man dann kein Risiko mehr lief, den Taufsegen durch begangene Sünden wieder zu verlieren (und einem das Himmelreich damit angeblich sicher war).
Konstantins geistlicher Berater in der wichtigsten, letzten Phase seiner Alleinherrschaft war Bischof Ossius von Córdoba, der für entscheidende prochristliche Schritte sorgte. Die Prägung von Münzen mit dem Sol-Invictus-Symbol endete um 317, 319 die mit heidnischen Motiven überhaupt. 321 erklärte er den Sonntag zum Feiertag, behielt jedoch in der Benennung mit »Sonnen-Tag« die Nähe zum Sonnenglauben bei (was allerdings

auch christlich interpretiert werden konnte, da auch Christus als die Sonne, die niemals untergeht, beschrieben wurde).[33] So hielt er sich alle Optionen offen. Zumal ihm die monotheistische Ausrichtung des Christentums bei der Legitimierung seiner Alleinherrschaft (*wie im Himmel, so auf Erden*) half. Damit begann er den Weg zum Gottesgnadentum christlicher Herrscher.

Auch beteiligte er sich aktiv an Problemlösungen der von zahlreichen Abspaltungen betroffenen katholischen Kirche seiner Zeit. So entschied er auf dem von ihm einberufenen Konzil von Arles im sogenannten *Donatistenstreit* 314 zugunsten der Caecilianisten. Auch im nächsten, dem *Arianerstreit*, sah sich Konstantin berufen, die Entscheidung herbeizuführen. Das war allerdings einigermaßen schwierig, ging es doch um ein Grundproblem der sich entwickelnden (und vom Urchristentum fortentwickelnden) katholischen Theologie. In Anlehnung an zahlreiche heidnische Dreieinigkeitslehren hatten die vorherrschenden Kreise in der katholischen Kirche entschieden, es sei vorteilhaft, auch für ihren Glauben eine Dreifaltigkeit zu propagieren, sprich die Einheit von Gott, Jesus und Heiligem Geist. Dafür gab es zwar in der Bibel keine Anhaltspunkte, allerdings erwies es sich als praktisch bei der Aufnahme heidnischer Neumitglieder, die die zuvor geglaubte heidnische Dreifaltigkeit nun auch unter christlichem Vorzeichen weiter anbeten wollten. Es handelte sich also um eine Maßnahme aus dem entwickelten Konkurrenzkampf mit den heidnischen Glaubensrichtungen, den die katholische Kirche, im vierten Jahrhundert noch keineswegs die führende Glaubensrichtung im Reich, nun endgültig für sich entscheiden wollte. Die Arianer, von Hause aus traditionalistisch, sprich urchristlich eingestellt, wollten diese drastische Veränderung der katholischen Glaubenslehre nicht unwidersprochen hinnehmen. Für sie war und blieb Gott Gott und Jesus Gottes Sohn (und keineswegs mit Gott identisch, so wie dies auch Jesus selbst in den Evangelien oft genug sagt).

Konstantin berief hierzu das Konzil von Nizäa 325 ein, das von fast 200 Bischöfen besucht wurde. Das Konzil entschied zunächst zugunsten des neuen Dogmas von der Dreifaltigkeit. Allerdings wurde der daraufhin seines Amtes als Bischof enthobene Arius schon drei Jahre später wieder rehabilitiert. In den Folgejahren wurden sogar führende Anhänger der Dreifaltigkeit verbannt. Allerdings war der Streit zum Zeitpunkt des Todes Konstantins noch keineswegs abschließend entschieden. Erst Ende des vierten Jahrhunderts setzte sich das neue Dogma schließlich endgültig durch. Arius selbst sollte 335 vollumfänglich rehabilitiert werden. Er reiste zu diesem Zweck nach Konstantinopel, wo er im Januar 336 eintraf. Offenbar wurde er dort von einem Sondereinsatzkommando seiner Feinde ermordet.

Das war aber seinen Gegnern um Athanasius nicht genug. In einem exemplarischen Beispiel schwarzer Propaganda schändeten sie sein Andenken über den Tod hinaus durch eine besonders perfide Lügengeschichte über seinen angeblichen Tod in einer Latrine. Eine plötzliche Übelkeit habe Arius dazu gebracht, die Latrine aufzusuchen. Gleich dem biblischen Verräter Judas sei er hier unter entsetzlichen Schmerzen von göttlichen Kräften zerrissen worden, Enddarm, Leber und Herz hätten sich selbständig gemacht, schließlich sei der Abweichler immer weiter geschrumpft, bis er unter kläglichem Heulen und Winseln durch den Abfluss der Toilette in die Jauche gefallen sei.[34] Damit sollte das ehrende Andenken an den aufrechten Vertreter der gerechten Sache für alle Zeiten zerstört werden.

Konstantin setzte – und das ist abschließend noch wichtig – keineswegs ein Verbot der heidnischen Praktiken in Kraft, auch wenn das seit damals häufig behauptet wurde. Belege gibt es für ein solches Verbot nicht, im Gegenteil. Konstantin ging dagegen entschieden gegen christliche Häretiker vor, da diese die von ihm gestärkte und genutzte Einheit der neuen Hauptreligion in Frage stellten und gefährdeten. Die einzigen heidnischen Bräuche, die er verbot, betrafen solche, die auch von Heiden selbst als anstößig betrachtet wurden. Dazu gehörte die Tempelprostitution, wie sie etwa am Heiligtum der Venus Erycina in Erice auf Sizilien praktiziert wurde. Dabei gehörten zum festen Personal des Tempels neben den Priester und Helfern auch so genannte Hierodulen, Prostituierte, die im Umfeld des Tempels auf Kundenfang gehen durften. Diese Huren galten als besonders attraktiv, da sie mit dem Kult verbunden waren. Andererseits finanzierten sie über eine Abgabe von ihrem Liebeslohn den Unterhalt der Tempel mit.

Im Zusammenhang mit Konstantin steht eine der unverschämtesten (Doppel-)Fälschungen aus den Kreisen der obersten Kirchenhierarchie. Seit dem 9. Jahrhundert beruft sich diese für ihre weltlichen Besitztümer wie den Kirchenstaat, aber auch die großen exterritorialen Kirchen in Rom (San Giovanni in Laterano u. a.) auf eine angebliche Schenkung des Kaisers, die dieser schriftlich angeordnet habe. Konstantin sei kurz vor seinem Tod von einem schlimmen Hautausschlag gequält worden. Die heidnischen Priester hätten ihm geraten, im Blut unschuldiger Kinder zu baden. Das habe der Kaiser nach kurzer Überlegung abgelehnt. In einem nächtlichen Traum sei er dann von den Aposteln Peter und Paul an Papst Silvester I. verwiesen worden. Dieser könne ihm helfen. Der Kaiser habe Boten zum Papst geschickt, der sich außerhalb Roms verborgen hielt, und um Abhilfe gebeten. Der Papst habe den Kaiser dann durch ein Taufbad (die Taufe) von allem Aussatz geheilt. Konstantin habe sich darauf hin nicht nur zum trinitarischen (Dreifaltigkeits-)Glauben bekannt, sondern aus Dankbarkeit dem Papst auch eine Urkunde ausgestellt. Darin habe der Kaiser dem Papst nicht nur den Vorrang vor allen anderen katholischen Patriarchen (Konstantinopel, Antiochia, Alexandria, Jerusalem) verliehen, sondern auch Teile der kaiserlichen Insignien (Diadem, Purpurmantel, Zepter, Prozessionsrecht, Mitra mit Tiara), und ihm ganz Italien und den gesamten Westen des Reichs zur Herrschaft überlassen. Auch der Lateranspalast sei auf diesem Weg in Kirchenbesitz gekommen. Als Zeichen der Unterwerfung soll der Kaiser dem Papst schließlich sogar noch in einer öffentlichen Zeremonie als Stallmeister gedient haben (was auch immer darunter zu verstehen ist).
Im 15. Jahrhundert ist von Humanisten nachgewiesen worden, was weltliche Kreise schon slange vorher vermuteten: dass es sich bei dieser weitreichenden kaiserlichen Schenkung um eine Fälschung handelte. Es dauerte dann aber noch bis ins 21. Jahrhundert, bis Ratzinger den auf der Konstantinischen Schenkung beruhenden offiziellen päpstlichen Titel eines »Patriarchen des Abendlandes« definitiv streichen und die Tiara als Symbol der kaiserlichen Macht aus dem »Papstwappen« entfernen ließ.
In den drei Jahrzehnten nach dem Tod Konstantins kam es zu

einem Hauen und Stechen unter seinen Söhnen und Nachfolgern, welches Ende 367 den Untergang der konstantinischen Dynastie herbeiführte. Etwa um diese Zeit begann eine neue Entwicklung rund um den Bischof von Rom. Nachdem die Katholische Kirche durch Konstantin mit allerhöchsten Gunstbeweisen geadelt und ihre Angehörigen in höchste Staatsämter und Würden gebracht worden waren, erkannten die stadtrömischen Adelsfamilien, dass es durchaus praktisch und einträglich sei, das führende Amt dieser Kirche in Rom, die Position des römischen Bischofs, mit eigenen Familienmitgliedern oder Gefolgsleuten zu besetzen, und so in den Genuss zahlreicher Privilegien und der mittlerweile reichlich sprudelnden Spenden der Gläubigen zu kommen. Geld zog also Geld an. Die führenden Familien, die Adelsclans Roms, begannen sich in die Besetzung des Bischofsthrons der Stadt aufs massivste einzusetzen. Noch genauer: die führenden Frauen.
Es begann mit Bischof Liberius, der dem Vernehmen nach 352 bis 366 das Amt ausfüllte, zumindest zeitweise, wie man einschränkend sagen muss. Denn 355 wurde er nach dem heutigen Bulgarien verbannt. Kaiser Constantius II., Sohn des großen Konstantin, machte dessen Gegner, Felix II., zum neuen Papst in Rom. Führende Damen setzten sich jedoch für den Womanizer Liberius ein, auf dass dieser wieder in Rom praktizieren dürfe. Der Kaiser gab schließlich den inständigen Bitten und dauernden Vorhaltungen bezüglich des Liberius nach und ließ diesen aus dem fernen Balkanland wieder zurückholen. Constantius hatte verfügt, dass beide gemeinsam das Amt ausüben sollten – ein Novum in der Kirchengeschichte. Als Liberius wieder in Rom einzog, einem Triumphator gleich, standen die leichtgeschürzten Adelsdamen an der Straße Spalier und ließen Rosenblüten über den höchsten Würdenträger der Diözese Rom herabregnen. Felix war augenblicklich abgemeldet, um ihn kümmerte sich niemand mehr, während die Damen und die restlichen Clans sich verzückt um Liberius scharten, und jede Äußerung, jede Bewegung, jede Geste des Begnadigten enthusiastisch aufnahmen. Schließlich schickte sich der bedröppelte Felix in sein Schicksal und verzog sich beleidigt in die Provinz.

Der Arianer Liberius dagegen herrschte wie einst im Mai, umgeben von seinen Lieblingshofdamen. Felix starb verbittert 365, als Trost erhob ihn die Kirche zum Märtyrer und dichtete ihm einen heldenhaften Tod an. Ein Jahr später starb auch, befriedigt und im hohen Alter, sein Gegner Liberius.
Nachfolger wurde sein ehemaliger Diakon

Damasus I. (um 305–384, Bischof von Rom 366–384)

Ursprünglich aus Portugal gebürtig, musste er bis ins siebte Lebensjahrzehnt warten, ehe er den höchsten kirchlichen Thron der Diözese Rom besteigen konnte. Damasus war eigentlich ein Anhänger von Felix, und also Trinitarier. Er setzte sich umgehend für die verbindliche Einführung des Zölibats ein und ließ eine neue lateinische Bibelübersetzung herstellen. Einzig sein Versuch, sich vom Kaiser verbindlich die Vorherrschaft des römischen Bischofs über alle anderen Bischöfe verbriefen zu lassen, scheiterte. Der Kaiser wollte sich nicht so eindeutig festlegen. Wie seine Amtsvorgänger sah er seine Vorteile eher in einer Mittlerposition, aus der heraus er die verfeindeten Gruppen hervorragend und herrschaftsstabilisierend gegeneinander ausspielen konnte. Dafür sorgte er für die endgültige Durchsetzung des Trinitariertums mit der Anerkennung der Ergebnisse des Konzils von Nizäa.
Die verbliebenen Arianer in der Kurie fackelten nicht lange und wählten noch 366 stante pede einen eigenen Bischof, Ursinus, einen gestandenen Arianer und Freund des verstorbenen Bischofs Liberius. Da die Sache weder vor weltlichen noch vor kirchlichen Gerichten abschließend geklärt werden konnte, sprachen anschließend die Fäuste. Damasus hatte mit Hilfe seiner Geldgeber eine größere Schlägertruppe aus Katakombenarbei-

tern und Fuhrleuten anheuern lassen, und setzte diese nun auf die Anhängerschaft von Ursinus an, die ihres Lebens nicht mehr froh wurde.

Wo auch immer Ursinus' Anhänger auftauchten, wurden sie von einer gutbewaffneten, körperlich überlegenen Söldnertruppe von Damasus erwartet und windelweich geprügelt. Die Gewaltexzesse nahmen derartige Formen an, dass der heidnische Stadtpräfekt Praetextus aus Gründen der öffentlichen Sicherheit kraft eigenen Amtes Ursinus samt Anhängerschaft 366 kurzentschlossen der Stadt verweisen ließ. Ein Jahr später gestattete Kaiser Valentinian I., in dessen Verwandtschaft sich zahlreiche Arianer fanden, den Verbannten die Rückkehr. Doch nach kurzer Zeit flammten die Straßenschlachten wie ehedem wieder auf. Ursinus wurde nun erneut verbannt, diesmal vom Kaiser, und diesmal gleich bis Gallien (um es ihm ein wenig schmackhafter zu machen, denn Frankreich war schon damals beliebter als Bulgarien).

Damasus indes machte unter Kaiser Gratian bedeutende Karriere. Höhepunkt seiner Amtszeit war zweifellos die Erhebung der katholischen Religion zur Staatsreligion im Jahr 380. Der Arianerstreit wurde gleichzeitig zugunsten der Trinitarier endgültig entschieden, seitdem ist die Dreifaltigkeit gültiges kirchliches Dogma. Der christliche Kult wurde gleichzeitig massiv finanziell gefördert, indem ihm sämtliche Abgaben und Steuerlasten erlassen wurden, während den heidnischen Kulten sämtliche finanzielle Unterstützung gestrichen wurde, und damit deren Untergang besiegelt war.[35] Zu den Parteigängern von Damasus gehörte auch sein Sekretär, der später als »Kirchenvater« bezeichnete Hieronymus, ursprünglich vom Balkan stammend, aus der Gegend von Pula (Istrien). Dieser hatte sich – mit kaum 40 Jahren im besten Mannesalter befindlich – in Rom schnell einen Namen als besonders einfühlsamer Beichtvater, Berater und väterlicher Freund zahlreicher ebenso attraktiver wie hochstehender Damen gemacht. Zu seinen Kundinnen zählten etwa die später heiliggesprochene Jungfrau Julia alias Eustochium, Marcella, die vom Gotenkönig Alarich angeblich zu Tode gequält wurde, Lea, eine reiche Witwe, die gerne und reichlich dem christlichen Kult

spendete, Fabiola, die Stifterin des ersten Krankenhauses Roms, Paula, die den griechischen Bischof Epiphanius während seiner Romaufenthalte gerne bei sich beherbergte, und die Nonne Blasilla, die, von Hieronymus angestachelt, es mit der masochistischen Askese derartig übertrieb, dass sie daran starb. Einige dieser Damen waren dem Prediger derart hörig geworden, dass sie ihm nach dem Tod von Damasus sogar ins selbstgewählte Exil in den lebensfeindlichsten Wüsten Ägyptens folgten, und nicht mehr von seiner Seite wichen.
Ursinus harrte fast zwei Jahrzehnte in Frankreich aus. Nach dem Tod von Damasus hoffte Ursinus auf eine Rückkehr nach Rom und die Ernennung zum Bischof. Doch Pustekuchen. Statt seiner wurde ein bislang unbekannter Priester namens Siricius gewählt. Und das hatte Gründe.

Siricius (um 334–399, Papst 384–399)

Der in den Quellen als »formbar« bis »einfältig« beschriebene Siricius war in Rom geboren, und williges Werkzeug in den Händen der führenden Familien. Er war dazu ausersehen, das Pfund der römischen Adelsclans in Form des römischen Bischofssitzes entsprechend zu vermehren, indem er seinen Wert und seine Bedeutung steigerte. Zu diesem Zweck betrieb er nachhaltig den Vorrang Roms vor den anderen Patriarchaten. Auch begann er, sein eigenes Bischofsamt mit dem Zusatz Papst zu versehen, was bisher dem Patriarchen von Alexandrien vorbehalten war. Er sprach ein Verbot für die Wiedertaufe der verstoßenen Arianer aus, deren Untergang damit besiegelt war. Außerdem verschärfte er den Zölibat, und verbot allen kirchlichen Funktionären vom Priester aufwärts endgültig den Sex mit ihren Frauen, von denen sie sich zu trennen hatten (was bis zu diesem Zeitpunkt nicht der Fall gewesen war, Priester waren damals noch meist verheiratet und frönten uneingeschränkt dem ehelichen – und außerehelichen – Verkehr). Außerdem führte er das folgenreiche Gebot ein, dass Bischöfe außerhalb Roms nur noch mit Zustimmung des römischen Amtsinhabers wählbar seien. Damit zementierte er die Weisungsbefugnis des römischen Bischofs, nun Papstes, über die anderen Diözesen des Westreiches (das Ostreich hatte sich davon schon so gut wie unabhängig gemacht, auch schon deutlich vor dem großen Schisma, dem endgültigen Zerwürfnis zwischen Ost- und Westkirche 1054).

Zu den folgenreichsten Handlungen seiner Amtszeit gehört auch die von der römischen Bischofskurie (den mächtigen Verwaltungsräten innerhalb der kirchlichen Hierarchie, die bis heute in der Regel die eigentlich Macht im Vatikan innehaben) heimlich betriebene Hinrichtung des als Ketzer vom Kaiser angeklagten iberischen Geistlichen Priscillian. Dieser hatte sich gegen Pomp und Prachtentfaltung der zunehmend verweltlichten Katholischen Kirche und zur Rückkehr zur Askese und Einfachheit ausgesprochen. Dazu sprach er sich für die Gleichberechtigung von Mann und Frau sowie die Abschaffung der Sklaverei als unchristlich aus. Da seine Thesen ungemein populär waren angesichts einer immer mehr in Pomp und Pracht erstarrenden Katholischen Kirche war seine zeitnahe Beseitigung umso dringlicher. Schnell wurde eine wohlfeile Anklage wegen angeblicher Häresie und verbotener magisch-sexueller Rituale zusammengezimmert. Dabei spielte die unzüchtige Rolle angeblich nackter Frauen während der von Priscillian abgehaltenen Messfeiern eine Rolle, zu deren Standardrepertoire angeblich vor dem Altar in allen möglichen Stellungen betriebene Unkeuschheit – auch mit Tieren – gehört haben soll. Alles blühender Unsinn, der nur der propagandistischen Vernichtung des Gegners diente. Da hätte man mal besser beim Amtsinhaber nachgesehen. Das Ende von Priscillian war mangels potenter Fürsprecher schnell besiegelt. Er ging in die Geschichte ein als derjenige, der als erster auf kirchliches Betreiben durch staatliche Handlanger hingerichtet worden war.

Nach dem Tod Priscillians ließ sich Siricius zusammen mit Ambrosius von Mailand zu einem lahmen Protest herbei, der nur der Form halber ausgesprochen wurde. Tatsächlich war die

Amtskirche dem Kaiser sehr dankbar für die Beseitigung des ideologischen Abweichlers, da dieser dem Kurs der Staatskirche hätte gefährlich werden können.
Mit Siricius' Nachfolger

Anastasius I. (Papst 399–401)

begann die lange Reihe der Verfehlungen, indem Päpste Kinder zeugten und diese in Anlehnung an die monarchistische Erbfolge wieder zu hohen kirchlichen Würdenträgern bzw. zu ihren Nachfolgern machten. Der Legende zufolge hatte er eine Liaison mit einer hochstehenden römischen Adligen, die er vor seiner Papstwahl geschwängert hatte, die aber auch nach seinem Amtsantritt an seiner Seite blieb. Aus dieser Verbindung ging der erste Papstsohn als Papst hervor:

Innozenz I (Papst 401–417)

Er wurde Papst im Alter von 17 Jahren. Noch früher war der herrschende Kaiser Honorius (384–423), nämlich im Alter von 10 Jahren, 394 auf den Thron gelangt. In beider Amtszeit fällt eines der folgenschwersten Ereignisse für diese Epoche – die Plünderung Roms 410 durch aufständische römische Hilfstruppen aus dem Westgotenland unter der Führung des legendären, aus Rumänien gebürtigen Generals Alarich (370–410). Ohnehin beschleunigte sich zu diesem Zeitpunkt der Niedergang des römischen Imperiums. Spanien, Frankreich, die britischen Inseln mussten aufgegeben werden. Die seit längerer Zeit als Hilfstruppen ins römische Heer eingebundenen Stämme der Markoman-

nen, Westgoten, Vandalen und Hunnen begannen immer mehr auf eigene Rechnung Kriege zu führen und zu plündern, bis hin zur Eroberung Roms durch Alarich.
Die westgotischen Söldner hielten sich für die vergangenen Entbehrungen und Schlachten an den Vorratsgebäuden und an den römischen Frauen schadlos, die ohne Ansehen ihrer Abstammung den Soldaten zu sexuellen Vergnügungen bereitzustehen hatten. Als die Westgoten abzogen, waren Macht und Pracht Roms gebrochen. Der alte Glanz, die alte Herrlichkeit sollten nie wieder hergestellt werden können. Innozenz, der sich während des Gotensturms zum Kaiserchen Honorius nach Ravenna geflüchtet hatte, kehrte anschließend nach Rom zurück. Die Heiden machten jetzt die mangelnde Ehrung der bisherigen Kultgötzen für die Niederlage verantwortlich, die katholische Kirche entgegnete, das wahre Reich sei ohnehin das Himmelreich und auf Erden alles nur vergänglich und vorübergehend.
Honorius selbst war mit 14 Jahren zunächst unter Mithilfe von Innozenz mit Maria, der Tochter seines Generalstabschefs Stilicho verheiratet worden. Die Ehe wurde offiziell nie vollzogen. Maria starb bald darauf, und Honorius wurde nun mit Marias Schwester Thermantia verheiratet, da Stilico die Verbindung zum Kaiserhaus unbedingt durch Heirat festigen wollte. Um die Familienbande bestmöglich abzusichern, arrangierte Stilicho auch die Verlobung seines Sohnes Eucherius mit der Kaisertochter Galla Placidia. Nach Siegen über die in Norditalien eingefallenen osteuropäischen Stämme ließ Honorius für Stilicho 406 den vorletzten römischen Triumphzug in Rom feiern. Zur weiteren Finanzierung der Kriege gegen die nach wie vor Richtung Italien ziehenden Verbände ließ Stilicho jetzt die letzten heidnischen Tempel schließen, ihr Inventar verkaufen und die Tempelschätze einschmelzen. Damit räumte er die letzten verbliebenen heidnischen Kultkonkurrenten des Christentums in Rom aus dem Weg. Er ließ auch die seit dem fünften vorchristlichen Jahrhundert in Rom verehrten Sibyllinischen Weissagungsbücher verbrennen, und beendete so diese abergläubig-heidnische Tradition.
Zur Vorbereitung eines neuerlichen Kriegszugs, diesmal gegen

die *Illyricum* genannte Balkanregion, die zwischen Ost- und Weström umstritten war, versammelte Stilicho im August 408 Truppen in der Nähe des oberitalienischen Pavia. Honorius traf dort Mitte August ebenfalls ein. Als plötzlich (vom Kaiser gestreut?) Gerüchte aufkamen, Stilicho sei dabei, nach der höchsten Position im Reich zu greifen, ließ Honorius ihn und Eucherius von seiner Leibgarde ermorden. Stilichos Frau Serena wurde vom römischen Senat wegen Hochverrat zum Tode verurteilt und hingerichtet. Galla Placidia war daher nun Witwe, und wieder frei für neue vorteilhafte dynastische Verbindungen.
Honorius, der ein inzestuöses Verhältnis mit seiner Halbschwester Galla Placidia pflegte, musste nun mit ansehen, dass Alarich diese, nachdem er sie 410 in Rom aufgegriffen hatte, auf seinem weiteren Eroberungszug nach Süditalien mit sich nahm, und, nachdem er selbst ihre erotischen Fähigkeiten ausprobiert hatte, Galla an seinen Schwager Athavulf abtrat. Dieser behielt Galla Placidia zunächst als Konkubine in seinem Harem, ehe er sie vier Jahre später nach römischer Sitte heiratete, um seinen Anspruch auf den Kaiserthron zu manifestieren. Athavulf wandte sich als nächstes nach Südfrankreich, mit dem Plan, weiter nach Spanien zu ziehen. In Frankreich wurde er von einem gedungenen Mörder getötet. Galla wurde von seinem Nachfolger Sigerich vergewaltigt, ehe sie 415 nach Rom zurückkehren durfte. Dort angekommen, wurde die 25-Jährige sofort mit dem neuen Generalstabschef Constantius verheiratet, der die Ehe angeblich gewaltsam vollzog, da Galla mit dieser Entscheidung über ihren Kopf und ihren Körper hinweg nicht einverstanden war.
Papst Innozenz war unterdessen verstorben, und der aus Griechenland gebürtige Zosimos 417 zu seinem Nachfolger ernannt worden. Kaiser Honorius versuchte so, den Einfluss des stadtrömischen Adels auf Stellenbesetzung und Amtsführung des religiösen Christenchefs zu minimieren. Allerdings war das nicht von Erfolg gekrönt, da Zosimos seine Ernennung nicht lange überlebte. Er starb 418, und Galla nutzte die Gelegenheit, um erstmals in der hohen Politik mitzumischen, indem sie den von einer Minderheit der Bischofsversammlung gewählten Eulalius gegen den Mehrheitskandidaten Bonifatius unterstützte. Da sich

Eulalius in der Kirche nicht durchsetzen konnte, schwenkte sie schließlich um und unterstützte die offizielle Amtsübernahme durch

Bonifatius (Papst 418–422)

Für die aufstrebende Katholische Kirche unter Bonifatius war vorteilhaft, dass Kaiser Honorius bereit war, extra römische Gesetze zu ändern, damit auch minderjährige Erben großer Familienvermögen diese in ihrem religiösen Eifer der Kirche stiften konnten, wie im Fall der jungen Melanie, die das immense familiäre Erbe verkaufte, 8000 Sklaven freiließ und ihr Vermögen der Kirche stiftete, die auf diese Weise schon im 5. Jahrhundert zum größten Grundbesitzer Italiens aufstieg.

Nach einigen militärischen Erfolgen verlangte Gallas' Mann Constantius 421 ultimativ nach dem Cäsarenamt. Honorius gab widerstrebend nach, sorgte aber schon im Herbst des Jahres dafür, dass der Emporkömmling einer ungeklärten Krankheit zum Opfer fiel. Nun war das ehemalige Dream Team Honorius und Galla wieder in Wonne vereint. Allerdings hielt die Idylle nicht lange, da erneut die Nachfolgefrage zum Streitpunkt geriet. Galla wollte ihren 419 geborenen Sohn Valentinian als offiziellen Thronfolger installieren. Der kinderlose Honorius hatte eigentlich andere Pläne, zerstritt sich mit Galla, diese floh nach Konstantinopel. Mit Hilfe der dortigen Verwandtschaft erreichte sie, dass Honorius 423 ebenfalls eines ungeklärten Todes starb. Galla kehrte daraufhin mit ihren Kindern nach Rom zurück und begann nun ihre neue Rolle als Königsmutter.

Zuvor hatte sie schon die Inthronisation von

Coelestin I. (Papst 422–432)

Ins Werk gesetzt. Mit Hilfe der oströmischen Verwandtschaft wurde ihr sechsjähriger Sohn Valentinian 425 zum Augustus des Westens ausgerufen. Die eigentliche Regierungsgewalt lag in der Zeit seiner Minderjährigkeit in den Händen seiner Mutter Galla. Zu Beginn der 430er Jahre kam es unter den Spitzenmilitärs Westroms zu einem blutigen Ausscheidungskampf um die höchste Position im Staat. Durchsetzte sich der 40-jährige, im heutigen Bulgarien geborene Flavius Aëtius, der zum Amt des Generalstabschefs auch noch Pelagia, die unermesslich reiche Witwe seines schärfsten Widersachers ins Bett gelegt bekam.
Coelestins Nachfolger

Sixtus III. (Papst 432–440)

Wurde 440 der Vergewaltigung und fortgesetzten Unzucht mit einer Nonne angeklagt. Noch vor der Eröffnung der eigentlichen Verhandlung starb Sixtus plötzlich und unerwartet und machte den Weg frei für eine Neubesetzung des »Heiligen Stuhls«.

Leo I (um 400–461, Papst 440–461)

Mit ihm begann ein neuer Abschnitt der Kirchengeschichte. Währenddessen hatte Galla Placidia die dynastisch äußerst vorteilhafte Eheschließung zwischen ihrem mittlerweile 18-jährigen Sohn Valentinian und der 15-jährigen oströmischen Kaisertochter Licinia Eudoxia arrangiert, die von Sixtus III. abgesegnet worden war. 450 wurde die Affäre von Gallas Tochter Honoria mit einem Hofbeamten öffentlich. Der entstehende Skandal war beträchtlich, der Liebhaber kurzerhand hingerichtet. Honoria schickte daraufhin eine Botschaft an den in Norditalien kämpfenden Hunnenkönig Attila, in der sie ihm Leib und Ehe anbot für den Fall, dass er sie in Rom aus dem verhängten Hausarrest befreie und ihre Widersacher beseitige. Als Attila daraufhin einige Zeit später mit seinem Heer Richtung Rom zog, reiste Papst Leo zu ihm, und bewegte ihn durch die Zahlung eines außerordentlich hohen Bestechungsgeldes, das zum Teil aus staatlich-römischen, zum Teil aus den wohlgefüllten Kassen der Kirche gesammelt worden war, dazu, auf die Plünderung Roms zu verzichten. Attila starb wenig später beim Sex in der Hochzeitsnacht mit einer westgotischen Königstochter, als er plötzlich Blut zu spucken begann. Ob die Königstochter Ildico ihn im Auftrag des Papstes oder des oströmischen Kaiser vergiftete, bleibt unklar.

Galla Placidia starb Ende 450 im Alter von 60 Jahren. Der 21-jährige Valentinian regierte nun eigenständig, »beraten« von Leo I. Als erstes machte der Kaiser sich daran, sich des übermächtigen Heerführers Aëtius zu entledigen, nachdem dieser ultimativ die Hochzeit seines Sohnes Gaudentius mit der Kaisertochter Eudocia gefordert hatte. Er lud den Militär zu einem Gelage mit anschließender Orgie in sein luxuriöses Anwesen auf dem Palatin, und erschlug den schon angetrunkenen und mit Hetären beschäftigten Aëtius eigenhändig zu später Stunde. Valentinian büßte diese Tat ein halbes Jahr später, als er im Frühjahr 455 während einer Truppenparade von Gefolgsleuten Aëtius' ermordet wurde, ohne dass die – vorher bestochene – kaiserliche Leibgarde einschritt. Welche Rolle Leo I. in diesem Ränkespiel innehatte, ist unklar. Nun geriet das gesamte Machtgefüge ins Wanken. Der von Leo I. protegierte stadtrömische Adlige Petronius Maximus, der vermutlich auch der eigentliche Drahtzieher des Anschlags auf Valentinian war, ließ sich mit seinen fast 60 Jahren zum Nachfolger ausrufen, und nahm sich als Morgengabe die berückend schöne, 33-jährige Kaiserwitwe Licinia Eudoxia gegen deren Willen zur Frau, die vor ihm

leichtbekleidet Schleiertänze zu seiner Unterhaltung aufführen musste. Seinen 25-jährigen Sohn Palladius verheiratete er mit der 16-jährigen Kaisertochter Eudocia.
Das war allerdings ein Fehler, da Eudocia offiziell mit dem Vandalenkönigssohn Hunerich verlobt war. Dessen Vater Geiserich war nicht bereit, der Auflösung der Verlobung tatenlos zuzustimmen, und zog mit einem Heer Richtung Rom. Die verängstigte Stadtbevölkerung Roms, die angesichts der schlimmen Erinnerungen an die Plünderung der Stadt 410 keine weitere Verheerung riskieren wollte, erschlug Petronius, als dieser vor den heranrückenden Truppen aus Rom Richtung Süden fliehen wollte, und warf seine Leiche in den Tiber. Auch sein Sohn Palladius kam während dieser Unruhen ums Leben. Geiserich gab die Stadt für zwei Wochen frei zur Plünderung. Seine Soldaten hausten wie die sprichwörtlichen Vandalen, trotz hoher Bestechungsgelder, mit denen Leo I. zumindest versucht hatte, die christlichen Kirchen vor Plünderung zu schützen. Nicht nur wurden alle noch übrig gebliebenen Schätze Roms geraubt (darunter auch die historischen Ehrenzeichen der Kaiser), sondern auch die Frauen ausnahmslos vergewaltigt, die schönsten und familiär bedeutendsten im Triumphzug ins Vandalengebiet Nordafrikas entführt.
Einen kurzfristigen Einschnitt für den Aufstieg der Römisch-Katholischen Kirche zur Weltmacht bedeutete das Ende des weströmischen Reiches 476 durch die Absetzung des letzten Kaiser Romulus Augustus von der Hand des aus dem heutigen Polen stammenden römischen Söldnerführer Odoaker. Papst Simplicius blieb für den Moment nichts anderes übrig, als den Verlust seiner obersten staatlichen Unterstützungsmacht hinzunehmen. Das Kaisertum wurde künftig von Ostrom repräsentiert, der dortige katholische Patriarch zum großen Ärger der römischen Kurie dadurch automatisch aufgewertet. Umso entschiedener wurde der Kampf um die Vorherrschaft des römischen Bischofs im westlichen Abendland weitergeführt. Immer neue Erlasse, Edikte und Rundschreiben wurden ausgeschickt, zusammen mit hohen Bestechungssummen, um eine immer größere Anzahl von Bischöfen rund ums westliche Mittelmeer davon zu überzeugen, sich dem Vorrang Roms zu beugen.

Felix II. (Papst 483–492)

Felix, zur Abwechslung mal wieder ein Abkömmling stadtrömischer Adliger, war zum Zeitpunkt seiner Wahl ein verheirateter Familienvater mit mehreren Kindern. Odoaker hatte sich für seine Wahl eingesetzt, weil er sich davon Ruhe an der Kirchenfront und damit ein einfacheres Regieren versprochen hatte, da er sich mittlerweile zum König Italiens ausrufen hatte lassen. Mit Zustimmung Odoakers verschärften Felix und die Kurie die Auseinandersetzungen mit dem Patriarchen in Konstantinopel, dem faktisch mächtigsten Mann innerhalb der Katholischen Kirche und schärfsten Konkurrenten um die Vormachtstellung im Kult. Durch eine Reihe feindseliger Maßnahmen erreichte Felix wunschgemäß ein erstes Schisma, die erste offizielle Trennung von Ost- und Westkirche. Diese hielt bis 519 an.

Gelasius I. (Papst 492–496)

Gelasius, aus Nordafrika gebürtig, ein enger Mitarbeiter von Felix, führte das Werk seines Vorgängers fort. Er machte sich einen Namen durch die Erfindung bzw. Verkündung der »Zwei-Schwerter-Lehre«, der zufolge der Kaiser bzw. der italienische König (Odoaker) für die weltlichen Angelegenheit oberster Richtherr ist, der römische Bischof jedoch, diesem also formal gleichrangig, den gleichen Status für alle geistlichen Fragen gegenüber allen anderen abendländischen Bischöfen und Gläubigen beanspruchen können soll. Odoaker scherte sich nicht um die Feinheiten, ihm war wichtig, dass er Ruhe an der Heimatfront hatte, daher war er gerne bereit, dieses offiziell als staatliche Übereinkunft zu verkünden. Nach dem Tod des Nachfolgers von Gelasius, Anastasius II., der nur kurz von 496 bis 498 auf dem Petersthron gesessen hatte, gab es einen heftigen Kampf um die Nachfolge.

Symmachus (Papst 498–514)

Odoakers Nachfolger, der aus dem heutigen Ungarn stammende Theoderich, hatte eigene Vorstellungen über die Besetzung der römischen Diözese. Mittlerweile war aber auch das oströmische Kaisertum auf die Besetzung dieser Position von einiger Bedeutung für die Regierung Italiens aufmerksam geworden und wollte ebenfalls einen genehmen Kandidaten in Stellung bringen. Zur Wahl standen zwei Kandidaten. Der eine, Symmachus, gebürtig aus Sardinien, der andere der in Rom geborene Laurentius. Symmachus wusste sich der Unterstützung Theoderichs sicher, während Laurentius vom römischen Senat, vom Adel und von einer Mehrheit des Klerus unterstützt wurde, aber auch auf die Unterstützung Konstantinopels zählen konnte. *Laurentius* war dazu ausersehen, das Schisma, die Spaltung zwischen Ost- und Westkirche zu beenden, und die römische Kirche dem Patriarchat im Osten zu unterstellen. Der von Theoderich unterstützte *Symmachus* dagegen sollte im Gegenteil die Spaltung aufrechterhalten und wenn möglich noch vertiefen, um so von geistlicher Seite die Unabhängigkeit der Herrschaft des Ostgotenkönigs in Italien vor der Einflussnahme seitens der oströmischen Kaiser zu schützen.

Theoderich zog die Entscheidung an sich. Da er mit Geld und Truppen vor Rom stand, konnte er die Sache auch in seinem Sinne und zugunsten seines Kandidaten Symmachus entscheiden. Die oströmische Seite war damit unterlegen, sie musste hinnehmen, dass ihr Kandidat Laurentius von Theoderich als Ersatz mit einem unbedeutenden süditalienischen Bistum belehnt wurde. Allerdings überzog es Symmachus offenbar in seinem Glauben, von Theoderich in jeder Lebenslage geschützt zu werden. Als seine sexuellen Eskapaden und Vergewaltigungen gerade auch von Nonnen, sein Privatsport, überhand nahmen, wurde er tatsächlich vor Gericht gestellt. Theoderich entzog ihm in diesem Augenblick sein Wohlwollen, da er ja schlecht einen vorbestraften Papst unterstützen konnte. Im Zuge des Gerichtsverfahrens wich Symmachus samt seinen Unterstützern auf eine

bewährte Strategie aus: der Herstellung von gefälschten Dokumenten. Sie sollten in diesem Falle beweisen, dass ein Papst überhaupt nicht vor einem weltlichen Gericht angeklagt werden könne, weil er der weltlichen Gerichtsbarkeit nicht unterstehe, und das schon seit Zeiten der Apostel. Zahlreiche falsche Schriftstücke wurden nun präsentiert, bis hin zu den angeblichen Protokollen einer Synode von Bischof Silvester (s. o.), auf der angeblichen verkündet worden sein solle: »*Nemo enim judicabit primam sedem: quoniam omnes sedes a prima sede justitia desiderant temperari. Neque ab Augusto, neque ab omni clero, neque a regibus, neque a populo judex judicabitur.*« (Niemand aber soll den höchsten Sitz richten: da ja alle Sitze wünschen, dass ihnen vom höchsten Sitz Gerechtigkeit widerfahre. Weder vom Kaiser noch vom gesamten Klerus, weder von Königen noch vom Volke soll er gerichtet werden). Bis heute berufen sich die Päpste im Übrigen auf diese gefälschte Schutzbehauptung.[36]
Lorenzo kam nun nach Rom zurück, allerdings wollte ihm Symmachus nicht so einfach Platz machen und verschanzte sich im Lateranspalast. Beide Seiten heuerten mit viel Geld Schlägertrupps an, die sich viele Monate lang blutige Straßenschlachten in Rom lieferten, ohne dass eine Seite sich wirklich durchsetzen konnte. 506 waren die Einwohner Roms die ständigen Händel und Sachbeschädigungen leid und baten Theoderich um erneute Überprüfung des Sachverhalts. Da ihm Symmachus zusicherte, sich künftig bei seinen erotischen Eskapaden etwas zurückzuhalten, bzw. diese nur noch fern der Öffentlichkeit auszuüben, und seine anti-oströmische Politik zu intensivieren, begnadigte ihn Theoderich. Lorenzo blieb nichts anderes übrig, als vor den aufmarschierten Truppen Theoderichs zu weichen und sich auf ein Landgut außerhalb Roms zurückzuziehen, wo er sein Leben als Asket fristete. Symmachus erfreute sich noch acht weitere Jahre der Position auf der Sonnenseite des Lebens.
Auch unter den Nachfolgern von Symmachus blühte das ausschweifende Leben im Vatikan. Papst Hormisdas, dem es gelang, mit einer windelweichen Kompromissformulierung das Schisma 519 zu beenden, vererbte das Amt des Bischofs von Rom, das der vor dem Pontifikat innehatte, an seinen Sohn Silverius. Felix III.

versuchte, seinen Lebens- und Bettgefährten Bonifatius als Papst zu inthronisieren, allerdings waren die nötigen Absprachen mit dem ostgotischen Establishment offenbar nicht eindeutig, jedenfalls wurde an seiner Statt Dioskur zum Papst gewählt. Eine Prise unbestimmten Pulvers ließen diesen nach 22 Tagen ins Gras beißen, sodass nun der Weg mangels kurzfristiger Alternativen frei war für Bonifazius, der sich allerdings nur anderthalb Jahre seiner Position erfreuen konnte. Dioskur war damit bis heute der Papst mit der kürzesten Amtszeit.
Bald danach war Ostrom am Zug. Dort hatten zwei Frauen einen märchenhaften Aufstieg vom Rinnstein zur Skyline hingelegt, von der Gosse in den kaiserlichen Palast und für eine von beiden sogar bis auf den Thron, die andere als Ehefrau des höchsten Generals. Die Rede ist von Theodora und Antonia. Theodora entstammte einer verarmten Gauklerfamilie. Ihr Vater war früh gestorben, die Mutter und die drei Töchter suchten nun ihr Auskommen in der Prostitution. Sie zogen auf Wanderschaft durch Nordafrika und den Orient, und kamen dadurch auch mit bewusstseinserweiternden Substanzen, sprich Drogen in Kontakt. Um 510 kamen Mutter und Töchter wieder in Konstantinopel an. Die älteste Schwester, Comita, wurde schnell zu einer der bekanntesten Prostituierten der Stadt. Theodora, die mittlere der drei Töchter, und schon von klein auf mit den Regeln des Gewerbes vertraut, ging ihrer Schwester angeblich schon damals im wahrsten Sinne des Wortes zur Hand, indem sie Freier manuell oder oral befriedigte. Später trat sie wie ihre Schwester in schlüpfrigen Varieteshows auf, und entblößte dabei gern ihren makellosen Körper. Alle drei Schwestern waren mit einer außerordentlichen Schönheit gesegnet, der zu ihrem großen Erfolg im Rotlichtbezirk beitrug. Bald hatte sich die finanzielle Situation der Familie so weit gebessert, dass die Mutter in Ruhestand gehen und die Vermögensverwaltung übernehmen konnte. Theodora war mittlerweile ebenfalls zur vollgültigen Kurtisane herangewachsen, missgünstige zeitgenössische Quellen beschreiben sie als »Drei-Loch-Stute«. Es war für sie normal, an einem Abend zehn Freier zu bedienen, und hinterher angeblich auch noch die dreißig Sklaven der Freier. Ihr Sexualappe-

tit scheint ähnlich grenzenlos wie der einer Messalina gewesen zu sein. Zu ihrer Spezialität gehörte die Mischung von Sex und Drogen, was zu ganz besonderen Orgasmus-Erlebnissen führte, teilweise auch unterstützt durch Asphyxiophilie (Würgetechniken, die durch Sauerstoffunterversorgung im Hirn einen besonderen Knalleffekt beim Orgasmus ermöglichen sollen).[37]
Ihr Ruf, Freiern ganz spezielle erotische Vergnügungen zu ermöglichen, verbreitete sich rasch in der Stadt, und besonders in den höheren Gesellschaftsschichten. Binnen kurzer Zeit gehörte auch der amtierende Kaiser Justinian zu ihren Kunden. Das war natürlich der Lotterie-Hauptgewinn für Theodora. Justinian war so verrückt nach ihr, nach dem Sex mit ihr, nach ihren ganz speziellen Serviceleistungen, dass er sich umgehend daran machte, die bisherigen gesetzlichen Regelungen, die Eheschließungen zwischen byzantinischen Würdenträgern und Huren ausschlossen, außer Kraft setzen zu lassen. Das Ziel war bald erreicht, und der Hochzeit zwischen Kaiser und Kurtisane stand nichts mehr im Weg. Nach der prunkvollen Eheschließung änderte Theodora ihr Image und zog nun als Moralapostel durch die Lande, als Vorkämpferin gegen Prostitution, sorgte in diesem Zusammenhang aber auch für die strenge Verfolgung von Kindesmissbrauch und Gewalt gegen Frauen, sodass ihr Wirken nicht nur negativ gesehen wird.
Ihre beste Freundin Antonia entstammte ebenfalls dem untersten Gesellschaftssegment, in diesem Fall der Zirkusartisten und Jockeys. Auch sie arbeitete sich in der Horizontalen durch die gesellschaftlichen Ebenen, gewann dann den Generalstabschef Belisar als Kunden, als Geliebten und bald als Ehemann. Im Gegensatz zu Theodora setzte sie aber ihr munteres Treiben auch nach der Eheschließung fort und zählte auch als Generalsweib zur »leichten Beute« für die Playboys ihrer Zeit.
Bonifatius II. hatte um diese Zeit herum einen seiner Prälaten namens Vigilius als päpstlichen Gesandten nach Konstantinopel geschickt. Dieser konzentrierte sich jedoch keineswegs nur auf die anstehenden Verhandlungen mit den oströmischen Patriarchen, sondern erlag den orientalischen Reizen der Stadt, und insbesondere Theodora und Antonia. Diese nahmen ihn in ih-

ren Zirkel auf, und es liegt nahe anzunehmen, dass er auch die irdischen Freuden körperlicher Vereinigungen mit den beiden kennenlernen durfte. Im Zusammenhang mit dem Projekt, den römischen Bischofsthron unter oströmische Dominanz zu stellen, gewannen sie ihn als willigen Kandidaten für die von ihnen in Aussicht gestellte Wahl zum Papst. Beglückt, befriedigt, und mit erheblichen Geldmitteln zur Bestechung des Wahlgremiums versehen reiste er nach dem Tod von Agapitus I. 536 nach Rom zurück. Allerdings kam er in diesem Fall zu spät, die Wahl war schon auf den ostgotischen Kandidaten Silverius gefallen. Doch der konnte sich seiner Wahl nicht lange erfreuen. Von Antonia angefeuert, zog General Belisar mit einem riesigen Heer nach Italien und sorgte für den nötigen Nachdruck, woraufhin wunschgemäß Vigilius zum Papst gewählt wurde.

Vigilius (um 500–555, Papst 537–555)

Doch Vigilius, selbst einer römischen Adelsfamilie entstammend, hatte keineswegs vor, einfach nur als Ausführungsorgan des oströmischen Machtwillens zu fungieren. Er hatte seine eigenen Vorstellungen, und setzte sich über die mit Konstantinopel, mit Theodora und Antonia getroffenen Vereinbarungen nonchalant hinweg. Doch war er seiner Sache zu sicher. Es kam, wie es kommen musste. Nach dem Eklat von 540, als er wider die Verabredung eine bestimmte Glaubensrichtung keineswegs verdammte, dauerte es zwar noch einige Jahre, während derer der Kaiser im Osten seines Reichs mit einfallenden Barbarenhorden beschäftigt war, doch 546 war es dann so weit und Vigilius Herrlichkeit zu Ende. Er wurde mit Gewalt nach Konstantinopel gebracht und dort eingekerkert – so lange, bis er endlich im gewünschten Sinne seine römischen Beschlüsse öffentlich widerrief und das Gegenteil gelobte. Damit hatte er es sich jedoch mit allen Seiten verdorben, und kaum jemand war verwundert, dass er auf

der Rückreise nach Rom in Sizilien einem »unvorhergesehenen plötzlichen Fieber« erlag. Die Verwendung eines wirksamen Giftes darf als gesichert angenommen werden.
Vigilius' Nachfolger Pelagius I. war ebenfalls mit oströmischem Segen ins Amt eingeführt worden. Doch war es auch ihm nicht vergönnt, wieder Ruhe an der geistlichen Front herzustellen, der verbreitete Widerstand gegen die oströmische Dominanz im westeuropäischen Klerus war zu stark. In der Folge nahmen die römischen Adelsfamilien das Heft wieder in die Hand. Johannes III. war ebenso aus ihren Reihen wie seine unmittelbaren Nachfolger. Das gleichzeitige Konzil von Tours schreibt fest, dass Sex zwischen Priestern und Nonnen mit Berufsverbot und Relaiisierung geahndet werden kann, und führt das für die Kirche als größten Großgrundbesitzer des Abendlandes sehr einträgliche System des Zehnten ein (10% der jeweiligen Saisonernte waren demzufolge an die Kirche abzuliefern und wurden in gesonderten Scheunen (Zehntspeichern) verwahrt). Statt Ostrom wurden jetzt zunehmend die Franken als Schutzmacht angerufen.

Gregor I. (um 540– 604, Papst 590–604)

Er ist der erste Papst neuen Typs, repräsentiert er doch den Übergang des römisch-katholischen Kultsystems von der Spätantike ins Mittelalter. Freuden und Vorzüge weltlicher Karriere waren dem stadtrömischen Adelsspross nicht fremd, hatte er doch die wesentlichen Stufen der weltlichen Hierarchie bis zum *praefectus urbi* durchlaufen. Angesichts des Zerfalls der weltlichen Verwaltung wechselte er in seinen Vierzigern nahtlos in die kirchliche Bürokratie über, offiziell nun als Mönch des kurz zuvor entstandenen (möglicherweise von ihm selbst ins Leben gerufenen) Benediktinerordens. Von seinem Vorgänger Pelagius II. als Nuntius nach Konstantinopel geschickt, war es ihm vergönnt, während sechs langer Jahre sämtliche Freuden des orientalischen Lebensgenusses aus erster Hand kennenzulernen. Gregor bestand nunmehr nicht nur darauf, mit dem Titel Papst angesprochen zu werden, er handelte auch wie der oberste weltliche Herrscher der italienischen Halbinsel, indem er – zum großen Ärger des oströmischen Kaisers Maurikios – einen eigenständigen Friedensvertrag mit den Langobarden abschloss, welcher deren Abzug gegen die Zahlung eines Jahrestributs von 500 Pfund Gold vorsah. Gold, das sich aus den damals schon reichlich fließenden Spenden zugunsten der Kirche und des jeweiligen Seelenheils sowie den dem stadtrömischen Adel aufgedrückten Kontributionen leicht aufbringen ließ.

Gregor ist es auch, der einen für die kommenden Jahrhunderte prägenden Wesenszug der Kirche erstmals deutlich verkörpert – die grausame Intoleranz gegenüber Glaubensabweichlern und Heiden. Er persönlich unterzeichnet Anweisungen, die nicht zur Konvertierung zum Christentum bereiten Einwohner Sardiniens mit schweren körperlichen Strafen zu verfolgen, bis hin zur uneingeschränkten Kerkerhaft in einem Speziallager auf der Insel (das von ferne an das US-Gefangenenlager Guantanamo Bay erinnert).[38] Theoderich hatte demgegenüber einige Jahrzehnte zuvor noch konstatiert, es sei völlig irrsinnig, jemandem die Annahme einer bestimmten Religion gegen seinen Willen aufzuzwingen. Doch derlei liberale Weltsicht gehörte jetzt für viele Jahrhunderte endgültig der Vergangenheit an. Die gewaltsame Gewinnung neuer Anhänger, die blutige Missionierung von Heidengebieten, nahm von hier aus ihren Ausgang. Dazu gehörten auch beispielsweise die britischen Inseln, die jetzt – als rohstoffreiches, wirtschaftlichen Gewinn und hohes Spendenaufkommen versprechendes Gebiet attraktiv – intensiv missioniert wurden. Gregor hatte aber auch ein ganz spezielles Interesse an England. So ist von ihm, als er auf dem römischen Sklavenmarkt erstmals junge angekettete Männer von den britischen Inseln sah, mit ihren roten Haaren und ihrer hellen Haut, der Ausspruch überliefert: Das sind keine Engländer, das sind Engel![39] Seine Begeisterung für das neue Warenangebot auf dem römischen Sklavenmarkt beschränkte sich angeblich nicht auf die pure Anschauung, sondern ging noch deutlich weiter.

Jedenfalls wurden junge Mönchsaspiranten von dort, die nunmehr in größeren Scharen eintrafen und die in Rom ihr Seelenheil suchten, gerne in die entsprechenden Bordellbetriebe vermittelt.[40]
Dem oströmischen Terroristen bzw. »Freiheitskämpfer« Foca, der durch einen brutalen Umsturz an die Macht kam und den amtierenden Kaiser samt seiner gesamten Familie sowie weite Teile des Adels von Konstantinopel blutig abschlachten ließ, gratulierte Gregor umgehend und untertänigst zum »mit Gottes Hilfe« errungenen, glänzenden Sieg.[41] Gregor unterstützte den in einem Mehrfrontenkrieg gegen alle möglichen Feinde verwickelten Foca durch großzügige Zuwendungen in Form von Gold und Lebensmitteln. Foca revanchierte sich, indem er 608 der Katholischen Kirche das nach wie vor (trotz der angeblichen »Konstantinischen Schenkung«!) in Staatsbesitz befindliche Pantheon übertrug, das 609 zur Kirche geweiht wurde. Zuvor der heidnischen Göttermutter Kybele geweiht, diente es nun dem neu aufgekommenen Kult der angeblich »göttlichen« christlichen Gottesmutter Maria. Gregor erreichte durch weitere Bestechungszahlungen, dass Foca, der keinerlei Skrupel besaß, wenn es um den Gewinn kurzfristiger Vorteile ging, ihm auch den bisher dem Bischof von Konstantinopel vorbehaltenen Titel des »Ökumenischen Patriarchen« übertrug, also des tatsächlichen Primus inter Pares unter den Bischöfen der »Katholischen Amtskirche«.
Erst jetzt war damit höchstoffiziell die Vorherrschaft des römischen Bischofs über alle anderen katholischen Kult-Darsteller bestätigt worden – was also all die Jahrhunderte zuvor nur frech behauptet worden war, ließ sich jetzt erstmals mit (echtem!) Brief und Siegel beweisen. Gregor und das gesamte römische Kirchen-Establishment waren darüber so entzückt, dass sie gemeinsam mit dem oströmischen Statthalter in Italien, dem in Ravenna residierenden Exarchen mit dem sprechenden Namen Smaragdus, dem Usurpator Foca zu Ehren das letzte antike Bauwerk auf dem Forum Romanum errichteten: die bis heute vor Ort erhaltene Colonna di Foca, welche einstmals eine goldene Statue des Wohltäters trug, die allerdings im Laufe der Jahr-

hunderte verschwand. Die Zeiten waren schon so, dass natürlich keine neue Säule im Steinbruch von Carrara geordert wurde, sondern aus einem der zahlreichen Tempelruinen die Säule ausgebrochen und auf ein neues Fundament gestellt wurde.

Foca entschied auch über die Besetzung des römischen Bischofssitzes für die nächsten Päpste. Unter Honorius I. begann die gewaltsame Missionierung der Sachsen im Gebiet des heutigen Deutschland. Gegen Ende des 7. Jahrhunderts kam es erneut zu schweren Wirren nach dem Tod des Papstes Konon (687). Zwei stritten sich um die Nachfolge, ein dritter profitierte von dem Streit und setzte sich auf den Thron. Als gewählt sah sich Theoderich II. an, der bereits vor der Wahl Konons zum Papst ausgerufen worden war, sich aber nicht durchsetzen konnte. Der zweite Bewerber, Pasquale, hatte sich die Unterstützung des oströmischen Kirchenstatthalters in Italien, des Exarchen von Ravenna, gesichert, gegen Zahlung von 100 Pfund Gold. Es kam zu einem Wettlauf um die Besetzung des »päpstlichen« Lateranspalastes. Die eine Partei besetzte die eine Hälfte des Gebäudes, die andere die zweite. Ein Patt war eingetreten. Als Kompromiss einigte man sich auf Sergius als Papst. Paschalis wollte nicht nachgeben, bat den Exarchen nach Rom und versprach ihm weitere 100 Pfund Gold für seine Unterstützung. Der Exarch führte Geheimverhandlungen mit allen Seiten, da das höchste Gebot von der Partei des Sergius kam, reiste er zwar tatsächlich in Rom an, wie von Pasquale erhofft, sprach sich zu dessen Entsetzen jedoch für Sergius aus. Pasquale versuchte mit allen legalen und illegalen Mitteln, die Wahl anzufechten, wurde jedoch seinerseits der Sodomie und dem Geschlechtsverkehr mit dem Teufel angeklagt und verbannt. Er starb fünf Jahre später, ohne seinen Anspruch jemals aufgegeben zu haben.

Unter Gregor III. (731–741) verschärfte sich der Streit mit Byzanz. Gregor exkommunizierte den oströmischen Kaiser Leo III., der revanchierte sich, indem er die Bistümer Süditaliens und auf dem Balkan der Jurisdiktion Roms entzog und dem Patriarch von Konstantinopel unterstellte. Gregor brach daraufhin sämtliche Kontakte mit Konstantinopel ab. Er ernannte Bonifatius zum offiziellen Legat für die Missionierung Germaniens.

Außerdem ist er noch bekannt für das Verbot, Pferdefleisch zu essen. Alle Päpste dieser Epoche erließen wortreiche Edikte gegen die verteufelte Homosexualität, sowie gegen Geschlechtsverkehr, der anderen Zwecken als der Fortpflanzung diente. Insbesondere der *Coitus interruptus* wurde als Todsünde angesehen, da der Samen ja eben nicht im vorgesehenen »Gefäß« – der Frau bzw. ihrer Scheide – landete, sondern anderswo. Ähnliches galt für Oral- und Analverkehr. Diese galten – da fortpflanzungsverhindernd – als noch fluchwürdiger als etwa Inzest mit den eigenen Geschwistern oder Mutter und Vater, da ja aus solchen Verbindungen immerhin noch Nachwuchs entstehen konnte.
Unter Zacharias (741–752) erfuhr die äußere Prachtentfaltung einen Schub. Dazu trugen unter anderem die immensen Zahlungen bei, mit denen sich die ersten Karolinger unter Pippin dem Jüngeren den »päpstlichen« Segen für ihren Staatsstreich gegen den letzten Merowingerkönig Childerich III. erkauften. Zacharias erteilte diesen Segen gern, während er die Quittung für die zahllosen Säcke voller Gold ausstellte, welche Pippin zu diesem Zweck mit einer militärisch gesicherten Karawane nach Rom hatte schicken lassen. Der Papst benutzte das Geld, um umgehend neue Prachtgewänder anzuschaffen, kostbare, mit Gold durchwirkte Stoffe, und zahllose Bauten in seiner persönlichen Umgebung zu verschönern. Im Lateran wurde ein neuer Flügel angebaut mit einem prachtvollen, einem Kaiser würdigen Zeremoniesaal für den Papst, sowie einem prachtvollen und unverschämt teuren Bronzeportal. Ansonsten ist von Zacharias noch erwähnenswert, dass er den Verzehr von Hasenfleisch verbot. Warum dies, fragen Sie sich? Weil Hasen aufgrund ihres Fortpflanzungstriebs (»rammeln«) als sündig galten, und die Kirche die Gefahr sah, dass mit dem Verzehr ihres Fleischs auch das sündige Treiben der Rammler auf den Menschen übergehen und diesen zu vermehrtem Sündigen verleiten könne.
Zacharias nahm zwei Waisenkinder bei sich auf, und es liegt nahe, bei den damaligen Zeitläufen anzunehmen, dass diese auch sein Bett teilen mussten: Stephan und Paul. Kein Wunder, dass beide bei soviel Protektion wenig später selbst Bischof von Rom und damit Papst wurden. Stephan beerbte Zacharias

nach dessen Tod 752. Um Rom und Italien stand es damals gar nicht gut. Die Langobarden, ein weiterer Barbarenstamm aus dem Norden, der raubend, plündernd, mordbrennend, vergewaltigend durch Italien zog, stand vor den Toren der ewigen Stadt. Um die Gefahr aus dem Norden zu bannen, wandte sich Stephan zunächst traditionsgemäß an den oströmischen Kaiser. Als auf sein Hilfsersuchen keine Antwort kam, setzte er seine Suche nach höherem Beistand fort, und landete auf diesem Weg bei einem in Rom bereits einschlägig bekannten Shooting Star der französischen Politik, Pippin dem Jüngeren, dem Stephans Erzieher und Top kurz zuvor die Absolution für seinen Staatsstreich erteilt hatte.

Diesem Pippin stand jetzt der Sinn nach Höherem. Er wollte das ganz große Programm, die volle Dröhnung, er wollte die Salbung von allerhöchster Stelle. Und er war bereit, dafür einiges zu tun. Dies hatte er Stephan schon durch Boten wissen lassen, ihn aber – ganz selbstbewusster Newcomer – keineswegs aufgesucht, sondern den Papst »eingeladen«, zu ihm nach Frankreich zu kommen, zwecks Abschluss der Verhandlungen und Durchführung der allerhöchsten Salbung. So wurde Stephan zum ersten Papst der Nachantike, der die Alpen überquerte. Da die Langobarden einigermaßen lästig waren und die Sache also eilte, wagte Stephan mit seinen Begleitern sogar die Überquerung im Winter, damals noch eine lebensgefährliche Angelegenheit. Von den Torturen einer Reise im Winter damals ganz abgesehen. Doch die Überquerung gelang, und die Reise konnte wie geplant fortgesetzt werden.

Wenig später trafen die beiden bei eisigen Temperaturen und Schneetreiben am Kloster Ponthion in der Champagne aufeinander. Es kam zum üblichen Austausch von Höflichkeiten. Pippin ritt dem Römer entgegen, stieg vom Pferd, begrüßte den Ankömmling kniend, und übernahm für eine gewisse Wegstrecke den Zügeldienst, d. h. er führte das »päpstliche« Ross am Zügel, und versah damit den so genannten Strator-Dienst, eine Demutsgeste, die sonst Kaisern gegenüber angebracht war. Stephan seinerseits bat einen Tag später, bei der formellen Besprechung der Angelegenheiten, den Franzosen seinerseits auf

Knien um Hilfe und Beistand gegen die bösen Langobarden, die zwar die römischen Bestechungsgelder gerne eingesteckt hatten, doch statt des vereinbarten Abzugs nach dem Motto – wo so viel zu holen ist, da ist auch noch mehr zu holen - -Rom weiterhin belagerten, und immer höhere Kontributionen verlangten.
Pippin war gerne zu Gegenleistungen bereit, gestand ihm der Papst doch ansonsten den Gipfel seiner Wünsche zu: die Salbung, die im Sommer 754 in der französischen Krönungskirche St. Denis bei Paris vollzogen wurde. Damit wurde den Aufsteigern aus der Provinz ganz kirchenoffiziell das Gottesgnadentum verliehen, und zur Etablierung der gewünschten Erbmonarchie auch noch den beiden Söhnen Pippins. Den französischen Notabeln nahm Stephan noch den Eid ab, niemals jemand anderen als ein Mitglied der Familie der Karolinger zum König von Frankreich zu wählen. Damit waren Gottesgnadentum und Erbmonarchie mit Brief und Siegel von allerhöchster Stelle verliehen worden. Pippin war's zufrieden und zog dann sogar zwei Mal gegen die Langobarden zu Felde, bis sie im Herbst 755 endgültig geschlagen das Feld räumen mussten.
Aber Pippin war so dankbar, dass er für Stephan noch etwas oben drauf legte. Als Morgengabe, sozusagen. Es war eines der folgenschwersten Gastgeschenke der Papstgeschichte. Und zwar war er so frei, die von ihm noch zu erobernden Gebiete Italiens, die zu diesem Zeitpunkt von Langobarden besetzt waren, die aber de jure dem oströmischen Kaiser unterstanden, einfach per Federstrich dem Papst als offiziellem Grundherren zu übertragen. Damit war also die »Konstantinische Schenkung« durch eine »echte« flankiert und verstärkt worden (nur dass die erstere erst Jahrhunderte nach der zweiten überhaupt erst aktenmäßig erwähnt wurde – aber an solchen Unklarheiten sollte sich das Kirchenrecht der nächsten anderthalb Jahrtausende nur wenig stören). Pippin gab also freigiebig, was ihm noch gar nicht gehörte. Allerdings verlief sein Feldzug tatsächlich erfolgreich, die Langobarden mussten das Feld räumen, und der Papst konnte – wider manche Erwartungen – tatsächlich von Venetien bis Sizilien riesige Landflächen in Besitz nehmen. Dass die tatsächliche Urkunde irgendwann »verschwand«, und ihr genauer Wortlaut

nie bekannt wurde, legt allerdings den Verdacht nahe, dass es sich auch bei dieser freigiebigen Schenkung um eine Fälschung gemäß späterem Wunschdenken handeln könnte. Stephans Nachfolger als Papst wurde 757 sein Leidensgenosse und Bruder Paul.

Leo III. (um 750–816, Papst 795–816)

Ein ähnlich folgenschweres Pontifikat war Leo III. um die Wende zum 9. Jahrhundert beschert. Übernahm er den »Papstthron« von einem väterlichen Freund, so rückte sein gleichaltriger weltlicher Gegenspieler, der berühmteste Herrscher des frühen Mittelalters, durch familieninterne Erbfolge auf den fränkischen Königsthron: die Rede ist von Karl dem Großen. Geboren um 750, wurde Karl der Große 756 zusammen mit seinem Vater von Papst Stephan in St. Denis bei Paris zum König gesalbt, um die Erbmonarchie von Anfang an mit höchstem Segen zu versehen. Karls Vater Pippin der Kurze starb 768, das fränkische Reich wurde gemäß seinem Testament in ein Ost- und ein Westreich geteilt. Der 18-jährige Karl wurde nun zum König des Westreichs gekrönt, sein Bruder Karlmann zum König des Ostreiches. Doch war die Reichsteilung nur von kurzer Dauer, der ausgeprägte Machttrieb von Karl sorgte auf wundersamen Wegen dafür, dass der eigentlich kerngesunde Bruder (und alle seine möglicherweise erbberechtigten Söhne) schon drei Jahre später ins jenseitige Reich wechselte. Damit war Karl ab 771 Alleinherrscher im großen Frankenreich.

Karl der Große war auch körperlich von auffallender Gestalt – er war fast zwei Meter groß.[42] Seiner körperlichen Größe adäquat war sein erotischer Appetit. Zahllose Ehefrauen und nicht weniger als 18 bekannte (und eine Vielzahl unbekannter) Kinder zeugen von einem machtvollen Geschlechtstrieb. Dass er dem Sakrament der Ehe nur eine relative Bedeutung zumaß, dass er sich zur sexuellen Befriedigung auch an verheiratete bzw. noch sehr junge Frauen hielt (die der Legende nach gerade im Alter zu einer Art Jungbrunnen für die abnehmende Manneskraft und Lebenskraft wirken sollten, vgl. das auf das Alte Testament zurückgehende Brauchtum des Sunamitismus) störte niemanden in seinem Umfeld wirklich. Karl ließ dafür Sorge tragen, dass wo er auch immer hinreiste, eine Jungfrau bereitstand, um ihm das Lager zu wärmen. Seine Zeugungskraft ist legendär, die Zahl seiner Kinder kaum überschaubar. Neben der Körpergröße soll er auch im Hinblick auf seine Männlichkeit von außerordentlicher Größe gesegnet gewesen sein. Im Zusammenspiel mit seinem Sexualtrieb und seiner Zeugungskraft sorgte das dafür, dass der Verschleiß an Frauen enorm war. Er vögelte, was das Zeug hielt, die Frauen wurden schwanger, gebaren und wurden wieder rangenommen. Kaum eine hielt das länger als ein paar Jahre durch. Verstarb eine – im Wochenbett oder an allgemeiner Entkräftung – wurde in kürzester Zeit für Ersatz gesorgt. Dabei spielte auch die hohe Politik eine Rolle. Seine Jugendliebe Himiltrud (die ihm an Größe am nächsten kam mit ihren 1,80 Meter) verstieß er 770 zugunsten einer strategischen Heirat mit Desiderata, der Tochter eines besiegten Langobardenkönigs. Diese wurde schon nach wenigen Monaten ersetzt durch die schwäbische Herzogstochter Hildegard, welche dann ihrerseits der Fastrada Platz machen musste, die aus Thüringen stammte, und die wiederum durch die Alemannin Luitgard ersetzt wurde. Und das sind nur die bekannten, urkundlich überlieferten Hauptfrauen. Daneben gab es noch unzählige Gespielinnen wie Madelgard, Gerswind, Regina – eine Sklavin von außerordentlicher Schönheit, die er sich zur Kaiserkrönung 800 leistete –, sowie noch kurz vor seinem Tod 814 die blutjunge Adelind, die ihm die letzten Wochen versüßte.

Diese imperiale Promiskuität wurde von der servilen Kirche keineswegs kritisiert oder auch nur sanft getadelt. Man klatschte dem Kaiser von Rom aus Beifall, und man hatte allen Grund dazu. Hatte sich doch Karl zur neuen Schutzmacht Roms entwickelt, und auch in Sachen blutiger Heidenmission (entweder sie bekehren sich, oder wir töten sie) machte er keine halben

Sachen. Die verschiedenen Feldzüge und Massenmordaktionen gegen die Sachsen dauerten von 772 bis 804. Zwischendurch war Karl auch noch jenseits der Alpen in Sachen Einflusssicherung in Rom unterwegs, und schaltete bei der Gelegenheit die langobardische Regionalfraktion aus. In einer blutigen Schlacht besiegte er ihr Feldheer und setzte daraufhin kurzerhand auch noch gleich ihren König ab. Damit war die uneingeschränkte Herrschaft des Papstes Stephan III., wie von diesem gewünscht, gesichert. Obendrein war Karl noch so freundlich, die »Schenkung« seines Vaters hinsichtlich der Grundherrschaft des Papstes noch einmal zu bestätigen, und damit ihr die Aura tatsächlicher Geschichtlichkeit zu verleihen.
Ein weiterer Grund für den Langobarden-Überfall von Karl war mit einer Person verbunden, die am Hof des Langobardenkönigs Desiderius Asyl gefunden hatte (der Langobarde nutzte die Gelegenheit natürlich gern, durch diesen Akt seinen fränkischen Widersacher zu ärgern): es handelte sich um Karlmanns 20-jährige Witwe Gerpèrge (häufig fälschlicherweise als Desiderata bezeichnet) samt ihren minderjährigen Söhnen. Der Langobarde hatte das Angenehme mit dem Nützlichen verbunden und die junge Frau, da sie nun schon einmal da war, gleich seinem Harem eingegliedert. Gerpèrge war eine mutige, tatkräftige junge Frau, und Desiderius war so von seiner neuen Geliebten angetan, dass er – als Karl von Norden her plündernd und mordend in sein Reich einfiel – ihr die Stadt Verona als Befehlshaberin anvertraute, während er selbst mit dem Heer Karl entgegenzog, nach einer ersten Niederlage sich dann aber in seine Residenzstadt Pavia zurückzog, die stark befestigt war.
Karl ließ beide Städte gleichzeitig belagern. Gerpèrge, die die Aussichtslosigkeit der Lage erkannte, und die möglicherweise trotz der Ermordung ihres Ex-Gatten auf Milde des Siegers hoffte (vermutlich setzte sie auch auf ihre weiblichen Reize, denen Karl bekanntlich sehr zugänglich war), ließ die Tore der Stadt öffnen und ließ sich in Karls Feldlager bringen. Dieser verlangte von ihr, sich nackt auszuziehen, verging sich an ihr vor den Augen ihrer minderjährigen Kinder, und ließ sie dann in einer okkulten Geheimzeremonie rituell ermorden (samt ih-

ren minderjährigen Söhnen), die Leichen verbrennen und ihre Asche in den Fluss Ticino streuen. Ihre Tochter wurde in die Sklaverei verkauft. Auch gegen diese Vorgehensweise hatte der Papst nichts einzuwenden. Im Gegenteil. Pavia kapitulierte nach neun Monaten Belagerung im Sommer 774. Einen Tag später setzte sich Karl die Langobardenkrone aufs Haupt, bekehrte den Stamm kurzerhand zum Christentum und rief sich zum König aus. Desiderius gewährte er Gnade – er wurde in ein Kloster verbannt und entmannt.

Und Karl machte weiter in seinem missionierenden Furor. Auf seine Anweisung hin wurde zum Auftakt das wichtigste heidnische Heiligtum der Sachsen, die Irminsul (»große Säule«), eine mit magischen Kräften versehene Holzsäule, die auf dem Thingplatz von Obermarsberg (Hochsauerlandkreis, Nordrhein-Westfalen) stand, umgehauen. Die Provokation tat die erhoffte Wirkung, es kam zu einem Aufstand der Sachsen, gegen den die Franken jetzt »mit größter Berechtigung« zu Felde ziehen konnten. Die bereits seit längerer Zeit zusammengezogenen Truppen stießen in Eilmärschen auf sächsisches Gebiet vor. Sie gelangten bis ins Gebiet des heutigen Dortmund bzw. den Hochsauerlandkreis. An der Weser lagen die sächsischen Siedlungen, die das nächste Ziel des Frankenheeres waren. Hier wurde auf dem Verhandlungsweg ein Waffenstillstand erreicht. Die Franken setzten ihre Offensive ein Jahr später 775 wieder fort und zerstörten wiederum einige größere sächsische Siedlungen.

Auf dem eroberten Gebiet ließ Karl Klöster und neue, fränkische Siedlungen gründen. Die heidnischen Bräuche wurden rigoros unterdrückt und verboten, die Bevölkerung zwangschristianisiert. Wer sich weigerte, wurde gefoltert und getötet. Ein sächsischer Gegenangriff unter Widukind wurde mit dem größten Massaker des Sachsenkrieges beantwortet: dem Blutgericht von Verden an der Aller. Da Widukind vor den fränkischen Häschertrupps ins Innere des unbesiegten Ostens geflohen war, ließ Karl die verbliebenen sächsischen Oberschichtfamilien zusammentreiben. Von diesen verlangte er die Auslieferung der an dem erfolgreichen Angriff auf die regionale fränkische Verfügungstruppe Beteiligten bzw. der hierfür verantwortlichen.

Angeblich wurden viereinhalbtausend Menschen daraufhin in einer Mischung aus Denunziation und Kollaboration den fränkischen Schergen überantwortet. An nur einem Tag wurden alle Opfer enthauptet und ihre Körper in den Fluss Aller geworfen, von wo aus sie über die Weser ins Meer gespült wurden.
Wie sein Vater einige Jahrzehnte zuvor beim Blutgericht von Cannstatt die alemannische Führungselite auslöschte, so entledigte sich Karl auf diese Weise durch kaltblütigen Mord der sächsischen Opposition. Tausende von Menschen, Männer, Frauen und Kinder, wurden abgeschlachtet. Auf die Verunglimpfung eines Priesters oder einer Kirche, auf die in heidnischen Kreisen übliche Feuerbestattung sowie auf den Fleischverzehr an Fastentagen stand jetzt die Todesstrafe. In diesem Teil des fränkischen Reichs hieß Karl fortan »der Sachsenschlächter«. In Verden selbst ließ Karl ein christliches Bistum gründen, das die zwangsweise Missionierung der ungläubigen Sachsen vorantreiben sollte. Weitere Bistümer wurden in Minden, Paderborn, Münster, Bremen und Osnabrück eingerichtet, und sollten die christliche Eroberung des Heidenlandes sichern.
Sein aus England stammender Hofkaplan Alkuin mahnte Karl damals, der christliche Glaube müsse mit Predigten und Gebeten, und keineswegs mit dem Schwert verbreitet werden. Doch Karl ließ von dem Plan, sein Reich nach Osten erheblich zu vergrößern (eben um das Stammesgebiet der Sachsen) keinen Millimeter ab. Weiter ging das Mordbrennen und Vergewaltigen im Sommer 785. Damals kam es zum Krieg der Brüste. Auf sächsischer Seite stand zu diesem Zeitpunkt ein Stamm, in dem es üblich war, dass sich Frauen mit entblößter Brust in den Kampf stürzten und ihre Männer unterstützten bzw. die gegnerischen Männer ablenkten. Karl befahl daher seiner nunmehrigen Ehefrau, der 17-jährigen Fastrada und den übrigen Frauen seines Hofstaates, sich ebenso barbusig für die Franken in die Schlacht zu werfen. Doch war diesem Gegenangriff kein wirkliches Glück beschieden, der Ausgang der Sommeroffensive blieb minimal. Erst 792 wurden die letzten Widerstandsnester und Aushebungsorte für die sächsische Armee überrannt, und alle gefangenen Sachsen getötet. Mit einem letzten Vernichtungs- und Brand-

schatzungsfeldzug 804 war dann jegliche Oppositionsstimmung im Sachsenlande blutig erstickt, und eine Friedhofsruhe kehrte ein. Erst viele Jahrzehnte später erholte sich die Region von dem Aderlass durch die fränkischen Massaker.
Der Krieger Karl war jedoch noch nicht satt – es gab noch genug zu tun für einen erfolgshungrigen und -verwöhnten Condottiere wie ihn. Spanien wurde damals von Süden her durch arabische Heerscharen bedroht, die das christliche Königreich überrannten. Mehrere Emire (Regionalherrscher) hatten sich dort festgesetzt, einer von ihnen, der Emir von Saragossa (Suleiman ibn al-Arabi) rief Karl gegen die anderen zu Hilfe. Karl zog daraufhin mit einem großen Heerestross mehrere tausend Kilometer nach Südwesten. Doch hatte sich zum Zeitpunkt seines Eintreffens vor Ort die Lage schon wieder verändert. Der Emir hatte sich wieder mit seinen arabischen Mitstreitern ausgesöhnt, und Karl samt Heer stand vor verschlossenen Stadttoren. Ihm blieb angesichts der vorgerückten Jahreszeit und dem Mangel an Belagerungswerkzeug nur der Rückzug. Dabei hielt er sich durch die Plünderung reicher Städte wie Pamplona für seinen Aufwand schadlos. Außerdem setzte er überall christliche Statthalter ein und ließ Klöster gründen. Bei der Durchquerung der Pyrenäen kam es zu einer Attacke von einheimischen Basken auf die fränkische Nachhut bei Roncesvalles[43] – eine traumatische Erfahrung, die viele Jahrhunderte im Rolandslied tradiert wurde.
Durch diese Erfahrung ernüchtert, nahm Karl mit dem obersten Sarazenen-Boss Kontakt auf, dem Kalifen Harun al Rashid in Bagdad, und vereinbarte mit ihm einen Nichtangriffspakt. Künftig sollten Angriffe auf das eigene Gebiet und auf Verbündete durch gegnerische Truppen ausgeschlossen werden. Zur Feier der Unterzeichnung schenkte der Kalif Karl einen weißen Elefanten namens Abul Abbas. Dieser legte die weite Reise von Bagdad nach Aachen zu Fuß zurück, in Begleitung eines jüdischen Gesandten namens Isaak. Knapp zwei Jahre dauerte die Reise, die der Elefant gut überstand. Karl führte ihn seitdem in seinem Tross mit sich, setzte ihn teilweise auch als Waffe ein. Der Elefant ertrank bei einer Rheinüberquerung 810 und wurde in Lippeham begraben.
Karl der Große wandte sich nun wieder Naheliegenderem zu

und arrondierte sein Herrschaftsgebiet durch die Eroberung des widersetzlichen Bayern. Zwischenzeitlich war Leo III. zum Papst geworden, und hatte als erste Amtshandlung die symbolischen Schlüssel Roms und das städtische Banner an Karl geschickt, zum Zeichen seiner Wertschätzung, und um sich des Franken als oberstem militärischen Schutzpatron gegen ausländische Mächte zu versichern. Und bald schon sollte er die Hilfe seines fränkischen Soldatenkönigs in Anspruch nehmen müssen. Leo war einer von vielen Päpsten, die es mit dem Zölibat und dem Sakrament der Ehe bzw. mit den zehn Geboten nicht so genau nahmen. Er vögelte sich kreuz und quer durch den stadtrömischen Adel. Als er den meisten Adelsherren erfolgreich Hörner aufgesetzt hatte, entschlossen diese sich 799, nachdem sie vier Jahre seine Anzüglichkeiten ertragen hatten, Gegenmaßnahmen zu ergreifen. An einem strahlend schönen Aprilmorgen dieses Jahres sonnte sich der Papst nach einer durchvögelten Nacht im Glanze seiner Insignien zum Festtag des Heiligen Markus, und war gerade dabei, an der Spitze der Litania-Maior-Prozession, dem Bittgang vor »Christi Himmelfahrt«, durch die Stadt zu paradieren, als an einer Straßenecke Unvorhergesehenes geschah. Maskierte stürmten auf sein Pferd zu, zogen ihn aus dem Sattel und schleiften ihn davon, während sie ihn mit Messern attackierten. Schnell war jedoch die päpstliche Leibgarde zur Stelle und konnte den Papst »retten«, bevor Schlimmeres geschah. Die Angreifer hatten vorgehabt, ihn zu blenden, ihm die Zunge herauszuschneiden, und ihn zu entmannen. Da ihm die Lage in der Stadt nun nicht mehr sicher schien, machte sich Leo auf die Reise zu seinem obersten weltlichen Schutzpatron, Karl, der zu diesem Zeitpunkt sein Lager in Paderborn aufgeschlagen hatte. Karl hatte jedoch – auf die Nachricht von der Anreise des Papstes – gleichzeitig Abgesandte der Oppositionsgruppe eingeladen, gegen die Zusicherung freien Geleits. Leo trifft nach zweieinhalbmonatiger Reise Mitte Juli 799 in Paderborn ein (und war damit der erste Papst auf deutschem Boden), seine Gegner wenig später.

Offiziell war das eine Anhörung, inoffiziell wurde hier aber darüber geschachert, welche Partei Karl das beste Angebot machte, sowohl finanzieller als auch ideeller Art. Leo bot schließlich den höheren Scheck an, inklusive Kaiserkrönung. Karl sorgte dafür, dass die Anklage wegen vielfachen Ehebruchs umgehend in der Versenkung verschwand und schickte Leo mit einer verstärkten Leibgarde nach Rom, wo eine fränkische Garnison stationiert wurde mit dem Auftrag, für die Sicherheit des Papstes und neuen Freundes von Karl zu sorgen. Dieser zog ein Jahr später, im Herbst 800, wie verabredet nach Süden. Im ersten Schneefall überquerte er die Alpen und kam Anfang Dezember 800 in Rom an. Schon vor der Stadt zog ihm Leo entgegen und brachte demütig seine Ehrerbietung zum Ausdruck.

Anschließend musste der Papst als erstes mit der Hand auf der Bibel öffentlich einen »Reinigungseid« leisten, und vor Gott und allen Heiligen schwören, dass sämtliche gegen ihn vorgebrachten Vorwürfe unwahr seien. Da er sich bei der Wiederholung der komplizierten Eidesformel nicht verhaspelte (das hätte als Schuldeingeständnis gegolten, aber Leo hatte wochenlang den Wortlaut auswendig gelernt), galt er anschließend als unschuldig. Da ihn zudem kein Blitzschlag traf oder er sonst einem göttlichen Zeichen zum Opfer fiel, galt er somit als reingewaschen.

Am Weihnachtstag 800 schließlich wurde Karl mit feierlichem Pomp in Alt St. Peter zum Kaiser des Abendlandes gekrönt. Damit war er seit der Absetzung des letzten weströmischen Kaisers Romulus 476 der erste Titelträger der Neuzeit. Die oströmischen Kaiser waren als oberste Schutzherren und Aufsichtsbehörde für die römischen Päpste endgültig abgelöst. Der Patriarch von Jerusalem anerkannte die neue Situation und schickte auch die symbolischen Schlüssel zum Heiligen Grab an Karl, der somit auch als oberster Schutzherr des wichtigsten Wallfahrtsortes der Christenheit in die Pflicht genommen wurde. Karl sah sich damit als mindestens gleichrangig zum künftigen Amtsinhaber im Osten an, wenn nicht mehr. Von Stund an behaupteten er bzw. seine Verwaltung, die Nachfolge des römischen Kaiserreichs angetreten zu haben.[44] Wenige Tage später verurteilte Karl in einem Schauprozess die Papst-Attentäter zum Tode, begnadigte sie jedoch auf Bitten des Papstes zu lebenslangem Exil (nach dem Tod von Leo III. 816 kehrten die meisten von ihnen nach Rom zurück).

Die nächsten Jahre verbrachte Karl mit der Arrondierung seines Reiches nach Norden und Osten. Teils Eroberungszüge, teils Abwehrschlachten gegen vorrückende Stämme aus den vorgelagerten Siedlungsgebieten, hielten sie den Kaiser und seine Heer in Trab. Ein schöner Erfolg bei den Kämpfen im Osten war unter anderem die Eroberung des Awarenschatzes nach dem Sieg über deren König Tudun. Die immense Goldmenge versetzte Karl in die Lage, sein großangelegtes Bauprogramm in Aachen und anderswo zu finanzieren. Aber es blieb dennoch genug für Parteigänger und Hofschranzen übrig, die der in Hofhändeln erfahrene Karl nicht vor den Kopf stoßen wollte. Kleine Geschenke erhalten die Freundschaft, das wusste schon der Frankenkaiser. Ein weiterer Teil des Schatzes landete in Rom, als Kickback für Leo III., nachdem er die mit Karl verabredete Kaiserkrönung wie besprochen durchgeführt hatte.

Der Nachfolger der Kindsmörderin Irene auf dem byzantinischen Kaiserthron, Nikephoros, weigerte sich, die Kaiserwürde von Karl anzuerkennen. Zumal Karl die traditionell oströmischen Gebiete von Dalmatien und Venetien nun seinem Einflussbereich zurechnete. Erst 812 verstand sich das oströmische Reich unter dem Kaiser Michael I. dazu, die Kaiserkrönung des Westherrschers anzuerkennen, und auch das nur unter dem Druck der außenpolitischen Schwierigkeiten, die das Byzantinerreich in ständige Grenzhändel auf dem Gebiet des heutigen Bulgarien verstrickten.

Während seiner Jugendjahre hatte Karl eine solide humanistische Bildung genossen, wozu allerdings vordringlich nicht das Lesen (das ihm zeitlebens schwer fiel) und das Schreiben (das er erst im hohen Alter mühsam lernte) gehörten.[45] Während der Zeit seiner Herrschaft reformierte er die Reichsverwaltung und vereinheitlichte Schrift und Maße. Die Reichsverwaltung wurde zu einem erheblichen Teil Geistlichen übertragen, das gesamte Reichsgebiet mit einem dichten Netz neugegründeter Klöster und Bistümer überzogen – die Ernennung der Bischöfe behielt sich Karl ganz selbstverständlich vor. Auch das Münzwesen wurde reformiert, der Silberdenar als verbindliche Standardwährung eingeführt (die Goldwährung war damit abgeschafft). Ein

Solidus waren 12 Denar, ein Pfund 20 Solidi. Diese Einteilung blieb in England bis 1971 in Kraft.

Nach dem Tod zahlreicher seiner Söhne erhob der alternde Karl 813 seinen letzten noch verbliebenen legitimen Erben Ludwig zum Mitkaiser. Karl selbst starb am 28. Januar 814 in Aachen und wurde dort auch beigesetzt. Ein düsteres Licht auf den Kaiser wirft das strikt durchgesetzte Eheverbot für alle seine Töchter. Diese mussten immer leichtbekleidet um ihn sein, ob sie zu seinem Harem gehörten und er im Inzest mit ihnen lebte, ist bis heute umstritten. Nach dem Tod von Karl gehörte es zur ersten Amtshandlung seines Sohnes und Nachfolgers Ludwig, dem frömmelnd-kirchentreuen, sämtliche Konkubinen von Karl, die bisher ganz selbstverständlich Teil des Kaiserhofes gewesen waren, und dort auf Kost und Logis bauen konnten, vom Hof zu verjagen, und sie in irgendwelche Provinzklöster zu stecken, wo sie künftig ihre Tage fristen mussten. Karl selbst musste nach seinem Tod zumindest der Auffassung des Reichenauer Mönchs Wetti zufolge für seine zahlreichen Sexualfrevel für immer in der Hölle schmoren.[46]

Leo musste sich nach dem Tod des Übervaters Karl einer sofort ausgebrochenen Aufstandsserie erwehren, die er aber mit Hilfe der nach wie vor in Rom stationierten fränkischen Garnison niederschlagen konnte. Er starb im Amt im Jahre 816. Sein Nachfolger Stephan salbte Ludwig den Frommen, Sohn von Karl, in Reims zum fränkischen Kaiser. Nächster Papst wurde 824 mit fränkischer Unterstützung (gegen große Teile des stadtrömischen Adels wie des Klerus, die sich um ihre Vormachtstellung bei der Papst-Wahl betrogen sahen) Eugen II. Er unterzeichnete die Constitutio Romana, ein Konkordat mit den Franken, welches weitreichende Sicherheitsgarantien für den Papst gegenüber dem stadtrömischen Adel beinhaltete (beispielsweise durften die römischen Kirchen – entgegen bisherigem Brauch – beim Tod eines Papstes nicht mehr vom Adel geplündert werden, durften der Papst und seine Vertrauten nicht angegriffen werden, musste den Anweisungen des Papstes als oberstem weltlichen Herrscher im »Kirchenstaat« Gehorsam geleistet werden, durfte nur noch eine eingeschränkte, von der Kurie bestimmte Personen-

gruppe – meist kirchliche Würdenträger – bei der »Papstwahl« offiziell mitbestimmen), gleichzeitig aber auch den fränkischen Einfluss in Rom festschrieb. Ein weiteres, unter fränkischer Aufsicht abgehaltenes Bischofskonzil, zu dem allerdings nur die Bischöfe aus dem kirchenstaatlichen bzw. fränkisch-italienischen Einflussgebiet geladen waren, erließ ein – angesichts der damals gepflegten Gewohnheiten sehr notwendiges – Verbot des Ämterkaufs (Simonie), sowie eine Regelung zur Disziplinierung des allzu locker gewordenen Wandels in vielen Klöstern hinsichtlich des Geschlechtsverkehrs mit Frauen und Prostituierten sowie der Homosexualität.
Während der Amtszeit von Gregor IV. kam es zu einer innerfränkischen Auseinandersetzung. Ludwig der Fromme, Sohn von Karl, der schon zu Lebzeiten seines Vaters viele seiner konkurrierenden Brüder aus dem Weg geschafft hatte und sich schließlich 813 selbst die Krone des Mitherrschers auf den Kopf gesetzt hatte, teilte das Reich zunächst unter seinen drei Söhnen aus erster Ehe auf. Dabei sollte der älteste Sohn Lothar Kaiser werden, und die anderen beiden Unterkönige. Karl Sohn Bernard, der zu diesem Zeitpunkt noch in Italien regierte, sah sich von der Thronfolge ausgeschlossen und sagte sich von Lothar los. Der schickte ein Heer, ließ Bernard blenden, worauf dieser an den erlittenen Verletzungen starb, und Lothar mit kirchlichem Einverständnis die Regierung Italiens direkt an sich zog. Der 40-jährige Ludwig ersetzte seine Frau damals durch die 14-jährige Judith, mit der er einen weiteren Sohn und Thronfolger namens Karl zeugte. Gerüchten zufolge war das Kind jedoch nicht von dem zu diesem Zeitpunkt als zeugungsunfähig angesehen Ludwig, sondern von einem Hofschranzen namens Bernard, dem angeblichen Geliebten von Judith. Um 830 kulminierten die Spannung, als Ludwig abgesetzt wurde und die drei Brüder aus erster Ehe die Macht übernahmen, Judith und Karl vom Hof vertrieben und Ludwig gefangen setzten. Doch ihre Einheit hielt nicht lange, mit Hilfe Gregors IV. konnte Ludwig die Macht zurückgewinnen, die drei Brüder mussten sich einem förmlichen Unterwerfungsritual unterziehen. Drei Jahre später kam es zu einer erneuten Rebellion, Ludwig wurde

gezwungen, das Büßerhemd anzuziehen und alle seine Waffen abzugeben, Judith wurde nach Tortona, Karl im Kloster Prüm inhaftiert. Doch wieder konnte der Papst, der zunächst die Rebellen unterstützt hatte, dann jedoch einsehen musste, dass ihre Durchschlagskraft nicht ausreichend war, sich rechtzeitig auf die richtige Seite schlagen. Ludwig erkämpfte sich ein zweites Mal den Weg zurück an die Macht.

Doch die Querelen am fränkischen Hof nach Karl dem Großen waren damit keineswegs ausgestanden. Lothar II., Sohn des vaterbekämpfenden Lothar I., hatte die falsche Frau geheiratet. Teudebèrge, Grafentochter aus Arles, wurde 855 wie üblich im Alter von 14 Jahren, und aus ausschließlich politischen Gründen, verehelicht.[47] Ihr Vater, Graf von Arles, war für Karl den Großen nach Italien gegangen und dort belehnt worden. Um die Verbindung mit dieser verdienten Familie zu stärken, hatte man die Kinder entsprechend verheiratet. Doch der Sex war schlecht und die als Erbfolgende notwendigen Kinder respektive Söhne stellten sich nicht ein. Teudebèrge war – möglicherweise aufgrund einer Missbildung – unfruchtbar. Der 22-jährige Lothar versuchte nach kurzer Zeit, sie wieder los zu werden. Denn er hatte mittlerweile besseres, um nicht zu sagen eine Granate im Bett: die 17-jährige Waldrada, Schwester des mächtigen Kölner Erzbischofs Gunther. Das kölsche Mädsche war nicht nur berückend schön, sie war – aufgrund schon früh ausgeprägter sexueller Experimentierlust – auch äußerst bewandert in den horizontalen Künsten und besorgte es dem ausgehungerten fränkischen Königssohn nach allen Regeln der Kunst.

Lothaire wollte nun die leidige Angelegenheit ins Reine bringen, und sich die zänkische, allzeit beleidigte und über ihre Beleidigung durch die ganz offen zur Schau gestellte Affäre mit der Deutschen lauthals und unermüdlich beklagende Teudebèrge vom Hals schaffen. Zunächst lief alles nach Plan. Um ganz sicher zu gehen, berief Lothaire nicht weniger als zwei Bischofssynoden nach Aachen ein, die wegen anhaltender und auch künftig zu vermutender Kinderlosigkeit die Ehe als nichtig erklärten. Doch Lothaire hatte die Machtgier seiner königlichen Brüder unterschätzt. Der besonders fromme Karl, im westlichen Teil-

reich regierend, ließ nun über »seinen« Erzbischof Hincmaire Protest einlegen gegen die als Sakrileg angeprangerte Scheidung, und scheute nicht davor zurück, zu diesem Zweck auch den Papst anzurufen. In Rom saß mittlerweile Niccolo I. auf dem »päpstlichen« Thron, und war – nach einer entsprechenden »Zuwendung« seitens Karl – gerne bereit, nun seinerseits die Scheidung für ungültig zu erklären. Damit hatte Lothaire ein unerwartetes Problem. Seine Sexualprobleme waren Teil einer weltpolitischen Auseinandersetzung geworden. Und Niccolo machte keine halben Sachen. Nicht nur erklärte er die Synoden und ihre Beschlüsse für ungültig, er ging zum Angriff über und ließ drei der dort anwesenden Erzbischöfe, unter anderem Waldradas Bruder Gunther, ihrer Ämter entheben.
Doch Lothaire war nicht bereit, zurückzustecken. Im Gegenteil. Bereits 857 hatte er Teudebèrge unter dem Vorwurf des Inzests mit ihrem Bruder Huguebert in ein Verlies werfen lassen. Er warf ihr nicht nur Inzest auf normalem Wege, sondern – um die Anklage aussichtsreicher zu machen – auch noch widernatürlichen Sex in Form von Anal- und Oralverkehr mit ihrem Bruder vor. Die Vorwürfe erhielten Sprengkraft durch die Tatsache, dass es sich bei dem »Abt« Huguebert in der Tat um einen Lebemann der besonderen Art handelte, der in seinem Herrschaftsgebiet in der heutigen Südschweiz Klöster in Bordelle und Jagdhundezwinger umgewandelt hatte. Besonders in einem Kloster ließ er gerne leichtbekleidete Damen im Kreuzgang auf Kundenfang gehen und beobachtete dann die Freier beim Verkehr durch geheime Wandöffnungen. Doch auch Teudebèrge war nicht bereit, das Feld kampflos zu räumen, und war sogar zu einem »Gottesurteil« bereit, um die Unwahrheit der gegen sie erhobenen Vorwürfe zu belegen. Sie ließ sich zu diesem Zweck in einen Bottich mit kochendem Wasser tauchen. Trotz der dabei erlittenen schweren Verletzungen blieb sie standhaft bei ihrer Version der Geschichte, und wies weiterhin alle Vorwürfe des Inzests mit ihrem Bruder – ob auf natürlichem oder widernatürlichem Wege – zurück. Doch es hilft alles nichts. Lothaire – mit den beiden Konzilsbeschlüssen im Rücken, die seine Ehe als nichtig bestätigen – heiratet 862 seine »Granate« Waldrada.

Angesichts der päpstlichen Drohung, ihn bei fortgesetztem ehelichen Verkehr mit Waldrada zu exkommunizieren, welche Drohung noch durch ein von seinem Bruder Karl in Marsch gesetzten Heeresaufgebot unterstrichen wurde, knickte Lothaire ein, und holte Teudebèrge 865 aus dem Verlies und nahm sie wieder an den Hof auf, den nun Waldrada zu räumen hatte. Doch die Sehnsucht nach seiner Sexgöttin Waldrada war stärker als jede äußere Bedrohung. Schon nach einem halben Jahr steckte Lothaire Teudebèrge wieder ins Verlies und holte Waldrada aus der Verbannung zurück. Doch kaum hatten sie an Tisch und Bett fröhliche Wiedervereinigung gefeiert, kam als Retourkutsche die päpstliche Exkommunikation. Niccolo war zwischenzeitlich verstorben, Herr in Rom war der neue Papst Adriano II. aus dem bis heute existierenden stadtrömischen Adelsgeschlecht der Colonna. Lothaire setzte nun alles auf eine Karte. Er packte seine Koffer und reiste nach Rom, um seine Angelegenheit persönlich dem Papst vorzutragen. Adriano hörte sich seine weitschweifigen Erläuterungen geduldig an, betrachtete wohlgefällig die üppigen Rundungen der mitgereisten Waldrada, und versprach Lothaire, zeitnah eine Entscheidung in seiner Angelegenheit zu treffen. Zu mehr war er allerdings auch auf intensives Bitten und Drohen von Lothaire nicht bereit. Der gab sich geschlagen und trat die Rückreise an. Um das Problem ein für alle mal aus der Welt zu schaffen, hatten seine Brüder aber inzwischen ein Femegericht abgehalten und seinen Tod beschlossen, der auch prompt auf der Rückreise eintrat. Bei seinem Tod noch nicht einmal 34 Jahre alt, wurde Lothaire fern der Heimat in Piacenza (Basilika Sant'Antonio) begraben. Nicht einmal der Leiche wurde die Rückkehr in die Heimat gestattet. Der 29-jährigen Waldrada blieb nichts anderes übrig, als den vorgegebenen Weg ins Kloster (Remiremont/Elsass) anzutreten, auch Teudebèrge ging diesen Weg, allerdings freiwillig, und amtierte trotz ihrer beim »Gottesurteil« erlittenen schweren Verbrennungen noch viele Jahre als Äbtissin des Klosters Sainte Glossinde in Metz. Ihr Bruder Huguebert war bereits 864 von einer fränkischen Strafexpedition in freier Feldschlacht geschlagen und getötet worden, nachdem er zuvor noch in bekannter Manier das von ihm beschlagnahmte

Kloster im belgischen Lobbes durch seine erotischen Eskapaden ruiniert und dessen Schätze geplündert und verhökert hatte. Einer seiner Söhne heiratet dann – seltsame Koinzidenz historischer Kausalitäten – eine der unehelichen Töchter Lothars.

Aus dem 13. Jahrhundert stammt vermutlich die Legende, dass der nächste Papst eine Frau mit Namen Johanna gewesen sei.[48] Diese Frau sei unter dem Namen Johannes aus England nach Rom gekommen, und habe mit Hilfe böser Mächte den »Papstthron« errungen. Obwohl körperlich eine Frau, sei sie wie ein Mann gekleidet gewesen und als solcher auch aufgetreten. In jungen Jahren habe sie mit ihrem Geliebten in Athen studiert, und sei von dort als Schriftgelehrte nach Rom gegangen. Durch Vorlesungen und von ihr ebenso erfolgreich wie scharfzüngig geführte Disputationen habe sie einen solchen Bekanntheits- und Beliebtheitsgrad errungen, dass sie nach dem Tod des Papstes Leo III. zu seinem Nachfolger gewählt worden sei. Sie habe zunächst unangefochten amtiert, während dieser Zeit aber munter sexuell mit ihrer Dienerschaft verkehrt. Einer dieser Bauernburschen habe sie dann in den päpstlichen Gemächern geschwängert.

Die Schwangerschaft konnte sie die längste Zeit unter weiten Gewändern erfolgreich verbergen. Als sie jedoch im neunten Monat schwanger war und eine Prozession zu Fuß von San Piero nach San Giovanni in Laterano anführte, hätten spontan die Wehen eingesetzt, und sie noch auf der Straße einen gesunden Sohn entbunden. Sie selbst sei bei der Geburt verstorben, und zwar auf dem Abschnitt zwischen Engelsburg und San Clemente. Daher sei in den nächsten Jahrzehnten der Prozessionsweg von St. Peter zum Lateranspalast verlegt worden, um ein Passieren der »schlimmen« Stelle in der kleinen Straße mit dem lange Jahrhunderte existierenden Namen »vicus papessa« zu vermeiden.[49] Außerdem habe es noch eine Konsequenz gegeben: von Stund an seien alle künftigen Päpste einer »Stuhlprobe« unterzogen worden. Dabei wurde allerdings keineswegs die rückwärtigen Ausscheidungen untersucht, sondern der Papst – nackt unter den weiten Obergewändern - zum Sitzen auf einem Stuhl (sedia stercorata) gezwungen worden, der in der Mitte ein großes

Loch hatte (wie ein Klostuhl): dort habe dann von hinten der jüngste anwesende Kanonikus – nach anderen Quellen eine verdiente Nonne des nahegelegenen Klosters – per Hand gefühlt, ob die wesentlichen männlichen Geschlechtsmerkmale in Form von Hoden und Penis vorhanden seien.[50] Daraufhin sei in der Regel bzgl. der Hoden lauthals verkündet worden: *Duos habet et bene pendentes* (»Er hat zwei und sie hängen gut runter«).[51]

Über den genauen Ursprung der Legende herrscht bis heute Unklarheit. Schon früh war in westlichen Quellen berichtet worden (in vorwurfsvoller Absicht), in Konstantinopel hätte es sogar Frauen auf dem Stuhl des Patriarchen von Konstantinopel gegeben. Sie taucht erstmals um 980 im Chronicon Salernitanum auf, einer anonymen Darstellung der Kirchengeschichte im Raum Benevent und Salerno. Dort wird berichtet, zur Zeit des fränkischen Kaisers Karl dem Großen habe der Patriarch von Konstantinopel in seinem Haus eine weitaus jüngere Nichte beherbergt, mit der er auch regelmäßig Sex gehabt habe. Die Nichte habe zwecks Tarnung Männerkleidung getragen. Ihre körperliche Schönheit sei einhergegangen mit einer außerordentlich umfassenden Bildung, die sie in die Lage versetzte, mit hochstehenden Klerikern scharfsinnige Diskussionen zu führen. Nach seinem Tod sei die als Mann angesehene Nichte zum Bischof ernannt worden, und wenig später sogar zum Patriarchen von Konstantinopel gewählt worden.[52] Über das Ende dieser Patriarchin sind verschiedene Versionen im Umlauf, denen zufolge sie entweder vom Teufel geholt, in ein Kloster gesperrt, oder von der weltlichen Gerichtsbarkeit wegen Betrug verurteilt worden sei. Möglicherweise ist die Geschichte der Päpstin Johanna also eine östliche Gegenlegende zu der von Rom aus gestreuten Geschichte des angeblich weiblichen Patriarchen, die im Zuge des Schismas von 1054, der endgültigen Trennung von West- und Ostkirche eine wichtige Rolle spielte.

Die Geschichte taucht auch in Zusammenhang mit Papst Johannes VIII. (872–882) wieder auf, dem von zeitgenössischen Kritikern der Vorwurf gemacht worden war, er sei gegenüber dem konkurrierenden Patriarchen von Konstantinopel zu nachgiebig, zu »weibisch« gewesen. Dieser hatte sich bemüht, während der fränkischen Wirren in der Spätphase des Kaiserhauses immer an den richtigen zu halten, während es mit Ostrom heftige Auseinandersetzungen gab, personifiziert in dem Patriarchen Photius (Fozio), die in der gegenseitigen Exkommunikation der beiden Patriarchen von Konstantinopel respektive Rom gipfelte. Giovanni lenkte ein und akzeptierte eine für die Katholische Kirche als Nachgeben angesehene Vereinbarung. Diese beinhaltete zwar die Bestätigung, dass Rom den anderen Bischöfen des Westens weisungsbefugt war, und innerhalb der Patriarchate den Ehrenprimat einnahm, für die jedoch keine Weisungsbefugnis gegeben sei. Giovanni hatte es sich aber auch mit den stadtrömischen Adelsfamilien verscherzt und einen ihrer Angehörigen, Formosus, von dem noch die Rede sein soll, der als Bischof eine eigenwillige Amtsführung an den Tag gelegt hatte, exkommuniziert. Daraufhin versuchte ein Jagdkommando, den Papst zu entführen, der per Schiff in die Provence floh, wo er den Schutz des Sohns des frommen Karl, Ludwig des Stotterers, in Anspruch nahm. Der ließ sich vom Papst 878 in Troyes zum König salben, konnte angesichts der innerfränkischen Querelen aber sonst nicht viel tun. Giovanni kehrte nach Rom zurück, und hielt sich dort noch vier Jahre (er krönte 881 Karl den Dicken zum König, was die Situation des Papstes aber nicht wirklich verbesserte), ehe er 882 im Alter von 30 Jahren zunächst vergiftet, und als das nicht die gewünschte schnelle Wirkung zeigte, mit einem Hammer erschlagen wurde. Einer anderen Version zufolge sei der Papst in flagranti erwischt worden, wie er in der Sakristei von St. Peter mit der Ehefrau eines Genueser Gesandten Sex hatte, den er gerade im Rahmen einer Messe geehrt hatte, und sei daraufhin von dem Gesandten und seinen Mitreisenden erschlagen worden. Mit seinem Nachfolger Marino I. übernahm wieder ein Vertreter der Hardlinerfraktion das Ruder. Marino hatte nichts Besseres zu tun, als Fozio, den Patriarchen von Konstantinopel sofort wieder zu exkommunizieren, und Formosus wieder in sein Bischofsamt zurückzuholen. Wenig später vergiftet, folgte ihm wieder ein Vertreter der Familie Colonna, Adriano III. Auch ihm war kein langes Pontifikat vergönnt, er starb »unerwartet« auf der Reise zum Reichstag in Worms. Die erbitterten Auseinandersetzungen unter den stadtrömischen Adelsfamilien und den verschiedenen Fraktionen innerhalb der Kurie forderten damit ein weiteres Opfer. Mit Stephan V. übernahm dann ein Vertreter der Karolingerfeinde den Bischofsthron in Rom. Sein neuer Schutzherr war der mächtige Regionalfürst Guido von Spoleto, der sich zum Dank von dem Wachs in seinen Händen darstellenden Stefano zum Kaiser krönen ließ. Damit war es noch nicht genug, Stefano adoptierte Guido auch noch.

Formosus (ca. 816–896, Papst 891–896)

Einige Jahre später wurde der schon 75-jährige Formosus 891 selbst zum Papst gewählt. Er setzte die Neuorientierung des Papsttums Richtung einer Alternative zu den bisherigen Schutzherren, den Karolingern fort, indem er ebenfalls Guido von Spoleto zum Kaiser und seinen Sohn zum König von Italien krönte. Allerdings entwickelte sich die Abhängigkeit von den neuen Schutzherren sehr einseitig, sodass die Kurie nach Alternativen suchte. Ein Hilfsersuchen wurde an den deutschen Karolinger-König Arnulf von Kärnten geschickt. Dieser ergriff die nach dem Tod Guidos günstige Gelegenheit, stellte ein Heer zusammen, zog nach Rom und ließ sich dort ebenfalls zum Kaiser krönen. Er erkrankte jedoch in Rom (ein Giftanschlag?) und musste sich nach Deutschland zurückziehen, bevor er eine entscheidende Schlacht gegen die Spoletaner hatte schlagen können. Wenig später starb Formosus Anfang 896, bevor die Spoletaner ihre Rache an ihm ausführen konnten. Das führte in den nächsten Jahren zu einem gespenstischen Schauspieler – dem »Wiedergänger« Formosus.

Formosus' direkter Nachfolger Bonifatius VI. war eine Verlegenheitslösung, da auf die Schnelle kein international assoziierbarer Mehrheitskandidat ausgekungelt werden konnte. Allerdings war Bonifatius ein Mann mit denkbar schlechtem Leumund, der we-

gen fortgesetzter Vergewaltigung von Nonnen aller Altersklassen sein Amt als Diakon verloren hatte. Er hatte auch die Umwandlung von Nonnenklöstern in Bordelle betrieben. Schon nach 15 Tagen machte man ihm den Garaus, und die Spoletaner Partei setzte Stefano VI. in diesem denkwürdigen Dreipäpstejahr 896 an seine Stelle. Stefano hatte ein persönliches Interesse, Formosus anzuklagen, nicht zuletzt aufgrund seiner engen Verbindung mit Ageltrude von Spoleto, die seine Inthronisation ermöglicht hatte, und die mit Formosus seit einer unschön geendeten Affäre verfeindet war, zumal dieser die Seiten gewechselt und sich den Karolingern angenähert hatte.
Ageltrude, die für ihren 16-jährigen Sohn Lamberto die Regierungsgeschäfte führte, hatte darauf bestanden, ihrem Erzfeind Formosus noch nachträglich den Prozess zu machen. Daher begann nun ein gespenstisches Schauspiel. Die Leiche von Formosus wurde ein Jahr nach seinem Tod exhumiert, in päpstliche Gewänder gekleidet und auf einen Stuhl gesetzt. Unter der Leitung des nur beschränkt zurechnungsfähigen Papstes Stefano wurden im Saal des Lateranspalasts alle möglichen Anklagepunkte gegen Formosus vorgebracht, für den ein junger Kaplan auf die Fragen wie vorgeschrieben zu antworten hatte. Das Schauspiel endete mit dem gewünschten Ergebnis: sämtliche Beschlüsse, die unter Formosus getroffen worden waren, wurden für ungültig erklärt, darunter – für die Spoletaner besonders wichtig – die Krönung von Arnulf von Kärnten zum Kaiser. Die Leiche wurde ihrer päpstlichen Gewänder entkleidet, die drei Schwurfinger der rechten Hand abgehackt, und der verstümmelte Leichnam in den Tiber geworfen. Noch am selben Tag stürzte das Dach der Lateransbasilika ein, was allgemein als schlechtes Vorzeichen gewertet wurde.
Unterdessen zogen die Anhänger von Fomoso bzw. der deutschenfreundlichen Karolingerpartei in Rom den Leichnam aus dem Fluss und begruben ihn heimlich in einer Vorortkirche. Papst Stefano konnte sich seines Amtes nicht lange erfreuen, mit deutschen Hilfsgeldern wurde in Rom ein Aufstand organisiert, auf zentralen Plätzen wurden unter wehenden Bannern Zeltstädte errichtet, wichtige Regierungsgebäude besetzt oder

blockiert, es wurden Barrikaden in der Stadtmitte errichtet, deutsche Abgesandte besuchten unter reger Anteilnahme internationaler Beobachter die Aufständischen und sprachen ihnen Mut zu, die unerträgliche Herrschaft von Stefano und den Spoletanern baldmöglichst zu beenden und den »Volkswillen« zur Wiederannäherung an die deutschen durchzusetzen. Es gelang einem Greifkommando tatsächlich, den eigentlich von einer Spoletaner Leibgarde gesicherten Stefano zu schnappen, der in ein dunkles Verlies geworfen und wenig später erwürgt wurde. Der nun auf den Thron gesetzte Karolingerkandidat Romano wurde nach wenigen Wochen seinerseits vergiftet, auf ihn folgte Theodor II., wiederum von der deutschen Seite instrumentalisiert, der es in seiner 20 Tage umfassenden Amtszeit wenigstens schaffte, die Beschlüsse zur Exkommunikation von Formosus formell aufheben, diesen rehabilitieren und in St. Peter beisetzen zu lassen, bevor er ebenfalls »überraschend« starb. In diesem erneuten Dreipäpstejahr war es nun an Giovanni IX., von der Spoletanerfraktion ins Rennen geschickt. Er enttäuschte jedoch die in ihn gestezten Erwartungen, da er Formosus keineswegs erneut verurteilen ließ. Ihm folgte mit Benedikt IV. wieder ein Kandidat der deutschen Seite, der jedoch angesichts der militärischen Niederlagen der deutschen Expeditionskorps bald durch einen neuen Kandidaten ersetzt wurde. Nächster in diesem Spiel war 903 Leo V., der nach wenigen Tagen von Christopher, einem der römischen Kardinalpriester gestürzt und inhaftiert wurde, während sich Christopher seinerseits auf den Thron setzte. Doch auch er konnte sich seines neuen Amtes nicht lange erfreuen, denn nun trat ein neuer Akteur auf den Plan.

Sergius III. (um 860–911, Papst 904–911)

Auch er bediente sich der Spoletaner, um nach mehreren vergeblichen Versuchen während acht langer Jahre nun endlich 904 den »Papstthron« selbst zu besteigen. Mit einem schwerbewaffneten Sondereinsatzkommando seiner Gönner drang er nach der Machtergreifung von Christopher in die Stadt ein, nutzte die Unklarheit der Lage und ließ Christopher in denselben Kerker werfen, in dem schon dessen Vorgänger Leo V. saß. Als erste Amtshandlung schritt Sergius in diesen Keller und erwürgte eigenhändig beide Vorgänger, die er nicht als legitim ansah. Überhaupt sah er sich als Nachfolger von Theodor II., und erklärte alle Päpste dazwischen (Johannes IX., Benedikt IV., Leo V. und Christopher) zu Gegenpäpsten, da sie ihrerseits seine Minderheitswahl gegen Johannes IX. nicht unterstützt hatten.

Mit dem 45-jährigen Sergius zog ein blutjunges, blendendschönes Mädchen in den »Papstpalast« ein, das in den kommenden Jahrzehnten die entscheidende Rolle in Rom spielen sollte: Mariuccia (in anderer Schreibweise Marozia), 15 Jahre alt, eine römische Senatorentochter, deren Mutter Theodora ihrerseits schon als Dienerin der käuflichen Liebe in höchste Gesellschaftsschichten aufgestiegen war. Die Tochter kam ganz nach der Mutter, und begann schon früh das Spiel mit den weiblichen Reizen und dem gesellschaftlichen Aufstieg in der Horizontalen. Sie fungierte ganz offen als Geliebte des obersten geistlichen Herren der westlichen Hemisphäre, der auf den schon damals mehr oder weniger verbindlichen Zölibat einen feuchten Kehrricht gab. Sergius' Lieblingsbeschäftigung war es, wo er ging und stand, und am liebsten in aller Öffentlichkeit, Mariuccia zu begatten. Er besprang sie an allen möglichen und unmöglichen Orten, in Kirchen, auf Altären, während er auf der päpstlichen Sänfte getragen wurde, aber auch während prunkvoller Festgelage, zwischen zwei Gängen, oder beim Bad im Tiber. Sie wiederum revanchierte sich mit öffentlich vorgetragenem Oralverkehr bei ihm, am liebsten während er die Messe las, hinter dem Al-

tartisch. Er wiederum vergrub gerne den Kopf zwischen ihren Schenkeln, wenn sie sich von der Sänfte durch Rom schaukeln ließen.
Während Mariuccia auf diese Weise täglich, teilweise stündlich mehrfach Tisch und Bett mit Sergius teilte, streckte sie – mittlerweile schwanger – ihre Fühler nach anderer Seite aus. Sie heiratete 909 mit Einverständnis von Sergius, der darin wie von ihr beteuert eine reine Zweckallianz zur Legitimierung des zu erwartenden Kindes sah, den Chef des Spoletanerclans, Alberich. Alberich starb wenig später bei einem ungeklärten Mordanschlag, hinter dem möglicherweise Marozias Mutter steckte, und Marozia, mittlerweile knapp 20-jährig, sah sich nach neuen lohnenden Verbindungen um. Ihr nächster Bettgenosse war Guido, Graf der Toskana. Mit ihm zusammen war sie das neue Powerpaar im Rom ihrer Zeit. Guido schlug alle weltlichen Konkurrenten militärisch aus dem Feld, und Marozia sorgte im Vatikan für eine Ordnung ihrer Wahl – die nächsten drei Päpste bestimmte sie.
Sergius hatte unterdessen die Leichensynode gegen Formosus wieder aufleben lassen, diesen ein weiteres Mal exhumieren und öffentlich den Prozess machen lassen, und ihn natürlich wieder verurteilt. Weitere Finger der Schwurhand wurden abgehackt, zur Sicherheit diesmal auch der Kopf abgeschlagen, und die Leichenteile erneut in den Tiber geworfen. Hatte beim ersten Mal ein Erdbeben die Lateransbasilika zum Einsturz gebracht, so starb Sergius diesmal wenig später – beides von der Bevölkerung als Zeichen Gottes gewertet, dass diese spezifische Form der Leichenschändung nicht im Sinne des Schöpfers war.
Marozia hatte aufgrund ihrer guten vertikalen und horizontalen Kontakte, ihrer intimen Kenntnis des Führungspersonals sowohl auf weltlicher, militärischer als auch kirchlicher Seite unterdessen auch die Vergabe des Papstthrons an den Meistbietenden, ein einträgliches Geschäft, in die Hand genommen. Auf Sergius folgte ein Anastasius, der kaum zwei Jahre durchhielt, bevor er das zeitliche segnete und durch Lando ersetzt wurde, der kaum sechs Monate im Amt blieb. Auch seiner wurde Marozia schnell überdrüssig, sei es, dass er eigensinnig und undankbar, sei es,

dass er schlicht zu langweilig war. Auf Lando folgte Johannes X., der alte Mann auf dem römischen Bischofsthron, bei Amtsantritt schon 54 Jahre alt, der es immerhin auf rund anderthalb Jahrzehnte auf dem Thron brachte, bevor er mit knapp 70 Jahren wohlbefriedigt in die ewigen Jagdgründe überwechselte. Zu seinen entscheidenden Qualifikationen für das Amt des Papstes zählte seine Performance im Bett von Mariuccias Mutter Theodora, der er zu Diensten gewesen sein soll. Angeblich führte er persönlich in ihrem Auftrag den Mord an Mariuccias erstem Mann Alberich aus, und präsentierte der jungen Witwe höhnisch den entstellten Leichnam ihres Gatten.

Johannes X. war einer der ersten Päpste mit dezidiert militärischer Agenda. Zu seinen Hobbys zählte die Organisation von Feldzügen, für die er einen Gutteil des päpstlichen Schatzes ausgab (sofern der nicht von Mariuccia & Konsorten geplündert wurde). Da er auf seinen Feldzügen wiederum häufig reiche Beute machte, und so eine positive Bilanz unter seinen Unternehmungen stand, ließ ihn Mariuccia gewähren, zumal er weiterhin als erfahrener Alt-Lover (Silbersex-Löwe) ihrer Mutter die notwendige Unterleibs-Entspannung besorgte. Ihre Mutter hatte damals eine Machtstellung in Rom, die Mariuccia zu diesem Zeitpunkt nicht in Frage zu stellen wagte. Doch die Lage spitzte sich zu, als Johannes die Ermordung von Marozias Mann Alberich befahl. Dieser hatte versucht, sich der weltlichen Macht in Rom zu bemächtigen, war dabei gescheitert, und auf der Flucht von päpstlichen Schergen in Orte bei Viterbo erschlagen worden. Sein entstellter Leichnam wurde im Triumphzug nach Rom gebracht. Marozia war »not amused«, und als wenig später ihre Mutter Theodora starb, und somit der Papst seine mächtige Schutzherrin verloren hatte, schlug Marozia zu. Erst wurde der vom Papst an hoher Stelle in der römischen Verwaltung platzierte Bruder Pietro im Lateranspalast vor den Augen des Papstes von einem Attentäter umgebracht, und als der Papst sich voller Wut auf die Jagd nach dem Mörder machte, dieser von Marozias Greiftrupps geschnappt und in der Engelsburg ins Verlies geworfen. Hier hatte sich Marozia etwas ganz besonderes ausgedacht. Sie ließ den Papst auf dem Boden fest verzurren, dass er sich nicht wehren konnte, und setzte sich dann mit ihrem nackten Unterleib auf sein Gesicht, bis ihm buchstäblich die Luft wegblieb.

Nun war Marozias zentrale Stellung im römischen Machtgefüge unumschränkt, da die mütterliche Konkurrentin endgültig das Feld geräumt hatte. Marozia entschied nun selbstherrlich über die Besetzung des römischen Bischofsthrons. Als Nachfolger von Johannes installierte sie Leo VI. Schon Leos Vater hatte sich als erbitterter Gegner von Papst Formosus als der richtigen Seite zugehörig präsentiert. Marozia suchte zu diesem Zeitpunkt besonders schwache Kandidaten für das Amt des Kirchenchefs, da sie einen weiteren, größeren Schachzug vorbereitete: die Inthronisation ihres eigenen Sohnes Johannes, dessen Vater und Erzeuger Papst Sergius gewesen war. Auch Leo wurde durch Akte fleischlicher Verbindung zum folgsamen Gefolgsmann der erfahrenen Marozia gemacht, die bei ihm speziell die Technik des Podalverkehrs (footjob) anwandte. Da er bald einem Herzschlag erlag (die Aufregungen waren zu viel), setzte Marozia nun als weitere Interimslösung bzw. als Platzhalter und Variable Stefano VII. auf den Thron. Als dieser wider den Stachel löckte indem er eigene Ideen zur Gestaltung päpstlicher Politik entwickelte, ließ Marozia ihn umbringen, und setzte nun endlich ihren eigenen 16-jährigen Sohn Johannes auf den Thron.

Zu diesem Zeitpunkt schien es Marozia auch nötig, die eigenen ehelichen Verbindungen auf ihre Zukunftsfähigkeit zu überprüfen. Da mittlerweile ein anderer aussichtsreicherer Kandidat auf den Plan getreten war, sorgte sie dafür, dass Guido eines »überraschenden« Todes starb. Sofort machte sie sich daran, die inzwischen diplomatisch vorbereitete Eheschließung mit dem neuen König von Italien, Hugo, voranzutreiben. Die Hochzeit sollte ein Höhepunkt für die römische Geschichte werden, in der Vorstellung der nun fast 40-jährigen, aber immer noch als außergewöhnliche, wenn auch langsam verfettende Schönheit gefeierten Marozia. Die prunkvolle Hochzeit im Jahr 932 hatte kaum begonnen, als plötzlich Unruhe entstand. Marozias unehelicher Sohn Alberich, der eigene Ambitionen hatte, sprengte die Veranstaltung, nahm Marozia gefangen, und vertrieb Hugo, der

keine größeren Anstalten machte, seine künftige Frau zu retten, oder aus der anschließenden Kerkerhaft zu befreien. Der erst 17-jährige Alberich war jetzt der neue starke Mann in Rom, und er ließ seine Mutter buchstäblich im Kerker versauern, mehrere Jahrzehnte soll ihre Haft der Legende nach gedauert, und erst mit ihrem Tod geendet haben.
Papst Johannes XI. stand für den Rest seines Pontifikats unter Hausarrest im Lateran und durfte nur noch die ihm von Alberich vorgelegten Urkunden unterschreiben. Johannes starb wenig später, und wurde von Alberich durch Leo VII. ersetzt. Der profilierte sich, indem er auf der einen Seite den Erzbischof von Mainz dazu aufforderte, bekehrungsunwillige Juden aus der Stadt zu vertreiben, oder ihnen gleich den Garaus zu machen, und auf der anderen Seite vermittelte er zwischen Alberich und dessen Hauptgegner, dem König Ugo von Italien, dem Noch-Ehemann der in Kerkerhaft schmachtenden Marozia. Alberich heiratete nun in einer überraschenden Wendung die bildschöne Lieblingstochter des Königs und reihte sie in seinen Harem ein. Mit dem nächsten Amtsinhaber, Stephan VIII., hatte Alberich weniger Glück. Stephan gefiel sich darin, eine Verschwörung gegen den allmächtigen Herrscher der Stadt Rom mitzubetreiben, die jedoch aufflog, bevor Alberich wie geplant einem Mordanschlag zum Opfer fiel. Stefano wurde verhaftet, in den Kerker geworfen und eigenhändig von Alberich zu Tode getreten. Sein Nachfolger Marino II. war genauso Wachs in den Händen von Alberich wie der darauffolgende Pope.
Doch dessen irdische Laufbahn näherte sich in seinem dritten Lebensjahrzehnt bereits ihrem Ende. Um ihn herum vollzog sich ein rascher Wechsel. Berengar II. von Ivrea verjagte Hugo vom italienischen Königsthron. Dieser ließ seinen Sohn Lothar in Italien zurück, den Berengar nun zum nominellen König machte, während er selber im Hintergrund die Strippen zog. Lothar heiratete Adelaide, eine Königstochter aus Burgund. Kurz nach dem Tod seines Vaters kam jedoch auch Lothar unter ungeklärten Umständen – man vermutet Giftmord – um. Um die Dynastie zu sichern, wollte Berengar nun seinen Sohn Adalbert mit der frischverwitweten Adelaide verheiraten, diese lehnte je-

doch freundlich, aber bestimmt den geplanten Ehevollzug ab. Berengar ließ sie daraufhin in einen düsteren Kerker einsperren. Nicht genug mit der Kerkerhaft delektierten sich der leicht durchgeknallte Berengar und seine Frau Willa daran, die junge Witwe auch noch zu foltern. Doch die junge tatkräftige Frau fand Mittel und Wege (angeblich schlief sie sich den Weg in die Freiheit, indem sie mit allen Gefängniswächtern Sex hatte, so lange, bis sie draußen war) sich aus dem Kerker zu befreien und nach Deutschland zu reisen. Dort unterstellte sie sich dem Schutz des neuen starken Mannes, König Otto I. Der frisch verwitwete Otto war so von ihrer Schönheit – aber auch von ihrer Stellung im italienischen Adel – angetan, dass er sie vom Fleck weg heiratete.

Mit seiner neuen Gattin an der Seite unternahm er nun einen Heereszug nach Italien, um die dortigen Angelegenheiten in seinem Sinne zu regeln. In Pavia rief er sich 951 selbst zum König von Italien aus. Anschließend schickte er eine Gesandtschaft nach Rom und forderte den Papst auf, ihn zum Kaiser zu krönen. Doch nun geschah Unerhörtes. Der Papst lehnte dieses Ansinnen – unterstützt von Alberich – ab. Da sein Heeresaufgebot für eine erfolgreiche Belagerung der riesigen Stadt Rom nicht groß genug war, zog Otto vorerst unverrichteter Dinge wieder ab und reiste nach Deutschland zurück, schwor aber, dies sei nicht das letzte Wort in der Angelegenheit.

Otto entwickelte nun eine langfristige Perspektive für seine Pläne bzgl. Rom und Kaiserkrönung. Mit den entsprechenden finanziellen Mitteln im Hintergrund ließ er durch entsandte »Lobbyisten« in der »Ewigen Stadt« eine freundlichere Stimmung für die geplante Kaiserkrönung erzeugen. Außerdem ließ er Intrigen gegen Alberich und Agapit spinnen. Diese führten 954 zum Erfolg. Alberich starb – kaum 40-jährig – nach über zwei Jahrzehnten der Herrschaft in Rom »überraschend«, hatte vorher jedoch noch seinen 16-jährigen Sohn Octavian zum Fürsten von Rom wählen lassen, und Adel und Klerus schwören lassen, dass diese nach dem absehbaren Tod des mittlerweile ebenfalls kränkelnden Agapit Octavian zum Papst wählen würden.

Octavian von Spoleto (937/939–964, Papst als Johannes XII. 955–964)

Agapit starb im November 955. Wenige Tage später wurde der minderjährige Octavian vereinbarungsgemäß zum Papst gewählt und nannte sich nun Johannes XII.[53] Mit dem äußerst jugendlichen Papst hielt nun ein anderer Wind in Rom Einzug. Octavian, von seinem Vater nach den Maximen der maximalen Lustgewinnung erzogen, schreckte buchstäblich vor nichts zurück. Mord und Folter, Ehebruch und Inzest, Ämterverkauf, es gab kaum eine Sünde, die von diesem Papst nicht begangen wurde. Er ging lieber zur Jagd als zur Messe, fluchte wie ein Bierkutscher und schreckte dabei auch nicht davor zurück, den Namen Gottes zu entweihen. Prostituierte entlohnte er mit wertvollen Messekelchen. Aus dem Lateranspalast machte er ein riesiges Bordell, in dem die schönsten Prostituierten aus ganz Italien und darüber hinaus versammelt wurden, um den Freiern zur Verfügung zu stehen. Die Liste der Frauen, mit denen er mit oder ohne ihre Zustimmung Sex hatte, war legendär. Als einer seiner geistigen Berater ihm bei Entscheidungen widersprach, ließ er ihn blenden, einen Kardinal, der ihm nicht wie gewünscht zu Diensten war, entmannte er eigenhändig (worauf dieser starb). Die kirchlichen Zeremonien ließ er vollziehen, wo er gerade ging und stand, zeitweilig sogar in einem Pferdestall. Auch war er des Lateinischen angeblich unkundig und sprach nur den örtlichen Dialekt, das Italienische römischer Färbung (Romanaccio).

Das war also ein munteres Treiben, was nun in Rom anhob. Und es sollte noch besser kommen. Octavian hatte nämlich den Spleen, sich selbst für einen großen Feldherren vor dem Herrn zu halten (ein durchaus nicht seltener geistiger Defekt, man denke nur ans 20. Jahrhundert). Daher machte er sich nun auf, das selbstgesteckte Ziel zu erreichen, den Kirchenstaat in seiner ganzen »konstantinischen« Pracht wiederherzustellen, und alle zwischenzeitlich verloren gegangenen Territorien wieder zurückzugewinnen. Dafür stellte er eine Armee auf und entnahm dem Kirchenschatz beträchtliche Mittel zu deren Unterhalt und Ausrüstung. Doch das Glück war ihm nicht hold – sowohl Vorstöße gegen das Fürstentum Benevent wie gegen jenes von Capua endeten in Niederlagen. Daher schickte Octavian sein Heer nun nach Norden, um dort Beute zu machen und Territorien zu besetzen. Dies rief König Berengar auf den Plan samt Sohn Adalbert, die nun begannen, Rom zu belagern, um Octavian ein für allemal zu erledigen.

Octavian geriet diesmal ernsthaft in Bedrängnis, und schon sah alles nach einer sicheren Niederlage aus, da zog er das einzige Ass, das noch in seinem Ärmel verblieben war. Er schickte eine Botschaft an den deutschen König Otto I., und bot ihm – nun freiwillig, was Jahre zuvor strikt verwehrt worden war – die Kaiserkrone an. Otto biss tatsächlich an und kam mit einem großen Heeresaufgebot – den siegreichen Truppen, die kurze Zeit zuvor die Hunnen in der Schlacht auf dem Lechfeld vernichtend geschlagen hatten – nach Italien, in seiner Begleitung seine neue Frau Adelaide. Am 2. Februar 962 wurden Otto und Adelaide zu Kaiser und Kaiserin gekrönt und gesalbt. Damit war das einige Jahrhunderte bestehende *sacrum imperium romanum* gegründet. Otto beeilte sich, dem Papst im Gegenzug die »Konstantinische« und die Pippinsche Schenkung zu bestätigen. Andererseits ließ sich Otto von Octavian bestätigen, dass eine »Papstwahl« künftig nur Gültigkeit erlangen solle, wenn der Kandidat dem deutschen Kaiser den Treueeid schwöre. Eine Klausel, die weitverbreiteten Unmut innerhalb der Kurie und des stadtrömischen Adels hervorrief, da diese ihre Felle davon schwimmen sahen, die fetten Profite, die sie mit dem Verschachern des »Papstamtes« untereinander regelmäßig zu generieren verstanden.

Otto wandte sich nun mit seinem Heer gegen Berengar und Adalbert. Es dauerte zwar noch einige Monate, dann gaben beide auf, und das italienische Separatkönigreich gehörte der Geschichte an. Berengar und seine Foltermagd Willa wurden nach Bamberg ins Exil auf die Reise gebracht, Adalbert gelang die Flucht, die ihn bis nach Korsika führte. Otto reiste nun befriedigt nach Hause im festen Glauben, in Italien alles zum Besten arrangiert und für eine dauerhafte deutsche Vorherrschaft dort ausreichend

Vorsorge getroffen zu haben. Doch darin sollte er sich täuschen. Kaum waren die Truppen des Kaisers hinter den Alpen verschwunden, hatte Octavian nichts Besseres zu tun, als Adalbert von Korsika nach Rom bringen zu lassen. Die Aussicht darauf, künftig bei jeder Papstwahl die Deutschen im Haus zu haben, schreckte ihn und seine Spießgesellen doch nachhaltig. Noch bevor er die Landesgrenzen verlassen oder gar die Alpen überquert hatte, erfuhr Otto von dem Umschwung in Rom und kehrte stante pede wieder nach Süden um. Bald stand er wieder vor den Toren der Stadt Rom. Da er diesmal ankündigte, die Sache bis zum bitteren Ende auszufechten, wurden Octavian und Adalbert diesmal vom stadtrömischen Adel, der eine längere kriegerische Auseinandersetzung mit dem zu allem entschlossenen Otto fürchteten, hinauskomplimentiert und flohen – diesmal gemeinsam – bis Korsika, um den Häschern des Kaisers zu entgehen. Zur Abmilderung ihres Abstiegs hatten sie den Kirchenschatz Roms mitgenommen, und lebten daher in Saus und Braus auf der »Insel der Schönheit«. Bei beiden kann man davon ausgehen, dass sie nichts anbrennen ließen, und dass sie mit den Inselschönheiten täglich die dollsten Geschichten inszenierten.
Otto seinerseits eröffnete – not very amused – nun zu Rom ein kaiserliches Strafgericht über den abtrünnigen Papst. Unter Ottos Vorsitz wurde eine lange Reihe von Anklagepunkten verlesen, unter dem Hinweis, dass für die Aufzählung aller begangenen Sünden ein gesamter Tag zu kurz sei. »Mord, Meineid, Tempelschändung, Blutschande« mit Mutter und Schwestern, »und anderes«, das auszusprechen nicht möglich sei, wurde ihm vorgehalten. Dazu natürlich Hochverrat an seinem Verbündeten und Mentor Otto. Mit Octavian wurde – zum ersten Mal in der Geschichte des Papsttums – ein Papst von der weltlichen Macht, vom Kaiser offiziell seines Amtes enthoben. An Octavians Stelle wurde Leo VIII. im Dezember 963 auf den Thron gesetzt. Der hatte den Fehler, dass er zuvor keinerlei kirchliche Ämter versehen hatte. Daher wurde er an einem Tag nacheinander zum Ostiarius, zum Lektor, zum Exorzisten, zum Akolythen, zum Subdiakon, zum Diakon, zum Priester und schließlich zum Bischof befördert. Als solcher war er »papabile« (zum Papst wähl-

bar, weil er nun die formalen Voraussetzungen einer »vollständigen« kirchlichen Laufbahn erfüllte), und wurde daher prompt gewählt.

Erneut reiste der Kaiser ab, wieder in der Überzeugung, alles zum Besten geregelt zu haben. Erneut sollte er sich täuschen. Kaum war er einige Tage aus Rom fort, kehrte Octavian Anfang 964 strunzfrech in die Stadt zurück, berief nun seinerseits eine Synode ein (teilweise mit denselben Bischöfen wie Otto, die Bischöfe waren wie Fähnchen im Wind, und spielten nach der Melodie »wes Brot ich ess, des Lied ich sing«), die umgehend die Amtsenthebung Leos und die Wiedereinsetzung Octavians beschloss (gegen reichlich Handgelder aus dem nach wie vor in Octavians Besitz befindlichen Kirchenschatz). Nebenbei widmete sich Octavian lustvoll dem Rachegeschäft. Er ließ diejenigen zusammentreiben, die offen mit dem Kaiser kollaboriert hatten, und griff nun zum Messer. Hier schnitt er eine Nase ab, dort die Zunge, dem Dritten stach er die Augen aus, den vierten entmannte er. Doch damit nicht genug. Im Überschwang seines Triumphes traf sich Octavian zwischendurch mit einer seiner alten Liebschaften, Stefanetta, einer hochrangigen, rotwangigen, rothaarigen, kurvenreichen römischen Aristokratin, zum Versöhnungssex nach langer Trennung. Es wurde ein Liebesspiel der besonderen Art, mit langem Vorspiel, intensivem Hauptspiel, und denkwürdigem Absch(l)uss. Gerade als Octavian zum Schuss kommen und die Petschaft endgültig ins Siegelwachs drücken wollte, trat der gehörnte Ehemann durch die Tür (von seinen Bediensteten alarmiert), ein metallenes Kruzifix in der Hand, und versetzte dem kopulierenden Wieder-Papst einige wuchtige Schläge auf den Kopf, die diesem das Hirn zertrümmerten. Der 27-jährige Octavian verendete noch während des Beischlafs, während schon die Endorphine des Orgasmus sein Hirn durchfluteten, und hauchte sein Leben in die Scheide der Ehebrecherin aus. Möglicherweise hat er von den Schlägen nicht mehr allzu viel mitbekommen. Die ungetreue Ehefrau wurde in den Kerker geworfen und anschließend in ein Bordell nach Tunis verkauft.

Kaum hatte sich die Nachricht vom ebenso plötzlichen wie un-

rühmlichen Tod Octavians verbreitet, versammelten sich Kurie und Stadtadel, um die Sedisvakanz, die »papstlose« Zeit, so kurz wie möglich zu halten, und möglichst ohne die Deutschen das Amt neu zu vergeben. Sie wählten noch am selben Tag einen Kurienbeamten als Benedikt V. zum Papst.[54] Der konnte sich allerdings nur einige Wochen seiner neuen Würde erfreuen, so lange, bis Otto mit seinem Heer wieder vor Rom stand. Benedikt wurde gefangen genommen, und Otto rief zum dritten Mal eine Synode ein, die den bisherigen Papst verdammte, und Leo wieder in Amt und Würden setzte. Als erste Amtshandlung versetzte dieser dem mit einer schweren Prunkbibel Benedikt einen wuchtigen Hieb auf den Kopf, ein Schlag, der Benedikt k. o. zu Boden schickte. Anschließend wurde Benedikt gefesselt nach Hamburg verschickt, einer elenden kleinen Siedlung am sonnenlosen, nördlichen Rand des Kaiserreichs, wo er wenig später starb. Leo selbst konnte sich nach dem Abzug des Kaisers noch ein halbes Jahr halten, bevor er selber starb.
Auf Anordnung des Kaisers wurde im Oktober 965 zu seinem Nachfolger Johannes XIII. gewählt, ein Sohn von Marozias Schwester Theodora aus deren Ehe mit dem pästlichen Finanzverwalter Johannes Crescentius. Er galt als Geschöpf des Kaisers und hatte entsprechend mit Gegenwind aus Kurie und Adel zu kämpfen. Dennoch hielt er erstaunliche sieben Jahre auf dem Thron durch. Und das in Zeiten allgegenwärtiger Giftmordanschläge. Im Dezember 965 kam es zu einem Aufstand in Rom, vor dem er sicherheitshalber ins südlich gelegene Capua floh. Er musste dort ein Jahr ausharren, bevor er mit einem kaiserlichen Heer nach Rom zurückkehren konnte. Adalbert versuchte seinerseits noch einige Male von seinem zwischenzeitlich nach Südfrankreich verlegten Exil, ins italienische Geschehen einzugreifen, jedoch ohne durchschlagenden Erfolg (er starb 975 im Exil).
Otto konnte im November 966 Johannes XIII. wieder auf den römischen Bischofsthron setzen. Diesmal nahm der deutsche Kaiser blutige Rache für die Unbotsamkeit der Römer, und ließ unter anderem zwölf ihrer Anführer per Kreuzigung töten. Sicherheitshalber blieb Otto nun in Italien und in der Nähe des

Papstes, und regierte sein Reich von Süden aus. Um seine Dynastie abzusichern und mit einem anderen machtvollen Haus zu verbinden, betrieb er die Verheiratung seines elfjährigen Sohnes Otto II. mit einer Prinzessin aus Byzanz, der 16-jährigen Theophanu. Otto wurde 972 zum Mit-Kaiser, Theophanu von Johannes XIII. zur Mitkaiserin gekrönt. Ein Jahr später starb der zwischenzeitlich wieder nach Deutschland zurückgekehrte Otto mit 61 Jahren, und der 17-jährige Otto II. wurde neuer Kaiser. Kurz darauf starb auch Johannes XIII.

Sein Nachfolger Benedikt VI. galt offiziell ebenfalls als Kaisertreu. Er konnte sich nur so lange in Rom halten, wie Otto noch am Leben gewesen war. Nach dessen Tod 973 wurde er ins Verlies der Engelsburg geworfen. »Gegenpapst« wurde jetzt Bonifatius VII., der nach längerem hin und her Benedikt eigenhändig erwürgte. Nun schaltete sich Otto II. ein, der ohnehin schon auf dem Weg nach Rom gewesen war. Bonifatius ließ den Kirchenschatz einpacken und floh mit reichlichem Gefolge Richtung Byzanz, wo er sich beim Ostkaiser gastfreundliche Aufnahme als Gegner des Westkaisers erhoffte. Als neuer Papst wurde nun Benedikt VII. eingesetzt. Dieser hielt sich dank kaiserlicher Protektion fast zehn Jahre lang, und wurde nach seinem Tod unter tätiger Mithilfe des angereisten Otto II. von Johannes XIV. beerbt, ebenfalls einem kaisertreuen. Dies war also geregelt. Doch zwischenzeitlich hatte sich der 28-jährige Otto mit einem mächtigeren Gegner angelegt. Er hatte zweimal in drei Jahren eine Handelsblockade gegen die Seerepublik Venedig verhängt. Diese war damals nominell schon unabhängig und nur locker mit Byzanz assoziiert. Wirtschaftlich war dort durch die rege Handelstätigkeit ihrer Bewohner schon damals eine große Potenz lokalisiert, deren Reichtum angeblich schon damals unermesslich groß war. Mit diesem mächtigen Gegner hatte sich Otto, der sich die fette Beute gerne zur geostrategischen und wirtschaftlichen Abrundung seines Territoriums einverleibt hätte, angelegt. Doch die venezianischen Handelsherren galten nicht nur als erfahrene, gewandte Diplomaten vor dem Herrn, sondern auch als kalte Machtpolitiker, die zur Durchsetzung ihrer wirtschaftlichen Interessen vor kaum einer Schandtat

zurückschreckten. So nimmt es kein Wunder, dass der kurz zuvor noch kerngesunde, lebenslustige junge Kaiser sich im Herbst 983 plötzlich unter viehischen Leibschmerzen wand, und am 7. Dezember des Jahres unter Qualen verstarb.
Beigesetzt wurde er in der Vorhalle von St. Peter, doch sorgte die Kirche dafür, dass sein Grab bald in Vergessenheit geriet, und schon wenige Jahre später nicht mehr lokalisiert werden konnte. Ein Gedächtnisort für ihren mächtigsten Gegner seit langem wollte die Kurie in ihrer Hauskirche nicht dulden. Die Herrschaft ging nun auf den zuvor schon zum König gekrönten dreijährigen Otto III. über. Da dieser schlechterdings noch nicht regierungsfähig war, entstand – aus der Not geboren – ein neues Power-Duo, ein weibliches Dream Team an der Spitze des abendländischen Reiches. Zusammen taten sich Ottos II. Witwe Theophanu (Mutter von Otto III.) und Ottos Mutter Adelheid (die Großmutter von Otto III.). Speziell die Byzantinerin kam überraschend gut mit der neuen Rolle an der Spitze des Reichsgefüges zurecht, und urkundete – unerhörte Neuerung – in eigenem Namen als Kaiserin (und nicht etwa stellvertretend für ihren minderjährigen Sohn, wie das sonst bei Regenten üblich war). Als sie 31-jährig 991 starb, setzte Oma Adelheid die Regentschaft für den nun elfjährigen Otto III. fort. Die 60-Jährige konnte die Herrschaft erfolgreich bis zur Volljährigkeit des dritten Otto 998 weiterführen und übergab ihm dann die Regierungsgeschäfte.
Nach dem Tod Ottos II. hatte sich »sein« Papst Johannes noch ein Jahr halten können, bevor er vom stadtrömischen Adel gefangen genommen und ins Verlies der Engelsburg gesteckt wurde. Die günstige Gelegenheit nutzte der zehn Jahre zuvor abgesetzte »Gegenpapst« Bonifatius VII., kehrte mit dem reichen Kirchenschatz 984 aus Byzanz nach Rom zurück und kaufte sich nun den Thron. Als erste Amtshandlung marschierte er in die Engelsburg und erwürgte seinen Amtsvorgänger, um dessen Wiederkehr auf den »Papstthron« ein für allemal zu verhindern. Den Körper des verhassten Vorgängers ließ er an einem Seil von den Zinnen der Engelsburg baumeln und dort verrotten. Bonifatius, der schon während seiner ersten kurzen Amtszeit seinem

Lieblingssport, der Vergewaltigung von Jungfrauen nachgegangen war, führte nun eine knapp einjährige Schreckensherrschaft in Rom. Diese gipfelte – mal wieder, wie man sagen könnte – im Bett einer verheirateten jungen Adelsfrau, von der er sich gerade oral verwöhnen ließ, als deren Mann hereinspazierte und ihn aus dem Fenster des hochgelegenen Palazzos werfen ließ. Unten hatte sich schon eine aufgebrachte Volksmenge versammelt, die den Schwerverletzten noch weiter verstümmelte und durch die Straßen schleifte. Er starb am Fuß des Konstantinsdenkmals auf dem Vorplatz des Lateranspalastes. Seine Leiche blieb dort tagelang liegen und wurde erst dann von Mönchen heimlich nach St. Peter gebracht und dort verscharrt.

Angesichts der Schwäche der Ottonen-Dynastie, die mangels volljährigem Herrscher von den beiden Frauen Adelheid und Theophanu geführt wurde, konnte sich nun nach langen Jahren kaisertreuer Päpste, wieder ein Vertreter des stadtrömischen Adels auf den Thron setzen. Johannes XV. setzte die eigenwilligen Herrschaftsformen von Bonifatius mehr oder weniger fort, diesmal vor allem durch die »päpstliche« Geldgier geprägt, für die nächsten zehn Jahre. Nachdem er alles zu Geld gemacht hatte, was im Vatikan noch vorhanden war, und seine persönliche Schatulle bis zum Rand gefüllt hatte, wollte sich Johannes auch noch am stadtrömischen Adel schadlos halten. Doch damit hatte er es überzogen. Die Adligen vertrieben ihn 996 aus der Stadt, in seiner Not floh er nach Pavia und rief von dort den deutschen König zu Hilfe.

Der 16-jährige Otto III., der schon einige Kriegszüge gegen die unterwerfungsunwilligen Slawen östlich von Magdeburg geführt hatte (dort lag die damalige Ostgrenze des deutschen Reiches), kam mit einem Heer nach Italien. In seinem Gefolge befand sich zu diesem Zeitpunkt auch die »dilectissima soror«[55] (geliebteste Schwester) Sophia, mit der er im Inzest lebte und liebte.[56] Allerdings hatte Johannes von der Ankunft des Ottonen nicht mehr viel. Er starb »überraschend« an »Fieber«. Otto III. ersetzte ihn durch seinen Kumpel und geistlichen Berater, den 24-jährigen Kärntner Bischof Gregor, der als Gregor V. 996 den päpstlichen Thron bestieg. Der erste »Deutsche« auf dem römischen

Bischofsthron, selbst adliger Herkunft, hielt – in einer denkbar feindseligen Umgebung – immerhin drei Jahre aus, bevor auch er »überraschend« an »Fieber« starb. Otto III. selbst hatte in dieser Hinsicht vorgebaut, er setzte nun nicht mehr auf eine Konfrontation mit den überaus einflussreichen Venezianern, sondern auf Kooperation, und übernahm »gern« die Patenschaft für den jüngsten Sohn des dortigen Regierungschefs, des Dogen.

Einige Tage später krönte ihn der neue Papst verabredungsgemäß zum Kaiser. Der bis dahin jüngste Papst aller Zeiten hatte somit einen der jüngsten Kaiser der letzten Jahrhunderte gekrönt. Doch von Dauer sollte das römische Arrangement nicht sein. Als Otto 997 Rom wieder verließ, dauerte es nur wenige Wochen (bis man sicher sein konnte, dass der Kaiser schon wieder jenseits der Alpen und nicht binnen Tagesfrist wieder vor den Mauern zum allfälligen Strafgericht stehen würde), und schon ging die Malaise wieder los. Vor dem Lateranspalast rotteten sich gedungene Demonstrantenmassen unter wehenden stadtrömischen Bannern zusammen, errichteten Barrikaden, besetzten umliegende Gebäude, und gehorchten in allem ihren heimlichen Geldgebern und Finanziers. Offiziell handelte es sich natürlich um einen »Volksaufstand«, um die »Demonstration von Volkes Wille«. Dabei wurde vor allem gegen den drohenden Ausverkauf der römischen Interessen an den großen Bruder im Norden, an das kaiserlich-deutsche Riesenreich mit seiner militärischen und wirtschaftlichen Potenz agitiert. Dies ganz im Sinne der Geldgeber, die natürlich nur die eigenen Profite im Auge hatten, und diese nicht freiwillig per Steuerabgaben mit den Deutschen teilen wollten.

Gregor floh kurz bevor der Mob sich seiner bemächtigen konnte, ins sichere Spoleto. In Rom wurde von den vereinten Strippenziehern aus Adel und Kurie sofort ein »Gegenpapst« installiert, unter dem Codenamen Johannes XVI. Mit dem Kalabresen Johannes Philagathos hatte die Fronde eine kluge Wahl getroffen, handelte es sich doch um nicht weniger als um den langjährigen feurigen Geliebten von Theophanu, der für sie das Amt des Kanzlers für Italien versehen und nebenbei noch zu ihrer körperlich-sexuellen Befriedigung beigetragen hatte, für die der ständig auf Kriegszügen befindliche Otto I. keine Zeit gehabt hatte. Die beiden waren bekannt dafür, es an ausgewählten, luxuriösen Locations miteinander zu treiben, in den kaiserlichen Bädern zu Aachen, in den Resten der römischen Thermen und ähnlichen schicken Umgebungen. Otto III. hatte dem langjährigen »Bekannten« seiner Oma vertraut, und diesen kurz zuvor noch zur Brautschau nach Byzanz geschickt, wo für ihn – wie schon für den Opa Otto I. einige Jahrzehnte zuvor – eine byzantinische Prinzessin organisiert werden sollte.

Auf der Rückreise von Byzanz nach Rom war Johannes von stadtrömischen Adligen mit guten, goldbeschwerten Argumenten (und angeblich auch einer äußerst attraktiven, blutjungen Jungfrau) davon überzeugt worden, dass die Gelegenheit günstig sei, das lukrative Mandat für heimische Interessen zurückzuerobern und die künftigen Erträge brüderlich zu teilen. Philagathos willigte ein und wurde nun feierlich installiert. Die logische Konsequenz ließ nicht lange auf sich warten. Im Frühsommer 998 stand Otto III. mit einem schlagkräftigen Heer vor den Toren Roms und verlangte die Auslieferung des Okkupanten. Dieser versuchte noch in der Verkleidung eines Bettelmönchs aus der Stadt zu fliehen, wurde aber erkannt und vor den Kaiser geschleppt. Hatte Otto III. bei der Absetzung des vorigen »Gegenpapstes« noch auf Bitten Gregors die rituelle Milde walten lassen und die Aufständischen verschont, so inszenierte er nun ein blutiges Schauspiel schauerlicher Art.

Philagathos wurden die Augen ausgestochen, die Ohren und die Zunge abgeschnitten, er wurde entmannt und auch noch von seiner Nase befreit. Die blutüberströmte Schreckensgestalt wurde nun nackt verkehrt herum auf einen Esel gesetzt, ihm wurde ein blutiger, abgeschnittener Kuheuter als »Hut« auf den Kopf gesetzt, und so wurde er durch Rom geführt, zum Gejohle des Pöbels. Auf einer extra einberufenen Synode wurde er formell abgesetzt, und dann wieder zurück durch die Stadt geführt, in der nämlichen Konfiguration. Über sein Ende gibt es mehrere Versionen. Entweder endete der furchtbare Verstümmelte, der die Torturen lebend überstanden hatte, einige Jahre später im Kloster, oder er wurde noch blutend

in einen Sack eingenäht und in den Tiber geworfen, wo er jämmerlich ertrank. Viele der übrigen Aufständischen wurden geköpft oder gekreuzigt.
Doch auch die harte Tour brachte keinen dauerhaften Erfolg. Gregor starb ein Jahr später, 999, »überraschend« »am Fieber«, noch keine 27 Jahre alt. Er wurde in St. Peter bestattet, direkt neben der Grabstätte Ottos II. Dessen Sohn Otto III. berücksichtigte diese Erfahrungen in seinen nächsten politischen Schritten in Italien. Neben der Rückkehr zu gutnachbarschaftlichen Beziehungen zur Republik Venedig setzte er auf mehr Nachdruck beziehungsweise Brutalität im Umgang mit den politischen Gegnern. Crescentius, der Drahtzieher der römischen Aufstände, wurde verstümmelt, enthauptet, und der Leichnam anschließend von der Mauerkrone der Engelsburg in den Burggraben geworfen, im Triumphzug durch Rom geführt und mit den Füßen voran einem Galgen auf dem Monte Mario, dem heiligen Berg vor der Stadt, aufgehängt.
Auch den nächsten Papst bestimmte der nun 19-jährige Otto III. aus seinem engeren Beraterkreis. Die Wahl fiel auf Gerbert d'Aurillac, einen knapp 50-jährigen französischen Bischof und Gelehrten, der seit einigen Jahren den König und Kaiser auf seinen Reisen begleitete.[57] Er sollte nun vollenden, was Gregor nicht vergönnt gewesen war: den deutschen Einfluss in Rom dauerhaft zu sichern. Wie sich herausstellen sollte, eine unlösbare Aufgabe. Immerhin kam es so zur Berufung des ersten Franzosen auf den »Stuhl Petri«, unter dem Codenamen Silvester II. Auf dem Palatin, dem antiken Herrscherhügel innerhalb Roms, ließ sich Otto derweil eine befestigte Pfalz errichten, um einen verteidigungsfähigen Stützpunkt im Stadtinnern zu haben. Er entschied auch im Alleingang über die Neubesetzung mehrerer wichtiger italienischer Bistümer, um so einen besseren Zugang zu den Vorgängen zu haben.
Den Jahreswechsel zum Jubeljahr 1000 verbrachte Otto in Rom. Unter anderem wollte er so sicherstellen, dass durch die verbreiteten Befürchtungen, mit dem ersten Tag dieses Jahres werde das Weltgericht ausbrechen und die letzten Tage kommen, nicht über geschickte Manipulationen ein Aufstand gegen die deut-

sche Dominanz in Rom entstehen könnte. Seine Präsenz erzielte den gewünschten Effekt, es blieb ruhig, trotz der zahllosen abergläubischen Mitmenschen, die voller Furcht und Schrecken den Jahreswechsel hatten herankommen sehen. Mit Eintritt des Frühjahrs brach Otto zu einer langgeplanten Reise an die Ostgrenze des Imperiums auf, um die guten Beziehungen zum polnischen Herrscher Chrobry zu erneuern und das Bistum Gnesen (Gniezno) zu sichern, dessen von ihm eingesetzter Bischof kurz zuvor von heidnischen Eingeborenen (Pruzzen) erschlagen worden war. Er nahm die Reliquien dieses Märtyrers mit und verteilte sie auf Kirchen und Bistümer, die er besonders auszeichnen und besonders intensiv an sich binden wollte. Schon wenige Wochen später war Otto wieder in der »Ewigen Stadt«, die er aus guten Gründen nicht allzu lange verlassen wollte, konnte man doch nie sicher sein, was der stadtrömische Adel wieder im Schilde führte.
Otto nutzte die günstige Gelegenheit im Jahr 1001, die politisch-geographischen Beziehungen zwischen Reich und Papsttum auf eine neue, eindeutige Grundlage zu versehen. Er widerrief in einer Reichsurkunde für den Papst alle bisherigen geographischen Schenkungen (die »Konstantinische« und die darauf aufbauende Pippinsche) als Lügengebilde. Was die Päpste sich in der Vergangenheit unrechtmäßig angeeignet hätten, sei zudem durch deren schlechte Verwaltung weitgehend wieder verloren gegangen. Er widerrief also alle bekannten Schenkungen und »Urkunden«, und stellte nun eine eigene Donation für den römischen Bischof zusammen. Dieser sollte aufgrund einer Schenkung von acht Grafschaften an der mittleren Adriaküste nun eine wirtschaftliche Basis und zusätzliche Einkommen erhalten. Allerdings waren das wohlfeile Geschenke, weil diese Gebiete zu diesem Zeitpunkt noch gar nicht in kaiserlichem oder »päpstlichem« Besitz waren. Kaum war der Inhalt dieser Reichsurkunde durch Whistleblower innerhalb der Kurie dem stadtrömischen Adel durchgesteckt worden, der nun zurecht um seine bequemen und reichlichen Einkünfte aus den bisherigen »päpstlichen« Besitzungen fürchtete, als auch schon wieder ein allgemeiner Aufstand entstand. Zusammengerottete Schlägertrupps zogen durch Rom, attackierten kaiserliche Soldaten und Würdenträger, stürmten kaiserliche

Kontrollposten, und attackierten schließlich sogar die kaiserliche Unterkunft, die Pfalz auf dem Palatin, sodass sich Otto und der zu ihm in die Pfalz geflohene Gerbert nun zur Flucht aus der Stadt entschlossen, um erst einmal das eigene Leben zu retten.
Kaiser und Papst zogen Richtung Norden, den von Deutschland angeforderten zusätzlichen Heeresverbänden entgegen, mit deren Hilfe man die Lage in Rom wieder herstellen wollte. Zu Winterbeginn 1001 marschierten diese Truppen mit Otto III. an der Spitze Richtung Rom. Da überfiel den 21-jährigen Kaiser im Januar 1002 bei Civita Castellana ein plötzliches »Fieber« und er starb »überraschend« im Castel Paterno, rund 30 Kilometer vor Rom. Gerbert hielt sich noch knapp ein Jahr in Rom, bevor auch er das Zeitliche segnete. Entgegen den verbreiteten Annahmen, er sei der Hexerei fähig oder mit dem Antichristen im Bunde, kam es bei seinem Tod – soweit überliefert – nicht zu irgendwelchen übernatürlichen Erscheinungen. Weder holte ihn der Teufel, noch fuhr er mit Heulen und winseln in eine sich zu seinen Füßen auftuende Erdspalte. Auch von dem ihm angedichteten sprechenden Bronzekopf, den er angeblich in seinem Gepäck mit sich führte, und den er bei allen wichtigen Fragen konsultiert habe, wurde keine Spur gefunden. Dass es überhaupt solche Gerüchte gegeben hatte, hängt wohl mit seiner für diese Ära weit überdurchschnittlichen Gelehrsamkeit zusammen, basierend auf seiner hervorragenden Schulbildung und seinen Studien an arabischen Universitäten in Marokko und Damaskus. Diese galten damals als weltweit führend, waren sie doch auf die Vermittlung des Wissens der antiken Philosophie spezialisiert, eine Überlieferung, die im Abendland im »dunklen« Mittelalter abgerissen war.
Aufgrund der Wirren um die deutsche Königs- und Kaisernachfolge war nun die Bahn frei für den stadtrömischen Adel um die Crescenti, die Besetzung des Bischofsthrons wieder unter sich auszumachen. Sie bestimmten als nächsten Papst den Kurienbeamten Giovanni Sicco, der als Johannes XVII. den Thron bestieg, nach einem halben Jahr allerdings schon wieder verstarb. Ihm folgte – ebenfalls von Gnaden der Crescenti – Johannes Fasanus alias Johannes XVIII. Er krönte 1004 den neu-

en deutschen König Heinrich II. zum König von Italien. Die Feierlichkeiten spielten sich in Pavia ab, endeten allerdings in einer Katastrophe. In der Nacht nach den Feierlichkeiten kam es nach reihenweisen Vergewaltigungen von einheimischen Frauen durch die Fremden erst zu kleineren, dann zu größeren Zusammenstößen zwischen Einheimischen und den königlichen Soldaten. Nachdem sich die Unruhen binnen Stunden auf die ganze Stadt ausdehnten, ließ Heinrich seine Soldateska die Stadt stürmen und plündern, und zog dann weiter nach Rom. Johannes' Nachfolger war der Bischof Pietro Boccaporco (Schweineschnauze), der als Sergius IV. 1009 den Thron bestieg. Der einfach gestrickte Mann aus kleinsten Verhältnissen machte seinem Namen alle Ehre. Er nutzte die Zeit auf dem römischen Thron zu maximalem Lustgewinn. Prostituierte aus ganz Italien lieferten sich Wettkämpfe darum, wer eine der lukrativen Nächte mit dem allerdings herausfordernden Kunden erringen konnte. Einige Zeit später hatte man dann schon Mühe, Nachschub für den Papst zu finden, da sich seine groben Angewohnheiten und die Art und Weise, wie er Huren Schmerzen zuzufügen als großen Spaß auffasste, herumgesprochen hatte.
Der nächste Papst von stadtrömischen Gnaden war in dieser Hinsicht noch eine Steigerung. Der bullige Condottiere, der unter dem Namen Benedikt VIII. 1012 römischer Bischof wurde, war der Kandidat einer neuen aufstrebenden Fraktion, des Toscolani-Clans.[58] Die bisher in Rom führenden Crescenti-Clan hatte zwar noch einen eigenen Kandidaten aufgestellt und unter dem Namen Gregor VI. auf den Thron gesetzt. Wochenlange Straßenschlachten zwischen Schlägertrupps beider Clans waren das Resultat, der Ausgang allerdings unentschieden. Daher schickte die Crescenti nun ihren Kandidaten zwecks Bestätigung nach Deutschland. Doch der neue deutsche König Heinrich II. verhielt sich in der Angelegenheit dilatorisch, denn auch der Toscolani-Clan hatte bereits mit ihm Kontakt aufgenommen – und sollte das bessere Angebot vorlegen. Heinrich schickte Gregor also unter hinhaltenden Gunstbeweisen nach Rom zurück, bestätigte aber wenig später die Legitimität des Toscolani-Kandidaten Benedikt. Dieser machte seiner kriegerischen Vergangen-

heit umgehend alle Ehre, indem er nicht nur den nun offen rebellierenden Crescenti-Clan niederkämpfte, sondern an der Spitze eines Heeres auch noch weitere Streifzüge durch Italien unternahm, unter anderem gegen die Sarazenen, gegen Sardinien (mit finanzieller Hilfe der reichen Handelsrepublik Pisa, die die Insel anschließend als Lehen erhielt), und gegen die Byzantiner in Süditalien, welcher letzterer allerdings mit einer Niederlage endete. 1014 krönte er verabredungsgemäß Heinrich II. und seine Frau zu Kaiser und Kaiserin. Allerdings konnte von deutschem Einfluss in Rom und beim Papst nun nicht mehr die Rede sein, da der Toscolani-Clan Amt und Kurie und Stadt fest im Griff hatte, und auch die weiteren Kandidaten für das Amt stellte.
1020 versuchte Benedikt vergeblich, den Kaiser zu einem großen Heereszug nach Süditalien zu überreden, um die Byzantiner und die neu dort etablierten Normannen wieder zu vertreiben. Der Papst, der selbst ganz offen die Dienste von zahllosen Prostituierten in Anspruch nahm, verschrieb sich daraufhin dem Kampf für den Zölibat (zwangsweise Ehelosigkeit der Priester), gegen die Vielweiberei von Priestern und gegen Priesterehen. Er, dem die fleischlichen Genüsse über alles gingen, wollte das dem restlichen Klerus bei Androhung schwerster Strafen verbieten. Auch die Simonie wurde von ihm – dem Vertreter des finanzstärksten Clans in Rom – mit drastischen Worten angeprangert. Allerdings blieben beide Vorstöße zu diesem Zeitpunkt weitgehend erfolglos. Doch sorgte er für eine Regelung, die einen wesentlichen Teil des Aderlasses kirchlichen Besitzes unterband. Er dekretierte (und ließ das entsprechend von einer gekauften Synode bestätigen), dass die unehelichen Kinder von Klerikern, die von diesen oft Besitztümer der Kirche erbten, nun zwangsweise ebenfalls dem Klerus angehören mussten, ohne jede Möglichkeit, diesen Stand auch wieder zu verlassen – so blieb der kirchliche Besitz uneingeschränkt in der Verfügungsgewalt der Kirche, und niemand konnte mehr auf ihre Kosten erben.[59]
Benedikt zog nach den militärischen und politischen Misserfolgen eine letzte Trumpfkarte – die in Krisenzeiten der nächsten Jahrhunderte noch so oft mit tragischen, verheerenden Auswirkungen gespielt werden sollte: den Antisemitismus. Er sorgte für

zwei Pogrome in Rom, 1017 und 1020, bei denen zahlreiche Juden zu Tode kamen, erschlagen, verbrannt oder gekreuzigt. Damit sollten sie für die Herbeiführung eines Orkans und eines Erdbebens bestraft werden. Merkwürdige Auffassung naturgegebener Kausalitäten, aber damals sehr verbreitet und gerne zur Sühne bzw. Sündenbockgewinnung herangezogen.

Nach Benedikts Tod 1024 blieb das Amt in der Familie. Nachfolger wurde sein Bruder Romano alias Johannes XIX. Auch er war bei seiner Berufung noch ein Laie und durchlief alle notwendigen Kirchenhierarchiebeförderungen am Tag der Berufung. Johannes hatte eine geniale Idee, an deren Ausführung er von den übrigen mit ihm verbündeten Familien nur mit Mühe gehindert werden konnte – er hatte vor, die mittlerweile weithin anerkannten Primatrechte des römischen Papstes innerhalb der katholischen Kirche gegen eine aberwitzig hohe Goldsumme an den Patriarchen von Byzanz zu verkaufen, der damit endgültig an die erste Stelle innerhalb der Patriarchate gerückt wäre. Erst in letzter Sekunde, mehrere Tonnen Gold waren bereits per Schiff nach Rom unterwegs, wurde der Deal von Johannes wieder – mit großem Bedauern – abgesagt. So musste man sich eben weiterhin an den sonstigen Einnahmen, den vielen Spenden, und dem immer kräftigerer fließenden Peterspfennig, den Spenden der übrigen Bistümer zum Unterhalt des Vatikan und der römischen Bischofskirchen, halten. 1027 krönte er Konrad II. und dessen Frau Gisela zu Kaiser und Kaiserin, ging aber ansonsten weiterhin eigenen Geschäften nach.

Der Toscolani-Clan sorgte nach dem Tod Johannes' für einen reibungslosen Übergang auf den nächsten Clan-Angehörigen. Teofilatto Toscolano war 1032 zwar erst 12 Jahre alt, aber er sollte ja nur Platzhalter sein, Variable im Spiel der Mächtigen um die endlos strömenden Einkünfte und den politischen Einfluss, den das Amt mit sich brachte. Als Benedikt IX. nahm er nun auf dem Stuhl Platz, der Einfluss und Einnahmen versprach. Was nun folgt, ist eines der erstaunlichsten Pontifikate der Kirchengeschichte. Denn Teofilatto war keineswegs gewillt, die üblichen Verhaltensweisen, die als normativ für einen Papst galten, an den Tag zu legen. Als Angehöriger seines Clans schon früh mit Untugenden in Kontakt gekommen, benutzt er Amt und Würden dazu, sich nach Lust und Laune der Frauen in seinem Sichtfeld zu bedienen, er fiel über jede her, die ihm gefiel, und stellte sich ihm jemand dabei im Weg, so entsprach es den Gepflogenheiten des Clans, diesen falls nötig zu ermorden. Doch die Himmelsmacht der Liebe brachte auch diesen Lebemann dazu, seinem Leben eine neue Wendung zu geben. Er hatte sich unsterblich in eine gewisse Laura verliebt, für die er sogar Amt und Würden aufgeben wollte, um den ganzen Tag mit ihr zusammen sein zu können. Ihr Vater, ebenfalls ein mächtiger Clanchef, verlangte die formelle Hochzeit, eine Verbindung linker Hand war ihm nicht genug als Preis für seine Tochter.

Um heiraten zu können, musste Benedikt wohl oder übel auf das ihm übertragene Amt des Papstes verzichten. Was er auch 1044 tat. Anders als gedacht, gelang es seinem Clan jedoch nicht, unmittelbar einen eigenen Nachfolgekandidaten auf den Thron zu hieven. Stattdessen setzte sich im Kampf der Adelsclans diesmal wieder die oppositionelle Seite der Crescenzi durch, die ihren Mann, Giovanni di Sabina, als Silvester III. installierten, und zur Sicherheit Benedikt aus der Stadt vertrieben. Diese Vorsicht war nicht unberechtigt, denn inzwischen hatte sich die Liebe zwischen Benedikt und Laura wieder etwas abgekühlt, bzw. war diese von ihrem Vater sogar noch einträglicher zur Heirat nach Byzanz vermittelt worden und somit für Benedikt nicht mehr greif- und kopulierbar. Da ihm nun langweilig war, und auch seinem Clan die oppositionelle Rolle nicht gefiel, rückten die Toscolani mit einem Heer auf Rom vor. Benedikt, wieder als Papst eingesetzt, exkommunizierte Silvester aus der Ferne. Im März 1045 war die alte Lage wieder hergestellt, und Benedikt residierte wieder im Lateranspalast.

Da ergab sich die Gelegenheit zu einem einträglichen Geschäft. Da es militärisch nicht geklappt hatte, bot der konkurrierende Clan der Stefanesi Benedikt ein märchenhaftes Vermögen an, nicht weniger als zwei Tonnen Silber, um ihm den Abschied vom Amt zu versüßen. Benedikt akzeptierte im Mai 1045, ließ das Handgeld auf sein Landgut in Latium verbringen, und zog sich dorthin mit einer Gruppe maurischer Sklavinnen zurück, die

nur zu seinem persönlichen Vergnügen da waren. Der Stefanesi-Clan hatte damit erfolgreich einen eigenen Mann im Lateran installiert, der nun unter dem Namen Gregor VI. amtierte. Da jedoch Silvester nie auf seine Ansprüche verzichtet hatte, und Benedikt des Land- und Lustlebens mit den Sklavinnen bald wieder überdrüssig wurde, beanspruchte er sein bisheriges Amt – nicht zuletzt von seinem Clan dazu gedrängt – wieder. Daher gab es 1046 nicht wenig als drei amtierende Päpste.
Der von allen dreien als Schiedsrichter angerufene deutsche König Heinrich III. kam im Dezember 1046 nach Rom, um den Streitfall zu entscheiden. Er versuchte, den deutschen Einfluss auf Papsttum und Stadt Rom zu erneuern, und setzte – trotz der bekannten Erfolglosigkeit der bisherigen Versuche – erneut einen eigenen Mann auf den römischen Bischofsthron. Gregor verbannte er nach Deutschland (dieser starb 1047 in Köln). Silvester nahm mit königlichem Einverständnis sein bisheriges Amt als Bischof von Sabina wieder auf. Benedikt selbst hatte sich mit einem starken militärischen Begleitkommando auf seine Landgüter zurückgezogen, und wartete dort den weiteren Gang der Dinge ab.
Heinrich III. setzte nun Bischof Suidbert von Bamberg als Clemens II. auf den Bischofsstuhl, und ließ sich von diesem am ersten Weihnachtstag 1046 zum Kaiser krönen. Wie nicht anders zu erwarten war, war Clemens alias Suidbert kein langes Leben unter römischer Sonne beschieden. Er starb ein halbes Jahr später »überraschend« an »Fieber« mit knapp 40 Jahren. Benedikt nutzte die Gelegenheit, um sich mit Unterstützung seines Clans wieder an die erste Stelle zu setzen. Der Kaiser ließ daraufhin mit einem Heeresaufgebot Bischof Bobbo von Brixen nach Rom geleiten und inthronisieren. Er übernahm das Amt im Juli 1048 unter dem Namen Damaso II., verschied jedoch schon »überraschend« nach 23 Tagen im Amt. Benedikt wurde jedoch von seinem Clan nun zurückgezogen und verbrachte die restlichen zehn Lebensjahre als in Rente befindlicher Ex-Papst in der Clanhauptstadt Tuscolano vor den Toren Roms.
Immerhin knapp fünf Jahre als Papst sollten dem nächsten Deutschen auf dieser Position beschieden sein. Der Elsässer Bruno

von Egisheim-Dagsburg war schon 47 Jahre alt und Bischof von Toul, als ihn die Berufung ereilte. Da man seinem Kaiser gegenüber schlecht Nein sagen kann, übernahm er auf Bitten von Heinrich III. widerwillig am 12. Februar 1049 das Amt. Sein Alias war Leo IX.. Die Verbindung zum deutschen Kaiser blieb nicht ungetrübt, als dieser dem Papst den gewünschten Feldzug nach Süditalien verweigerte. Dort hatten sich die Normannen, ursprünglich von lombardischen Handelsstädten als Söldner zum Kampf gegen die in Süditalien okkupierenden Sarazenen geholt, mittlerweile selbst sesshaft niedergelassen und die einträglichen Handelsorte unter ihren Befehl gebracht. Sie erfreuten sich jetzt der reichlich sprudelnden Einnahmen. Leo versuchte, im Bündnis mit Byzanz eine Militäraktion gegen Süditalien zu organisieren, allerdings vergeblich. Seine Wut darüber war so groß, dass er seinen Legaten 1054 autorisierte, den Patriarchen von Byzanz zu exkommunizieren und des Amtes zu entheben. Das ließ sich der mächtige Kirchenfürst von Byzanz natürlich nicht gefallen, exkommunizierte seinerseits den römischen Parvenü – damit war das bis heute andauernde Schisma, die fundamentale Trennung von katholischer West- und orthodoxer Ostkirche eingetreten.

Leo unternahm nun dennoch den Heereszug nach Süden, in Begleitung eines selbst finanzierten kleinen Soldatentrupps von wenigen tausend Kämpfern. Das erste Zusammentreffen mit den kampferprobten Normannensöldnern endete jedoch mit einer eklatanten Niederlage des päpstlichen Heeres und der Gefangennahme des obersten Dienstherrn. Diese sollte neun Monate dauern und erst durch Zahlung eines hohen Lösegeldes samt der offiziellen Verleihung der okkupierten Gebiete als Lehen an die Normannen beendet werden. Anfang 1054 gelangte der schwerkranke Leo wieder nach Rom und verstarb dort wenige Wochen später. Unter den bleibenden Erinnerungen an diesen Papst ragt wohl jenes Dekret heraus, mit dem er befahl, dass alle Prostituierten, die beim Sex mit Priestern erwischt worden waren, künftig ihren Dienst kostenlos im Lateranspalast als Sklavinnen verrichten mussten, mit dem Papst und anderen hochrangigen Klerikern. Das war natürlich eine ganz geschickte Art und Wei-

se, sich den Nachschub an frischen, unverbrauchten Frauenkörpern zu sichern, und so die Stimulationsfähigkeit immer hoch zu halten.
Aber die Deutschen gaben nicht auf und sandten ein weiteres Opferlamm nach Rom. Diesmal traf es einen deutschen Popen namens Gebhard, seines Zeichens Bischof im bayrischen Eichstätt, gebürtiger Schwabe aus Calw. Er war ein langjähriger Berater und Weggefährte des deutschen Kaisers Heinrich III., und hatte ihn auch schon mehrfach nach Rom begleitet. Angesichts der innerdeutschen Unruhen (Bayern mal wieder!) war es Gebhard gewesen, der dem Kaiser strikt von einer Unterstützung des Normannenfeldzugs Leos abgeraten hatte, und somit die Niederlage des päpstlichen Heeres mit verursacht hatte. Gebhard wurde mächtiger und mächtiger, und ab 1050 als dem Kaiser geradezu ebenbürtig angesehen. Nach kurzer Bedenkzeit und gegen die Zusicherung, sein bayrisches Bistum (und dessen Einkünfte) behalten zu dürfen, akzeptierte Gebhard schließlich im Oktober 1054 die Wahl und nahm nun den Namen Viktor II. an. Eine seiner Überlebensstrategien in Rom bestand darin, der Stadt möglichst häufig zu entfliehen und auf ausgedehnte Reisen zu gehen, während in Rom eine deutsche Garnison für Ruhe und Ordnung sorgte. Nach der Absetzung des Florentiner Fürsten Goffroy unternahmen Kaiser und Papst sogar einen gemeinsamen Triumphzug durch Italien, um alle Welt an ihrem gemeinsamen Erfolg teilhaben zu lassen. Nach dem Tod des Kaisers 1056 übernimmt Viktor sogar die Reichsverweserschaft, und verwaltet damit das Kaiserreich für den noch unmündigen Sohn Heinrich IV. Damit ist er für eine gewisse Zeit sowohl geistlicher als auch weltlicher Herrscher im Abendland, eine zuvor und danach nie mehr erreichte Machtfülle! Doch lange sollte diese nicht andauern. Viktor stirbt im Sommer 1057 mal wieder »überraschend« im Alter von 37 Jahren. Mit Viktor endet die kurze »deutsche« Phase des mittelalterlichen Papsttums. Auf die Wahl der künftigen Päpste ist deutscherseits kein Einfluss mehr möglich.
Sein Nachfolger war der noch einmal von Deutschland aus entsandte, aber aus dem französischsprachigen Lothringen stam-

mende Frédéric de Lorraine, der es allerdings nur knapp acht Monate machte, bevor er mit 38 Jahren ins Gras biss. Nach seinem Tod entstand wieder eines der beliebten Schismata, sprich: es wurden mehr Päpste gewählt, als Stellen zu vergeben waren (nämlich nur eine). Die wiedererstarkte Toscolani-Fraktion setzte innerhalb des stadtrömischen Adels am 29. März 1058 unter Einsatz erheblicher Geldmittel die Wahl ihres Kandidaten, Giovanni Mincio durch, alias Benedikt X. Erst im Dezember 1058 einigte sich die Gegenseite, die so genannte Toskana-Fraktion, benannt nach ihrem obersten Schutzherrn, schließlich in Florenz unter dem Patronat des fürstlichen Bruders des verstorbenen Papstes soweit, dass man die Wahl von Gérard de Bourgogne verkünden konnte, der den Namen Nicolas II. annahm. Ein gemeinsames deutsch-toskanisches Truppenkontingent sicherte den Einzug des »Reform«-Papstes in Rom ab, wo er am 24. Januar 1059 auf dem Thronsessel Platz nehmen konnte. Papst Benedikt konnte erfolgreich aus Rom vertrieben werden.

Zur Absicherung der Herrschaft von Nicolas erfolgte nun ein Stück aus dem Lehrbuch der Realpolitik. Die zuvor verdammten und mit Bannflüchen belegten brutalen, plündernden und vergewaltigenden Normannensöldner in Süditalien, die sich dort mittlerweile dauerhaft eingerichtet und an Klima, Land und Frauen Gefallen gefunden hatten, wurden nun zu willkommenen, gutbezahlten Bündnispartnern. Ihnen wurde der schon okkupierte Besitz als Eigentum bestätigt, und zusätzlich noch die von Byzantinern bzw. Sarazenen gehaltenen Gebiete Apulien, Kalabrien und Sizilien zugesprochen, die sie erst noch erobern sollten. Da die Normannen sich mittlerweile christlich hatten taufen lassen, sah der Papst die beabsichtigten Eroberungen als willkommene Arrondierung seines Jurisdiktionsgebietes an. Doch zuvor mussten sie ihre wichtigste Aufgabe erfüllen. Benedikt stellen und militärisch vernichten. Dies gelang im Herbst 1059.

Der deutsche Kaiserhof, bzw. die Regentschaft für den minderjährigen Heinrich IV., war über diese Entwicklung, die den deutschen Einfluss in Rom gegen Null brachte, natürlich alles andere als amüsiert. Man berief daher eine Reichssynode ein (eine

Versammlung aller Bischöfe nördlich der Alpen innerhalb der Grenzen des Kaisertums), und ließ von diesen alle Beschlüsse von Nicolas für ungültig erklären. Dieser berief daraufhin eine eigene Synode nach Rom ein, die die Beschlüsse der Reichssynode für ungültig erklärte und im Gegenzug die bereits getroffenen Entscheidungen bekräftigte. Der Tod von Nicolas im Sommer 1062 führte zu einem erneuten Schisma. Das Kardinalskollegium wählte – »beraten« durch den stadtrömischen Adel – im September 1062 Anselmo da Baggio zum neuen Papst Alessandro II. Reichsepiskopat und Kaiserin, die nach dem Tod ihres Mannes ganz offiziell mit ihrem Liebhaber, Bischof Heinrich von Augsburg, dem späteren Reichsverweser, Tisch und Bett teilte, ernannten dagegen im Oktober 1062 den Bischof des kaisertreuen Parma, den früheren Kanzler Kaiser Heinrichs III., Pietro Cadalo, als Onorio II. zum neuen Amtsinhaber.
Agnes sah sich 1062 dem Staatsstreich von Kaiserswerth ausgesetzt, bei dem unter Anführerschaft des Kölner Erzbischofs, Mächtige des Reiches ihr das Szepter aus der Hand nahmen und die weitere Erziehung des noch unmündigen, zwölfjährigen Kaisersohnes selbst in die Hand nahmen. Agnes wurde Sexualverkehr mit dem Augsburger Bischof und dessen allgemeine Bevorzugung in politischer wie finanzieller Hinsicht vorgeworfen. Agnes stimmte letztlich zu, blieb aber bis zur Volljährigkeit ihres Sohnes, 1065 mit der Schwertleite eingetreten, als dieser 15 Jahre alt war, in dessen Nähe. Dann allerdings ging sie in einem bemerkenswerten Umschwung der Ereignisse nach Rom und engagierte sich dort auf Seiten der deutschfeindlichen Kleriker um den römischen Adligen und Kurienpolitiker Ildebrando Aldobrandeschi, den späteren Papst Gregor VII.
Vermittelt von Aldobrandeschi stellten sich nach dem Staatsstreich von Kaiserswerth die neuen Machthaber im Kaiserreich, unter anderem der Erzbischof von Köln, auf Seiten von Alessandro, und bestritten die Rechtmäßigkeit der Wahl Onorios. Diesem blieb, angesichts der normannischen Truppenübermacht, nichts anderes übrig, als sich 1064 nach Parma zurückzuziehen, ohne jemals offiziell auf das Amt zu verzichten. Alessandro wusste, bei wem er sich zu bedanken hatte. Die Nor-

mannen hatten da noch einen Kumpel, der für einen besonders erfolgreichen Raubzug noch den kirchlichen Segen benötigte: der normannische Raubritter Guillaume le Conquérant, der vom Papst daher nun gerne die Rechtmäßigkeit seines 1066 getätigten Einmarschs auf der britischen Insel bestätigt bekam. Alessandro war es auch, der – darin bekräftigt von Ildebrando – den Konflikt mit dem Kaiser Heinrich IV. auf die Spitze trieb. Als dieser sich kurze Zeit nach ihrer Eheschließung von seiner Frau Bertha di Savoya scheiden lassen wollte, verweigerte ihm der Papst die Zustimmung. Der Kaiser war aber auch etwas naiv gewesen, zu bekannt waren seine Weiber- und Bettgeschichten. Die unscheinbare Bertha, eine rein politische Ehe, reizte ihn überhaupt nicht. Zumal er junge Mädchen an der Grenze zur Pädophilie bevorzugte. Seine ein Jahr jüngere Ehefrau war ihm schlicht zu alt. Weitere Vorwürfe betrafen seine sodomitischen Gewohnheiten, die angeblich auch den Verkehr mit Tieren beinhalteten. Heinrich ging so weit, einen seiner Stallburschen dazu anzustiften, Berta zu vergewaltigen. Doch diese hatte mittlerweile von interessierten Dritten (unter anderem den Erzbischöfen, die dem künftigen Kaiser daraus einen Strick zu drehen versuchten) eine Leibwächtergruppe an die Seite gestellt bekommen. Die Gruppe warf nicht nur den Möchtegern-Vergewaltiger hochkant aus den Gemächern der Kaiserin, sie erwischten angeblich auch noch hinter einem Vorhang den Kaiser selbst, der selbst dem Schauspiel hatte als heimlicher Zuschauer beiwohnen wollen. Sie verprügelten ihn nach allen Regeln der Kunst, so sehr, dass er eine Woche das Bett hüten musste.[60]
Heinrich führte daraufhin notgedrungen die Ehe missmutig fort. Offenbar gab es auch körperliche Annäherungen, denn in den nächsten Jahren wurden dem Paar nicht weniger als fünf Kinder geboren. Zweimal versuchte er nach der Mündigkeitserklärung 1065 die Unterstützung der Reichsfürsten für einen gemeinsamen Romzug zu erlangen, zweimal vergeblich. Keiner wollte ihn begleiten, niemand Soldaten dafür zur Verfügung stellen. 1072 verschärfte sich das Problem, als in Mailand wochenlange Straßenschlachten zwischen den aus Rom bezahlten Befürwortern des Kleriker-Zölibats, und der übergroßen Menge derer,

die den Zölibat strikt ablehnten, entstanden. Der Erzbischof trat daraufhin zurück, und Heinrich nahm das traditionelle Recht der deutschen Könige war, die Stelle neu zu besetzen. Allerdings hatte er nicht mit der neuerwachten Dreistigkeit der römischen Kleriker gerechnet, die ihm dieses Recht rundheraus verweigerten. Sie benannten einen eigenen Kandidaten und ließen diesen in Mailand inthronisieren. Zusätzlich exkommunizierte Alessandro fünf bekannte Berater Heinrichs. Der Tod Alessandros verhinderte den Ausbruch offener Konfrontationen zunächst. Doch was dann kam, war für Heinrich weit schlimmer.

Ildebrando Aldobrandeschi (1015–1085, Papst als Gregor VII. 1073–1085)

Die zwölf Jahre seines Pontifikats gehören – aus deutscher Sicht – zu den dunkelsten Stunden des Mittelalters. Schon gleich am Anfang läuft es aus transalpiner Sicht schief. Kaum hat sich die Nachricht vom Tod Alessandros II. in Rom herumgesprochen, rotten sich vor dem Lateran (bezahlt?) Menschenmassen zusammen, die lauthals »papa subito« (Ildebrando soll sofort Papst werden) schreien. Die Kurie gibt nach, froh eine schnelle Lösung gefunden zu haben. Allerdings widerspricht diese Wahl allen Gepflogenheiten und stößt auch den mächtigen stadtrömischen Adel vor den Kopf. Doch trotz allem wird Gregor zwölf Jahre auf dem Thron überleben, bevor er friedlich an Altersschwäche stirbt, nicht ohne irdischen Freuden noch ein letztes Mal gefrönt zu haben. Um die leidige Situation mit den ständigen deutschen Einmischungen ein für allemal zu bereinigen, erlässt Gregor nach kurzer Zeit das »dictatus papae«, eine Liste päpstlicher Grundsätze amtlichen Selbstverständnisses. Manchen Zeitgenossen erscheint es als ein Dokument ungebremsten Größenwahns, denn darin postuliert Ildebrando nichts weniger als eine Vorrangstellung der Päpste nicht nur gegenüber dem schärfsten geistlichen Konkurrenten Byzanz, sondern auch gegenüber alle weltlichen Herrschern dieser Welt. Sich derart weit aus dem Fenster zu lehnen hatte bisher noch kein Papst gewagt. Und es sollte auch noch einige Zeit dauern – doch dann hatten sie es geschafft, und die Päpste galten (und gelten) weltlichen Machthabern als übergeordnet, sind von weltlichen Gerichten nicht zu belangen (zumal seit der Gründung des Vatikanstaats 1870).

Ildebrando ist fest entschlossen, den von seinem Vorgänger Alessandro begonnenen Strauß auszufechten. So lädt er die von diesem bereits exkommunizierten deutschen Spitzenkleriker auch noch nach Rom vor, um ihnen persönlich die Leviten zu lesen (und sie möglicherweise töten zu lassen). Zudem hat er durch Geldanweisungen an bestimmte deutsche Erzbischöfe die Reihe der Unterstützer des Königs gezielt geschrumpft. Ein weiteres Problem für Heinrich: es gibt drei mächtige Konkurrenten im Kampf um den deutschen Königsthron, Regionalfürsten, die – von Ildebrando ermutigt – die Chance wittern, sich selbst an Heinrichs Stelle zu setzen. Offiziell reagiert König Heinrich IV., indem er dem Papst ein empörtes Schreiben schickt, mit dem er den Pontifex wegen all dieser Machenschaften zum Rücktritt auffordert. Der Papst lässt sich nicht lange lumpen und exkommuniziert seinerseits den Kaiser, und erklärt ihn darüber hinaus auch noch für abgesetzt. Um das einige Monate andauernde Patt zu überwinden, einigen sich Heinrich und Ildebrando, auf neutralem Boden, auf der Burg der Markgräfin Mathilde bei Canossa ein Treffen abzuhalten, um die Formen künftiger Zusammenarbeit zu besprechen. Was Heinrich allerdings erst vor Ort erfährt, und was den Ort weniger neutral macht als gedacht: Mathilde vögelt mit Gregor.

Mathilde war eine der bedeutendsten Persönlichkeiten ihrer Zeit. Als Erbberechtigte der mächtigen Toskana-Fraktion stand sie im Zentrum aller politischen Intrigenspiele der Zeit. Geboren 1046, fiel ihr leiblicher Vater in ihrer Gegenwart 1052 einem Mordanschlag zum Opfer, als sie gerade mal sechs Jahre alt war. Muttern, der das reiche Erbe an Geld und Landbesitz zugefallen war, heiratete wieder, und der Stiefvater, nunmehriger Chef der Toskanafraktion, verlobte Mathilde zur künftigen Herrschaftssicherung des angeheirateten Feudalguts mit seinem missgestalteten Sohn Goffredo. Der hatte neben einem gewaltigen Kropf und nicht minder gewaltigen Buckel schlechten Atem und schorfige Hautabsonderungen, dazu gelbe Augen und eine frühe Form des Tourette-Syndroms. Mathildes Mutter vermochte den Vollzug der Hochzeit noch einige Jahre hinauszuschieben. Als allerdings Mathildes Stiefvater, der sich in den letzten Jahren auf den lothringischen Teil seiner Besitztümer konzentriert hatte, während Mathildes Mutter die italienischen Güter der Familie verwaltete, 1069 im vergleichsweise biblischen Alter von 73 Jahren friedlich beim Sex mit einer seiner Mägde in die ewigen Jagdgründe einging, war für den buckligen Geoffroy der Zeitpunkt gekommen, das ihm zustehende zu fordern: die italienischen Familiengüter, und nicht zu vergessen, die wunderschöne, 23-jährige Mathilde. So sehr sie sich auch wehren mochte, der knapp 20-jährige, sehr kräftige und mit einem unerschöpflichen sexuellen Appetit geschlagene Geoffroy nahm sich mit Gewalt, was ihm zustand. Und er war gewillt, das, was ihm so lange vorenthalten worden war, nun entsprechend zu gebrauchen. Er pimperte Mathilde wochenlang so sehr, dass diese kaum noch laufen konnte und die meiste Zeit das Bett hüten musste. Mathilde gebar neun Monate später ein Mädchen, das sie nach ihrer Mutter Beatrice nannte, das allerdings wenig später, ob an bewusster Vernachlässigung (als Vergewaltigungsprodukt) oder an Vergiftung, ist unklar, verstarb.

Kurz nach dem Begräbnis ihres ersten Kindes erreichte Mathilde mit Hilfe ihres von der Mutter ererbten Beraterstabes eine Gütertrennung, wie sie schon ihre Mutter mit Geoffroys Vater eingegangen war. Er zog sich – gegen erhebliche Kompensationszahlungen von Mathildes Seite – auf seine lothringischen Güter zurück, und sie lebte künftig unbelästigt auf ihren immensen italienischen Besitzungen. Geoffroy, der von seinem Vater den Landsknechtscharakter geerbt hatte, überzog seine lothringischen Nachbarn mit immer neuen Raubzügen und Überfällen. Daher bildete sich bald eine Adelsfronde gegen ihn, die sich dem Ziel verschworen hatte, seiner irdischen Existenz umgehend ein Ende zu setzen. Einige Jahre nach der Trennung von Mathilde saß der mittlerweile 25-jährige Geoffroy in einem Feldlager mit seinen Soldaten nachts auf dem Donnerbalken, als sich ein gedungener Attentäter an ihn heranschlich und ihm ein Kurzschwert bis zum Heft in den entblößten After rammte, wo der Attentäter es auch stecken ließ, während er unerkannt die Flucht ergriff. Die dadurch verursachte Blutung des Lothringernotablen konnte nicht gestillt werden, zusammen mit den inneren Verletzungen führte sie innerhalb weniger Stunden zum Tode des weithin verhassten Kriegsjüngers.

Mathilde, 1077 inzwischen 31 Jahre jung, hatte schon seit ihrer Trennung von dem buckligen Kropfhaudegen Geoffroy die Nähe des ungemein kraftvollen, trotz seiner 47 Jahre noch erstaunlich jugendlichen Papstes gesucht, den die in geruhsamem Klerikaldienst verbrachten Jahre weniger schnell haben altern lassen als die meisten damaligen Zeitgenossen. Es ist ein amour fou, die die beiden aneinander bindet, körperliche Abhängigkeit in verschärfter Form, Sexsucht, würde man heute sagen. Beide sind perfect matches, ergänzen sich ideal in ihren Bedürfnissen und körperlichen Eigenschaften. Bei jeder passenden und unpassenden Gelegenheit reißen sie sich die Kleider vom Leib, um der leiblichen Vereinigung zu frönen. Von Gregor geht eine Aura der Kraft, der Überlegenheit aus, er war ein charismatischer Mensch par excellence, dem diese Gaben von einem humorvollen Gott in die Wiege gelegt worden waren. Selbst seine Mitstreiter fanden Bezeichnungen für ihn, die für sich selber sprechen: Heiliger Satan, Zuchtrute Gottes, Höllenbrand, in der Tierwelt wurde er mit den Königen der Jagd, den Tigern, Löwen, Panthern, dem reißenden Wolf gleich gesetzt. Logisch, dass diese Virilität sich auch in der Horizontalen entsprechend manifestierte, und von der durch den Fehlstart ins Sexualleben geprägten Mathilde überaus geschätzt wurden.

Heinrich IV. traf mit seinem Tross am 25. Januar 1077 am Fuß der Burg Canossa ein. Schwere Schneestürme jagen über das Land, der kaiserliche Tross schlägt die Zelte auf, der König macht es sich gemütlich. Die Zugangswege zur Burg, auf der

Gregor und Mathilde derweil unentwegt den körperlichen Freuden frönen, sind tief verschneit. Erst drei Tage später klart es so weit auf, dass daran gedacht werden kann, den Weg zur Burg hinauf zu besteigen. Als der König ans Tor klopft wird ihm geöffnet, ein huldreicher Gregor nimmt ihn in Empfang und gewährt ihm von der Höhe der selbstgeglaubten Überlegenheit gnädig die Aufhebung des Kirchenbanns, während Heinrich ihm nicht weniger gnädig die in den Vorverhandlungen vereinbarten finanziellen Zugeständnisse macht.

Allerdings genügt ein solcher Vorgang der päpstlichen Propaganda – und den meisten folgenden Geschichtsschreibern, die sich auf diese Darstellung verlassen – nicht. Aus dem ganz harmlosen Warten im Schneesturm in gutbeheizten Zelten machen sie einen Büßergang, der in späteren Jahrhunderten gerade sprichwörtliche Wertigkeit annehmen sollte: der Gang nach Canossa. Dieser – um es freundlich zu formulieren – etwas einseitigen Darstellung zufolge soll der König im dünnen Büßerhemd barfuß drei Tage und Nächte vor der Burg ausgeharrt und in Schnee und Eis winselnd und heulend um die Gnade des Papstes gebettelt haben, so lange, bis die um das Leben des Monarchen fürchtende Mathilde sich zu Füßen des Pontifex Maximus geworfen und diesen um Gnade für den König angefleht haben soll. Aus einer harmlosen Verhandlungsverzögerung wurde so eine eklatante Selbstdemütigung des mächtigen Königs, verbunden mit der faktischen Anerkennung der päpstlichen Überlegenheit über den höchsten weltlichen Fürsten des Abendlandes – wie von der päpstlichen Propaganda gewünscht, und das so erfolgreich, dass sich die falsche Darstellung bis heute als die »gültige« durchgesetzt hat.

Da Heinrich in der Folge erneut Bischöfe ein- und absetzte, erklärte ihn Ildebrando 1080 erneut für gebannt und abgesetzt. Doch Heinrichs Schicksal nahm nun unvermutet eine günstige Wendung: obwohl er eine Entscheidungsschlacht gegen seinen Hauptkonkurrenten Rudolf von Schwaben verloren hatte, konnte er dennoch triumphieren, da dem siegreichen Rudolf auf dem Schlachtfeld von einem verirrten Katapultpfeil die rechte Hand abgerissen worden war und dieser daraufhin ver-

blutete. Heinrich hatte mittlerweile seine Stellung innerhalb des Reichsepiskopats verbessern können, und erreichte nun die Wahl eines »Gegenpapstes« durch eine Versammlung deutscher Bischöfe und Erzbischöfe. 1084 gelang ihm mit einem deutschen Heer im dritten Anlauf sogar die Einnahme Roms. »Sein« Papst Clemens III. nahm daraufhin wie gewünscht die Kaiserkrönung Heinrichs vor, während sich Ildebrando in die uneinnehmbare Engelsburg mitten in der Stadt geflüchtet hatte. Ildebrando rief nun seine normannische Kumpels zu Hilfe, die wie gewünscht die Stadt eroberten und die deutschen Okkupanten vertrieben. Allerdings hielten sie sich für ihre Auslagen an der Stadt Rom schadlos, die sie plünderten, viele Frauen vergewaltigten. Dieser Umstand sorgte nun dafür, dass auch Ildebrandos Ansehen in Rom auf einen bisher ungekannten Tiefstand sank. Er flüchtete aus Rom und zog sich ins südlich gelegene Salerno zurück, wo er wenig später starb, ohne – wie erhofft – seine geliebte Mathilde noch einmal wiedersehen zu können. Diese hatte ihn bzw. die Kirche zuvor als Erben eingesetzt.
Clemens hielt sich über zehn Jahre auf dem Thron, bevor er 1096 von einem neuerlichen normannischen Einfall aus der ewigen Stadt vertrieben wurde. Heinrich heiratete nach dem Tod seiner Gemahlin Berta 1089 Jewpraksija, die Tochter des Großfürsten von Kiew, um sein Reich nach Osten zu arrondieren und abzusichern. Die Russin war in erster Ehe mit dem verstorbenen Herzog von Stade verheiratet gewesen, dessen Güter somit ebenfalls an den Kaiser fielen. Doch diese Ehe stand unter keinem guten Stern. Die Russin verweigerte die ehelichen Pflichten (sie soll dagegen bei einem seiner Deutschlandaufenthalte mit Heinrichs Sohn Konrad im Bett erwischt worden sein). Heinrich wurde des zänkischen Weibs schnell überdrüssig, wollte sich aber auch nicht von ihr scheiden lassen, um der mit ihrer Person verbundenen geostrategischen Vorteile nicht verlustig zu gehen. Er ließ sie in Verona unter Hausarrest stellen und von einer schlagkräftigen Truppe salischer Soldaten bewachen.
Die Gegenseite blieb allerdings auch nicht untätig. Noch 1086 war ein »Gegenpapst«, Vittorio III., gewählt worden, der jedoch vier Tage nach der Wahl vor den kaiserlichen Truppen aus Rom

fliehen musste und daraufhin vom Amt des Papstes zurücktrat. Allerdings wurde er von einem italienischen Konzil ein Jahr später wiedergewählt, und trat nun erneut an, starb jedoch überraschend. Nachfolger wurde 1088 Eudes de Chatillon.

Eudes de Châtillon (1040–1099, Papst als Urban II. 1088–1099)

Eudes war zu diesem Zeitpunkt Kardinallegat der Kurie, und nahm nach der Wahl den Namen Urban II. an. Sein Ziel war es, den wiedererstarkten Kaiser nachhaltig zu schwächen und Roms Position zu stärken. An diesem Punkt kam Mathilde wieder ins Spiel.

Eudes arrangierte eine neue dynastische Ehe für die 43-Jährige. Sie sollte noch einmal mit ihrem Körper kirchliche Politik vollziehen und jetzt (1088) den 16-jährigen Bayern-Erben Welf V. heiraten. Damit sollte diesem eine italienische Perspektive eröffnet, gleichzeitig aber durch den Entzug der Mathildischen Güter der Kaiser geschwächt werden – die Welfen gehörten zur Fürstenopposition. Mathilde empfing den Jungen mit allen Ehren, mit einem Aufwand, der für einen Kaiser angemessen gewesen wäre, und hatte ein Hochzeitsfest mit einer Dauer von nicht weniger als hundertzwanzig Tagen vorbereitet. Für den 16-Jährigen war die eigentlich immer noch ansehnliche Mathilde trotz allem hauptsächlich eines: eine alte Frau, die auf ihn die erotische Anziehung eines staubigen Jutesackes ausübte. Mathilde wollte unbedingt Sex mit ihm haben, wollte – da sie die Wechseljahre noch nicht erreicht hatte – unbedingt noch einen weiteren Erben in die Welt setzen und so die italienisch-bayrische antikaiserliche Allianz stärken. Sie versuchte es mit allen ihr zu Gebote stehenden Mitteln, doch der Knabe blieb schlaff. Unter anderem legte sie ihm eine schöne, 13-jährige Magd ins Bett, die ihn heißmachen sollte, woraufhin dann Mathilde sich an ihrer Stelle ins Bett schmuggeln wollte, um den herzoglichen Samen zu empfangen. Doch sie kam zu spät, der plötzlich feurige Knabe war schneller fertig als sie »Guten Tag« sagen konnte. Sie versuchte es mit Mundraub, ebenfalls vergeblich.

Schließlich ließ sie sich, farbenprächtig geschminkt und nur mit einigen durchsichtigen Schleiern bekleidet, auf einem riesigen Festteller ins Zelt des bayrischen Rüpels tragen, massierte sich selbst die üppigen, immer noch ansehnlichen Brüste, leckte sich mit der Zunge die blutrot bemalten Lippen, spreizte die Beine, zeigte ihm ihren enthaarten und bemalten Unterleib, verschaffte ihm mit ihren Fingern noch besseren Einblick, und sagte: »Alle Öffnungen stehen zu Ihrer Verfügung, Sie haben nirgends etwas Böses zu befürchten, das Äußerste, was Ihnen droht, sind äußerste Lustgefühle«. Dieses extreme Angebot der mit einem wohltrainierten Beckenbodenmuskel ausgestatteten Mathilde konnte das Herz des verwöhnten Jünglings zumindest kurzzeitig erweichen. Sie glaubte sich ihrem Ziel nahe, konnte erreichen, dass Welf sie – wenn auch widerwillig – bestieg. Doch alles war vergeblich, es wollte sich, auch nach weiteren Versuchen, kein Nachwuchs einstellen. Schließlich jagte sie ihn mit derbsten Schimpfworten (»Schwuchtel«, »Bauerndepp«, »Bayerntrottel«, »Dumpfbacke«, »Schwanzlutscher«, »Fickgesicht«, »Dauerwichser«, »Hosenschisser«, »Pussy«, »Wichser«, »Flachzange«, »Sohn einer blutpissenden Hafenhure«, »Sackgesicht«, »Vollpfosten«, »Dödelheimer«, »Kissenficker«, »Schamhaarschädel«, »Pissflitsch«, »Rosettenkönig«, »Dorfdepp«, »Schimmelpimmel«, »Ferkelficker«, »Dummbeutel«, »Afterlecker«, »Doofhansel«, »Welfendödel«, »Prinz Schlaffi«, »Arschgranate«, »verpiss dich auf den Misthaufen, von dem du gekommen bist«, »inzestgezeugte Steißgeburt« u. ä.) vom Hof und schwor ihm, wenn er sich noch einmal südlich der Alpen blicken lasse, werde sie ihn eigenhändig in kleine Stücke hacken und seine Genitalien über dem Feuer rösten.

Mathilde brauchte einige Zeit, um sich von diesem Fehlschlag zu erholen, war dann aber bereit, sich auch entscheidend am nächsten Schachzug gegen den Kaiser zu beteiligen. Noch während sie offiziell mit Welf V. verheiratet war (die Ehe wurde kirchlich erst fünf Jahre später wegen »Nicht-Vollzug« geschieden), hatte sie 1092 Konrad, den Sohn Heinrichs IV., der in Italien am Hof des Erzbischofs von Mailand aufgewachsen war, bezirzt, und diesen mit Geld und körperlichen Gunsterweisen dazu gebracht, sich vom Vater loszusagen und sich dem »Gegenpapst« Urban zu unterstellen. Konrad wurde anschließend auf die Schnelle mit Constance, der ältesten Tochter des Eudes-Kumpels und Normannenchefs Roger verheiratet, um so eine salisch-süditalienische Achse aufzubauen. Konrad, dem die Zeit der Regentschaft seines Vaters schon lang geworden war (er war bereits 18 Jahre alt), ließ sich bereitwillig zum italienischen König von Mathildes und Eudes Gnaden krönen, leistete diesem den geforderten Strator-(Zügel-)Dienst, und erhielt, nachdem er noch alle heiligen Eide geschworen hatte, sich niemals gegen Mathilde oder Eudes aufzulehnen, die Zusicherung, ihn alsbald zum Kaiser zu krönen. Konrad wiederholte die Vorwürfe gegen seinen Vater auf einer von Eudes extra nach Piacenza geladenen Synode, auf der auch ein weiterer Überraschungsgast auftrat, sozusagen der Publikumsjoker. Um die Schwankenden endgültig auf seine Seite zu ziehen, inszenierte Eudes eine üble Schmierenkomödie. Er ließ über Mathilde die nach Italien verbrachte Jewpraksija vor die Synode zitieren, und entlockte ihr im Kreuzverhör allerlei pikante Geständnisse über die angebliche Verderbtheit Heinrichs IV. Sie beschuldigte ihn nicht nur »widernatürlichen Verkehrs«, sprich im Sprachgebrauch der damaligen Zeit einer speziellen, ausgeprägten Vorliebe für Oral- und Analverkehr (teilweise sogar *a2m* – die Verbindung von beidem), sondern auch, dass er sie zur Strafe, dass sie sich ab einem gewissen Zeitpunkt verweigert habe, von einer Hundertschaft seiner derbsten Soldaten habe vergewaltigen lassen, einen nach dem anderen musste sie ertragen, in allen möglichen Stellungen, teilweise auch drei Mann auf einmal, bis sie kaum mehr ein Glied rühren konnte. Die Schilderung dieser bildhübschen, einer Unschuld vom Lande gleichenden jungen Frau rührte natürlich die ergrauten Klerikalpotentaten und sorgte für den entsprechenden Nachdruck bei der erneuten Exkommunikation Heinrichs IV.

Diesem blieb nichts anderes übrig, als seinen eigenen Sohn für abgesetzt und aller Ehren und Ränge verlustig zu erklären. Stattdessen wurde 1099 der jüngere, 13-jährige Sohn Heinrich (V.) zum Thronfolger erklärt. Da sich unter der deutschen Fürstenschaft keine weitere Unterstützung für Konrad fand, war er für Mathilde und Eudes nutzlos geworden. Sie ließen ihn fallen wie eine heiße Kartoffel, er bekam ein Ausgedinge in Florenz, wo er einige Zeit später mit noch nicht einmal 30 Jahren starb, ohne jemals wieder deutschen Boden betreten zu haben.

Eudes war zwischenzeitlich kurzfristig ins heimatliche Frankreich gereist und hielt dort eine Synode in Clermont-Ferrand ab. Er wusste, dass die heimatliche Ritterschaft nach neuen Aufgaben suchte, da geburtenstarke Jahrgänge in die erste Reihe drängten, und immer nur einer von mehreren Söhnen die Erbherrschaften antreten konnte, während die übrigen sich anderswo durchs Leben schlagen mussten. Dieses Potential galt es nun der Kirche dienstbar zu machen. Den Vorwand lieferten ihm die Byzantiner freiwillig, die um Hilfe gegen von Osten herandrängenden Seldschuken baten. Die Ankündigung einer päpstlichen Rede hatte eine große Anzahl Volkes nach Clermont gelockt. Unter freiem Himmel las Urban die Messe vor angeblich einer Million Gläubigen. Er stachelte sie immer weiter auf, hielt eine leidenschaftliche Rede, und steigerte das Ganze zu einer Massenhysterie, sodass am Ende Hunderttausende den Schlachtruf wiederholten *deus lo vult* (Gott will es), dabei den rechten Arm in die Luft stießen, und am liebsten sofort zu dem vom Papst geforderten Kreuzzug gegen die Ungläubigen losmarschiert wären.

Langfristig ging es darum, das kirchliche Mobilisierungspotential zu vergrößern, um für besondere Anlässe eine »abendländische Eingreiftruppe« zur Hand zu haben, sei es gegen Ungläubige im Osten, sei es gegen Ketzer im Westen (wie noch zu zeigen sein wird). Eudes selbst hielt noch zwei weitere Synoden in Frankreich ab, und sandte gleichzeitig tausende von Predigern durch die Lande, um den Aufruf bis in den hintersten französischen Winkel zu verbreiten. Dabei muss berücksichtigt werden, dass das mittlerweile unter arabischer Verwaltung stehende Jerusalem zu diesem Zeitpunkt eine offene Stadt war, die christlichen

Gedenkstätten geschützt und der Zugang für Pilger uneingeschränkt möglich war – sprich: es gab eigentlich gar keinen aktuellen Anlass für einen Kreuzzug (wie so oft in der Geschichte, wenn von »Kreuzzügen« die Rede ist). Schon bald setzte sich ein Lindwurm kampfeslustiger und auf große Beute hoffender Abenteurer in Marsch, die auf ihrem Weg Richtung Jerusalem, Richtung Osten/Südosten durch Deutschland erst einmal alle größeren Städte samt deren vermögender jüdischer Bevölkerung plünderten und derart brutale Pogrome veranstalteten (Gezerot Tatnu), dass nicht wenige Opfer und Zeugen ihnen ein möglichst qualvoll-blutiges Ende in der Fremde wünschten. Besonders schwer traf es die jüdischen Einwohner von Trier, Speyer, Worms und Mainz, wo die großen und wohlhabenden jüdischen Gemeinden fast völlig ausgelöscht wurden.[61]

Der Lindwurm überrollte dann den Balkan, zog an Byzanz (dank entsprechender Schmiergeldzahlungen) vorbei, kämpfte sich durch die südliche Türkei vor und gelangte dann tatsächlich bis vor Jerusalem, um wenig später, nach einmonatiger Belagerung im Juni/Juli 1099 sogar die »Heilige Stadt« zu erobern, die meisten arabischen und jüdischen Bewohner zu töten und die ganze Stadt zu plündern (zumindest was deren arabische und jüdische Bewohner anging, offiziell, die meisten Kreuzfahrer, die mit der Beute für ihren Lebensabend daheim aussorgen wollten, kümmerten sich allerdings nicht, ob da ein Halbmond, ein Davidstern oder ein Kreuz auf dem entsprechenden Gebäude angebracht war – auch die christlichen Klöster in Jerusalem wurden restlos geplündert, die Beute auf die Schiffe gebracht, und dann der Heimweg angetreten). Auf ihrem Zug durchs »Heilige Land« waren die Kreuzfahrer mehrfach an die Grenzen ihrer Existenz geraten, da sich durch Organisationsprobleme, Missernten und meteorologische Sonderbedingungen (heiße Sommer, regenarme Winter) die Ernährungsbasis im Kampfgebiet ständig verschlechtert hatte.

Die ausgehungerten Abenteurer schreckten nicht einmal davor zurück, sich verschiedentlich an den Leichen ihrer Gegner gütlich zu tun, so etwa beim Massaker von Maarat-an-Numan (im Dreieck zwischen den jetzt im syrischen »Bürgerkrieg« seit 2011 wieder zu trauriger Berühmtheit gekommenen Städten Aleppo,

Homs und Hama) im Winter 1098. Nachdem während der Belagerung der Stadt die eigenen Maulesel, Kühe und Pferde einschließlich der Kampfpferde der Ritter verspeist waren, kamen als letztes Hunde, Katzen und Ratten, ja sogar die Schuhsohlen (NB Charly Chaplin – »Goldrush«!) dran, den Speiseplan der zerlumpten, halbwahnsinnigen »Kreuzfahrer« und »Ritter« zu bereichern. Mit letzter Kraft schafften die »Ritter« den Sturm der Stadt am 12. Dezember 1098. Für die durchstandenen Entbehrungen hielten sich die »edlen Kreuzfahrer« jetzt an den Einwohnern auf grausamste Weise schadlos. Alle Männer wurden erschlagen, Frauen und Kinder als Sklaven eingesetzt. Wohl an die zwanzigtausend Opfer waren allein hier zu beklagen. Ähnliches fand dann bei der ersten Eroberung Jerusalems Stadt, als die Einwohner, noch auf die christliche Nächstenliebe vertrautend, von den folgenden Gewaltexzessen völlig überrascht wurden. Bis zu den Knien wateten die »Kreuzritter« hier nach eigenen Angaben in Blut und Leichenteilen.
Auch das Zusammentreiben von arabischen Einwohnern, die anschließend in die Moscheen eingeschlossen und selbige dann angezündet wurden (und alle Flüchtenden zu Tode gehackt wurden), war hier schon ein als probat angesehenes Mittel, dessen fernes Echo dann im Zweiten Weltkrieg seitens der deutschen »Kreuzritter« unter dem Kragenspiegel von SS und Wehrmacht zu vernehmen war, wo Ähnliches zur ganz normalen und alltäglichen *Standard Operating Procedure* im Kampfgebiet, aber auch im »partisanenverseuchten« Hinterland gehörte (die Beispiele aus Polen, dem Baltikum, Russland, der Ukraine und Weißrussland sind zahllos, im Westen, unter schärferer Beobachtung der Weltpresse, hielt man sich meist zurück, Ausnahmen wie Oradour, Sant'Anna di Stazema etc. bestätigen hier die Regel; My Lai und Falludja ließen sich als Beispiele aus jüngerer Zeit, diesmal US-amerikanischer Observanz, anführen, wenn man nicht den weltweiten US-»Drohnenkrieg« gegen »Terroristen« gemäß der persönlichen Befindlichkeit des POTUS – *President of the United States* – generell hier ebenfalls heranziehen will, mit seinen unzähligen unschuldigen, zivilen Opfern im Rahmen von offenbar keineswegs störenden *collateral damages* – Kollateralschäden).[62]

Von den grauenhaften Massakern abgesehen – der Hunger wollte gestillt werden. Und nach der langen Belagerung Maarat an-Numans war in den Kornspeichern und Vorratshäusern der Stadt kaum noch etwas Essbares zu finden. Daher griffen die Kreuzfahrer bei der Gestaltung ihres Speiseplans ohne zu zögern zum Nächstliegenden: den Einwohnern selbst. Und das sind keineswegs Schauermärchen von arabischen Gegenpropagandisten. Der christliche Chronist Raoul de Caen (1080–1120) berichtet von den Ereignissen, die sich in seiner Jugend (er war 18 Jahre alt) zugetragen hatten: *Die Unseren kochten erwachsene Heiden in Töpfen und brieten Kinder auf Spießen, um sie gegrillt zu verschlingen.*[63] Seit diesem Zeitpunkt wurden christliche Kreuzfahrer im arabischen Raum nur noch »Menschenfresser« genannt (das negative Image des Westens hatte Auswirkungen, die bis heute reichen, etwa beim Papst-Attentäter Ali Agca).
Eudes tat 1099 seinen letzten Atemzug, im zufriedenen Bewusstsein, den Kaiser nachhaltig geschädigt und dem Papsttum eine schlagkräftige Truppe organisiert zu haben, die mächtiger war als die meisten einzelnen Königtümer Europas. Wenn man dieses Ungeheuer von der Leine ließ, überrollte es jeden Widerstand. Einzig Russland im Osten war von der Größe des Landes her zu ausgedehnt, um mit so einem Heerzug nachhaltigen Erfolg zu erzielen, wie spätere Kreuzfahrer, erinnert sei an Namen wie Napoleon Bonaparte oder Adolf Hitler, trotz stark verbesserter Kriegstechnologie noch zu ihrem Leidwesen erfahren sollten. Erst der Eintritt des Atomzeitalters konnte daran etwas ändern.
Heinrich IV. war 1084 noch einmal nach Italien gezogen, um es dem Papst zu zeigen und die mathildischen Güter in Besitz zu nehmen. Doch beides scheiterte. Weder gelang es ihm, Mathilde gefangen zu nehmen, noch konnte er Eudes dauerhaft aus Rom vertreiben. Und es kam noch schlimmer. Das von Mathilde aufgestellte und alimentierte Heer schlug sein Aufgebot in der Schlacht von Sorbara (bei Mantua) – das kaiserliche Heer hatte die Burg Sorbara belagert, dabei waren ihnen (wie von Mathilde so vorbereitet und beabsichtigt) große Mengen an Weinfässern in die Hände gefallen (die noch zusätzlich mit betäubenden Substanzen versetzt worden waren). Als das Heer nach einem

nächtlichen Besäufnis im Koma lag, schlugen die Truppen Mathildes zu und überwältigten eine große Übermacht von Soldaten im Schlaf mit wenigen Mann. Die Mehrzahl der kaiserlichen Soldaten wurde niedergemacht, abgestochen, zerhackt, durchbohrt, der Rest in die Gefangenschaft abgeführt.

Doch Heinrich gab nicht auf. 1092 zog er erneut Richtung Süden, um den Sack endgültig zuzumachen. Wieder war es Mathilde, die sich ihm in den Weg stellte. Diesmal hatte er vorgesorgt und Belagerungsgerät mitgebracht, mit dem er Mathilde in ihrer Canossa benachbarten Burg Bianello zernierte. Doch wiederum hatte er nicht mit den taktischen Finessen der Toskanerin gerechnet. Noch während er die Burg belagerte, wurde er von kleinen Trupps von Freischärlern immer wieder in die Umgebung gelockt, wo größere Truppenkontingente im Hinterhalt lauerten und jedesmal die Zahl der Kaiserlichen dezimierten, so lange, bis Heinrich frustriert auch diesen Versuch wieder aufgab.

Eingenordet wurden und werden die jeweiligen »Papstkandidaten« im Übrigen bis heute von der Kurie, der päpstlichen Verwaltung, die die eigentliche, treibende Kraft hinter dem Papsttum war und ist.[64] Sie sorgt dafür, dass die jeweiligen Thronprätendenten auch die vereinbarten Strategien umsetzen, wenn diese nicht ohnehin der Kurie selbst entstammen, wie dies auch im nächsten Pontifikat der Fall war. Raniero di Bleda war Kardinalpriester und Kardinallegat in Rom, als ihn 1099 der Ruf ereilte (der kaisertreue Papst Clemens III. starb ein Jahr später[65]). Er bestieg den Thron unter dem Alias-Namen Paschalis II. Und führte natürlich die Politik seines unmittelbaren Vorgängers fort, gehörte er doch zu dessen ältesten Parteigängern. Und hatte dabei auch noch spektakulären Erfolg. Denn es gelang ihm – mit Mathildes Hilfe, bei der er der Sage nach die Position an Tisch und Bett von Gregor übernommen hatte – auch den zweiten Kaisersohn dazu zu bringen, sich gegen seinen Vater zu stellen. Heinrich V. war seit 1104 in Kontakt mit Pasquale, und als der Preis schließlich zur gegenseitigen Zufriedenheit ausgehandelt worden war, schlug er verabredungsgemäß los. Es gab verschiedentlich militärische Zusammenstöße, eher Geplänkel zwischen

Vater und Sohn, und schließlich wurde vereinbart, die Angelegenheit bei einem Hoftag 1105 zu regeln. Heinrich V. hatte seinem Vater freies Geleit zugesagt, brach seine Zusage aber nach dessen Eintreffen umgehend und setzte seinen alten Vater (bereits 55 Jahre alt) in Haft. Der dem Kaiser besonders feindlich gesonnene Bischof Gerhard von Speyer übernahm persönlich die Folterung des Kaisers, bis dieser schließlich die Reichsinsignien herausgab. Damit war erstmals in der abendländischen Geschichte ein amtierender Kaiser gestürzt worden.
Am 5. Januar 1106 wurde Heinrich V. nun zum deutschen König und zum präsumtiven Kaiser gewählt. Einige Wochen später gelang dem Vater die Flucht aus seiner Festungshaft. Er kam auf seiner Flucht immerhin bis Lüttich, wo er »überraschend« verstarb. Man hatte ihn wohl – um künftige Auseinandersetzungen mit dem noch immer über starken Rückhalt in Teilen des Reiches verfügenden Heinrich IV. zu verhindern – vergiftet. Pope Gerhard persönlich untersagte Heinrichs Begräbnis in der Kirche zu Lüttich, oder gar – horribile dictu – im Dom zu Speyer. Das kam allerdings bei der seit alters her kaisertreuen Bevölkerung Speyers überhaupt nicht gut an, es kam zu Revolten und Aufständen in der Stadt, Gerhard musste Speyer Hals über Kopf verlassen und konnte erst einige Monate später mit einem starken Heeresaufgebot zurückkehren und die Macht im Land wieder übernehmen. Fünf Jahre später war der Kirchenbann aufgehoben, und Heinrich IV. konnte endlich in der Familiengrabstätte in Speyer begraben werden.
Pasquale hatte zwischenzeitlich mit Heinrich V. vereinbart, dass dieser förmlich auf das Investiturrecht verzichtet, also das Recht des Königs bzw. Kaisers, selbst Bischöfe und andere königliche Würdenträger einzusetzen, verbunden mit einem Verbot der Laieninvestitur, die Berufungen in kirchliche Ämter nur noch für Kirchenpersonal erlauben sollte, damit wären Berufungen von »verdienten« geistlichen oder Clanmitgliedern für immer verboten gewesen. Im Gegenzug sollte er von Pasquale umgehend und ohne weitere Verzögerungen zum Kaiser gekrönt werden. Doch dagegen erhob sich schon nach wenigen Tagen erheblicher Protest sowohl von Seiten deutscher Fürsten (denen wenig daran ge-

legen war, einen potenten Einflusshebel ohne weiteren Profit aus der Hand zu geben), als auch von den deutschen Erzbischöfen, denen aufgrund ihrer guten Verbindungen zu den deutschen Regionalfürstenhäusern daran gelegen war, auch weiterhin Laien in höhere kirchliche Ränge berufen und so die Bindung an bestimmte Herrscherhäuser intensivieren zu können.

Heinrich V. schaltete nun von nett auf brutal, nahm den Papst sowie seine engste Entourage gefangen und ließ sie in ein finsteres Verließ werfen. Zwei Monate lang hielt der Widerstand der Kurialpotentaten, dann gaben sie auf und unterschrieben einen Vertrag, in dem sie dem Kaiser sämtliche Investiturrechte zugestanden und Heinrich selbst die umgehende Kaiserkrönung zusicherten. Kaum wieder in Freiheit, widerrief der Papst mit größter Selbstverständlichkeit den Vertrag, da er unter Zwang entstanden sei, und ließ nun seinerseits auch Heinrich V. von einer eilig zusammengetrommelten Synode absetzen und bannen. Unterdessen starb Mathilde 1115 im vergleichsweise biblischen Alter von 69 Jahren, und einer Herrschaftsdauer von fast fünf märchenhaften Jahrzehnten. Zuvor war es noch – nach einem etwas merkwürdigen Umschwung der möglicherweise schon etwas senilen Mathilde – zu einer Einigung zwischen ihr und Heinrich V. gekommen, den die Toskanachefin kurz vor ihrem Tod zu ihrem Universalerben einsetzte (sie hatte ihre Güter eigentlich schon 1079 der Kirche bzw. ihrem damaligen Lover Gregor vermacht). Im Gegenzug krönte der Deutsche sie zur »Königin Italiens«, allerdings blieb diese Krönung weitgehend folgenlos, da sie kaum jemand anerkennen wollte außer Heinrich und Mathilde. Um ihre unermessliche Erbschaft entstand nach ihrem Tod ein jahrzehntelanges Ringen zwischen Kaiser, Papst und sogar noch Welf V., der sich nun auf seine Rechte als ihr angetrauter Ehemann besann (wiewohl die Ehe bereits lange Zeit vorher kirchlich ordnungsgemäß aufgelöst worden war). Dazu gab es noch ihren Adoptivsohn Guido di Toscana, der ebenfalls Anspruch auf ihre Erbmasse erhob. Am Ende siegte die Kurie, die Kirche erhielt die Güter vom Kaiser zugesprochen, und arrondierte damit für die nächsten Jahrhunderte aufs Vorteilhafteste den Kirchenstaat.

Aufgrund neuer Streitigkeiten zog Heinrich V., mittlerweile 36 Jahre alt, 1117 wieder nach Italien, um die mathildischen Güter endgültig in seinen Besitz zu nehmen. Raniero di Bleda alias Pasquale II. – die normannischen Beschützer sind gerade nicht in Rufweite – zieht es vor, Rom zu verlassen, kann aber Anfang 1118 zurückkehren, nur um wenige Tage später »überraschend« zu sterben. Johannes von Gaeta, Chef der päpstlichen Kanzlei, folgt ihm als Gelasius II. nach, und setzt natürlich die vorgegebene Linie fort. Heinrich V. kommt erneut nach Rom, vertreibt Johannes und lässt seinerseits Maurice Bourdin alias Gregor VIII. zum Papst krönen. Heinrich bleibt in Rom, um die Rückkehr des verhassten Johannes zu verhindern. Dieser zieht im Gegenzug nach Deutschland, lässt auf einer Synode in Fritzlar den Kaiser erneut bannen und reist dann weiter nach Cluny, wo er wenig später stirbt. Nun ist die Reihe an Guido de Vienne, der 1119 als Calixt II. das Amt antritt. Sein Hauptziel ist die Vernichtung des »Gegenpapstes« Gregor VIII., für dessen Verhaftung respektive Ermordung er alle erforderlichen Mittel einsetzt. Zwei Jahre später sind seine Bemühungen von Erfolg gekrönt. Seine Häscher bemächtigen sich Gregors und werfen ihn ins finsterste Verließ einer Burg in einer entfernten Randprovinz, das er die nächsten 16 Jahre bis zu seinem Tod nicht mehr verlassen wird.
Um den nerven-, ressourcen- und menschenverschleißenden Dauerzwist aus der Welt zu schaffen, einigen sich der 36-jährige Heinrich V. und der 62-jährige Calixt II. im Wormser Konkordat 1022 darauf, den Status quo ante herzustellen. Der Kaiser akzeptiert das Vorgehen der Kirche, Bischöfe und Äbte zu bestimmen, der Papst akzeptiert, dass deutsche Klerikale nur in Anwesenheit kaiserlicher Abgesandter ernannt werden können, und dass der Kaiser die weltlichen Besitztümer des jeweiligen Kirchenabschnitts jeweils neu zuteilen muss. Auf dem ersten Lateran-Konzil werden diese Bestimmungen bestätigt, sowie der Kampf zur Durchsetzung des allgemeinen Zölibats (außer natürlich für die Kurie in Rom) fortgesetzt.
Wenig später stirbt der Papst, der Nachfolger soll jetzt ohne deutschen Einfluss ausgekungelt werden. Zunächst wird Teobaldo Buccapecora gewählt, der jedoch dem Adelsclan der Fran-

gipani nicht passt, da er dem konkurrierenden Pierleoni-Clan zugerechnet wird. Die Frangipani lassen ihn daraufhin aus dem Lateran vertreiben und setzen dort ihren Mann, Lamberto Scannabecchi, ein, einen päpstlichen Legaten, der am Wormser Konkordat beteiligt war. Er legte den Grundstein für weitere Zwistigkeiten zwischen Reich und Rom, indem er sich im innerdeutschen Konkurrenzkampf zwischen den Staufern und den Sachsen auf die sächsische Seite schlug. Da in der Folge die Staufer einige Zeit die Oberhand behalten sollten, waren die Probleme vorprogrammiert.

Auch die nächste »Papstwahl« wird vom Konflikt zwischen dem Pierleoni- und dem Frangipani-Clan geprägt. Wieder gab es am Ende von längeren Tumultwochen zwei Päpste, die beide für sich in Anspruch nahmen, der jeweils rechtmäßige Amtsinhaber zu sein. Für die Pierleoni trat Clansmitglied Piero ein, zu diesem Zeitpunkt Kardinaldiakon, als Anaklet II.; für die Frangipani ließ sich Guido di Castello aufstellen, ebenfalls Kardinaldiakon, als Innozenz II. Zunächst sah alles nach einem Durchmarsch für Anaklet aus, der sich innerhalb weniger Tage in den Besitz von Lateran und St. Peter bringen konnte, während Innozenz die Stadt fluchtartig verließ. Dieser ging nach Deutschland, und ließ sich vom Kaiser Lothar III. die Rechtmäßigkeit der eigenen Wahl bestätigen (quasi eine Umkehrung des Gangs nach Canossa). Anaklet wollte nun Gutwetter machen beim deutschen Kaiser, und exkommunizierte proaktiv den staufischen Thronprätendenten Konrad. Doch auf Lothar machte das keinen nachhaltigen Eindruck, er entschied sich ein zweites Mal für Innozenz.

Daher blieb für Anaket als tatsächlicher Verbündeter nur der Normannenherzog Roger de Hauteville, der sich im Gegenzug die Königswürde für Sizilien verleihen ließ. Lothar ließ sich von Innozenz zu einer Strafexpedition gegen Anaklet und Roger überreden, kam 1133 mit einem kampfstarken Heer nach Rom, und wurde von Innozenz im Lateran zum Kaiser gekrönt, während Anaklet sich in St. Peter verschanzt hielt. Allerdings vermochten die Normannen sowohl die deutschen Truppen zu schlagen als auch sich erneut in den Besitz der Stadt Rom zu

bringen. 1137 kehrte Lothar mit einem starken Heer zurück, marschierte direkt ins Normannengebiet, konnte Roger schlagen und dessen Hauptstadt Melfi erobern. Nachdem gleichzeitig der Kanzler Anaklets durch eine gewaltige Bestechungssumme (nach dem Motto jeder ist käuflich, es hängt nur von der Höhe des Bestechungsgeldes ab) zum Seitenwechsel gebracht worden war, konnte es nur noch eine Frage der Zeit sein. Vom Konzil von Melfi für abgesetzt erklärt, verstarb Anaklet wenig später in Rom, womit das neuerliche »Papstschisma« beendet war.
Ihm folgte 1043 Coelestin II. nach, bürgerlich Guido Guelfuccio, der sich als Verteidiger des auf Irrwegen befindlichen Mönch Pierre Abaelard profilierte, und einige Werke des liebestollen Mönchs für die Nachwelt rettete, gegen die Vernichtungsurteile der Kirchenjustiz. Mit Abaelard ist einer der größten Sex-Skandale des Mittelalters verbunden, der durch die reichhaltige literarische Überlieferung und Bearbeitung bis heute bekannt ist. Es ging dabei im Kern um einen amour fou zwischen einem knapp 40-jährigen Mann und einem 13-jährigen frühreifen Mädchen. Wer waren die handelnden Personen? Auf der einen Seite der damals weltbekannte, beliebte, hochangesehene, arrivierte Philosoph, Theologe und Dichter Abaelard, der durch die Kombination von gutem Aussehen, brillanten rhetorischen Fähigkeiten, Schlagfertigkeit, Charisma, Überzeugungskraft, einer angenehmen, tragenden Sprechstimme die größten Versammlungen dominierte, Studenten aus allen Teilen der damals bekannte Welt anzog, ein Medienstar, dessen Ruhm sich bis in den letzten Winkel Europas verbreitet hatte, ein gefürchteter Debattist, gegen den keiner der damals bekannten Rhetoriker anzutreten wagten, einschließlich des damals führenden Dogmatikers Bernard de Clairvaux, dem sich ansonsten niemand in den Weg zu stellen wagte. Auch er fürchtete die direkte Konfrontation mit Pierre, fürchtete, ihm im direkten Austausch der Argumente zu unterliegen, im Zweifelsfall im entscheidenden Moment in Sachen Schlagfertigkeit und Diskussionsstrategie zu unterliegen. Und natürlich scharten sich um den offiziell im Zölibat lebenden Kleriker auch jede Menge Groupies, junge und ältere Damen, angezogen von seinem attraktiven Äußeren, seiner hohen, wohlge-

formten Gestalt, seinen männlichen Gesichtszügen, seiner Kraft und Ausdauer ausstrahlenden Physis, seinem scharfen Intellekt. Dieser Pierre Abaelard, auf dem Höhepunkt seiner Karriere und seines allgemeinen Ansehens, traf 1117 bei einer seiner immer gutbesuchten Vortragsveranstaltungen auf Heloise, ein frühreifes junges Mädchen, das nicht nur Kenntnisse des Lateinischen, Griechischen und Hebräischen aufwies, sondern auch bereits die antiken Philosophen (soweit bekannt), studiert hatte. Sie war, aus der Provinz stammend, im Pariser Haus ihres Onkels Fulbert untergekommen, um in der französischen Hauptstadt ihre Studien fortzusetzen. Es muss Liebe auf den ersten Blick, oder vielleicht eher Gier auf den ersten Blick gewesen sein, zwischen dem arrivierten Medienstar und dem jungen, aufstrebenden, frühzeitig erblühten Mädchen. Die ersten Kontakte mit ihr erzeugten in Abaelard Symptome einer Sucht, einer Sexsucht, er war ihr verfallen. Sein ganzes Denken und Handeln drehte sich nur noch darum, möglichst viel Zeit mit ihr zu verbringen, ihr möglichst oft Nahe sein zu können, ihr körperlich immer näher zu kommen, über erste Küsse, erste verstohlene körperliche Zärtlichkeiten, sie massierte sein Glied, er streichelte ihre Brüste, erforschte mit seinen Fingern ihren Unterleib, Petting bis zum Rasendwerden, bis zum tatsächlichen Sex mit ihr.
Er selbst beschreibt sich als »Sklave der Lust«, spricht von »unserer Glut«, »unserer Unersättlichkeit«. Ob sie tatsächlich das von ihm beschriebene »unschuldige Lamm« war, sei dahingestellt. Dass er – in seinen eigenen Worten – der »hungrige Wolf« war, steht ohne Zweifel fest, der an ihr – notfalls auch unter Gewaltandrohung und Schlägen, wenn sie ihm ausnahmsweise nicht freiwillig zu Willen war – seine »zügellose Begierde« stillte.[66] Wie auch immer. Heloise verschaffte ihm Sinnesgenüsse wie noch keine andere Frau zuvor sie ihm zu verschaffen in der Lage gewesen war. Pierre war derartig gepackt, derartig aus dem Gleis geworfen, dass er seine akademische Karriere in die Tonne trat und Heloises Onkel darum bat, ihr Hauslehrer sein zu dürfen. Fulbert, selbst ein Karrierist und Ehrgeizling, fühlte sich geehrt, dass der bekannte Wissenschaftler nun mit ihm in enge Verbindung treten würde, er sah seine eigene Karriere durch die Nähe

zum bekannten Medienstar einen neuen Aufschwung erfahren, akzeptierte willig die Legende, Pierre habe an den Geistesgaben des jungen Mädchens solche Begeisterung gefasst, dass er ihre weitere Ausbildung übernehmen wolle, und war sofort einverstanden, ja er bot ihm auch noch Unterkunft im familieneigenen Adelspalais in der Pariser Innenstadt an.

Es kam wie es kommen musste. Die beiden Liebenden gaben sich nun ungebremst den körperlichen Freuden hin, sei es in ihrem Jungmädchenzimmer, sei es in seiner Studierstube, die geistigen Exerzitien rückten in den Hintergrund, und schiere, pure ungebremste Lust räumte alles andere aus dem Feld. Sie vögelten, was das Zeug hielt. Zum Repertoire ihrer Lust gehörte sogar die körperliche Züchtigung, die ihr Pierre sehr gerne angedeihen ließ – was offiziell als Ahndung von mangelndem Lernfleiß gegenüber dem Onkel ausgegeben wurde. Die Folgen des ungebremsten Sex ließen sich nach einigen Monaten nur noch mühsam verbergen – Heloise war schwanger. Pierre schickte sie in der Endphase der Schwangerschaft zu seiner Schwester in die Bretagne, wo Heloise einen gesunden Knaben gebar, dem sie den Namen Astralabius (der nach den Sternen schaut) gab. Der Name deutet offenbar auf eine Einstellungsanomalie, sprich eine besonders schwierige Geburt hin, da das Kind vor der Geburt nicht zum Rücken der Mutter schaut, sondern zum Bauch, und daher mit dem Gesicht nach oben zur Welt kommt (»Sternengucker«) – eine Geburtskomplikation, die das Risiko für eine Schädigung des Neugeborenen sehr erhöht. Es ging jedoch alles gut, trotz der Komplikationen. Astralabius trat später ebenfalls in die geistlichen Ränge ein und wurde Abt des Klosters Hauterive bei Fribourg (Schweiz).

Heloises Onkel war außer sich, als er nach ihrer Rückkehr erkennen musste, was während des »Urlaubs auf dem Lande« tatsächlich passiert war. Er verlangte von Pierre, sein Mündel zu heiraten, und ihr damit die Schande eines unehelichen Kindes und einer alleinerziehenden Mutter zu ersparen. Das allerdings bedeutete in der Konsequenz, dass der durch seinen geistlichen Rang zum Zölibat verpflichtete Pierre seine Stellung samt seiner Karriere aufgeben und damit sein Einkommen verlieren würde.

Pierre heiratete sie tatsächlich, erreichte aber vom Onkel die Zusage, die Hochzeit zunächst geheim zu halten, da er vorher noch bestimmte Werke abschließen und publizieren wolle. Nach Abschluss der Werke war von Pierre aus allerdings von einer öffentlichen Bekanntgabe der Hochzeit und damit seines Abschieds aus dem kirchlichen Dienst nicht mehr die Rede. Pierre wollte beides, wie so viele andere Kleriker auch, die Ehe bzw. die Ehefrau zum täglichen Gebrauch, und die geistliche Karriere mit ihren Pfründen und der öffentlichen Anerkennung.
Die Situation spitzte sich täglich mehr zu, Pierre brachte daraufhin das Kind zu seiner Schwester in die Bretagne und bewegte Heloise dazu, in das Nonnenkloster Argenteuil einzutreten (wo sie auch einen Großteil ihrer Kindheit verbracht hatte). Damit war sie zwar für öffentliche Anschuldigungen vorerst nicht erreichbar, wohl aber bei heimlichen Besuchen seinerseits ihm nach wie vor zu Willen, ihn mit ihrem Mund und ihren sonstigen Öffnungen zu verwöhnen, und selbst auf dem Altar – Blasphemie! – das Rein-Raus-Spiel zu betreiben. Für ihn war das Arrangement sehr vorteilhaft, konnte er so die Lust mit ihr genießen, gleichzeitig sich aber vom täglichen Umgang mit ihr entlasten, der gefährlich geworden war, da der Onkel mittlerweile wüste Drohungen gegen Pierre ausstieß, sollte dieser nicht umgehend das Verhältnis legalisieren und zu seiner Verantwortung als Ehemann und Vater stehen. Doch Pierre zögerte das immer weiter hinaus, sodass der Onkel schließlich seine Androhungen wahr machte. Um Pierre adäquat für sein Vergehen zu bestrafen, und es ihm künftig ähnliche Taten unmöglich zu machen, lauerte er ihm 1118 nachts mit einigen Spießgesellen auf, zerrte ihn in einen verlassenen Hinterhof, riss ihm die Kleider vom Leib und schnitt dem aus Leibeskräften schreienden und sich wehrenden Pierre den Penis ab und warf ihn seinen Hunden zum Fraß vor. Dann überließ er den blutenden und wimmernden Pierre seinem Schicksal und ging nach Hause, nicht ohne die Nachricht in der ganzen Stadt zu verbreiten, dass der Kinderschänder seine gerechte Strafe erhalten habe. Erstaunlicherweise überlebte Pierre das Attentat, war aber ein gebrochener Mann, der nun selbst in ein Kloster eintrat und sich aus der Öffentlichkeit zurückzog. Nach einem Aufenthalt

im Kloster St. Denis bei Paris, wo er aber mit den Mönchen über geistliche Angelegenheiten aneinandergeriet, retirierte er in die Champagne und gründete dort ein eigenes Kloster. Sein wissenschaftlicher Ruhm war noch nicht verblasst, und die Geschichte seiner Demütigung hatte die Runde gemacht, beides Voraussetzungen dafür, dass bald wieder Studierende aus aller Herren Länder seine Gegenwart suchten, um sich persönlich ein Bild von ihm zu machen, und vom damals bekanntesten Kleriker zu lernen. Allerdings stand er unter kirchlicher Beobachtung, und alle seine Schriften und Äußerungen wurden den entsprechenden kirchlichen Aufsichtsbehörden unmittelbar zur Kenntnis gebracht. Da ihm wegen seiner die Grenzen der kirchlichen Toleranz gegenüber Abweichlern austestenden Thesen ständig die Anklage drohte, beschloss er nach fünf Jahren, sich noch weiter in die Provinz zurückzuziehen, und akzeptierte das Angebot, Abt eines Klosters in seiner heimischen Bretagne zu werden. Sein ehemaliges Kloster in der Champagne stellte er der mit einigen Mit-Nonnen aus Paris vertriebenen Heloise zur Verfügung.

Pierre wurde es nach einigen Jahren gestattet, sogar wieder in Paris zu lehren, wo drei spätere Päpste zu seinen Studenten gehörten (Coelestin II., Coelestin III. und Alexander III.). Doch Bernard de Clairvaux, der Pierres gesammelte Werke als »Dummenschaft« (*stultilogia*) im Gegensatz zu »Wissenschaft« abtat, war nicht gewillt, dem Mädchenschänder und Abweichler die Sonne öffentlicher Anerkennung auf Dauer zu gönnen, er ließ ihn vor dem Konzil von Sens 1141 wegen Häresie (Glaubensabweichung) anklagen und zu Klosterhaft und ewigem Schweigen verurteilen. Pierre starb ein Jahr später in einem Provinzkloster. Wenigstens nach seinem Tod konnten die Liebenden wieder vereinigt werden. Heloise ließ die Gebeine Abaelards in ihr Kloster in die Champagne bringen und dort in einer Kapelle beisetzen. Sie überlebte ihn mehr als zwei Jahrzehnte, und wurde dann – ihrem Wunsch gemäß – an der Seite ihres Geliebten begraben. Kirche und Kloster wurden während der französischen Revolution abgerissen, daher sind die Räumlichkeiten heute nicht mehr erhalten.[67]

In Rom hatte unterdessen das Selbstbewusstsein der städtischen

Mittelschicht aus Handelsherren und nichtadligen Grundbesitzern weiter zugenommen, die Kämpfe mit den alteingesessenen Adelsclans verstärkten sich. Ein Opfer dieser Kämpfe wurde der nächste Thronprätendent für den Chefposten der Katholischen Kirche, Gerardus Caccianemici (Feindesjäger) de l'Orso. Er wurde – als Lucio II. – schon kurz nach seiner Wahl 1144 von den kommunalen Scharfmachern aus der Stadt vertrieben (gegen den Willen der Adelsclans, die sich allerdings nicht in der Lage sahen, daran kurzfristig etwas zu ändern). Die von ihm zu Hilfe gerufenen Normannen unter Roger riefen einen nicht akzeptablen Preis für militärischen Beistand auf. Lucio starb im folgenden Jahr, während er die militärische Auseinandersetzung mit dem von der Kommune aufgestellten Heer suchte.

Bernardus Paganelli war da von anderem Kaliber. Mit ihm kam der erste Zisterzienser-Papst auf den römischen Bischofsthron. Eugen III., wie er sich seit seiner Wahl 1045 nannte, musste zwar zunächst auch die Stadt verlassen angesichts der von Arnaldo da Brescia angeführten Mittelstandsopposition in der Stadt. In dieser Situation rief er zu einem neuen Kreuzzug ins Morgenland auf, und erhoffte sich dadurch auch eine Verbesserung seiner Position, da er diesmal das Kreuzfahrerheer durch Italien marschieren zu lassen plante, und von diesen dann als Nebenprodukt (windfall profit) auch noch die stadtrömische Mittelstandsopposition beseitigen lassen wollte. Doch der Plan ging trotz guter Vorbereitung und der Teilnahme zweier Könige (Ludwig VII. von Frankreich und Konrad III., dem ersten Stauferkönig, von deutscher Seite) schief, und der Kreuzzug am Ende jämmerlich unter, ohne eines seiner Ziele erreicht zu haben. Daher schloss er nun mit Friedrich Barbarossa (der seinen Onkel Konrad als König beerbt hatte) den Vertrag von Konstanz. Gegen die Zusicherung der Kaiserkrönung verpflichtete sich Barbarossa nun, in Rom wieder »papstgefällige« Zustände herbeizuführen und insbesondere die Opposition unter Arnaldo da Brescia aus der Stadt zu jagen oder gleich an Ort und Stelle zu vernichten.

Mit Giacinto Bobone alias Coelestin III. nahm dann der Konflikt zwischen Staufern und dem Papsttum richtig Fahrt auf. Mittlerweile hatte Barbarossa seinen Sohn Heinrich VI. mit der Nor-

mannenerbin Constance de Hauteville verheiratet. Als deren Onkel Guillaume kinderlos starb, wollten Heinrich und Constance gemäß dynastischem Recht das Erbe antreten, allerdings war der Papst anderer Meinung. Er unterstützte einen normannischen Rebellen namens Tancredi di Lecce, der sich nun den sizilianischen Königsthron gekrallt hatte. Die Motivationslage der Kurie war klar: Sie wollten unter keinen Umständen zwischen dem starken Staufertum im Norden und einer staufisch-normannischen Dynastie im Süden eingeklemmt werden wie in einem Schraubstock, und so dem deutschen Kaisertum wieder einmal schutzlos ausgeliefert werden. Der Papst rang sich zwar noch zur Kaiserkrönung von Heinrich und Constance 1191 durch, das war's dann aber auch. 1194 starb Tancredi »überraschend« und Heinrich zog mit einem Heer im Königreich Sizilien ein, setzte sich selbst auf den Thron. Den Papst scherte das wenig, er brach sämtliche Kontakte zum Staufer ab, und verweigerte die Anerkennung der sizilianischen Königswürde für Heinrich.
Der 37-jährige Lotario dei Conti di Segni vulgo Innozenz III. setzte die Linie seines Vorgängers nach seiner Wahl 1198 bruchlos fort. So propagierte er kurz nach Amtsantritt aus heiterem Himmel, ohne äußeren Anlass, einen neuen Kreuzzug, der vorgeblich nach Jerusalem führen sollte, tatsächlich aber – ganz im Sinne der Katholischen Kirche – mit der Eroberung und Plünderung des verhassten Konkurrenzpatriarchates in Byzanz endete. Natürlich hatte der Papst für die Geschichtsbücher mehrfach »nachdrücklich« den Sturm auf die Bosporus-Metropole »untersagt« – doch das waren nur äußerliche Gesten, denn die Vernichtung der dortigen Dynastie (samt dem Patriarchat) und die Installierung einer »lateinischen« Regierung war natürlich im Sinne der Kurie. Aber auch auf anderen geopolitischen Schlachtfeldern engagierte sich die »päpstliche« Verwaltung – beispielsweise in Deutschland. Nach dem Tod des Stauferkönigs Heinrich kam es in Deutschland 1198 zur Doppelwahl von Königen: auf der einen Seite der Staufer Philipp von Schwaben für den Staufer-Clan, auf der anderen Seite Otto von Braunschweig für den Welfen-Clan. Heinrichs Sohn Friedrich (der nachmalige Kaiser Friedrich II. von Hohenstaufen) lebte zu diesem Zeitpunkt

als Waise in Palermo, nominell war er als Erbe seines Vaters König von Sizilien und Mündel des Papstes. Nun begann eine päpstliche Schlingerpolitik sondergleichen. Zunächst schlug sich Innozenz 1199 auf Ottos Seite, da die Verhandlungen mit ihm eine lukrativere Vereinbarung ergeben hatten, die zudem nicht den Nachteil hatte, Norden und Süden unter einer Herrschaft zu vereinen (wie diese bei den Staufern der Fall war). Da sich Philipp von Schwaben jedoch 1203 militärisch auf der Siegerstraße befand, nahm Innozenz mit ihm Verhandlungen auf. Nach der Ermordung Philipps wurde Otto einziger deutscher König und am 4. Oktober 1209 von Innozenz in Rom zum Kaiser gekrönt. Als Otto dann entgegen den Abmachungen sich doch in den Besitz des reichen Königreichs Sizilien bringen wollte, und damit wieder geostrategisch eine Umklammerung des Kirchenstaates drohte, setzte Innozenz wieder auf die staufische Karte. Ab 1211 begann der nun favorisierte Friedrich von Hohenstaufen seinen Siegeszug durch Deutschland, Otto starb isoliert 42-jährig 1218 auf der Harzburg, Friedrich wurde 1220 zum Kaiser gekrönt. Das Bündnis zwischen Papst und Kaiser hielt allerdings nicht lange, der Kurie wurde der Staufer zu mächtig, und sie legten nun allen Nachdruck auf seine Bekämpfung. Bis zu seinem Tod 1250 sollte er unter ständigen Attacken stehen, seine Familie wurde im Anschluss bis auf das letzte Glied ausgerottet.
Ein weiterer Schwerpunkt des ereignisreichen Pontifikats von Lotario war der Kampf gegen geistliche Konkurrenz, sprich die von der Kirche in Bausch und Bogen als »Ketzer« verfolgten Abweichler von der offiziellen katholischen Linie. Schon 1199 hatte er verboten, dass die Bibel außerhalb der Kirche gelesen wird (sprich in den damals noch als Laienzusammenschlüsse geltenden Katharer und Albigenser etwa). Auch in dieser Hinsicht erwies sich das neue Medium des »Kreuzzugs« als probates, erfolgreiches Mittel. 1209 rief er den nicht weniger als zwanzig Jahre dauernden Kreuzzug gegen die Albigenser aus, verbunden mit grauenvollen Massakern und der Terrorherrschaft der Inquisition über weite Teile Südfrankreichs. Die Interessen der Kurie und des französischen Königs deckten sich in diesem Fall. Wollte die Kirche gegen die Ketzer vorgehen, so wollte die Kro-

ne die noch unsichere Herrschaft über den sehr eigenständigen und eigenwilligen Süden des Landes verfestigen. Dabei war man nicht zimperlich. So wurde die Bevölkerung des im Sommer 1209 eingenommenen Béziers einfach mal komplett ausgelöscht, mit vermutlich 20 000 Toten (Männern, Frauen, Kindern).
Die Ketzer vulgo Katharer vulgo Albigenser (nach der Stadt Albi, einem ihrer Schwerpunkte) waren eine machtvolle Basis-Grassroots-Gegenbewegung gegen die in staatskirchlicher Pracht und Orthodoxie erstarrte römische Amtskirche. Sie propagierten ein Leben der Entbehrungen. Die Ehe war genauso verboten wie der Sex im Allgemeinen, daher auch das Kinderzeugen (was natürlich das mittelfristige Mitgliederwachstum der trotzdem schnell um sich greifenden Bewegung einschränken sollte). Fleisch war verboten, die Nahrung sollte strikt vegetarisch sein. Lügen war ebenso verboten wie einen Eid abzulegen. Hostien gab es nicht, sie wurden als Blasphemie abgelehnt. Schwangere Frauen durften nicht in die Bewegung aufgenommen werden, da sie nach den Überzeugungen der Katharer den Dämon im Leib trug – womit sie an die Leibfeindlichkeit eines Paulus perfekt anschlossen. Generell wollten sie zusammenleben wie Adam und Eva, im vorsexuellen Zustand ohne Verkehr und Vollzug. Alkohol war verboten. Menschen zu töten war ebenso verboten wie das Töten von Tieren. Ebenso untersagt war das Fluchen. Dagegen galt ein strenges Arbeitsgebot (also eine Variante des benediktinischen Ora et labora). Der Kampf gegen diese »Idealisten« ging in Frankreich 1244 mit der Erstürmung der Burg Montségur und der Verbrennung der dort noch ausharrenden 200 Katharer zu Ende, in Italien durch die Eroberung der Burg Sirmione am Gardasee durch ein päpstliches Söldnerheer, und die Verbrennung der 200 letzten Katharer in der Arena von Verona 1278.
Die gleichzeitig entstandene Protestbewegung der Waldenser wiederum zeichnete sich neben dem Armutsgebot durch Laienpredigertum, eine strikte Ablehnung der Heiligenverehrung, Ablehnung des Fegefeuers, Ablehnung des Ablasses, Ablehnung des Eides, Ablehnung der weltlichen Gerichtsbarkeit, insbesondere der Todesstrafe, Ablehnung der Katharer aus.
1215 rief Lotario zum Kreuzzug gegen Jerusalem auf, und starb

dann 1216 mit 55 Jahren in Perugia. In der Nacht seiner Aufbahrung wurde die Leiche all ihrer kostbaren Gewänder und Schmuckstücke beraubt, und lag am nächsten Morgen nackt vor den Augen der zur Beisetzung herbeiströmenden Gläubigen. Die folgenden Päpste setzten den erbarmungslosen Kampf, sei es gegen die Ketzer, sei es gegen die Staufer, in entsprechendem Sinne fort. Speziell Ugolino dei Conti di Segni vulgo Gregor IX. zeichnete sich durch besondere Grausamkeit und Erbarmungslosigkeit aus. Den frontalen Kampf gegen Ketzertum und Abweichlerei verschärfte er durch eine neue Institution. Ab den Dreißigerjahren des 13. Jahrhunderts wurde in allen Diözesen das neue Amt des Inquisitors etabliert, der die Einhaltung der kirchlichen Normen und Regeln überwachen sollte, und – mit besonderen Direktiven und Sondervollmachten direkt von Papstes Hand ausgestattet – im Zweifelsfall auffällige Personen verschärften Verhören inklusive Folter unterzog, und bei den dann wunschgemäß abgelegten Geständnissen die »Verbrecher« als gängige Strafe auf dem Scheiterhaufen verbrennen durfte. Er stützte sich dabei auf ebenso diensteifrige wie verbrecherisch-sadistische Männer vom Schlage eines Konrad von Marburg (der die Thüringer Landgräfin Elisabeth während der Beichte gerne nackt auszog, um sie eigenhändig zu züchtigen), der schon mal der »Adolf Eichmann« dieses Papstes genannt wurde.
Konrad profilierte sich nach kurzem Studium in Paris zunächst als eifriger und erfolgreicher Kreuzzugsprediger, der sich mit seinem durchschlagenden Erfolg schon bald für höhere Aufgaben qualifiziert hatte und die Aufmerksamkeit der höheren Katholischen Hierarchen geweckt hatte. Vom Papst als Spezialagent in Sachen Häresie nach Deutschland geschickt, konnte Konrad schon bald Ungeheuerliches nach Rom melden, nicht weniger als eine neue, ultragefährliche Sekte, die so genannten Luziferianer, die dort angeblich ihr Unwesen treibe. Bei Zusammenkünften käme es im Zeichen der schwarzen Katze regelmäßig zu wüsten Orgien sowohl hetero- als auch homosexueller Natur, wobei die Statue der Katze unter dem Schwanz geküsst werden müsse. Außerdem würden Hostien verteilt, im Mund behalten und zu Hause in die Latrine gespuckt. Die Nachricht begeisterte den

Papst, der nun härteste Gegenmaßnahmen forderte. Warnende Stimmen aus Deutschland, die darauf hinwiesen, dass Konrad sämtliche Zeugnisse für diese angebliche neue Sekte nur durch Zwangsmaßnahmen und Folterandrohungen gegenüber Zeugen und Verdächtigen erhalten habe, blieben unberücksichtigt.[68]
Konrad laberte so lange auf den Landgrafen von Thüringen ein, bis dieser 1226 einwilligte, auf einen Kreuzzug zu gehen, und für die Zeit seiner Abwesenheit Konrad als seinen Thronverweser einzusetzen. Nun hatte dieser freie Hand. Zumal nach dem bald darauf eingetretenen, nicht unwillkommenen Tod des Landgrafen[69]: Konrad verhandelte jetzt zugunsten seiner jungen Adeptin Elisabeth über die Witwenausstattung der jungen Frau, für die die gräfliche Familie ziemlich »bluten« musste. Konrad arrangierte auch einen neuen Wohnsitz für sich und seine geliebte, bildschöne junge Schülerin, von der Wartburg ging es nach Marburg an der Lahn, wo man sich im Schutze der Provinz umso ungenierter betätigen konnte. Elisabeth war deutsch-ungarischer Abstammung, ihre dominierende Mutter aus der Dynastie der Andechs-Meranier, die angeblich zu einseitig Mitglieder ihrer eigenen Familie mit lukrativen Posten am ungarischen Hof versorgt haben soll, fiel im Alter von 28 Jahren einem Mordanschlag zum Opfer. Elisabeth war zu diesem Zeitpunkt gerade mal fünf Jahre alt. Schon als Neugeborene dem ältesten Sohn des Thüringer Landgrafen versprochen, lebte sie seit ihrem vierten Lebensjahr an dessen Hof. Der 17-jährige Thronerbe heiratete die 14-jährige im Jahr 1221. Bereits früh zeigte sich bei der jungen Frau eine massiv masochistische Tendenz zu Selbstgeißelungen und endlosen Gebetslitaneien. Diese Tendenz verschärfte sich noch, als 1226 Konrad der Schreckliche in ihr Leben trat – sie war zu diesem Zeitpunkt 19 Jahre alt, hatte drei Kinder geboren, und sollte wenig später mit ihrem Mann den letzten Halt verlieren. Konrad schickte ihren bisherigen Beichtvater, den Laienbruder Rodeger unter fadenscheinigen Gründen in die Wüste, und nahm nun selbst die lukrative, weitreichenden politischen Einfluss versprechende Stelle ihres geistlichen Mentors ein. Elisabeth legte bei dieser Gelegenheit das Gelübde ab, im Falle eines vorzeitigen Todes ihres Mannes ewige Keuschheit

und gegenüber Konrad unbedingten Gehorsam zu üben. Sie hatte damit ihr Todesurteil unterschrieben.
Konrad gab nach dem Tod von Elisabeths Mann richtig Gas. Angesichts der von ihm bewusst geschürten Auseinandersetzungen mit der Familie ihres Ex-Mannes ließ er es zu, dass sie zunächst in einem ehemaligen Schweinestall unterkommen musste, als sie die Wartburg mehr oder weniger freiwillig verlassen hatte. Gleichzeitig ließ er sich vom Papst einen Schutzbrief für die ehemalige Königin ausstellen, der ihm unbegrenzten Zugriff auch auf ihren umfangreichen weltlichen Besitz verschaffte. Er verbot ihr als erstes, auf ihr Vermögen zu verzichten (es wäre damit an die Landgrafenfamilie zurückgefallen). Als offizielles Ziel seiner Maßnahmen gab er an, die junge Frau zur Vollkommenheit im kirchlichen Sinne zu führen.
Allerdings musste er zunächst Störfeuer abwehren. Anfang 1228 versuchte Elisabeths eigene Familie (ihre Tante war Äbtissin, ihr Onkel Bischof von Bamberg) sie von Konrad zu trennen. Angeblich sollte sie neu verheiratet werden, als Kandidaten war u. a. der Hohenstaufenkaiser Friedrich II. im Gespräch. Doch Konrad gelang es nach kurzer Zeit, sie wieder in seinen Besitz zu bekommen. Mit der Thüringer Landgrafenfamilie hatte er einen lukrativen Deal aushandeln können. Als Witwenkapital wurden ihr zweitausend Silbermark zur Verfügung gestellt sowie einige Ländereien in und um Marburg. Dorthin brachte Konrad sie jetzt, konnte sie so in der Abgeschiedenheit der nordhessischen Kleinstadt umso besser unter Kontrolle haben, und nahm dort mit ihr gemeinsam den neuen Wohnsitz.
Um die junge, verunsicherte, etwas wunderliche, schon seit früher Jugend zu masochistischen Praktiken neigende Frau jetzt noch vollständiger in seine Gewalt zu bringen, ließ er ihre Kinder zu anderen Verwandten bringen, untersagte er ihr den Umgang mit ihren bisherigen Freunden und Unterstützern. Als persönliche Betreuer stellte er ihr zwei ihm ergebene, hartherzige Frauen zur Seite, die die ehemalige Landgräfin weitere Demut lehren sollten. Juristisch und moralisch war nun nur noch er selber sollte für sie maßgeblich. Ihre Nahrung beschränkte sich auf Wassersuppen, Hülsenfrüchte und Krautblätter. Im mit ihrem Geld

gegründeten Armenspital ließ er sie die niedrigsten Mägdedienste verrichten, die Latrinen säubern etc. Da sie allerdings nun die Pflege der Leprakranken als ihr neues Tätigkeitsgebiet erkoren hatte, wurde er wütend – die Gefahr, sie durch Ansteckung und Tod vorzeitig zu verlieren, war ihm zu groß. Zudem unterzog er sein Mündel, seine Schutzbefohlene wüsten körperlichen Strafen, bei deren Ausführung er selber Hand anlegte und bei der er seinen Sadismus ungebremst ausleben konnte: er peitschte sie regelmäßig so ausdauernd, bis ihr Körper blutüberströmt war.[70] Die entsprechenden Wunden waren nach zeitgenössischen Berichten noch wochenlang zu sehen. Da ihm das nicht genug war, zwang er häufig ihre Dienerinnen ebenfalls, sich nackt auszuziehen und sich von ihm züchtigen zu lassen.[71] Ob er sich dabei gleichzeitig selbst befriedigte, oder sie zum Oralverkehr mit ihm zwang, oder sie gleich vergewaltigte, kann den erhaltenen Quellen nicht mit Sicherheit entnommen werden.

Allerdings soll es – mit dem offiziellen Ziel der Teufelsaustreibung – auch zu Vergewaltigungen der jungen Adligen gekommen sein. Zudem setzte Konrad Spitzel auf sie an, um sicher zu gehen, dass sie sich nicht heimlich anderweitig umsah. Ihren übergroßen Drang, sich ihres irdischen Besitzes zu entledigen, bremste er drastisch ein, nachdem er sie erwischt hatte, wie sie bei einem »Fest der Armen« nicht weniger als ein Viertel ihres Witwenkapitals verschenkt hatte. Für sein eigenes Wohlbefinden hatte Konrad durchaus gesorgt: so ließ er seine Unterkunft im Marburger Spital mit einem Kachelofen ausstatten, damals ein sehr seltener Luxus, der eigentlich nur in Adelsunterkünften zu finden war. Dort konnte sich die frierende und zitternde Elisabeth im Winter kurz aufwärmen, bevor er sie wieder zu Sühnediensten in die Kälte schickte.

Die eindeutig sadistische Form der »liebevollen Zuwendungen« durch Konrad ertrug Elisabeth nicht allzu lange. Ihr geschwächter Körper gab auf, und sie starb 1231 im Alter von 24 Jahren nach kurzer Krankheit. Doch Konrad war noch nicht fertig mit ihr. Er gedachte sie auch nach ihrem leiblichen Tod noch weiter zu benutzen – als Marke, als Image, als Logo, und stellte umgehend einen Antrag auf Heiligsprechung aufgrund von zahllosen wundertätigen Heilungen am Sarg seines Folteropfers. Denn Heiligsprechungen zogen in der Regel einen äußerst lukrativen Pilgertourismus an – darauf zielte er ab. Und welche Anziehung die skurrile Gestalt der gefallenen Gräfin, der »Engel der Armen« auf die Massen ausübte, wurde schon bei ihrer Aufbahrung in der Marburger Kirche offenbar. Trotz Kontrollen kam es zu Schändungen der Leiche, indem große Teile ihres Gewandes, ihrer Haare, ihrer Zähne, ihrer Finger- und Fußnägel sowie die Brustwarzen (!), Ohren und ganze Finger geraubt wurden, um diese als Reliquien gewinnbringend zu verhökern. Am Ende lag eine nackte verstümmelte Leiche da, die dann eilig verscharrt wurde. Ähnlich »erfolgreich« wie bei Elisabeth agierte Konrad auch bezüglich seines anderen Tätigkeitsschwerpunkts. Zu Konrads Sondervollmachten gehörte es, selbst auf die minimalen Bestimmungen zugunsten möglicher Häretiker, denen zufolge sie zumindest angehört werden mussten, bevor sie gefoltert wurden, verzichten zu können – er durfte die armen Opfer direkt auf den Scheiterhaufen schicken, wenn er von der Schuld des Verdächtigen überzeugt war. Doch in seinem Wahn und dem Glauben an seine Unangreifbarkeit überzog der knapp 40-jährige Konrad bald: als er immer höherrangige Adlige anklagte, und selbst nicht davor zurückschreckte, mit Heinrich III. von Sayn einen der mächtigsten deutschen Provinzpotentaten anzuklagen, wurde ihm das Verfahren entzogen, der Adlige vor ein Königsgericht überstellt und dort binnen kurzem von allen Vorwürfen, die sich Konrad aus den Fingern gesogen hatte, freigesprochen (wiewohl das teilweise als Klassenjustiz ausgelegt wurde, da ja Arme keine solche Fürsprache hatten, und die von Konrad angeklagten Adligen tatsächlich teilweise die ihnen unterstellten Praktiken – »widernatürlichen« sprich Analverkehr etc. – gerne praktizierten). Sein Ende war nun beschlossene Sache. Während der Rückreise vom Königsgericht, bei dem er vergeblich alle Anklagepunkte noch einmal zur Sprache gebracht hatte, wurde er unweit von Marburg von gedungenen Mördern erschlagen, seine Leiche wurde zunächst an Ort und Stelle verscharrt, später ebenfalls in der Elisabethkirche in Marburg ganz in der Nähe seines prominentesten Opfers (neben dem Hochaltar) beerdigt und nach der Fertigstellung der goti-

schen Kirche gemeinsam mit den Gebeinen der Elisabeth dorthin überführt. Auf seiner Opferliste stehen Tausende von Inquisitionsgetöteten, deren Qualen und Tod er zu verantworten hat.
Ugolino selbst konnte seinen angeborenen Sadismus ebenfalls weidlich ausleben, so etwa bei der von ihm eigenhändig durchgeführten Inquisition Roms im Jahre 1231 mit mehreren hundert auf Scheiterhaufen verbrannten Opfern. Als spirituelle Gegenbewegung zu den die Amtskirche in ihren Grundfesten – und in ihrem finanziellen Reichtum[72] – bedrohenden Ketzerbewegungen förderte er neuartige, unter besonderem »päpstlichen« Schutz stehenden Bettelorden (Franziskaner, Dominikaner u. w.), die durch das gelebte Vorbild in Armut den Ketzern den Wind aus den Segeln nehmen sollten, dabei aber strikt amtskirchlicher Observanz. Die Strategie ging auf, durch die gnadenlose militärische Bekämpfung einerseits, und durch die Konkurrenz durch die amtskirchlichen Bettelorden andererseits, gelang es im Lauf des weiteren 13. Jahrhunderts, die Ketzerbewegungen nahezu komplett auszulöschen.
Ugolino errang aber auch gegen das zeitweilig überdominant scheinende staufische Kaisertum entscheidende Erfolge, hatte er doch als Legat in Deutschland die dortigen Verhältnisse genau studieren können, und den Umschwung der päpstlichen Gunst von den Welfen zu den Staufern insinuiert. Er kannte seinen Gegner, und wusste nur zu gut um dessen Schwachstellen. Immer wieder finanzierte er lokale Gegenbewegungen, die den Stauferkaiser Friedrich II. zu kostspieligen und zeitaufwendigen Gegenmaßnahmen zwangen, sodass der Staufer seinem eigentlichen Ziel, eine abendländische Erbkaiserdynastie zu etablieren, keinen Schritt näher kam, und auch für den Rest seines Lebens nicht mehr kommen sollte. Im Gegenteil. Noch vor dem Ende des 13. Jahrhunderts war die Familie der Staufer bis ins letzte Glied ausgelöscht. Ugolino selbst starb 1241, und eröffnete damit den wohl bisher entscheidendsten Machtkampf um den römischen Bischofsthron, da sich jetzt natürlich auch der von den »päpstlichen« Invektiven besonders betroffene Kaiser Friedrich II. aus dem Hintergrund in die künftige Besetzung dieser wichtigen Gegnerposition einschaltete.

Unter den versammelten wahlberechtigten Kardinälen befanden sich ungefähr gleich viele Kaiserfreunde wie Kaiser-Gegner. Daher kam es in den ersten Wahlen des im August 1241 begonnenen Konklave wiederholt zu einem Patt, die geforderte Zweidrittel-Mehrheit konnte keiner der zahlreichen Kandidaten auf sich vereinigen. Um das Verfahren zu beschleunigen, internierte der römische Präfekt Matteo Orsini die Kardinäle in den Ruinen des Septizoniums, den er von eigenen Truppen umstellen ließ, um sicherzustellen, dass niemand sich davon machte oder von außen Hilfe bzw. Anweisungen erhielt. Da in den Ruinen keine regulären Latrinen vorhanden waren, kam es unter der hochsommerlichen Bedingungen Roms schnell zu gesundheitlichen Problemen innerhalb der Wählerschaft. Mit Robert of Somercotes starb einer von ihnen bereits wenige Tage später. Erst am 25. Oktober 1241, also nach über acht Wochen Internierung, verständigten sich die Kardinäle auf einen Kompromisskandidaten, den bereits gebrechlichen Goffredo Castiglione, der als Übergangskandidat (alias Coelestin IV.) antreten und die Kardinäle somit aus der Internierung befreien sollte. Castiglione wurde dem eher kaiserfreundlichen Lager zugerechnet, und sollte die scharfe Auseinandersetzung zwischen Kaiser und Kurie beenden. Doch er erfreute sich nicht lange seines Amtes – schon nach 17 Tagen auf dem Thron segnete er das Zeitliche.
Sofort nach Castigliones Amtsantritt hatten die übrigen Kardinäle Rom fluchtartig verlassen, um nach dem absehbaren Tod des neuen Papstes nicht wieder einer solchen Tortur unterzogen zu werden. Stattdessen gab es – keinen Papst für die nächsten zwei Jahre, eine der längsten Sedisvakanzen (Phase, in der dieser Posten unbesetzt blieb). Dann trat Kurienkanzler Sinibaldo Fieschi als Innozenz IV. an, und das kam so: Kaiser Friedrich II. hatte zwei Kardinäle als Geiseln gefangen gehalten, und gab diese erst im Juni 1243 frei, um endlich die Wahl des neuen Papstes zu ermöglichen. Schon am 25. Juni 1243 einigten sich die Kardinäle in Anagni bei Rom auf Fieschi, welcher drei Tage später zum Papst geweiht wurde. Schon die Wahl seines Alias hätte den Kaiser erkennen lassen müssen, dass dieser sich bisher so kaiserfreundlich gebende Herr keineswegs gewillt war,

einen Papst von Kaisers Gnaden zu geben – hatte sein Namensvorgänger Innozenz III. sich doch gerade durch eine fast schon Todfeindschaft gegenüber dem Kaiser ausgezeichnet.
Und der Kaiser sollte gleich eine erste Kostprobe bekommen, welcher Art die neue »Zusammenarbeit« zwischen Kaiser und Kurie sein würde. Die kaisertreue Stadt Viterbo wurde vom »päpstlichen« Legaten zum Widerstand gegen den weltlichen Herrscher aufgewiegelt, ein vom Kaiser entsandtes Heeresdetachement durch die vom Papst finanzierte Söldnermiliz zurückgeschlagen. Die Kurie stellte sich auf den Standpunkt, die Stadt gehöre zum Kirchenstaat, zum vom Vatikan beherrschten Patrimonium Petri, der Kaiser beharrte darauf, dass die Stadt ihm unterstellt sei. Friedrich II. bot an, den Konflikt bei einem Treffen nahe der Stadt aus der Welt zu schaffen. Er kam dort auch zum vereinbarten Zeitraum mit seinem Hofstaat an. Wer allerdings nicht zur Verabredung kam, war der Papst. Dieser zog es vor, sich fluchtartig nach Frankreich zu begeben, außerhalb des direkten Einflussbereichs Friedrichs II., um dort die weitere Entwicklung abzuwarten und den Kampf aus der Ferne fortzusetzen. Und er hatte schon eine neue Intrige vorbereitet. Für 1245 berief er ein Konzil nach Lyon ein, das sich einem einzigen Thema widmen sollte: der Exkommunikation und der Absetzung des Stauferkaisers, dem Eidbruch, Häresie und weitere Sakrilege vorgeworfen wurden und der sich der Unterdrückung der kirchlichen Freiheit schuldig gemacht habe. Wie vorherzusehen war, stimmte das Konzil der Kurialvorlage einstimmig zu. Da der Kaiser sich weigerte, den kirchlichen Anordnungen auf Amtsverzicht Folge zu leisten, rief Fieschi jetzt zum Kreuzzug gegen den Kaiser auf. Wer gegen diesen Antichristen kämpfe und ihn gar zur Strecke bringe, dem sei das ewige Himmelreich sicher (neben einer ansehnlichen finanziellen Belohnung).
Der Tod des Kaisers 1250 beendete diese Auseinandersetzung keineswegs, die nun gegen die nächsten Erben, in Italien König Manfredo, in Deutschland Konrad IV., fortgesetzt wurde. Konrad, der auf die Nachricht vom Tod seines Vaters hin nach Italien gezogen war, starb während der Kämpfe gegen die päpstlichen Söldnertruppen im süditalienischen Lavello

»überraschend« an »Fieber«, noch keine 26 Jahre alt. Herz und Eingeweide wurden im apulischen Melfi beigesetzt, die Leiche sollte in die sizilianische Metropole Messina überführt werden. Vor ihrer Aufbahrung in der Kathedrale wurde sie jedoch angeblich bei einem Blitzeinschlag getroffen, und verrauchte, ohne auch nur die kleinste Spur zu hinterlassen (es handelte sich dabei um ein raffiniert eingefädeltes kirchliches Sabotageunternehmen, die Leiche wurde gekapert, in kleine Stücke zerteilt und den Fischen verfüttert). Gegen den nun das staufische Mandat übernehmen Manfredo zog der Papst die französische Karte – er belehnte per Federstrich Karl von Anjou mit Sizilien, und gab diesem den Auftrag (und die finanziellen Mittel), sich sein Reich zu erobern und den letzten Staufer auf einem Thron zu vernichten. Manfredo wurde 1266 bei Benevento im Kampf getötet und verscharrt. Seine Witwe wurde mit den fünf gemeinsamen Kindern in einen Kerker geworfen und starb dort kurze Zeit später, die drei Söhne wurden im Kerker getötet. Der letzte legitime Staufererbe Konradin wurde nach kurzem Kampf 16-jährig in Neapel 1268 hingerichtet. Ein unehelicher Staufersohn namens Enzio wurde in Bologna bis zu seinem Tod in geistiger Umnachtung 1301 gefangen gehalten. Fieschi selber beendete seine irdische Laufbahn 1254, nachdem er kurz zuvor noch die für alle weiteren Inquisitionsverfahren verbindliche Bulle *Ad extirpanda* (Sind auszulöschen) publiziert hatte, in der die Folter als probates Mittel zur Wahrheitsfindung festgeschrieben wurde, und die damit das düstere Zeitalter der Inquisition endgültig eröffnete. Außerdem wurde darin festgelegt, dass der irdische Besitz (Vermögen, Immobilien etc.) verurteilter Ketzer der Kirche zufallen sollen – eine enorme Einnahmequelle für die Katholische Kirche in den folgenden Jahrhunderten.

Von Fieschi übernahm Rinaldo Conti die Insignien als Alessandro IV. Es war vermutlich nicht gerade ein Nachteil, dass er der Neffe eines Amtsvorgängers war. Er kehrte jetzt die Verhältnisse um und mischte sich deutlich in die deutschen Königswahlen an, die nach dem Tod von Friedrich II. und Konrad IV. anstanden. Sizilien vergab er als Lehen nach England, stieß dort aber nicht auf Gegenliebe, da die Inselbewohner die kostspielige Expedition an die Südspitze Italiens scheuten. In Deutschland unterstützte er den Gegenkönig Wilhelm von Holland, nach dessen Tod untersagte er die Wahl der staufernahen Kandidaten Konradin und Ottokar von Böhmen. Er empfahl die Wahl von Richard von Cornwall (der England und Deutschland unter eine Krone bringen wollte), oder von Alfonso di Castilia.

Doch erst der nächste »Stellvertreter Christi auf Erden«, Jacques Pantaléon, war in der Lage, die Konfrontation mit den Staufern in die entscheidende Phase zu steuern. Mit der Wahl des Franzosen hatte die Kurie eine sehr wirkungsmächtige Wahl getroffen. Durch seine guten Verbindungen zum französischen Königshaus war er in der Lage, nun tatsächlich ein konkurrierendes europäisches Königshaus in den Kampf zwischen Kurie und Kaisererben hineinzuziehen. Indem er Sizilien, das staufische Königreich, jetzt offiziell an die Anjou vergab, hatte er in der Hand, was er wollte: einen kampferprobten Heerführer – Karl von Anjou, der sich auf dem sechsten Kreuzzug militärisch ausgezeichnet hatte, als er in der desaströsen Niederlage den Rückzug eines Großteils des französischen Détachements ermöglichte –, der, mit französischem und päpstlichem Geld ausgestattet, gewillt war, sich das Erbe zu holen und die Staufer zu vernichten. Doch der Anjou dachte nicht daran, einfach nur folgsam der kurialen Politik zu folgen – er forderte selbstbewusst (oder größenwahnsinnig?) für sich die Ernennung zum Senator Roms auf Lebenszeit. Damit brachte er die Kirche in einen Zwiespalt, da sie sich keinen neuen weltlichen Konkurrenten um die absolute Macht im Kirchenstaat und in Rom heranziehen wollte. Aber stärker als die Bedenken gegen den Anjou war das Vertrauen in seine Fähigkeit, militärisch die Stauferssache ein für alle Mal zu lösen – was er auch wenig später tat. Pantaléon versuchte auch den anderen Problemschauplatz der Kurie einer Lösung zu zuführen: er rief zum Kreuzzug gegen Byzanz auf, das gerade von den Byzantinern wieder zurückerobert worden war, die als erste Handlung den bisherigen von Rom abhängigen Thronprätendenten kreuzigten. Der Aufruf des Papstes war kein Erfolg beschieden, Europa war – nach Jahrzehnten des

Dauerkrieges zwischen Kaiser und Kurie – abgesehen von dem Anjou kriegsmüde.
Mit Pantaléon verbunden ist die Legende von Tannhäuser, die später von Richard Wagner in Opernform gebracht wurde. Tannhäusers erhaltene, durchaus sinnenfrohe, erotische Dichtungen lassen sich auf die Jahre zwischen 1245 und 1265 datieren. Der Legende zufolge hatte sich der Dichter über sieben Jahre auf dem Venushügel im unterirdischen Reich der Göttin Venus gehen lassen – offenbar ein Hinweis auf erotische Ausschweifungen der besonderen Art, die dann in dieser Form sublimiert und in Legendenform gebracht wurden. Er ist in Österreich nachweisbar, scheint Mitglied des Deutschen Ritterordens geworden zu sein; eventuell nahm er in den Zwanzigerjahren des 13. Jahrhunderts am Kreuzzug Friedrichs II. nach Jerusalem teil. Seine Familie war seit mehreren Generationen Reichsministeriale. Der Legende zufolge soll Tannhäuser, in einem Moment der Bewusstwerdung, den Venushügel heruntergestiegen und auf Wallfahrt nach Rom gegangen sein, wo er Papst Urban IV. um Vergebung seiner Sünden angefleht habe. Der Papst habe das brüsk abgelehnt, ebenso wenig wie sein päpstlicher Pilgerstab zu blühen beginnen könne, könne dem Tannhäuser seine Sünden vergeben werden. Tannhäuser, vernichtet von diesem gnadenlosen Ablehnungsbescheid, beschließt reumütig wieder in den Sündenpfuhl zurückzukehren, und macht sie an den Aufstieg auf den Venushügel. Er verschwindet im Sündensumpf, und bekommt nicht mehr mit, dass tatsächlich drei Tage später der völlig verdorrte Pilgerstab des Papstes auf wundersame Weise zu erblühen beginnt. Vom reumütigen Papst ausgesandte Boten kommen zu spät, sie können Tannhäuser nicht mehr ausfindig machen, der seine Tage daher in der Sünde beschließt.
Pantaléons Nachfolger kam – angesichts der französischen Dominanz in Mittel- und Süditalien unter Karl von Anjou nicht überraschend – wieder aus Frankreich. Guy Foulcquois hatte in seiner Jugend zunächst eine militärische Karriere eingeschlagen, anschließend Rechtswissenschaften studiert und sich als erfolgreicher Anwalt etabliert, geheiratet und mehrere Kinder

gezeugt. 1250 mit 60 Jahren zum Witwer geworden, entschied er sich in einer dramatischen Wendung, in die Kirche einzutreten. Dort setzte er seine Karriere fort, wurde Bischof und Kardinal, und schließlich mit 75 Jahren 1265 Papst alias Clemens IV. Dass er genau einen Monat nach der Enthauptung des letzten Staufererben Konradin 1268 starb, wurde als Gottesurteil für die in den Augen Vieler verbrecherische Tötung des 16-jährigen Stauferknaben angesehen. Angeblich hatte der Papst Karl von Anjou kurz vor der Entscheidungsschlacht gegen Konradin eine kurze Mitteilung geschickt mit dem Inhalt: »Tod Konradins = Leben Karls; Leben Konradins = Tod Karls«.[73] Nach dem Tod Manfreds hatte Foulcquois erlaubt, dass Kardinal Bartolomeo Pignatelli, einige Jahre zuvor noch von Friedrich II. als vermeintlicher Stauferfreund zum Professor an der Universität Neapel berufen, den von Karl ehrenhaft bestatteten Leichnam seines Gegners wieder ausgrub, in kleine Stücke zerhacken ließ und die Überreste an der Grenze des Kirchenstaates in den Fluss Liri warf.[74] Daraus schließen die Historiker, dass der Hass auf die Staufer weit über alles politische Normalmaß hinausging in jener Zeit und unter jenem Pontifikat.

Da es keine eindeutige frankophile Mehrheit im Kardinalskollegium gab, wusste Karl von Anjou nach dem Tod »seines« Papstes Foulcquoi drei Jahre lang die Neubesetzung zu verhindern, eine der längsten Sedisvakanzen der Kirchengeschichte. Das Konklave tagte ergebnislos in der Stadt Viterbo, deren Einwohner – wegen der durch die ausbleibende Neubesetzung entgehenden Umsätze – nach einem Jahr zu drastischen Mitteln griffen. Sie schlossen die Kardinäle nun wörtlich ein und ließen sie bei Wasser und Brot darben, deckten dazu das Dach des Tagungsgebäudes ab, sodass es hineinregnete. Dennoch dauerte es noch 15 Monate bis zur gültigen Neuwahl 1271. Tebaldo Visconti erreichte die Nachricht von der Wahl während seines Aufenthaltes im »Heiligen Land«, wo er als Teilnehmender Legat des 7. Kreuzzuges amtierte. Ab März 1272 herrschte er als Gregor X. in Rom. Er erließ als erstes Dekret die von der Kurie vorbereitete Vorschrift, dass künftig nach dem Tod des Amtsinhabers innerhalb von zehn Tagen das entsprechende Konklave zur Neuwahl des Pontifex zusammentreten müsse. Ab dem Zusammentritt des Konklave ist es seither den Kardinälen nicht mehr erlaubt, die Räumlichkeiten des Konklave vor Abschluss der Neuwahl zu verlassen. Schon als junger Mann war Visconti als Legat in Lüttich in einen Vergewaltigungsprozess verwickelt, in dessen Zusammenhang der Vater des vergewaltigten Mädchens dem örtlichen Bischof ans Leder wollte, und Visconti den Beschuldigten mit dem Schwert verteidigte.

Der Versuch einen Nachfolger für Tebaldo zu finden, endete in einem Chaosjahr für die römische Diözese. Nicht weniger als fünf Päpste lösten sich innerhalb weniger Monate auf dem Thron ab. Pierre de Tarantaise herrschte für fünf Monate als Innozenz V. (von Januar bis Juni 1276); Ottobono Fieschi bestieg den Thron als Adriano V. für ganze vier Wochen. Am 5. September 1276 folgte ihm Vicedomino Vicedomini. Dieser verheiratete Jurist (zwei Kinder) entschied sich nach dem Tod seiner Frau 1240 in die Dienste der Kirche zu treten, wo er bald zum Kardinal aufstieg. Er starb jedoch, bevor er inthronisiert werden konnte, sodass am 15. September 1276 Pietro di Giuliano als Johannes XXI. zum Papst gewählt wurde, der dann immerhin ein halbes Jahr durchhielt, bevor er in dem von ihm initiierten Neubau eines Bibliotheksflügels am päpstlichen Palast in Orvieto von einer einstürzenden Mauerwand erschlagen wurde – was von einigen Zeitgenossen als gezielter Anschlag auf sein Leben interpretiert wurde. Nach erneuter Sedisvakanz von sechs Monaten bestieg schließlich Kardinal Giangaetano Orsini als Nicolaus III. den Thron. Mit ihm kam der erste Inquisitor auf den Chefposten. Über zehn Jahre hatte Orsini vermeintliche und echte Ketzer, Häretiker und Andersgläubige gequält, gefoltert und verbrannt. Zu seinen Errungenschaften als Papst zählt, dass er es schaffte, Karl von Anjou die römische Senatorenwürde zu entziehen, und damit seinen zentralen Einfluss auf alle römischen Belange zu beenden. Neuer Senator wurde – der Bruder des Papstes. Überhaupt betrieb Orsini in der Hauptsache – von der Kurie toleriert – eine Hauspolitik zu Gunsten seiner eigenen Familie, der er zahlreichen Posten und Pöstchen, Güter, Lehen und Vermögenswerte übertrug.

Nach dieser erneuten stadtrömischen Adelsepisode sorgten die Kräfte im Vorder- und Hintergrund dafür, dass nun wieder ein Franzose zum Zug kam: Simon de Brion war zuvor Kanzler des französischen Königs gewesen, bevor er Kardinal und Kurienmitglied in Rom wurde. Seit 1262 hatte er die Inquisition an oberster Stelle geleitet. Um einen erneuten Stadtrömer zu verhindern, war zu Beginn des Konklaves 1280 Kardinal Orsini, ein Verwandter des Amtsvorgängers, vorsorglich unter fadenscheinigen Gründen verhaftet worden. Nach seiner Wahl fungierte Brion alias Martin IV. als verlängerter Arm Karl von Anjou im Vatikan. Umgehend ernannte er diesen wieder zum Senator Roms. Als Anjou auf Sizilien durch einen von Byzanz und den entfernten spanischen Stauferverwandten finanzierten Putsch (»Sizilianische Vesper«) in Schwierigkeiten geriet, kam ihm der Papst bereitwillig zu Hilfe.
Die Wahl der Päpste war zu diesem Zeitpunkt wieder weitgehend eine Angelegenheit des stadtrömischen Adels, nachdem alle äußeren Einflussfaktoren (Staufer, Anjou etc.) entweder zu existieren aufgehört hatten oder sich anderen Interessensgebieten zugewandt hatten. Innerhalb des römischen Adels gab es nach wie vor eine kuriale Fraktion, angeführt vom Clan der Orsini, während der Colonna-Clan die kaiserliche Fraktion anführte, die für eine Zusammenarbeit mit den weltlichen Führungsmächten votierte. Die beiden Fraktionen bekämpften sich bis aufs Messer. Wieder konnte man sich fast zwei Jahre lang auf keinen Kandidaten einigen. Da verfiel man als Kompromiss auf den 85-jährigen Eremiten Pietro del Murrone. Als ihm in seine Einsiedelei die Nachricht der Ernennung zum Papst überbracht wurde, geriet der alte Herr in Panik und verschwand so schnell er noch eben konnte im angrenzenden Wald. Es bedurfte mehrtägigen Einredens auf den alten Hagestolz, bis er sich zur Übernahme des Amtes und zur Annahme der Wahl bereit erklärte. Als Name suchte er sich Coelestin V. aus. Er ritt auf einem Esel – wie Jesus – von seiner Einsiedelei in die Regionalhauptstadt L'Aquila und wurde dort auch im Juli 1294 inthronisiert.
Der mittlerweile Süditalien regierende Karl II. von Anjou holte

ihn anschließend nach Neapel, um ihn besser unter Kontrolle zu haben. Er ließ ihm in der Stadtfestung Castel Nuovo in einem Raum eine hölzerne Mönchszelle einbauen, damit er sich besser zuhause fühlen möge, da er mit den prachtvollen großen Räumen fremdelte. Die eigentliche Leitung der Kirche lag für die Zeit des Einsiedler-Pontifikats in den Händen seines ehrgeizigen Beraters, des Kardinals Benedetto Caetani (der ihn wenig später auf dem Bischofsthron beerben sollte). Auf dessen Manöver gehen auch die 13 Kardinalsernennungen Morronis zurück, der nicht weniger als sieben Franzosen berief, und die übrigen sechs aus dem Klerus des anjouischen Süditalien. Als Caetani sein eigenes Pontifikat durch Hintergrundgespräche ausreichend vorbereitet hatte, drängte er den Einsiedler zum Rücktritt, den dieser am 13. Dezember 1294 verkündete.[75] Caetani verfasste und unterschrieb die Rücktrittsurkunde.[76]

Caetani, wenig später als Bonifatius VIII. als Nachfolger inthronisiert, wollte aber auf Nummer sicher gehen, dass der Eremit sich nicht doch noch anders entschlösse oder von einer konkurrierenden Clanfraktion erneut auf den Thron gehievt würde, und ließ ihn in Schutzhaft nehmen für dessen restliche Lebenszeit. Zwei Jahre später starb der Eremit im Verließ der Caetani privat gehörenden Festung Fumone. Die Todesursache wurde nicht bekanntgegeben. Ob eine mehrere Zentimeter große Schädelwunde, die bis heute am Skelett erkennbar ist, damit zusammenhängt (»stumpfe Gewalt«), ist noch nicht mit letzter Sicherheit geklärt worden. Gerüchten zufolge hatte Caetani dem Eremiten eigenhändig einen langen Nagel in den Kopf geschlagen. Erst viele Jahrzehnte später bekam der Eremit ein kirchliches Begräbnis in der von ihm gestifteten Kirche Santa Maria di Collemaggio in L'Aquila. 1988 wurde der Schrein samt der wertvollen Silbermaske und den zahlreichen Edelsteinen gestohlen, allerdings schon zwei Tage später wieder intakt aufgefunden. Die Hintermänner dieses Anschlags konnten nie gefasst werden. Die Kirche stürzte beim schweren Erdbeben in der Region 2009 ein, allerdings blieb wie durch ein Wunder der gläserne Schrein mit den Knochen des Heiligen unversehrt, und wurde zunächst in der Kathedrale von Sulmona aufbewahrt, seit

2013 jedoch wieder in L'Aquila – in der Kirche San Giuseppe Artigiano im Stadtzentrum.[77]

Schon elf Tage nach dem Rücktritt des Eremiten fand sich das Konklave zur Wahl eines neuen Papstes ein, der – wenig überraschend – Caetani alias Bonifatius VIII. hieß. Als erstes zog er von Neapel wieder nach Rom, um den direkten Einfluss der Anjou zu begrenzen. In dem Streit zwischen Anjou und Aragon um Sizilien versuchte Caetani zu lavieren, hatte damit aber letztlich keinen Erfolg, da die Parteien wieder Frieden miteinander schlossen, und er den Aragon am Schluss sogar in Palermo zum König krönen musste – eine bittere Niederlage für den ehrgeizigen Machtpolitiker. Dafür hielt er sich an den römischen Juden schadlos, und ließ deren Rabbiner verbrennen. Mit seinen Vorstellungen einer Theokratie oder Hierokratie (Herrschaft der Kleriker oder Religiösen), und deren Befehlsgewalt über die weltlichen Herrscher, geriet Bonifatius immer öfter in Konflikt mit den zunehmend selbstbewussteren und von der kirchlichen Autorität unabhängigeren Nationalstaaten wie beispielsweise Frankreich oder England. Speziell Frankreich entwickelte sich zu einem Ärgernis besonderer Art, hatte König Philippe IV. der zu diesem Zeitpunkt reichsten Nation Europas doch jeglichen Kapitalexport untersagt, und damit den Vatikan einer seiner wesentlichen Einnahmequellen beraubt (die in der Übermittlung der eingesammelten Gebühren und Spenden nach Rom bestanden). Ja, Caetani musste sogar vertraglich zusichern, dass der französische König autorisiert sei, gegebenenfalls dem französischen Klerus jede Art von Steuern oder Abgaben aufzuerlegen, die er für nötig befand.

Innerhalb der Kurie waren es die Colonna-Kardinäle, seit jeher mit den Caetani in herzlicher Feindschaft verbunden, die Gegenwind gegen den Papst erzeugten. Sie standen auf dem Standpunkt, dass die Wahl Caetanis schon deswegen ungültig sei, weil ein Rücktritt eines Papstes nicht vorgesehen sei. 1297 erklärten sie ihn mit einigen Gleichgesinnten sogar für abgesetzt. Im Gegenzug exkommunizierte Caetani die Kardinäle und den gesamten Colonna-Clan wegen fortgesetzter Insubordination gegenüber dem Papst. Ihre Güter erklärte er für beschlagnahmt.

Das war nicht weniger als eine Kriegserklärung. Da die von den Colonna erhoffte Unterstützung des französischen Königs ausblieb, unterwarfen sie sich ein Jahr später als reuige Sünder dem Papst. Speziell die Colonna-Stadt Palestrina musste dem Papst übergeben werden, der die Einwohner vertreiben, die Stadt selbst dem Erdboden gleichmachen und ihren Namen aus den Akten tilgen ließ. Die beiden Colonna-Kardinäle mussten nach Frankreich fliehen, ihre beschlagnahmten Güter wurden unter dem Caetani- und dem Orsini-Clan aufgeteilt.

Finanziell gesundstoßen konnte sich Caetani mit Anbruch des »Jubiläumsjahrs« 1300, zu dem sich Millionen von Pilgern in Rom einfanden, und für klingelnde Kassen sorgten, da für dieses Jahr mit einem speziellen Ablass für die Reise nach Rom geworben wurde, der sämtliche irdischen Sünden straffrei stellte. Mit den regierenden Häusern Europas hatte er es sich allerdings schon so sehr verdorben, dass sich keine einzige Majestät von Rang aus Anlass des Jubiläums in Rom blicken ließ.

Philippe IV. wiederum war auch kein Kind von Traurigkeit. Um seine gesammelten außenpolitischen Abenteuer finanzieren zu können, besteuerte er nicht nur Bürger und Klerus. Er ließ 1306 die Juden aus Frankreich vertreiben und deren Besitztümer ebenfalls beschlagnahmen, um seine Kasse zu sanieren, und zerschlug 1307 den Templerorden, um sich dessen sagenhafte Reichtümer unter den Nagel reißen zu können. 1309 verwies er die italienischen Kaufleute des Landes und zwang sie, ihre Besitztümer zurückzulassen. Doch alles nutzte nichts – bei seinem Tod hinterließ er nichts als gähnende Leere im Staatssäckel.

Speziell mit Caetani hatte sich Philippe 1301 angelegt, nach einem Regionalstreit in Südwestfrankreich, der immer weiter ausuferte. Dabei beschuldigte Philippe den Bischof von Pamiers des Hochverrats, weil sich dieser in einer Auseinandersetzung zwischen Krone und Kurie auf die Seite des Papstes gestellt hatte. Der Papst untersagte das Vorgehen in scharfen Worten und lud alle Beteiligten zu einer Synode unter päpstlichem Vorsitz nach Rom ein. Dies wiederum verbat sich Philippe unmissverständlich. Trotz seiner Pressionen auf den französischen Klerus fuhren aber schließlich 40 Bischöfe nach Rom. Der Papst erließ aus diesem Anlass die Bulle Unam Sanctam, seine persönliche Form der Weltherrschaftsübernahme. Philippe berief daraufhin eine französische Synode nach Paris ein, auf welcher er den Papst nicht weniger als 29 Punkte anklagte: Darunter fielen nicht nur Häresie und der Mord an seinem Vorgänger, sondern auch widernatürlicher Geschlechtsverkehr, Sodomie, Hexerei, Götzenanbetung, wiederholte Vergewaltigung von Nonnen und andere Vergehen. Caetani sei daher nicht als rechtmäßiges Oberhaupt der Kirche anzusehen, und sofort in einer Neuwahl zu ersetzen. Caetani wiederum plante, die Exkommunikation des Franzosen bekanntzugeben. Wenige Tage vor der geplanten Veröffentlichung des Beschlusses überfielen italienische Söldner unter der Führung des 33-jährigen Sciarra Colonna und des zehn Jahre älteren französischen Sicherheitsberaters Guillaume de Nogaret den Papst in seiner Sommerresidenz zu Anagni. Das Detachement sollte ihr HVT (High Value Target) gefangen nehmen (*capture or kill*) und als Gefangenen in einen französischen Hochsicherheitstrakt (Black Site) bei Paris verbringen, wo ihm vor einem Militärtribunal der Prozess gemacht werden sollte. Der Papst dachte nicht daran, klein bei zu geben, fühlte sich in seiner Machtvollkommenheit herausgefordert, widersprach heftig und verhöhnte die Eindringlinge so lange, bis ihm Sciarra Colonna mit seinem Eisenhandschuh einen heftigen Hieb ins Gesichts versetzte, die berühmte »Ohrfeige von Anagni«. Da der Papst nun blutüberströmt zusammensackte, beließen die Angreifer es dabei und zogen sich zurück (die Einwohner Anagnis machten daraus, sie hätten »ihren« Papst heldenhaft kämpfend befreit). Der 73-jährige Caetani sollte sich von dieser Verwundung nicht mehr erholen und starb kurze Zeit später. Aber auch Philippe sollte sich seines Sieges nicht mehr lange erfreuen. Er starb 1314 mit 46 Jahren, weniger als ein Jahr nach der Verurteilung des Großmeisters des Templerordens zum Tod auf dem Scheiterhaufen. Dieser hatte Philippe kurz vor seinem Gang auf den Scheiterhaufen prophezeit, dass der König ihn kein Jahr überleben werde. Daher machten auch bald Gerüchte die Runde, Überlebende der Massaker an den verbliebenen Ordensmitgliedern hätten den König mit einem raffinierten Giftanschlag unter die Erde gebracht.

Zuvor hatte Philippe allerdings noch einen Prozess gegen den toten Ex-Papst Caetani in Paris in Gang gebracht. Dieser wurde auch – als Druckmittel gegen die künftigen Amtsinhaber – noch fast zehn Jahre weitergeführt, bevor er schließlich ohne Verurteilung des Verstorbenen, aber mit einer Aufhebung aller kirchlichen Sanktionen gegen Frankreich und gegen Philippe, und mit dessen Belobung für seine von Gerechtigkeit und Idealismus getragene Aktion zu Ende ging.
Ein Erbe von Caetani, Zeugnis seiner grenzenlosen Eitelkeit und in der vorherigen »Papstgeschichte« völlig undenkbar sind die in die Hunderte gehenden Bronze- und Marmorskulpturen, Gemälde, Fresken und Münzen mit seinem Abbild. Als großer Sünder, Völler, Prasser vor dem Herrn, als habgieriger, geiziger, machtbesessener Materialist ging er in die Kirchengeschichte ein. Er bevorzugte nicht nur bei Tisch die für ihn hergestellten Messer mit schlangenhautbezogenem Griff zu benutzen, und trug an der linken Hand einen Ring, der dem verstorbenen König Manfredi von Hohenstaufen gehört hatte (zum Zeichen des kirchlichen Triumphs über die Stauferdynastie). Angeblich hatte er als damaliger Sicherheitsberater der Kurie nach dem Tod des Königs diesem den Ring noch auf dem Schlachtfeld vom Finger gezogen. Dario Fo spricht in seinem Stück *Mistero Buffo* davon, dass Caetani Geistliche, die seinen Namen nicht ausreichend rühmten, mit der Zunge an die Türen ihrer Kirchen habe nageln lassen, und von seiner besonderen Angewohnheit, am Karfreitag im Petersdom die alljährliche, größte Orgie Roms zu veranstalten, zu der Huren aus ganz Europa herbeigeschafft worden sein sollen. Unter den von ihm berufenen Kardinälen sind nicht weniger als drei direkte Verwandte, Clansmitglieder der Caetani, ein Clanmitglied der mit ihnen verbündeten Orsini, sowie ein Neffe des Papstes Adriano V (Fieschi).
Bertrand de Got bestieg 1305 den Bischofsthron als Clemens V. Völlig unter französischen Einfluss stehend, als französische Sockenpuppe quasi, erreichte er die Verlegung der päpstlichen Kurie nach Frankreich. Und das kam so: Zum Zeitpunkt seiner Wahl war er Erzbischof von Bordeaux. Die »Papstwahl« war in französischem Sinne entschieden worden, gegen die Kurieneige-

nen Kandidaten, gegen die von Deutschland oder von Spanien aus ins Spiel gebrachten Kandidaten. Seine Inthronisation fand in Lyon statt, in Gegenwart von König Philippe IV. Anschließend irrte er durch Frankreich, bevor er 1309 sich endgültig in Avignon niederließ, der Stadt mit dem größten Rotlichtviertel im Süden Frankreichs zu diesem Zeitpunkt. Das Papsttum samt Kurie war zu diesem Zeitpunkt (und für viele weitere Jahrzehnte) nichts als eine Stabsstelle der königlichen Verwaltung Frankreichs, zuständig für geistliche Dinge. De Got ernannte ausschließlich Franzosen zu Kardinälen, versorgte seine Familie mit nicht weniger als fünf Kardinalaten und sieben Erzbistümern. Ämterverkauf wurde nunmehr ganz offiziell betrieben, das jeweils vakante Amt bekam einfach der Meistbietende. Clemens selbst hatte allein schon außerordentlich hohen Geldbedarf: er wollte seiner Mätresse Brunissende de Foix (Tochter jenes Grafen, der sich im Streit zwischen König Philippe und der Kurie um Pamiers als Scharfmacher auf Seiten des Papstes profiliert hatte) das schönstmögliche Leben ermöglichen, als Gegenleistung für ihre außerordentlichen sexuellen Dienste, die sie ihm – offiziell im französischen Adel verheiratet – täglich im »Papstpalast« zu Avignon angedeihen ließ. Ihr Geldbedarf war jadoch enorm und lag höher als der jährliche Gesamtetat zur Unterstützung der Christen im »Heiligen Land«.
De Got starb im Frühjahr 1314, einige Monate vor seinem königlichen Gönner Philippe IV. Das Kardinalskonklave kam in Carpentras zusammen, wo die Kurie zuletzt ihren Sitz hatte. Ob ihm eine besonders perfide Geschlechtskrankheit den Garaus gemacht hatte, ob er einige zu riskante Finanzgeschäfte getätigt hatte (und von einem ungeduldigen Kreditgeber umgebracht wurde), oder ob er gar die Mätresse wechseln wollte und daher Bernissande zu einem ewigen Schlummertrunk gegriffen und diesen ihm verabreicht hatte, darüber streiten sich seitdem die Geister. Das Kardinalskollegium zerfiel zu diesem Zeitpunkt in mittlerweile drei Fraktionen: die Aragonesen, die Italiener und die Franzosen. Trotz verschiedentlicher Wahlgänge konnte kein Kandidat die notwendige Zweidrittelmehrheit auf sich vereinigen. Philippe V. von Frankreich lud daraufhin mit sanftem Druck

das Kollegium nach Frankreich ein, um so direkten Einfluss nehmen zu können. In der nun zu Lyon versammelten Runde hatten die Franzosen mit 17 Kardinälen die absolute Mehrheit. Und auf wundersame Weise hatte schon der nächste Wahlgang Erfolg: am 7. August 1316 wurde Jacques Duese gewählt, der als Jean XXII. Residenz in Avignon nahm.

Duese war zuvor Kanzler der französischen Könige in Neapel gewesen sowie Bischof in Avignon. Er nahm sich mit Schwung der ökonomischen Probleme der exilierten Kurie an. Tatsächlich mangelte es an regelmäßigen Geldzuflüssen, und selbst die Unterstützungszahlungen des französischen Königs trafen nur unregelmäßig ein. Der »Bankiers-Papst« sorgte daher für neue Einnahmequellen. So publizierte er ein Liste der gültigen Ablasstarife, der zufolge man sogar für Kindesmord oder Jungfrauenvergewaltigung Ablässe kaufen konnte. Dem Franziskanerorden erlegte er auf, auch nach dem Fall der letzten christlichen Bastionen 1291 jährlich zwei Wanderprediger zur Heidenmission nach Palästina zu schicken – wenn man es schon nicht militärisch erobern konnte, dann vielleicht ja langfristig auf diesem Wege. Allerdings überlebten die meisten diese Mission nicht. Weniger wegen arabischer Intoleranz, sondern wegen der mangelnden Anpassung an die Verhältnisse vor Ort, sowohl in meteorologischer als auch in theologisch-sozialer Hinsicht.

Die Franziskaner wollte er in seiner Nähe haben, daher befahl er dem Ordens-Chef, ebenfalls Residenz in Avignon zu nehmen. Kaum angekommen, ließ Duese ihn in ein Kerkerverließ werfen. Dennoch wurde der Minoritenchef wiedergewählt, und ein Jahr später gelang ihm die Flucht nach Deutschland, wo man seine unbeugsame Position in Bezug auf die Armut Christi gegen die Amtskirche unterstützte. Hinsichtlich Deutschlands versuchte Jean XXII. Einfluss zu nehmen, doch die Wirren der Thronstreitigkeiten ließen eine nachhaltige Einflussnahme aufgrund der schnellen Änderungen der Lage vor Ort meist gar nicht zu. Besonders mit Ludwig IV. »dem Bayern« aus dem Hause Wittelsbach geriet Jean aneinander, beide bezichtigten sich gegenseitig der Häresie, exkommunizierte der eine den anderen, schlug der mit der Rücktrittsforderung und der Verurteilung zur Todesstrafe zurück. Also

alles wie gehabt. Die Drohungen mit Unheil im Jenseits konnten zu diesem Zeitpunkt in der politischen Führungsmannschaft Europas niemanden mehr wirklich beeindrucken.
Mangels eines anwesenden und dazu bereiten Papstes ließ sich Ludwig IV. 1328 in Rom von stadtrömischen Adligen (Sciarra Colonna u. a.) zum Kaiser »im Namen des Volkes« krönen. Ludwig seinerseits ernannte nun einen neuen römischen Papst von seinen Gnaden: den Franziskanermönch Pietro Rainalducci alias Nicolo V. (der sich allerdings zwei Jahre später aufgrund französischer Pressionen dem Avignoneser Papst wieder unterwarf). Duese setzte nun einen neuen Franziskanerchef ein und erklärte alle »Fratizellen« genannten Franziskaner, die noch der radikalen Armutslehre anhingen, für Ketzer und überantwortete sie der Inquisition. Die »papsttreuen« Dominikaner dagegen förderte er, wo er nur konnte, und schickte ihre Sendboten bis Indien, wo einer von ihnen, Giordano Catalani, 1329 erster römisch-katholischer Bischof auf indischem Boden wurde (im südindischen Quilon, Kollam, Kerala).
Die Einkünfte des Papstes aus den von ihm verhängten zahllosen neuen Steuern, Abgaben und Gebühren werden auf über 200 000 Gulden pro Jahr geschätzt. Duese wurde damit zu einem der reichsten Herrscher Europas. Offene Forderungen ließ er von einem besonderen Amt, der päpstlichen Kämmerei, rücksichtslos eintreiben. Gleichzeitig lässt er sich einen neuen, luxuriösen Palast in Châteauneuf-du-Pape errichten. Dort lässt er auch – um sein leibliches Wohl besorgt – die ersten päpstlichen Weinberge anlegen, und weitere herausragende Weingüter der Gegend aufkaufen. Er erwirbt auch eine ganze Grafschaft, das Venaissin, und legt damit den Grundstein zu einem zweiten Kirchenstaat im Süden Frankreichs. Den Johanniterorden zwingt er dazu, ihm seine gesamten Besitzungen innerhalb der Grafschaft zu übertragen, um so unangefochtener Grundherr der Region zu sein. Gemeinsam mit dem König von Frankreich vertreibt er die Juden seines französischen Kirchenstaates und bringt sich in den Besitz ihrer Güter. Einer seiner Neffen übertreibt es dabei so sehr, dass er – in die Hände der Soldaten des Königs gefallen – wegen Vergewaltigungen, Morden,

Raubüberfällen und Bandenbildung zum Tode verurteilt und hingerichtet wird.
Insgesamt 18 Jahre hält sich Duese an der Spitze des nach Avignon verlegten »Papsttums«, und stirbt am 4. Dezember 1334 mit 90 Jahren. Sein Nachfolger wird eine besonders finstere Gestalt auf dem »Papstthron«: Jacques Fourquier alias Benoit XII., bis zu seinem Amtsantritt als Pontifex jahrelang Chefinquisitor im Süden Frankreichs und für den Tod von Tausenden, mutmaßlich unschuldiger Opfer verantwortlich. Sein Hobby war die erbarmungslose Jagd nach den letzten noch im Untergrund verbliebenen Katharern im Südwesten Frankreichs. Ebenso engagierte er sich gegen die radikalisierte Fraktion der Franziskaner, die der Kirche das Recht auf materiellen Besitz absprechen wollten – eine Horrorvorstellung für all die in Pomp und Pracht verliebten Kirchenhierarchen! Ansonsten verbrachte er seine Zeit mit der Überwachung der Bauarbeiten am »Papstpalast« von Avignon, bevor er 1342 starb. Der Kassensturz nach seinem Tod ergibt, dass – dank der beschlagnahmten Judenvermögen – sich über eine Million Gulden in der päpstlichen Schatzkammer befinden. Der Übergang zu seinem Nachfolger ging glatt, schon zehn Tage nach dem Tod von Foucquier hatte die Katholische Kirche einen neuen Oberhirten in Gestalt von Pierre Roger alias Clément VI. Benediktinermönch und königlicher Kanzler, war er auch nach seiner Ernennung zum Kardinal entgegen den sonstigen Gepflogenheiten noch im königlichen Dienst geblieben. Naturgemäß setzte er die bisherige Linie fort, das Papsttum als Servicestelle der französischen Krone zu betreiben. Allerdings gedachte er einen eigenen Akzent hinzuzufügen: schon die Feierlichkeiten zu seiner Krönung am 19. Mai 1342 sprengten alles bisher Dagewesene. In einer nur für gekrönte Häupter bekannten Art und Weise wurde ein weltliches Spektakel aufgezogen, das in seiner Prachtentfaltung und in seinen Kosten an die Amtseinführung eines mächtigen Königssprosses erinnerte.[78] Tausenden von Gästen, darunter Vertretern aller wichtigen Königshäuser (sofern nicht mit Frankreich und/oder dem Papsttum verfeindet), wurden nicht weniger als neun Gänge mit siebenundzwanzig verschiedenen Speisen vorgesetzt, für deren Zube-

reitung hunderte von Köchen zuständig waren. Allein für den Fleischeinkauf gab die päpstliche Kämmerei nicht weniger als 15 000 Gulden aus. Verarbeitet wurden 118 Ochsen, 1023 Schafe, 101 Kälber, 914 Zicklein, 60 Pfauen, 69 Zentner Speck, 15 Störe, 300 Hechte, 1500 Kapaune, 10.471 Hühner und Hühnchen, 1.446 Gänse, 12 Enten, zwei Kraniche, ein Fasan, 24 Turteltauben, 36 Wachteln, ein Jungwolf, 600 Liter Zimtsoße und 600 Liter grüne Soße, 1 300 Kilo Kastanien, 46 856 Käselaibe, 39 Pfund Ingwer, 31 Pfund Pfeffer, 13 Pfund Zimt, acht Pfund Gewürznelken, 3 Pfund Paradieskörner, sechs Pfund Safran, 300 Kilo Rohmandeln, 250 Kilo Mandelmus und 2 300 Kilo Zucker, 38 980 Eier, 36 000 Äpfel und 400 Birnen für 50 000 Törtchen.
Mit einem Wort: Was bisher meist verschämt unter dem Deckmantel der Frömmelei betrieben worden war, wurde nun ganz offen gehandhabt: der neue Papst liebte Pomp, Pracht und Protzerei, er liebte die Jagd, veranstaltete rauschende Fest, mit einem Wort, er warf das Geld mit beiden Händen zum Fenster hinaus. Zur Sicherung der weiteren Verankerung des Papsttums in Frankreich ernannte er im Laufe seines Pontifikats nicht weniger als 25 Kardinäle, davon 19 aus Südfrankreich, und nicht weniger als acht seine Neffen. Er vergnügte sich mit zahlreichen Mätressen, gab unzählige Kunstwerke in Auftrag, versorgte Hunderte von Familienmitgliedern mit einträglichen Pfründen und sonstigen Sinecuren. Unangefochtene Favoritin seines Herzens war die reizende Cécile de Comminges, mit der er sich in Avignon nach Kräften vergnügte.
Indem er in England kirchliche Dienststellen unbesetzt ließ und deren Einkünfte direkt zu sich umleiten ließ, erzielte er nach Untersuchungen des englischen Königshauses Einnahmen, die fünfmal so hoch waren wie die des englischen Königs. Den Kampf der Kurie gegen Ludwig IV. setzte er genussreich fort – er führte als Tradition ein, dass der Kaiser jeden Sonntag aufs Neue exkommuniziert wurde. Er überzog dabei den Kaiser mit den aberwitzigsten Anklagen, die jede für sich vor dem päpstlichen Gerichtshof in extenso verhandelt wurden. Dazu sorgte er dafür, dass sein einziger militärisch-weltlicher-politischer Rückhalt ihm wohlgesonnen bleiben musste: Er stellte den französischen Köni-

gen Philippe VI. und Jean II. Millionensummen für ihre Feldzüge im Rahmen des Hundertjährigen Krieges gegen England bereit. So stimmte er sie wohlgesonnen, hatte gleichzeitig aber – bei der bekannt notorischen Ebbe in der französischen Staatskasse – ein probates Druckmittel für den Zweifelsfall in der Hand.

Zusätzlich zur Grafschaft Vanaissin, die sich bereits in päpstlichem Besitz befand, erwarb er auch noch die Grafschaft Avignon zum Schnäppchenpreis von 80 000 Gulden, und konnte so den französischen Kirchenstaat an der Rhone arrondieren. Um auch außenpolitisch mehr Glanz auf seinem Haupt zu versammeln, rief er zu einem neuerlichen Kreuzzug auf – in völliger Unkenntnis der Lage. Angesichts der bekannten arabischen Toleranz damals lebten die Christen im Heiligen Land völlig ungestört, hatten freien Zugang zu den Heiligen Stätten und konnten ihren Glauben uneingeschränkt praktizieren. Diesen idyllischen Zustand drohte er nun mit dem geplanten Kreuzzug zu zerstören, sodass er zu seinem Verwundern aus dem Morgenlang keinerlei positive Rückmeldungen auf seinen Plan erhielt. Da aber auch die abendländischen Könige der vergeblichen Kriegszüge nach Palästina leid waren, verlief die Sache im Sande.

Das erschütternste Ereignis seines Pontifikats war sicherlich die Europa 1347 überrollende Pestepidemie, die ein Drittel der Bevölkerung Europas hinwegraffen sollte. Vom Schwarzen Meer Richtung Europa vordringend, erreichte sie am 1. November 1347 Marseille. Natürlich gab man wieder den Juden die Schuld, und nahm das zu allerlei Pogromen zum Anlass, die allerdings der Papst, der seine wohlhabenden Schäflein selbst ausnehmen wollte, prompt untersagte – was ihm den Ruf des Philosemiten eintrug, tatsächlich aber nur seinen finanziellen Interesse geschuldet war. Roger überstand die Pest unbeschadet, weil er auf den Rat seiner Ärzte gehört hatte. Er verbrachte den gesamten Sommer 1348 auch in der größten Hitze immer zwischen zwei Feuern sitzend, in denen aromatische Hölzer verbrannt wurden – was die Flöhe abhielt, die Hauptüberträger der Pest waren und die auch den Leichengeruch in der Stadt milderten.

Um seine Einnahmen zu erhöhen, legte er fest, dass das Jubeljahr, das bisher nur zur Jahrhundertwende stattfand (mit seinen

Pilgermassen und entsprechenden Einnahmen für Ablässe aller Art und sonstige Dienstleistungen) nunmehr alle 50 Jahre stattfinden sollen (mittlerweile sind wir schon bei 25 Jahren angelangt, das nächste Heilige Jahr wird also 2025 stattfinden). Seine Grabstätte in der von ihm finanzierten Abtei La Chaise-Dieu hatte er großzügig dimensionieren lassen. Hier sollten nicht nur er und seine Nepoten, sondern auch alle seine Frauen, Kinder und Enkelkinder bestattet werden. Bei seinem Tod 1352 hatte das päpstliche Schatzkämmerlein nur noch 300 000 Gulden aufzuweisen – er hatte also nicht weniger als 700 000 der von seinem Vorgänger übernommenen Gulden verjubelt.
Da in der Folge die Bindungen zum französischen Königtum schwächer werden, versucht die Kurie in den folgenden Jahren, eine mögliche Rückkehr des Papstes nach Rom vorzubereiten. Das allerdings zieht sich. Erst der Neffe Clemens VI., der als Gregor XI. den Thron besteigt, wird das schaffen. Mit 18 Jahren von seinem Onkel zum Kardinal erhoben worden, hatte er zunächst das Studentenleben in Perugia genossen, bevor er nach Avignon zurückkehrte, und 1370 zum Papst ernannt wurde. Wie sein Onkel betrieb er zielstrebige Familien- und Frankreichpolitik – 21 Kardinäle ernannte er neu, davon 15 Franzosen und immerhin zwei direkte Familienangehörige. In Italien drohte zu diesem Zeitpunkt der Kirchenstaat fast komplett verloren zu gehen. Der Mailänder Adlige Visconti hatte sich immer mehr päpstliche Lehensgebiete unter den Nagel gerissen. Als Gregor ihn exkommunizierte, und ihm die entsprechende Bulle von zwei Legaten überbringen ließ, zwang Visconti die beiden armen Opfer, die Bulle aufzuessen.
Um den päpstlichen Besitz in Italien nicht auf Dauer zu verlieren, unternahm Gregor 1377 einen Kriegszug nach Italien, der sich durch die Härte und Grausamkeit von Seiten der päpstlichen Söldnertruppen auszeichnete. In den aufständischen Städten wurden mehrere tausend Bürger hingerichtet. In Rom konnte er sich nicht halten, nahm zeitweise in Anagni Zuflucht. Erst gegen Ende 1377 gelang es ihm, wieder in Rom den Aufenthalt zu nehmen, wo er wenig später starb (während der Vorbereitungen zur Rückkehr nach Avignon).

Nachfolger wurde erstmals seit Jahrzehnten ein Italiener, der bisherige Leiter der päpstlichen Kanzlei, Bartolomeo Prignano alias Urban VI, 1318 in Neapel geboren. Eigentlich hatte alle Welt mit der erneuten Wahl eines Franzosen gerechnet, waren diese rein rechnerisch im Kardinalskollegium doch eindeutig in der Überzahl. Jedoch hatten die meisten von ihnen sich geweigert, die Reise nach Rom anzutreten. Dieser Zustand einer päpstlichen Doppelherrschaft (Avignon – Rom) sollte fast vier Jahrzehnte anhalten. In Rom hatten Adel, Kurie und Volk massiv die Wahl eines Römers gefordert. Prignano war der Kompromisskandidat, der allerdings schnell zeigte, dass er ganz eigene Akzente zu setzen gewillt war, und sich als rücksichtsloser Machtpolitiker entpuppte. Als erstes ernannte Prignano 29 neue Kardinäle, davon nur drei Franzosen. Die französische Fraktion reiste daraufhin aus Rom ab und versammelte sich im südlich gelegenen Städtchen Fondi. Sie wählten nun den päpstlichen Heereslegaten Robert de Genève zum neuen Papst, der den Namen Clemens VII. wählte. Anschließend reiste die gesamte Reisegruppe zurück nach Avignon und ließ es sich dort gut gehen. In Rom kam Prignano der angeblichen Verschwörung von sechs Kardinälen gegen ihn auf die Spur, ließ diese verhaften, ins Verlies sperren und anschließend foltern und hinrichten.
So ging es noch eine Weile weiter, und erst mit dem Konzil von Konstanz (1414–1418) konnte das Schisma, die Kirchenspaltung überwunden werden. Alle drei damals gleichzeitig regierenden bzw. die Macht beanspruchenden Päpste wurden für abgesetzt erklärt, und Oddo Colonna als Martino V. zum einzigen rechtmäßigen Papst gewählt. Auch er zeigte sich als hemmungsloser Nepotist – in den Jahren seines Pontifikats stieg die Adelsfamilie Colonna zu einer mächtigen Dynastie auf, die während der nächsten 100 Jahren wesentlichen Anteil an der »Papstgeschichte« haben sollte. Während des Konzils beherbergte Konstanz nicht weniger als 70 000 Besucher (die Stadt hatte damals rund 6 000 Einwohner). Zur Befriedigung der körperlichen Gelüste kamen 700 offizielle und ein paar Tausend inoffizielle Huren nach Konstanz, die in »Frauenhäusern« (Bordellen) und in den Gastwirtschaften ihrem Geschäft nachgingen. Da es noch keine

tödlichen Geschlechtskrankheiten gab (die Syphilis brach erst ein halbes Jahrhundert später wieder vermehrt aus), war das auch weitgehend ein risikoloses Vergnügen. Wer genügend Geld hatte, konnte auch die zur Konzilszeit kräftig erhöhten Preise bezahlen, und sich mit den besten Sexworkerinnen Europas zu diesem Zeitpunkt vergnügen, die in großer Zahl nach Konstanz geströmt waren, da sich hier während der Konzilszeit erhebliche Kaufkraft ballte, und ebenso großes männliches Vergnügungsbedürfnis, das befriedigt werden musste.

Sein Nachfolger Gabriele Condulmer aus Venedig alias Eugen IV., hatte mit einem einfachen Plan Erfolg: er hatte sich vorab verpflichtet, nach seiner Wahl dem Kardinalskollegium die Hälfte aller Einkünfte der Kirche zu übertragen. Das reichte, um ihm gleich im ersten Wahlgang die absolute Mehrheit zu verschaffen. Condulmer nahm gleich nach der Machtergreifung 1431 den Kampf gegen den Colonna-Clan auf, der ihm zu mächtig erschien. Allerdings konnte er sich gegen den mächtigen römischen Adelsclan nicht durchsetzen und musste 1434 als Mönch verkleidet aus der Ewigen Stadt fliehen. Er ging nach Florenz ins Exil und ernannte nun den verurteilten Mörder Giovanni Vitelleschi zum Kardinallegaten für Rom mit der Aufgabe, der Colonna-Herrschaft dort den Garaus zu machen. Vitelleschi begab sich nach Rom und errichtete dort eine auf Terror gestützte Schreckensherrschaft. Condulmer selbst war ein Lebemann, der regelmäßig Prostituierte besuchte und Mätressen unterhielt. Gegen Kritik war er allerdings empfindlich. Den französischen Karmelitermönch Thomas Conecte ließ er foltern und verbrennen, nachdem dieser die verbreitete Lasterhaftigkeit rund um den Pontifex öffentlich kritisiert hatte.

Nach einem Exil von fast zehn Jahren zog Condulmer 1443 im Triumphzug wieder in Rom ein, und nahm seinen Sitz im Lateranspalast und in St. Peter. Sklaverei verbot er nur, falls es gerade getaufte Christen betraf (wie die von Sklavenjägern besonders geplagten kanarischen Inseln mit ihrer kurz zuvor bekehrten einheimischen Bevölkerung). Die Jagd nach Sklaven in Afrika fand dagegen seine Zustimmung, er erlaubte es den spanischen und portugiesischen Königen, diese Menschenraubzüge als Kreuzzüge zu titulieren, und damit waren alle Sklaven einfache, ungläubige Gefangene, die man auf dem Sklavenmarkt verkaufen durfte. Condulmer starb 1447.

Sein Nachfolger Tommaso Parentucelli (aus Ligurien) alias Niccolo V. erneuerte die Erlaubnis, in Afrika Sklaven zu fangen und auf den europäischen und arabischen Sklavenmärkten zu verkaufen – ein einträglicher Wirtschaftszweig für die Seefahrernationen Portugal und Spanien, die mit ihren Kardinälen seine Wahl unterstützt hatten. Mit Friedrich III. wurde von ihm 1452 letztmalig ein deutscher Kaiser in Rom gekrönt. Einen weiteren Endpunkt kennzeichnet die Eroberung von Byzanz durch die Türken 1453, damit fiel das störende Konkurrenzpatriarchat endgültig weg – zumindest was seine weltlich-politische Komponente anging, die Kirche an sich existierte natürlich weiter, war aber ohne weltliche Unterstützung weitaus weniger gefährlich als zuvor.

Mit einer Begründung, die im 20. Jahrhundert von Hitler wörtlich wiederholt wurde, verteidigte Parentucelli die gewaltigen Ausgaben für die bauliche Erneuerung des mittlerweile ziemlich heruntergekommen Rom. Man müsse, so Parentucelli, gerade die einfachen Leute, die man sonst nicht erreichen könne, schlicht durch die Pracht der Bauten und der Amtsführung beeindrucken, und sie damit von der Macht und der Legitimität der Kirche überzeugen, gerade in Zeiten wie diesen. Hitler wiederholte diese Begründung gegenüber Albert Speer im Zusammenhang mit den aberwitzigen Kosten für die von Hitler aufgelegten Bauprogramme (die staatlichen Finanzen waren zu diesem Zeitpunkt bereits durch die fieberhafte Aufrüstung Deutschlands völlig ruiniert): das Volk sei nur in der Lage Herrscher anzuerkennen, die auch prachtvolle Bauten zu errichten wüssten. Und selbst die schon ans Lächerliche grenzende Verschwendungssucht eines Göring sei im Prinzip der richtige Weg, um Eindruck beim Volk zu schinden und dessen Unterwürfigkeit zu verstärken.[79]

Die Nachfolge Parentucellis tritt ein Mann an, der ein folgenschweres Erbe in der weiteren Geschichte des Papsttums hinterlassen sollte. Er gehörte zu einer Familie, deren künftige Akteure

die dunkelsten Stunden des Papsttums in seiner tausendfünfhundertjährigen Geschichte einläuten sollten. Es handelte sich um niemand anderen als Alfonso de Borgia, der als Calixt III. 1455 für drei Jahre den römischen Bischofsthron besteigt. Bei seiner Wahl 77 Jahre alt, hatte der einem niedrigen spanischen Landadelsgeschlecht aus der Gegend von Valencia entstammende Alfonso eine gängige kirchliche Karriere durchlaufen: Theologiestudium, Berater des spanischen Gegenpapstes Benedikt XIII., danach Berater des Königs von Aragon, von dem er gegen ein übliches Schmiergeld den Posten des Bischofs von Valencia bekam. Vom König zum Papst gesandt, erreichte Alfonso in Rom, dass der König von Aragon mit dem von ihm bereits militärisch eroberten Königreich Neapel (einige Jahrzehnte zuvor zum päpstlichen Lehen geworden) nun auch offiziell belehnt wurde. Als Belohnung erhielt Alfonso jetzt den Titel eines Kardinals von Valencia. Im zeitüblichen Rahmen begann er nun, eigene Familienmitglieder zu fördern, neben seinem unehelichen Sohn Francisco die Söhne seiner Schwester (wenn man nicht so weit gehen will wie einige Zeitgenossen, die ihm Inzest mit seiner Schwester vorwarfen, sodass es sich bei deren Kindern doch um seine eigenen handeln würde). Deren beide Söhne Rodrigo de Borgia und Pedro Luis de Borgia genossen von nun an ebenfalls die Huld des neuen Kardinals, was ihrer weiteren Karriere in Rom nicht unförderlich war.
Das Konklave 1455 nach dem Tod von Martino V. zerfiel wieder in die üblichen beiden Fraktionen des Colonna- und des Orsini-Clans, von denen keine stark genug war, ihren Kandidaten direkt durchzubringen. Als Kompromiss einigte man sich nach mehreren gescheiterten Wahlgängen auf den bisher nicht negativ aufgefallenen, ein unspektakuläres Leben führenden Kardinal von Valencia. Bereits mit seiner Namenswahl trat jedoch eine neue Ambiguität seines Charakters und seines Handelns ans Licht: Calixt wurde einerseits als unwürdiges Selbstlob (»der Schöne«) interpretiert, andererseits als Hinweis auf den päpstlich nicht anerkannten Pilgermagnet aus Valencia, den angeblichen Abendmahlskelch Jesu »Santo Cáliz« (Heiliger Gral).
Offenbar war seine bis zu diesem Zeitpunkt geübte Unauffällig-

keit und Bescheidenheit nur eine raffinierte Tarnung: denn vom Zeitpunkt seiner Wahl an ergeht er sich in einem hemmungslosen, bis dahin beispiellosen Nepotismus, der übelstmöglichen Förderung der eigenen Familienmitgliedern, ihrer Versorgung mit lukrativen und karriereförderlichen Kirchenposten und Pfründen. Schon kurz nach seiner Wahl ernennt er den älteren Sohn seiner Schwester, Rodrigo, und seinen Neffen Luis Juan de Mila zu Kardinälen. Auch andere Katalanen aus seinem Umfeld machen nun auf wundersame Weise Karriere in Rom – was natürlich nicht zur Zufriedenheit der bisher bestimmenden stadtrömischen Adelsclans beiträgt. Rodrigo rückt binnen kurzer Zeit zum Vizekanzler der Kurie auf. Dieser Posten wird jeweils auf Lebenszeit vergeben, und das wichtigste nächst jenem des Papstes. Ganz davon abgesehen, dass es äußerst einträglich ist.

Doch die Machtergreifung der Katalanen ist damit noch nicht abgeschlossen. Rodrigo wird von Alfonso auch noch zum Kommandeur der päpstlichen Truppen ernannt, seinem Bruder Pedro Luis (mittlerweile ebenfalls in Rom eingetroffen) die Engelsburg unterstellt und zahlreiche vakante kirchliche Lehen zugeschanzt.

Mittlerweile hat die aufstrebende Familie Borgia auch ein Auge auf Neapel geworfen, was naturgemäß zum Konflikt mit ihrem bisherigen Hauptförderer, König Alfonso führt. Die Auseinandersetzungen spitzen sich schnell zu, der König droht dem Papst mit der Absetzung, der Papst dem König mit Exkommunikation. Doch bevor es in die Entscheidungsrunde geht, stirbt der König mit gerade mal 62 Jahren »überraschend« »am Fieber«. Eine wunderbare Gelegenheit für den Papst, das Lehen wieder einzuziehen, und das Königreich Neapel damit den Aragonesen wieder zu entziehen. Alfonso bereitet alles entsprechend vor: Pedro Luis belehnt er mit den Vikariaten Benevent und Terracina (bislang beim König von Aragon), außerdem wird er damit betraut, mit päpstlichem Geld ein Söldnerheer aufzustellen, welches das von Aragon noch besetzte Königreich militärisch erobern und der Familie Borgia sichern soll.

Allerdings kommt auch Alfonso nicht zum Zug. Auch er stirbt in diesem ereignisreichen Sommer 1458, rund sechs Wochen nach seinem königlichen Widersacher, »überraschend« »am

Fieber«. Der Leichnam des 80-jährigen wird in der Peterskirche beigesetzt.[80] Die Borgia können – ohne ihr Familienoberhaupt und Clanchef – ihre römischen Positionen nicht lange halten. Pedro Luis muss seinen Posten als Chef der Engelsburg räumen, die Orsini erobern die ihnen entrissenen Burgen wieder zurück. Von seinem Pontifikat bleibt natürlich ansonsten noch in Erinnerung, dass er den damals wieder sichtbaren Halleyschen Kometen 1456 exkommuniziert haben soll, um somit – das im Volksglauben beim Auftreten eines Kometen befürchtete – Unheil von den Truppen abzuwenden, die gerade Belgrad gegen die Türken verteidigten.

Ihm folgt 1458 Enea Silvio Piccolomini alias Pius II., ein Pornograph und gefeierter Autor erotischer Literatur. Als Jurist war er einer der erfolgreichsten Unterhändler seiner Zeit, dessen Dienste von nahezu allen europäischen Adelshäusern bei ihren verschiedenen Auseinandersetzungen mit der Kirche in Anspruch genommen wurden. Erst mit 42 Jahren entschied sich der Lebemann und Genießer für die kirchliche Laufbahn, nachdem ihm aus der Kurie heraus ein Angebot unterbreitet worden war, das er nicht ablehnen konnte – um den gefürchteten Widersacher auf die eigene Seite zu bringen. Bischof von Triest, päpstlicher Legat, kehrte er erst 1455 aus Wien nach Rom zurück, um dort die Kardinalswürde zu empfangen. Er starb, bevor er große Änderungen auf den Weg bringen konnte, 1458. Ihm folgte der bekennende Schwule Pietro Barbo (der nächste Venezianer auf dem Thron) alias Paul II. nach. Pietro liebte teuren Schmuck, schwülstige Parfums und üppige Gewänder. Mit 23 Jahren als Neffe von Eugen IV. bereits Kardinal geworden, bekam er nicht nur den Spitznamen »Maria« verpasst (für sein effeminiertes Betragen), sondern soll einem hartnäckigen Gerücht zufolge während einer homosexuellen Orgie mit mehreren kräftigen Jünglingen angesichts der Aufregungen einem Herzinfarkt erlegen sein. Nach seinem Tod wurde seine persönliche Habe vom Kardinalskollegium inspiziert: Sie fanden nicht weniger als 54 Silberschatullen mit Perlen im Wert von 300 000 Dukaten, Juwelen und Gold im Wert von weiteren 300 000 Dukaten, einen Diamanten im Wert von 7 000 Dukaten, sowie 800 wertvolle antike Gemmen.

Von ähnlichem Schlag war Francesco della Rovere, der nun als Sixtus IV. den Thron bestieg. Geboren bei Savona an der ligurischen Küste im Norden Italiens, trat er als junger Mann den Franziskanern bei und studierte Theologie in Pavia. Im Alter von 50 Jahren wurde er zum Ordensvorsteher der Franziskaner gewählt. Kurz darauf erhielt er die Kardinalswürde. Bis zu seiner Papstwahl hing ihm der Ruf eines Heiligen an, der vor allem im Studium und der Lehre kirchlicher Positionen aufgehe. Gleich nach seiner Wahl rief er zu einem neuerlichen Kreuzzug gegen die Europa mittlerweile massiv bedrohenden Türken auf. Ein erster Angriff christlicher Verbände auf Izmir wurde allerdings leichterdings von den Türken abgeschlagen. Vier seiner »Neffen« brachte er schon kurz nach seiner Wahl in hohen kirchlichen Stellungen unter oder gab ihnen lukrative Lehen. Einen weiteren Neffen machte er zum Grafen von Senigallia und arrangierte für ihn eine Heirat mit der Tochter des einflussreichsten Fürsten Italiens seinerzeit: Federico da Montefeltro, Herzog von Urbino. Von den insgesamt 34 Kardinälen seiner Gnaden waren insgesamt nicht weniger als sechs eigene »Neffen«.

Francescos Plan, Florenz mit allen seinen reichen Besitzungen dem Kirchenstaat zuzuschlagen durch ein Komplott gegen den dort regierenden Medici-Clan scheiterte kläglich. Als er auch noch Ferrara einem seiner Familienangehörigen zuschanzen wollte, kochte der Unmut unter den Adelshäusern Italiens über und es kam zu einem konzertierten Angriff auf Rom. Mit Müh und Not konnte Francesco Rom und sein Amt behalten. Venedig, das nicht seinen Wünschen gemäß agierte, belegte er mit dem Kirchenbann. 1478 gab er den Startschuss zur spanischen Inquisition, für lange Zeit das dunkelste Kapitel in der Kirchengeschichte angesichts der dortigen Exzesse von Folter, Hinrichtungen und Verbrennungen, die nun folgten. Im gleichen Jahr erklärte er sämtliche Beschlüsse des Konstanzer Konzils für ungültig, die wegen dem zugrunde liegenden Grundsatz, dass ein solches Konzil entscheidungsbefugt über das Papsttum sei, der Kurie schon lange ein Dorn im Auge gewesen war.

In seinem Privatleben vergnügte er sich mit Lustknaben und schwulen Prostituierten. Angeblich vergab er sogar die Kardinalswürden nach der entsprechenden Leistungsfähigkeit und dem makellosen Aussehen der jungen Männer. Eines dieser hoch in die Kirchenhierarchie beförderten Sexspielzeuge war der 22-jährige Giovanni Sclafenato. Außerdem soll Francesco Bordelle für beide Geschlechter eingerichtet haben, die direkt der kirchlichen Jurisdiktion unterstanden und deren Einnahmen der Kirche zugute kamen. Zu seinem eigenen Vergnügen ließ er die Sixtinische Kapelle erbauen, und schrieb sich den Ruhm zu, die erste Steinbrücke Roms seit der Antike in Auftrag gegeben zu haben. Als sich 1484 auch die letzten Hoffnungen, einen Sieg über Venedig erringen zu können, zerschlugen, und damit auch die beabsichtigten Einnahmen durch Beschlagnahme des Staatsschatzes der Serenissima ausblieben, bekam der Choleriker Francesco einen heftigen Wutanfall, der zu einem tödlichen Schlaganfall führte, dem er wenige Stunden später erlag. Von seinem Pontifikat bleibt ansonsten noch anzumerken, dass sich ausgerechnet dieser Päderast dem Ziel verschrieben hatte, dem Dogma von der Unbefleckten Empfängnis Mariens (also der »unbefleckten« Geburt schon der Mutter Jesu) zum Durchbruch zu verhelfen, welches er mit einer päpstlichen Bulle zu erreichen versuchte. Die allgemeine Anerkennung dieses Dogmas geschah allerdings erst im 18. Jahrhundert.

Sein Nachfolger Giambattista Cibo alias Innozenz VIII. verschrieb sich der Förderung von Inquisition und Hexenverfolgung. Ansonsten widmete er sich der Schwängerung möglichst vieler römischer Frauen. In den Annalen seines Pontifikats werden nicht weniger als sechzehn leibliche »natürliche« Kinder gezählt, die Zahl der nicht offiziell bekannt gewordenen dürfte noch weit größer gewesen sein. Von seinem Leibarzt erhielt er kurz vor seinem Tod 1492 noch eine Infusion mit dem Blut von drei zuvor getöteten zehnjährigen Knaben, um neue Lebenskraft zu erlangen. Allerdings war auch diesem Versuch, das päpstliche Leben mit irdischen Mitteln zu verlängern, kein Erfolg beschieden.

Rodrigo Borgia (1431–1503, Papst als Alexander VI. 1492–1503)

Die nächsten elf Jahre zählen zu den schlimmsten in der Kirchengeschichte. Es betritt nämlich nun ein Mann die Szene, der alles Vorangegangene in den Schatten stellen sollte an Verbrechen, Vergewaltigungen und Verschwendung kirchlicher Güter. Die Rede ist von Rodrigo Borgia alias Alexander VI., dem bislang letzten Katalanen als Pontifex. Von seinem Onkel Alfonso (Calixt III.) mit 25 Jahren zum Kardinal ernannt, war es mit dem Tod von Cibo nun an ihm, mit 61 Jahren den Thron zu besteigen. Als auf Lebenszeit ernannter Vizekanzler der Katholischen Kirche und Titularbischof von mehr als 30 Bistümern (deren Einnahmen ihm zuflossen), war es ihm schon vor der Ernennung zum Papst möglich, ein märchenhaftes Vermögen aufzuhäufen (er zählte zu den reichsten Männern Europas), und Familienmitglieder nach Kräften zu protegieren. Außerdem war er damit immer in zentraler Position im Kardinalskollegium tätig und hatte hier Zugriff auf die geheimsten Informationen der Kurie.

Seine Vorliebe für schöne junge Frauen lebte er zeitlebens ganz ungeniert aus. Allerdings vermochte eine schon 30-jährige Frau ihn über mehr als zwei Jahrzehnte an sich zu binden, und gebar ihm nicht weniger als vier Kinder: Vannozza de' Cattanei, die einer Unterschicht-Familie entstammte, die Bordelle in Rom betrieb. Wohl ab Mitte der 1470er Jahre teilte sie mit dem künftigen Papst Tisch und Bett. Borgia hatte zu diesem Zeitpunkt schon mindestens drei illegitime Kinder mit anderen Frauen, und sein Verschleiß an Mätressen war legendär. Im Laufe seines Pontifikats sollten noch zwei weitere Kinder von unbekannten Frauen hinzukommen, sodass er die rekordverdächtige Zahl an neun Kindern in die Welt gesetzt hatte, als er als Papst das Zeitliche segnete.

Die vier Kinder mit Vannozza erkannte Borgia nicht nur offiziell an, sondern ließ sie sogar notariell beglaubigen. Um seine kirchliche Karriere dennoch fortsetzen zu können, hatte er Vannozza zunächst mit Domenico d'Arignano verheiratet, später mit Giorgio di Croce, einem Sekretär von Francesco della Rovere. Borgia stellte dem Ehepaar ganz uneigennützig ein Haus zur Verfügung, das direkt an seinen Kardinalspalast grenzte, und zu dem er einen geheimen Zugang durchbrechen ließ. Als auch dieser Mann verschied (angeblich ließ Borgia die Ehemänner nach einiger Zeit vergiften, weil er eifersüchtig wurde, obwohl die Ehen nur pro forma geführt wurden), führte er Vannozza den 30-jährigen Carlo Canale zu, einen weiteren Kuriensekretär, der für die künftige finanzielle Versorgung der mittlerweile 44-jährigen Vannozza zuständig war, und zu diesem Zweck mit einer einträglichen Pfründe ausgestattet wurde. Vannozza selbst, ebenfalls vom Papst reich beschenkt, zählte zum Zeitpunkt der Thronbesteigung Borgias bereits zu den reichsten Frauen Roms, betrieb drei Herbergen und nannte vier vermietete Wohnhäuser ihr eigen, dazu war sie als Pfandleiherin tätig. Sie starb mit 76 Jahren. Das Begräbnis glich an Prunk und Pracht dem eines Kardinals. Ihr Grabmal in der Kirche Santa Maria del Popolo wurde später zerstört, um die Erinnerung an diese dunkle Phase der Kirchengeschichte auszulöschen.[81]

Vor, neben und nach Vannozza verkehrte Borgia noch mit weiteren Mätressen, doch nur noch eine sollte eine Rolle auch außerhalb des Bettes spielen: Giulia Farnese, Kind einer hochadligen Familie Roms. Giulia war dreißig Jahre jünger als Vannozza. Mit 15 Jahren war sie mit Graf Orsino Orsini, genannt dem Einäugigen, verheiratet worden. Die Hochzeit fand 1489 im Palast Borgias statt. Zu diesem Zeitpunkt waren der künftige Papst und das junge Mädchen offenbar schon ein Liebespaar. 1492 gebar Giulia eine Tochter namens Laura, die Borgia ebenfalls als sein Kind legitimierte. Im selben Jahr erhielt Borgia endlich den ersehnten Spitzenposten im Vatikan als Papst Alexander VI.

Die Bettgeschichte von Giulia war für ihre Familie durchaus vorteilhaft. So erhielt ihr Bruder Alessandro mit 25 Jahren vom Papst die Kardinalswürde verliehen, was ihm im römischen Volksmund den Spitznamen *Cardinale Gonella* (›Röckchen‹) oder *Cardinale Minchia* (›Muschi oder Möse‹) bzw. Fregnese (statt Far-

nese, *fregna* = ›Fotze‹, also »Kardinal Fotzese«). Alessandro verfolgte seinerseits zielstrebig eine Kirchenkarriere, die ihn 30 Jahre später selbst auf den Chefsessel führen sollte (als Paul III.). Die Beziehung zwischen der inzwischen 28-jährigen Giulia und dem Borgia-Papst endete um 1500, als jüngere Damen sie verdrängten. Sie heiratete noch zweimal, bevor sie als Witwe 1522 im Alter von 50 Jahren starb. In ihrem Testament hinterließ sie ihren gesamten Besitz ihrer Tochter Laura, mit Ausnahme ihres Bettes, das sie ihrem Bruder Alessandro vermachte – offenbar ein höhnischer Hinweis auf den Ursprung seines Aufstiegs.
Mit Vannozza hatte Borgia eine Tochter Lucrezia, mit der er Gerüchten zufolge ebenfalls ehelich verkehrt haben soll. Den Armutsprediger Savonarola, der auch gegen die päpstlichen Exzesse in Rom wetterte, versuchte Borgia zu bestechen, indem er ihm die Kardinalswürde antrug im Tausch dafür, dass Savonarola aufhörte, die Leute gegen Borgia aufzuhetzen. Allerdings lehnte Savonarola das Angebot rundheraus ab. Daraufhin exkommunizierte Borgia den Prediger, ließ ihn in Florenz verhaften, aufhängen und verbrennen. Da der neue französische König Ludwig XII. nach seiner Krönung seine bisherige Frau, die unfruchtbar war, in die Wüste schicken wollte, um die Erbin der Bretagne zu heiraten, nahm er Verhandlungen mit Borgia auf, um den notwendigen Dispens zu erhalten. Borgia ließ sich auf den Handel ein, und verlangte im Gegenzug für seinen Sohn César die Heirat mit der Thronerbin von Aragon, die am französischen Hof im Exil lebte. Doch Carlotta d'Aragona lehnte dankend ab, als er persönlich nach Paris kam, um sie abzuholen, und sie seiner – und der Entourage von Mätressen und Prostituierten, mit denen er zu reisen pflegte – leibhaftig ansichtig geworden war.[82] Aber der König von Frankreich, dem die Verbindung mit der päpstlichen Familie aus dynastisch-politischen Gründen wichtig war, hatte eine Alternative zur Hand: die 18-jährigen Charlotte d'Albret, Erbin eines Grafengeschlechts, die das Valentinois (bei Valence, Südfrankreich) mit in die Ehe brachte. Ihr Bruder erhielt im Gegenzug vom Papst die Kardinalswürde. César zeugte mit ihr eine Tochter, steckte sie aber auch mit Syphilis an, an der sie im Alter von 34 Jahren starb.

Im Jubeljahr 1500 wurde in Rom ein Flugblatt mit dem kompletten Sündenregister Borgias verbreitet, und dem Papst ob seiner Untaten ein baldiger Tod angekündigt. Gleichzeitig machten im Sommer schwere Unwetter Rom zu schaffen. Bei einem dieser orkanartigen Gewitter mit Blitzeinschlägen und Donnergrollen stürzte ein Teil des Papstpalastes im Vatikan ein, und Borgia überlebte nur mit knapper Not, wie durch ein Wunder. Der Volksmund machte daraus, dass Borgia mit seinem satanischen Verbündeten kurzzeitig Meinungsverschiedenheiten gehabt habe, und diese erst im letzten Augenblick habe regeln können. Sohn César, dem sein Vater bereits im Alter von sechs Jahren das Amt eines päpstlichen Protonotars zugeschustert hatte, bekam mit 17 Jahren vom Vater das Amt des Bischofs von Valencia vererbt (das dieser von seinem Onkel, Calixt III. geerbt hatte, und das noch weitere Jahrzehnte im erblichen Besitz der Borgias bleiben sollte) und wurde ein Jahr später zum Kardinal ernannt. Mittlerweile glückloser Aspirant auf immer neue Adelsherrschaften, belagerte César derweil Faenza. Trotz allem hatte César zu diesem Zeitpunkt bereits Urbino, Senigallia, Rimini, Pesaro und Cesena erobert. Als sich die Stadt ergab, sicherte César dem regierenden Manfredi-Clan eigentlich freien Abzug zu, ließ die Männer allerdings unmittelbar, nachdem sie vor das Stadttor getreten waren, verhaften und in die Engelsburg schleppen. Wenig später wurden sie dort erdrosselt aufgefunden.
Um sich von den Strapazen des Feldzugs zu erholen, fuhr César zurück nach Rom, wo sein Vater und seine Schwester am 31. Oktober 1501 zum berühmten Kastanien-Bankett geladen hatten. Eingeladen dazu waren die Höflinge vom päpstlichen Betrieb, dazu fünfzig der schönsten und teuersten Prostituierten Roms. Nach einem üppigen Essen begannen diese zu tanzen und sich zu entkleiden. Kastanien wurden auf den Boden gestreut und die nackten Kurtisanen mussten diesen auf allen vieren mit dem Mund vom Boden aufnehmen und sie einem der Höflinge füttern. Besonders geschickte nahmen diese mit ihrer Vulva auf und präsentierten sie so den Adressaten, die die Kastanien nun mit ihrem Mund aus der Vulva essen mussten. Anschließend kam es zu einem Wettvögeln, bei dem derjenige gekrönt werden sollte, der

die meisten »cum shots« (sichtbare Ejakulationen) produzierte – natürlich wurde am Schluss der Papst gekrönt, gefolgt von César. Ein weiterer Höhepunkt der familiären Unterhaltungsmaschinerie ist in den Notizbüchern des päpstlichen Hofes am 11. November 1501 verzeichnet. An diesem Tag standen die nur leichtbekleideten und angeheiterten Geschwister Cesare und Lucrezia an einem Fenster des vatikanischen Palastes und sahen zu, wie im Hof vier Hengste des päpstlichen Gestüts immer wieder zwei läufige Stuten bestiegen. Angeblich erregte das die Geschwister so sehr, dass sie selbst ebenfalls direkt am Fenster und vor allen Umstehenden miteinander vögelten, und sich das erregte Gewieher der Pferde mit den Lustschreien der Geschwister paarte. Zurück im Feld, bekam es César bei der Belagerung von Imola mit Catarina Sforza zu tun, die die Gegenseite kommandierte. Sie war eine militärisch äußerst aktive junge Dame, die gerne selbst an der Spitze von Truppen in die Schlacht einzog, und schon mehrfach ihre Kaltblütigkeit gezeigt hatte. So auch im Kampf um das aufständische Forlì, das sie als Witwe des Papstsohnes Riario geerbt hatte. Die städtischen Truppen hatten ihre Burg belagert und dabei Catarinas Kinder gefangen nehmen können. Sie präsentierten sie vor der Burg ihrer Mutter und drohten mit ihrer Ermordung, falls Catarina sich nicht ergebe. Diese stieg auf die Mauerkrone der Burg, hob ihre Röcke, zeigte ihren nackten Unterleib und schrie, dass sie noch viele Kinder haben könne, dass ihr daher diese Drohung herzlich egal sei. Doch gegen die Übermacht von Césars Heer sah sie keine Chance und ergab sich, um umgehend im Verlies der Engelsburg zu verschwinden, wo sie erst ein Jahr später von ihrem französischen Söldnergeliebten wieder befreit werden konnte. César wurde für seinen bis dahin gelungenen Eroberungszug vom Vater mit dem Titel des Herzogs der Romagna ausgezeichnet. Der langfristige Plan der Borgias war es zu diesem Zeitpunkt, nach der Romagna auch den restlichen Kirchenstaat nach und nach zu einem persönlichen Lehen der Familie Borgia zu machen, den Kirchenstaat also zu säkularisieren und als Feudalherrschaft der Familie zu unterstellen. Um dieses Ziel zu erreichen, mussten jedoch alle Adelsfamilien in Rom und im Kirchenstaat ent-

machtet oder unterworfen werden – die Zahl der potenziellen Feinde der Borgias vergrößerte sich also im Quadrat.
Turbulent verlief auch die Suche nach einem Ehemann für Tochter Lucrezia. Da diese angeblich mit Vater und Bruder verkehrte, teilweise sogar mit beiden gleichzeitig, war es für jeden Heiratskandidaten ein Himmelfahrtskommando, in diese Konstellation einzuheiraten. Im Kindesalter mit dem Erben von Mailand, Giovanni Sforza, verlobt, wurde die Verlobung aufgelöst angeblich ohne dass die Ehe vollzogen worden war. Öffentlich verkündet wurde, der Verlobte sei leider komplett impotent. Der revanchierte sich damit, öffentlich zu verkünden, dass Lucrezia täglich mit Bruder und Vater Sex habe. Der nächste Aspirant, der Herzog von Bisceglia in Apulien, wurde von César aus Eifersucht nach der Hochzeitsnacht – die damals vor Publikum vollzogen werden musste – erwürgt, wohl mit dem Einverständnis seines Vaters. Schließlich war es am Erbe des Herzogtums Ferrara und Modena, Alfonso d'Este. Obwohl ihn Lucrezia zunächst hässlich wie die Nacht fand, einfach ekelhaft, blieb sie dennoch bis zu ihrem Tod 1519 bei ihm, und gebar ihm nicht weniger als sieben Kinder.
Vater und Bruder waren derweil nicht untätig, und überzogen Mittel- und Norditalien mit Krieg, verscherzten es sich dabei aber mit allen umliegenden Herrscherhäusern, zumal alle hochrangigen Kriegsgefangenen, die in die Fänge der Borgia gerieten, nach kurzer Zeit »überraschend« »am Fieber« starben. Als neuen Verbündeten wollte Borgia nun das heimatliche Spanien gewinnen. Das war aber nur auf dem Wege hoher Schmiergeldzahlungen möglich. Um trotz aufwendiger Lebensweise und Kriegsführung wieder flüssig zu werden, ließ er durch César den extrem reichen und extrem alten venezianischen Kardinal Michiel vergiften, und wollte sich nun in den Besitz von dessen Bar- und Immobilienvermögen bringen. Doch der ebenso vorsichtige wie weitblickende Venezianer hatte seine gesamten Schätze schon Monate zuvor heimlich in die Lagunenstadt bringen lassen. Borgia erlitt einen Tobsuchtsanfall, als sie vor der leeren Schatzkammer des Kardinalspalastes standen. Als Plan B ließ er eine neue Runde von Kardinalatsvergaben verkün-

den. Es wurden also wieder Kardinalswürden verkauft, was über 100 000 Golddukaten einbrachte. Mit diesem Geld wollte Borgia das Bündnis mit Spanien herbeifinanzieren. Allerdings hatte sich die Großwetterlage bereits wieder so weit geändert, dass dieses Bündnis nicht mehr den maximalen Mehrwert für die Borgias versprach. Als dann Neffe Juan starb und der Papst sein Vermögen von 150 000 Golddukaten einstreichen konnte, waren die schlimmsten finanziellen Nöte vorerst vorbei.

Sein Wahljubiläum im August 1503 wurde noch gefeiert, dann zwang eine plötzliche Fiebererkrankung den 72-jährigen Papst ins Krankenbett. Er erbrach, das Fieber stieg, nach einer kurzen Erholung erlitt er einen schweren Rückfall mit Atembeschwerden und Bewusstlosigkeit, aus der er am 18. August 1503 nicht mehr erwachte. Was von seinem Pontifikat bleibt (außer den sexuellen und politischen Skandalen), ist die Vernichtung der Indianer Südamerikas durch spanische Söldner – mit dem Segen der Kirche. Um die unendlichen Profite dieses mörderischen Raubzugs nicht allein der spanischen und portugiesischen Krone zukommen zu lassen, führte Borgia eine Besteuerung der spanischen Kirchengüter ein (die manche der Mordprofitmillionen aus dem Raub des von den Indianer gesammelten und zu Kunstwerken geformten Goldes, das nun wieder eingeschmolzen wurde, erhalten hatten), um so seinen Anteil an dem tonnenweisen Goldzufluss aus Südamerika zu haben, ein Goldzufluss, der so groß war, dass er zu einer Inflation in Spanien führte. Auch die scheinbare Großzügigkeit, den aus Spanien vertriebenen Juden in Rom Aufnahme zu gewähren, war natürlich ein Mittel, um zusätzliche Profite zu generieren, da diese entsprechende Steuern- und Gebührenzahlungen an den Papst entrichten mussten, um ihren Wohnsitz in Rom nehmen zu dürfen.

Die Kinder des Borgia-Papstes waren wahrlich eine wilde Schar. Der jüngste Sohn Joffré wurde im Alter von 12 Jahren mit der neapolitanischen Erbprinzessin Sancia, damals 16 Jahre verheiratet. Der noch unreife Knabe war ihr zu langweilig, daher fing sie alsbald ein Verhältnis mit seinen beiden älteren und sexuell erfahreneren Brüdern César (18) und Julio (19) an. Die beiden jungen Herren verkehrten wiederum angeblich sowohl mit ihrer eigenen, über das schickliche Maß hinaus geliebten Schwester Lucrezia, als auch mit der Mätresse ihres Vaters, der jungen Farnese-Prinzessin Giulia. Lucrezia, von den zeitgenössischen Quellen übereinstimmend als mit außerordentlicher Schönheit gesegnet beschrieben, war ihrerseits kein Blatt von Traurigkeit. Von ihrem eigenen Vater, dem Papst mit 11 Jahren entjungfert (andere Quellen setzen den Zeitpunkt noch früher an), wurde sie ebenfalls mit 11 Jahren erstmals »politisch« verheiratet, und zwar mit einem spanischen Kleinadligen aus der Heimat des Papstes. Allerdings besann sich der Pontifex bald eines besseren, als sich eine vielversprechendere Partie bot. Im April 1492 wurde sie mit dem Erben der Grafschaft Aversa (Süditalien) verlobt. Doch nach seiner Wahl hatte der Papst erneut andere Pläne, löste auch diese Verlobung und ließ einen Ehevertrag zwischen der nun zwölfjährigen Lucrezia und dem 26-jährigen Giovanni Sforza aufsetzen, einem Verwandten des Kardinals Ascanio Sforza, der Borgia die entscheidende Stimme zum Wahlsieg gegeben hatte. Dafür sollte nun dessen Neffe die berückend schöne und meist leichtgekleidet durch Rom schlendernde Tochter des neuen Papstes haben. Doch zunächst kam der spanische Kleinadlige nach Rom und forderte seine Rechte ein, und ließ erst ab, als ihm 3000 Gulden als Abstandssumme bezahlt wurde. Die Ehe mit Giovanni Sforza wurde zunächst als Stellvertreter- bzw. Handschuh-Ehe geschlossen (die Tochter blieb in Rom während die Hochzeit mit dem Bräutigam in Pesaro gefeiert wurde). Erst ein Jahr später wurde in Rom die »echte« Hochzeit gefeiert, die mit dem Vollzug der Ehe in der Hochzeitsnacht verbunden sein sollte, was aber durch den Papst immer wieder hinausgezögert wurde. Die Ehe wurde dann wieder geschieden, weil sich Giovanni als Lebemann und Tunichtgut herausgestellt hatte. Um seine Tochter erneut verheiraten zu können, ließ der Pontifex sie eine Erklärung unterschreiben, der zufolge die Ehe nie vollzogen worden war. Giovanni stimmte dieser Scheidung notgedrungen zu, zumal ihm nach längeren Verhandlungen gestattet wurde, die Mitgift von über 30 000 Gulden zu behalten. Als aber aus Rom gerüchteweise verbreitet wurde, die Scheidung sei vollzogen worden, weil Giovanni völlig impotent sei, revanchierte er sich mit der (vermutlich zutreffenden) Behauptung, Lucrezia verkehre mit Vater und Brüdern in unschicklicher Weise.

Die 18-jährige Lucrezia wurde nun 1498 mit Alfonso von Bisceglie verheiratet, einem italienischen Adligen mit spanischen Wurzeln. Allerdings passte das César und seinen Brüdern nicht, trotz der dynastischen Vorteile, die die Verbindung bot. Der gutaussehende und waffenerprobte Alfonso war nämlich ein gefährlicher Konkurrent nicht nur um die Gunst von Lucrezia, sondern auch von anderen attraktiven Frauen Roms. Lucrezia gebar ein Jahr später ihren Sohn Rodrigo (gerüchteweise schon ihr zweites Kind, wohl ebenfalls wieder mit ihrem Vater oder Bruder als Erzeuger). Die angespannte Situation zwischen Ehemann und seinen Schwägern entlud sich bald darauf in einer Gewalttat. Im Sommer 1500 wurde Alfonso nachts auf dem Petersplatz von bewaffneten Schergen der Lucrezia-Brüder überfallen. Als erprobter Krieger wehrte er sich nach Kräften, konnte einige Angreifer in die Flucht schlagen, wurde aber dennoch schwer verwundet. Er schaffte es mit knapper Not, sich in den Vatikan zu flüchten. Dort wurden seine Wunden versorgt und er konnte sich einige Tage erholen, bevor er von einem weiteren Attentäter in den päpstlichen Apartments erdrosselt wurde.

1501 hatte der Papst eine neue Verbindung ausgehandelt. Lucrezia sollte nun den vier Jahre älteren Alfonso d'Este heiraten, Erbe einer wohlhabenden Dynastie in Norditalien. Da die Initiative diesmal vom Papst ausging und die d'Este durchaus auch noch andere vorteilhafte Ehemöglichkeiten hatten, konnten sie beim Papst die unerhörte Mitgift von fast 300 000 Gulden sowie territoriale Vorteile herausschlagen. Im September 1501 wurde der Ehevertrag geschlossen, was in Rom mit einer großen Feier samt Feuerwerk gefeiert wurde. Als Papst und Bruder kurz darauf eine Inspektionsreise des Kirchenstaates unternahmen, blieb Lucrezia als offizielle Amtsvertreterin in Rom und besorgte beispielsweise die gesamte päpstliche Korrespondenz. Im Oktober wurden Braut und Bräutigam mit einer üppigen Feier im Vatikan geehrt, die in einer Wüsten Orgie mit mehreren Dutzend Prostituierten endete.

Das Ehrengeleit aus Ferrara, welches die Braut in ihre künftige Heimat geleiten sollte, traf im Dezember 1501 in Rom ein. Borgia bot ihnen einen prachtvollen Empfang mit mehreren tausend Bediensteten und in Anwesenheit aller verfügbaren Kardinäle. Die Abgesandten der d'Este bestanden auf einer Auszahlung der Mitgift, bevor sie bereit waren, die Braut an ihren künftigen Wohnsitz in Ferrara mitzunehmen. Das Reisegefolge umfasste mehrere hundert Personen, die Mitgift wurde von 150 Maultieren transportiert. Ihren Sohn aus der vorigen Ehe musste Lucrezia vereinbarungsgemäß in Rom zurücklassen. Zeitgenössischen Berichten zufolge führte Lucrezia auch in Ferrara ihr sexuell aktives Leben fort, zahllose Affären wurden ihr nachgesagt, mit Dichtern und Adligen am Hof in Ferrara. Doch den weiteren Bestand der Ehe störte das offenbar nicht. Denn sie blieb viele Jahre an der Seite des neuen Ehemanns, gebar nicht weniger als acht Kinder und starb bei der Geburt des letzten 1519.
Borgias zweitältester Söhn Juan stand seinem Vater im Charakter an nichts nach. Von angenehmem Äußeren und athletischem Körperbau, war er offenbar verzogen und cholerisch. Mit 17 Jahren schickte ihn sein Vater nach Spanien, um das ererbte Herzogtum Gandia zu übernehmen und eine Cousine des spanischen Königs zu heiraten. Er wurde mit prachtvollem Geleit und vier Galeeren nach Spanien gebracht, Juwelen, Edelmetall und Luxusmöbel im Gepäck. Die ebenfalls prachtvolle Hochzeit fand am 24. August 1493 statt. Entgegen der Vereinbarung nahm der spanische König jedoch nicht an der Eheschließung teil, und schon bald kamen schlechte Nachrichten aus Spanien nach Rom. Angeblich streife er nachts mit anderen liederlichen Genossen durch Barcelona, töte Hunde und Katzen, gebe viel Geld in Bordellen und beim Glücksspiel aus, sei generell respektlos und frech gegenüber Honoratioren, und gegenüber seinen Schwiegereltern. Hinzu kam, dass er gerüchteweise die Ehe entgegen der Vereinbarung noch nicht vollzogen habe. Juan wehrte sich in einem wütenden Brief, er habe die Königstochter sehr wohl gevögelt, man werde bald das Resultat sehen. Und tatsächlich gebar diese nach neun Monaten einen Sohn, sodass zumindest dieser Teil der Anschuldigungen hinfällig war. Der Realität

entsprach aber sein freigiebiges Wesen, die extrem hohen Ausgaben für eine prachtvolle Hofhaltung mit über 100 Angestellten, die territorialen Zukäufe und anderes. An dieser Stelle reagierte der Pontifex wie viele Väter: er drohte damit, den monatlichen Scheck zu sperren.

Da sich die Großwetterlage mittlerweile geändert hatte, und der französische König zur Bedrohung geworden war, wollte Borgia jetzt die Fronten wechseln und das Bündnis mit dem spanischen König aufgeben, der mit dem Franzosen verfeindet war, und auf dessen Herzogtum Neapel Anspruch erhob. Der spanische König hielt Juan mittlerweile jedoch wie eine Geisel. Als seine Tochter mit dem zweiten Sohn schwanger war, ließ er Juan endlich gehen – die Tochter blieb in Spanien, der spanische König wollte sie dem entsetzlichen Treiben in Rom nicht aussetzen. Am 10. August 1496 wurde die Rückkehr von Juan nach Rom mit großem Pomp gefeiert, wie es einem König würdig gewesen wäre, trotz der Tatsache, dass er ohne Frau und Kinder eintraf. Alle in Rom anwesenden Kardinäle waren angetreten, die Honoratioren, die Adligen der Stadt, eine riesige Volksmenge, die seinen Einzug bejubelte, von entsprechenden »Liebesgaben« des Papstes dazu motiviert.

Juan sollte sich jetzt militärisch beweisen, der von ihm geleitete Feldzug gegen die verfeindeten Orisini-Clan wurde jedoch zum Fiasko. Am Ende schickten ihm diese einen Esel ins Feldlager mit dem Schild »Ich bin der Herzog von Gandia« um den Hals und einer langen Liste wüster Beschimpfungen, die im Anus des Tieres steckte. Zum Dank für das Fiasko erhielt Juan vom Papst eine Belohnung von 40 000 Dukaten und den Auftrag für weitere militärische Unternehmungen. Diese wurden allerdings von erfahrenen spanischen Söldnern ausgeführt, die hierfür angeheuert worden waren, und ihren Auftrag zur Zufriedenheit des Pontifex ausführten. Als dieser dafür aber vor allem Juan auszeichnete, waren die Söldner sauer. Gerade frisch zum Herzog des neugeschaffenen Patronats von Benevent ernannt (einem Teil des Kirchenstaates, den der Pontifex in seiner absolutistischen Machtvollkommenheit einfach seiner Familie zugeschanzt hatte), verschwand Juan 1497 bei einem nächtlichen Anschlag

spurlos. Erst eine Woche später wurde seine von Messerstichen übersäte Leiche aus dem Tiber gezogen. Die Mörder wurden offiziell nie ermittelt.
Allerdings wurde von Zeitgenossen schon bald neben den spanischen Söldnern Juans Bruder César als ein weiterer möglicher Auftraggeber oder sogar ausführender der Tat bezeichnet. Dieser war ein Jahr älter als Juan und vom Vater für die kirchliche Laufbahn ausersehen gewesen, und daher nach einem Studium der Rechtswissenschaften und des Kirchenrechts in Perugia und Pisa (das er mit dem Doktortitel abschloss) schon mit 17 Jahren zum Kardinal erhoben worden (damit wäre er bei der nächsten Papstwahl stimmberechtigt gewesen). Nach dem Tod von Juan verlangte César aber vom Vater in einer alle Beteiligten überraschenden Wendung, das Kardinalat niederlegen und sich militärisch betätigen zu dürfen. Zuvor hatte er schon seine Raffinesse bewiesen: Er war offiziell 1494 als Geisel des französischen Königs zur Reise mit diesem von Rom nach Neapel gezwungen worden, in Begleitung von Mauleseln, die den päpstlichen Finanzbeitrag für den Feldzug des Franzosenkönigs darstellen sollten. Während der Reise entkam César als Pferdeknecht verkleidet und jagte auf seinem besten Pferd nach Rom zurück, bevor ihn die französischen Häscher wieder einfangen konnten. Als die Franzosen daraufhin die Maultiere kontrollierten, um zu sehen, ob das versprochene Gold noch in den Lastkörben war, stellten sie fest, dass die Esel nur mit Erde und Steinen beladen waren.
Noch vor seinem 20. Geburtstag steckte sich der sexuell hyperaktive und gerne in den Bordellen von Rom verkehrende César mit Syphilis an, eine Erkrankung, die ihn zunehmend entstellen sollte: bald schon war sein Gesicht von Narben und Ausschlägen übersät, was er durch immer prachtvollere Kleidung und Hüte zu überspielen versuchte. Als Gegenleistung für die päpstliche Zustimmung zur Scheidung des französischen Königs von seiner ungeliebten Ehefrau erhielt César von Ludwig XII. den Titel eines Herzogs von Valence sowie eine Leibgarde von 400 Mann, deren Unterhalt der französische König finanzierte. Nachdem eine erste französische Braut die Vermählung mit dem entstellten Lebemann verweigert hatte, fand der Papst die Bereitschaft

zur erwünschten dynastischen Verbindung bei der adligen (aber nicht hochadligen) Familie d'Albret, der eine Mitgift des Bräutigams in Höhe von aberwitzigen 200 000 Gulden und das Versprechen, ihren Bruder zum Kardinal zu erheben, in Aussicht gestellt worden war. So wurde Charlotte d'Albret zu Césars Ehefrau. Die Ehe wurde am 12. Mai 1499 vollzogen. Schon am Nachmittag legte sich César vor dem versammelten Hofstaat zu Charlotte ins Bett und bestieg sie im Laufe des Abends mehrfach, unter dem höflichen Applaus der Umstehenden. Damit war die Ehe nachweislich vollzogen worden und konnte nicht mehr aufgelöst werden. Boten mit einem Bericht von der bereits im ersten Anlauf mehrfach vollzogenen Ehe und der sexuellen Potenz des Bräutigams wurden umgehend nach Rom geschickt und voller Zufriedenheit vom Papst entgegengenommen.

Nach mehreren vom Papst und dem französischen König finanzierten Feldzügen in der Romagna hatte César 1502 das Gebiet weitgehend erobert, bis auf die Stadt Bologna, die sich einer Unterwerfung zum Ärger von Papst und Sohn hartnäckig verweigerte. Zeitweise wurde César bei diesen Feldzügen von dem berühmten Künstler und Erfinder Leonardo da Vinci unterstützt, der ihn beim Bau von Belagerungsmaschinen und bei der Nutzung des Schwemmlandes durch Trockenlegung beriet. Allerdings hatten Césars Erfolge die von ihm vertriebenen Feudalherren und die umliegenden Adligen zu seinen erbitterten Feinden gemacht, die nun auf Rache sannen. Diese nahmen heimlich Kontakt mit Césars Heerführern auf (seine Streitmacht war mittlerweile auf 10 000 Mann angewachsen, die schlagkräftigste Armee in Italien jener Zeit), um diese auf ihre Seite zu ziehen. Allerdings endete ein Treffen zwischen den Aufstandsparteien ergebnislos – es konnte keine Einigung über die Strategie und über die »Verteilung des Bärenfells« erzielt werden. César hatte allerdings Wind von der Versammlung bekommen und lud nun seinerseits vier seiner fünf Heerführer zu einem Treffen von Senigallia, wo er sie aufs Herzlichste begrüßte, sie üppig bewirtete und besoffen machte, um sie nachts eigenhändig zu erdrosseln. Auch andere Teilnehmer der Verschwörung, hauptsächlich aus dem von César ebenfalls dezimierten stadtrömischen Adel, hatten nicht mehr lange zu leben.

Da er nun die verwaisten Gebiete, Burgen und Städte rasch besetzte, war César 1503 auf dem Höhepunkt seines Erfolges und seiner Macht. Allein Bologna und das von Césars Schwester Lucrezia regierte Ferrara hatten ihre Unabhängigkeit bewahren können. Doch wie Phaeton war er auf seiner himmelstürmenden Bahn der Sonne zu nahe gekommen, und dem Aufstieg folgte wie so oft der tiefe Fall. Mailand, Florenz, Venedig und Neapel sannen gemeinsam mit ihren ausländischen (französischen oder spanischen) Verbündeten auf Abhilfe gegen die Borgia-Dominanz in Mittelitalien, die weitere Eroberungszüge befürchten ließ. Zu diesem Zeitpunkt hatte César nach einem Streit im Affekt den Geliebten des offen homosexuellen Leonardo umgebracht, woraufhin dieser seine Stellung als Berater niederlegte und das Heer verließ.
Zu diesem kritischen Zeitpunkt erkrankten sowohl der Papst wie auch sein Sohn César gleichzeitig am 12. August 1503 an einer mysteriösen fieberhaften Krankheit. Während gemeinhin die grassierende Malaria als Ursache des Unwohlseins beider angenommen wird, verstummen seither nicht mehr die Gerüchte, Abgesandte der Borgia-Gegner könnten diesen auf verschiedenen Wegen (vergiftete Speisen, mit Kontaktgiften beschmierte Gegenstände wie Sättel, Besteck, Teller, Trinkgefäße o. ä.) tödliche Mittel eingeflößt haben. César erholte sich zunächst wieder, während der mittlerweile 73-jährige Papst von immer neuen Fieberwellen geschüttelt wurde. Wenige Tage später, am 18. August 1503 erlag Borgia seinem Leiden. Als ihm der Tod des Vaters mitgeteilt wurde, schickte César sofort seine Vertrauensleute in den Vatikan und ließ sämtliche Wertgegenstände aus dem päpstlichen Apartment entfernen. Darunter Kisten mit 100 000 Dukaten, wertvolles Besteck, edle Garderoben, Silbergegenstände und Schriftstücke. Als sie weg waren, bot sich der zurückkehrenden Dienerschaft ein Bild der Verwüstung. Außerdem dem Papstthron, ein paar Teppichen an den Wänden war nichts von Wert mehr verblieben, alle Schränke geöffnet, alle Truhe umgestoßen, alle Fächer geleert.
Trotz der Versuche Césars, das nun zusammentretende Konklave in seinem Sinne zu beeinflussen, erodierte seine Macht stünd-

lich. Vertriebene Feudalherren kehrten auf ihre Besitzungen in der Provinz zurück, eroberte Städte erklärten sich für unabhängig, Verbündete beendeten ihre Unterstützung für ihn. Die von ihm besonders verfolgten römischen Adelsclans der Colonna und Orsini bekämpften ihn nun offen auf den Straßen Roms. César verbarrikadierte sich in der uneinnehmbaren Engelsburg in Rom und vereinbarte nach ein paar Tagen einen Waffenstillstand mit den Aufständischen, dessen Einhaltung von ausländischen Mächten wie Spanien und Frankreich überwacht werden sollte. Er sah vor, dass César sowie die Truppen der Colonna und Orsini Rom verlassen sollten. Gleichzeitig schloss César jedoch einen Geheimvertrag mit Frankreich, dass er dessen Interessen bei der kommenden Papstwahl unterstützen und mit seinen Söldnertruppen in den Kampf gegen Spanien eintreten werde. Im Gegenzug erhielt er weitreichende französische Sicherheitsgarantien. Als Pfand hatte César dabei die von ihm beherrschten Stimmen von 12 Kardinälen des Konklaves eingebracht.
Tatsächlich wurde vom Konklave am 22. September 1503 mit dem 64-jährigen Francesco Todeschini Piccolomini (einem Neffen von »Pius II.«) alias Pius III. ein neuer, Frankreich und César genehmer Papst gewählt. Allerdings währte dessen Pontifikat nur knapp vier Wochen, schon Anfang Oktober befiel ihn ein heftiges »Fieber«, und er starb am 18. Oktober 1503. Die vergangenen Wochen seit der Wahl Pius III. hatten die Gegner Césars benutzt, um einen neuen Wahlgang mit anderem Ergebnis vorzubereiten. Mit Versprechungen, Bestechungsgeld und erotischen Vergünstigungen waren eine Mehrheit von Kardinälen auf die italienisch-spanische Seite gezogen worden, angeführt vom Papstneffen Giuliano della Rovere. César hatte am 3. Oktober 1503 die Erlaubnis erhalten, nach Rom zurückzukehren, und hatte angesichts der weiter feindseligen Stimmung in der Stadt unmittelbar in der Engelsburg verschanzt. Kardinal della Rovere erklärte nach dem Tod von Pius III. ganz offen, dass er jetzt Papst werden wolle. Er nahm Verhandlungen mit César auf, um sich die 12 spanischen Stimmen im insgesamt 39 Kardinäle umfassenden Konklave zu sichern. César gab ihm diese Zusicherung, im Gegenzug erklärte della Rovere, César im

Falle seiner Papstwahl weiterhin an der Spitze der päpstlichen Truppen zu belassen und ihm auch seinen Territorialbesitz in der Romagna zu belassen.
Doch diesmal sollte César mit seinen eigenen Waffen geschlagen werden. Er, der sich im Zweifelsfall an keinen Eid und keine Versprechung gebunden fühlte, wurde nun seinerseits nach allen Regeln der Kunst vorgeführt. Unmittelbar nach seiner Wahl 1. November 1503 entzog della Rovere alias Giulio II. César den Titel des päpstlichen Heerführers und belagerte ihn in der Engelsburg. César gelang verkleidet einmal mehr die Flucht, die ihn nach Ostia führte. Zur Kapitulation aufgefordert, verweigerte er die Übergabe der bei ihm verbliebenen Festungen in der Romagna, konnte aber dann von den Truppen della Roveres gefangen genommen werden. Der nun als »Giulio II.« amtierende della Rovere hatte ihn aller seiner Ämter und Titel für verlustig erklärt, und ließ César nun in der Engelsburg als Gefangenen festhalten. Erst als er alle Festungen übergeben und auf sämtliche Ansprüche bindend verzichtet hatte, wurde seine Haft in einen Hausarrest in Ostia im Palast des spanischen Kardinals López de Carvajal umgewandelt.
César floh im Juli 1504 nach Neapel und hoffte auf die Unterstützung der dortigen spanischen Statthalter. Doch della Rovere hatte alle Mittel und Hebel in Bewegung gesetzt, und den spanischen König so lange bearbeitet, bis dieser der Gefangennahme Césars zustimmte, der nun in Neapel ins Verließ kam und dort sogar gefoltert wurde. Ende Mai wurde er dann nach Spanien verlegt, wo er ein weiteres Jahr Festungshaft im Castillo de Chinchilla verbrachte. Bei einer weiteren Verlegung nach Medina del Campo gelang ihm mit einem spektakulären Trick die Flucht. Er seilte sich aus seinem hochgelegenen Gefängnis mit einer aus dem Faden seiner Seidengewänder gewickelten Schnur bis auf den Boden ab und schlug sich nun zu seinem Schwager d'Albret durch, dem Herrscher des benachbarten Königreichs Navarra. Er trat nun als Soldat ins Heer des Königs von Navarra ein und nahm an der Belagerung der Burg Viana teil. Im Verlauf dieser Kämpfe geriet er 1507 in einen Hinterhalt und wurde – ganz auf sich allein gestellt – von 20 gegnerischen Söldnern zusammen-

geschossen. Sein Leichnam wurde auf kirchliche Anweisung außerhalb der Kathedrale von Viana beigesetzt, und erhielt erst zu seinem 500. Todestag 2007 ein Begräbnis in der Kirche.[83] Sein berühmtes Prunkschwert wird heute in Rom in der Fondazione Camillo Caetani aufbewahrt.[84] Es trägt allerdings – im Gegensatz zur Darstellung in zahlreichen historischen Darstellungen bis in die Gegenwart – *nicht* die vermeintliche Motto-Aufschrift »Aut Caesar – aut nihil« (entweder Cäsar oder nichts).[85]

Schwesterchen Lucrezia – die einzige offiziell anerkannte Tochter Borgias – wird von Zeitgenossen als wunderschön, schlank und großgewachsen, mit braunen Augen, blendendweißen Zähnen und blondem Haar beschrieben, das ihr bis über den Po reichte. Ihr voller, wohlgeformter Busen und geschwungene Hüften rundeten das Bild einer perfekten jungen Dame ab, die dazu noch über klassische Bildung verfügte und mehreren Sprachen sprach. Ihr war eine natürliche Grazie zu eigen, die sie wie auf Wolken zu gehen scheinen ließ. Sie wurde von Vater und Brüdern offenbar nicht nur für sexuelle Spielchen gebraucht, sondern auch als politisches Faustpfand im fieberhaften diplomatischen Geschacher jener Zeit eingesetzt. Die erste Verlobung wurde schon nach zwei Monaten wieder gelöst, weil Vatern mittlerweile Besseres im Auge hatte. Doch mit dem eigenen Aufstieg auf den Papstthron war auch die zweite anvisierte Ehe nicht mehr gut genug, Borgia strebte jetzt nach Höherem, nach einer Verbindung mit regierenden Häusern, so wie er ja jetzt selbst regierendes Haupt des obersten Christenclans war.

Ein solcher hochadliger, wenn auch unehelicher Thronerbe war Giovanni Sforza vom Mailänder Sforza-Clan. Er heiratete Lucrezia am 12. Juni 1493 – sie war 13, er war 27 Jahre alt. Doch in den nächsten Jahren drehten sich die politischen Windfähnchen weiter, und die Sforza waren jetzt auch nicht mehr gut genug. Kinder waren aus dieser Verbindung auch keine hervorgegangen, so lag es nahe, die Ehe wegen Nichtvollzug bzw. völliger Impotenz des Bräutigams aufzulösen, was dann auch im Dezember 1497 geschah. Im März 1498 tauchte ein frischgeborenes Kind im päpstlichen Haushalt auf, dessen Vater- und Mutterschaft zunächst geheim blieb. Die Gerüchteküche in Rom kochte, und am häufigsten wurde behauptet, die 18-jährige Lucrezia habe das Kind, einen gesunden Jungen, geboren. Wenn der Ex-Mann nicht der Vater war, so kämen der eigene Vater der Kindsmutter und ihr Bruder bzw. ihre Brüder als Erzeuger in Frage, mit denen sie bekanntlich in Blutschande lebte. Allerdings wurden gleichzeitig auch die Leichen ihres Dieners und ihrer Magd aus dem Tiber gezogen, was für weitere Aufregung sorgte. Wollten Magd und Diener sich davonmachen und heiraten, und befahl Lucrezia im Jähzorn ihre Ermordung? Oder war der Diener der Vater von Lucrezias Kind, und die Magd hatte dies ausplaudern wollen? Wenn der Subalterne der Vater gewesen wäre, hätte das natürlich eine unschickliche Mesalliance bedeutet, die den Zorn des Vaters und der Brüder heraufbeschworen haben könnte, weil sie Lucrezia als Ehe- und Schacherobjekt entwertet hätte. Denn welcher Regierende würde schon um die Hand einer bereits von der Dienerschaft benutzten Frau anhalten?

Das Kind wurde rasch zu entfernten Verwandten gebracht und das Ehekarussel drehte sich von Neuem. Der 17-jährige Alfonso d'Aragon stand schon als williger Ehekandidat vor der Tür, Bruder von Joffrés Ehefrau Sancha. Noch 1498 wurde Hochzeit geschlossen, die 18-jährige Lucrezia wenig später zum Gouverneur der Stadt Spoleto ernannt, wo sie jetzt mit Ehegespons ihren Wohnsitz nehmen wollte. Anfang 1499 erlitt Lucrezia eine Fehlgeburt, war allerdings zwei Monate später schon wieder schwanger. Den Sommer verbrachte Lucrezia gemeinsam mit ihrem Bruder Joffré mit der Verwaltung der päpstlichen Stadt Spoleto, sowie mit Festen und Empfängen. Ihre jeweiligen spanischgebürtigen Ehepartner Alfonso und Sancha wurden vom Papst dagegen nach Neapel geschickt. Erst im Oktober gestattete der Papst Alfonso, seine Frau in Spoleto zu besuchen. Gemeinsam kehrten sie wenige später nach Rom zurück, wo Lucrezia am 31. Oktober 1499 Rodrigo, ihren zweiten Sohn, gebar, diesmal aus offizieller Verbindung.[86] Während Cesare in den nächsten Monaten hektische diplomatische Aktivitäten entwickelte, um seine jüngsten Eroberungen von den europäischen Supermächten Frankreich und Venedig absegnen zu lassen, versuchten Spanien und das mit ihm verbündete Königreich Ne-

apel, sich der Gunst Alfonsos zu versichern, um ein Gegengewicht innerhalb der päpstlichen Familie in der Hand zu haben. Im Sommer 1500 spitzten sich die Dinge zu. Am 15. Juli 1500 wurde Alfonso nächtens mitten im Stadtzentrum Roms, unweit des Vatikans, von »unbekannten« Bewaffneten angegriffen. Der versierte Fechter wehrte sich erfolgreich nach Kräften, wurde dann jedoch von der Vielzahl der Angreifer schließlich besiegt und schwer verwundet. Als die päpstlichen Wachen auf den Tumult aufmerksam wurden, ließen die Angreifer von ihm ab und verschwanden. Alfonso wurde in den Vatikan gebracht, in die Gemächer, die er mit Lucrezia bewohnte. Die römischen Ärzte schickte er weg, und auf seinen Wunsch wurden Ärzte aus Neapel herbeigerufen (den päpstlichen vertraute er nicht mehr allzu sehr). An seinem Krankenbett wechselten sich Lucrezia und Sancha ab. Vermutet wurde auch hinter diesem überraschenden Todesfall im Rom jener Zeit die lange Hand des Papstes bzw. seiner Söhne.
Im Sommer 1501 begannen die entsprechenden Verhandlungen, und im Januar 1502 wurde die nun 22-jährige Lucrezia erneut verheiratet. Diesmal an Alfonso d'Este, den wohlhabenden und einflussreichen Sohn der Stadtherrn von Ferrara, zu diesem Zeitpunkt 26 Jahre alt. Eine aberwitzige Mitgift in Bargeld, Silber, Edelsteinen sowie territoriale Zusagen des Vaters der Braut konnte die Standesdünkel der d'Este überwinden, und so war am 1. September 1501 der Ehekontrakt unterzeichnet worden. Der von den d'Este zur Verfügung gestellte Brautschmuck im Wert von 70 000 Gulden wurde im Ehevertrag nicht erwähnt, und sollte damit im Falle des Todes von Lucrezia oder einer Scheidung auf alle Fälle wieder an die d'Este zurückfallen. Nicht von ungefähr am 2. Februar 1502, dem Tag der Reinigung der Jungfrau Maria, hielt Lucrezia Einzug in Ferrara, von einer schweigenden Menge misstrauisch beäugt. Ihr Ruf wie Donnerhall war ihr bis hierher vorweg geeilt. Am Abend dieses Tages wurde die Ehe dann durch realen Sex zwischen den beiden Heiratenden real vollzogen, vor Zeugen, und laut deren Bericht nicht weniger als dreimal. Hier trafen zwei erfahrene Player in Sachen sexueller Höhepunkte aufeinander, die sich unschwer

aufeinander einstellen und sich gegenseitigen professionellen Respekt nicht versagen konnten. Fürderhin hielten sie in Ferrara standesgemäß Hof, mit einer Entourage von Künstlern, Dichtern, Kriegern, Lebensmännern und -frauen, sowie Professionellen beiderlei Geschlechts. Kein Wunder, dass Ehemann und Ehefrau durchaus den Freuden des Liebeslebens auch außerhalb der heimischen vier Wände zugetan waren. Amüsierte sich Alfonso d'Este in den Bordellen und Gasthäusern sowie mit willigen Adelsdamen der Region, so unterhielt Lucrezia Liebesbeziehungen zu Dichtern wie dem zehn Jahre älteren Pietro Bembo und dem drei Jahre jüngeren Ercole Strozzi[87] sowie zu Gianfrancesco Gonzaga, dem Ehemann ihrer Schwägerin Isabella d'Este. Im Frühjahr 1502 zeigte Lucrezia deutliche Zeichen einer erneuten Schwangerschaft. Doch diesmal sollte es keine leichte Schwangerschaft werden. Immer von Schmerzen und Unwohlsein begleitet, bekam Lucrezia im Sommer 1502 hohes Fieber und gebar schließlich am 5. September ein totes Kind. Um sich von dem Schlag zu erholen, zog sie sich für ein halbes Jahr in ein unweit Ferraras gelegenes Kloster zurück, und nahm dann ihr Hofleben wieder auf.

Mitte August 1503 traf die Nachricht vom Tod des Papstes in Ferrara ein. Zusätzlich zum Schmerz über das Ableben des Vaters verkomplizierte sich jetzt Lucrezias Situation, denn sie hatte es bis jetzt nicht geschafft, ihrem Mann den erhofften Erben zu gebären, zur damaligen Zeit ein weithin akzeptierter Scheidungsgrund, der sie aus ihrer halbwegs sicheren Position in Ferrara hinauskatapultiert hätte. Mit der Wahl des Borgia-Feindes Giulio II. della Rovere zum neuen Papst im Herbst 1503 endete Cesares Erfolgsgeschichte in Italien. Der neue Pontifex entzog ihm sofort sämtliche Ämter und Besitzungen. Lucrezia unterstützte ihn in seinem Rückzugskampf gegen die vorrückenden Truppen des neuen Papstes, indem sie ihm sogar ein kleines Söldnerheer zur Verfügung stellte, das auch der Verteidigung Ferraras diente. Venedig schaltete sich jetzt ein, und verhalf vielen von Cesare vertriebenen Adligen der Romagna zur Rückkehr auf ihren Besitz. Mit Hilfe von Lucrezias Söldnerheer war ihr Bruder aber in der Lage, Cesena und Imola zu halten. Die

Este verboten ihr, ihren Sohn aus voriger Ehe, Rodrigo, zu sich nach Ferrara zu holen, um ihn in Sicherheit zu bringen, schickte sie ihn zu seinen Verwandten nach Neapel. Dagegen wurde ihr gestattet, ihren Bruder Joffré und zwei uneheliche Kinder Cesares im nahegelegenen Carpi (bei Modena) unterzubringen. Cesare selbst wurde von päpstlichen Häschern geschnappt und musste den Verzicht auf seine Besitzungen unterschreiben. Wieder in Freiheit, zog er sich nach Neapel zurück, wo er allerdings mit Hilfe seiner ehemaligen Schwägerin Sancha erneut verhaftet und nach Spanien deportiert wurde.
1505 übernahm Lucrezias Ehemann Alfonso nach dem Tod seines Vaters die Regierung in Ferrara, Lucrezia war jetzt offiziell Herzogin des kleinen Fürstentums. Auf Anweisung ihres Mannes wurde der bislang hier angestellte Pietro Bembo jetzt des Hofes verwiesen und ging nach Urbino, hielt die nächsten Jahre allerdings einen liebevollen Briefwechsel mit der Herzogin aufrecht. Im September 1505 gebar Lucrezia einen Sohn, der allerdings nach einem Lebensmonat starb. In ihrem Schmerz tröstete sie insbesondere ihr Schwager, der sie auf seinen Besitz Borgoforte (bei Mantova) einlud, wo sie einige Monate in seinem Schlafzimmer verbrachte, angefeindet von ihrer machtlosen Schwägerin.
Der Streit zwischen den Brüdern Ippolito und Giulio d'Este eskalierte zu diesem Zeitpunkt. Ippolito, Kardinal in Rom, und Giulio waren beide Liebhaber von Angela Borgia, einer Hofdame und Nichte von Lucrezia. Da letztlich Giulio das Rennen um die Gunst Angelas machte, ließ ihn Ippolito durch gedungene Schläger überfallen und zusammenschlagen, dabei verlor Giulio ein Auge. Giulio, der von seinem Bruder Alfonso, dem regierenden Herzog, eine Bestrafung Ippolitos erwartete, wurde enttäuscht, denn mit Rücksicht auf den Papst wollte es sich der Herzog nicht mit dem Kardinal verderben. Giulio plante daraufhin die Ermordung von Alfonso und Ippolito. Kurz vor dem geplanten Anschlag wurde die Verschwörung gegen Lucrezias Mann entdeckt und die meisten Mitverschwörer hingerichtet, Giulio und sein Bruder Ferrante ins Verlies geworfen.
Cesare konnte 1506 in Neapel fliehen und sich nach Spanien

durchschlagen. Lucrezia schrieb dem französischen König, er möge sich Cesares annehmen, immerhin war dieser offiziell mit einer hochrangigen französischen Adligen verheiratet. Doch der französische König wollte jetzt von den früheren engen Verbindung zu den Borgia nichts mehr wissen und ignorierte ihr Gesuch. Den nächsten Karneval gedachte Lucrezia zu genießen, nachdem die schlimmen Nachrichten endlich einmal weniger wurden, zumal sich Francesco Gonzaga als Gast in Ferrara zu den Festlichkeiten einquartierte. Die beiden trafen sich so oft es ging heimlich zum Sex und lebten ihre enge Bindung auch in aller Öffentlichkeit aus, wo die schwangere Lucrezia so heftig und ausgelassen mit ihm tanzte, dass sie eine Fehlgeburt erlitt. Davon aber nur kurz in ihrem Treiben gestört, nahm sie nach kurzer Zeit das Partyleben wieder auf.
Als sich ihr Mann im Frühjahr 1507 auf eine diplomatische Reise begab, übertrug er ihr die Verwaltung des Herzogtums, so weit reichte sein Vertrauen zur ungetreuen, sinnenfrohen Ehefrau offenbar trotz allem. Im April des Jahres erhielt sie die Nachricht vom Tod ihres Bruders Cesare. Im Sommer zeigten sich – nach der Rückkehr des Herzogs – Zeichen einer erneuten Schwangerschaft bei Lucrezia. Und tatsächlich ging diesmal alles gut. Im April 1508 gebar sie einen gesunden Sohn, genannt Ercole (Herkules), und erholte sich schnell von der vergleichsweise leichten Schwangerschaft. Unmittelbar nach der Geburt nahm sie auch ihr erotisches Verhältnis zu dem handfesten, grobmotorischen Haudegen Francesco Gonzaga wieder auf. Doch im Juni 1508 überschlugen sich die Ereignisse. Erst wurde der ehemalige spanische Leibprediger von Cesare, der sich nach Ferrara geflüchtet hatte, ermordet aufgefunden, wenige Tage später traf es Ercole Strozzi, einen der weiteren Liebhaber Lucrezias. Die Mörder wurden nie gefunden, allerdings auch nie wirklich gesucht. Der Herzog verhielt sich zu den spektakulären Mordfällen merkwürdig indifferent, was den Spekulationen Vorschub leistete, er sei in der einen oder anderen Weise darin als Auftraggeber verwickelt gewesen, um das Gespinst der wie Motten um das Licht um Lucrezia herumschwirrenden paarungswilligen Jünglingen zu zerschlagen.
1509 schloss sich der Herzog der vom Papst Giulio II geschmie-

deten Allianz gegen Venedig an und zog auch selbst ins Feld. Zu sich ins Feldlager befahl er auch seinen Rivalen im Bett von Lucrezia, Francesco Gonzaga. Der Krieg nahm einen für die Allianz günstigen Ausgang, unter entscheidender Hilfe der vom Herzog gestellten Ferrarenser Artillerie konnten die venezianischen Truppen geschlagen werden, nur – leider – wurde ausgerechnet Francesco von den sich zurückziehenden Venezianern gefangen genommen. Ein Schelm, wer dabei böses denkt. Lucrezia kam im August 1509 mit dem nächsten gesunden Sohn nieder, und kümmerte sich ansonsten liebevoll mit Briefen und Liebesgaben um den in venezianischen Kerkern schmachtenden Geliebten.
Der Papst wählte sich als nächsten Gegner Frankreich und dessen norditalienische Besitzungen, die er gerne dem Kirchenstaat einverleibt hätte. Alfonso von Ferrara verweigerte sich allerdings diesmal dem apostolischen Hilfsgesuch – mit den seit Urzeiten Ferrara gewogenen Franzosen wollte er es sich nicht verderben, da er sich im Tausch auf Gedeih und Verderb dem durchaus launischen und cholerischen Papst ausliefern hätte müssen. Der Papst revanchierte sich für die Weigerung mit der Exkommunikation des Herrschers von Ferrara, eine Strafe, die zu diesem Zeitpunkt allerdings niemanden mehr groß beeindruckte.
Francesco Gonzaga, der im Tausch für seine vom Papst finanzierte Freilassung seinen Sohn als Geisel in den Vatikan hatte schicken müssen, wurde nun von Giulio II. mit der Leitung der päpstlichen Streitmacht gegen die Franzosen und ihre Verbündeten in Ferrara betraut. Doch konnte Gonzaga unter Vortäuschung einer Reihe von Gründen den direkten Angriff auf Ferrara vermeiden und so dem Herzog einen leichten Sieg über die päpstliche Streitmacht bescheren – quasi als Morgengabe zur Versöhnung zwischen den beiden Stechern von Lucrezia.
Der Krieg zog sich noch eine Weile hin, im Mai 1511 verlor der Papst die Schlacht um den Hauptort der Romagna, Bologna, während Lucrezia eine erneute Fehlgeburt erlitt. 1512 hatte der französische König genug von den kostspieligen und verlustreichen italienischen Abenteuern und zog sich nach Frankreich zurück. Ferrara stand nun ohne seine Schutzmacht da, und dem Herzog blieb nichts anderes, als den Bußgang nach Rom anzu-

treten: Giulio II. stellte harte Bedingungen für die Aufhebung der Exkommunikation. Alfonso sollte sich verpflichten, zugunsten des Kirchenstaates auf das Herzogtum Ferrara zu verzichten und sich in die Provinz zurückziehen. Er zog die Verhandlungen in die Länge, bis ihm die Flucht gelang. Gleichzeitig mit dem Ehemann traf auch die Nachricht vom Tod des erstgeborenen Sohnes Rodrigo bei Lucrezia ein, die sich daraufhin erst einmal für einen Monat in ein Kloster zurückzog.
Kurz vor der entscheidenden Attacke der päpstlichen Truppen starb Giulio II., und sein Nachfolger blies den Feldzug ab, beeinflusst vom neuen Sekretär des Papstes, der niemand anderes als Pietro Bembo, der Geliebte von Lucrezia war. 1515 gebar sie eine Tochter, Eleonora, und 1516 einen weiteren Sohn, Francesco (nach ihrem Geliebten und vermutlichen Erzeuger genannt). Im gleichen Jahr starb ihr Bruder Joffré, 1518 ihre Mutter Vanozza und Anfang 1519 ihre Bettgefährte und Freudenspender in unzähligen in Ekstase verbrachten Stunden, Francesco Gonzaga. Wieder schwanger, war es diesmal eine der anstrengenderen Schwangerschaften, so anstrengend, dass sie die meiste Zeit im Bett verbringen musste. Andere Gespiele konnten ihr die mit Francesco erlebten Freuden nicht ersetzen. Sie wurde zusehends schwächer, gebar aber am 14. Juni noch ihre Tochter Isabella Maria, bekam dann aber das Kindbettfieber, quälte sich noch einige Tage, bevor sie am 22. Juni ins Koma fiel. Zuvor hatte man ihr noch zu ihrem großen Schmerz die Haare abgeschnitten, weil die Ärzte glaubten, so ihr Fieber senken zu können. Sie starb nach zwei Tagen Koma am 24. Juni 1519 im Alter von 39 Jahren.
Teilweise als größte Hure Roms und Giftmischerin geschmäht, teilweise als Heilige verehrt, überdauert die Beschäftigung mit Lucrezia die Jahrhunderte. Letztlich ist es Ansichtssache, ob man sie als zweite Messalina, als unersättliche Sexpartnerin von Vater und Bruder (und zahllosen anderen Männern) sieht, die ihre nie erlahmenden Lust zu dienen hatten, oder als armes unschuldiges Opfer verleumderischer Schmähkampagnen. Zu den zahlreichen, teilweise verwirrenden Facetten ihrer Persönlichkeit gehört, dass Lucrezia auch als Geschäftsfrau nicht untalentiert

war. So erzielte sie unter anderem bei Geschäften mit Ackerland hohe Gewinne.

Sechs Jahre älter als Lucrezia war die Hauptgeliebte ihres Vaters während seiner päpstlichen Amtszeit. Die Rede ist von Giulia Farnese, geboren 1474 in Canino (nördlich von Rom bei Viterbo) als Sprössling eines altadligen römischen Stadtclans. Sie wurde im Alter von 15 Jahren 1489 mit Orsino Orsini verheiratet, dem Stiefsohn der ehrgeizigen Adriana de Mila, die wiederum eine Cousine des künftigen Papstes Rodrigo Borgia war. Giulias Mitgift betrug stattliche 3 000 Goldflorinen, was einem heutigen Wert von rund 300 000 Euro entspricht, und auch später bedachte Borgia den nominellen Ehemann Giulias mit weiteren Geschenken, als da wären die Herrschaft über Ort und Äcker von Carbognano. Für den Farnese-Clan war die Verbindung mit dem mächtigen Kanzler des Vatikans natürlich von eminenter politischer Bedeutung, da kam es nicht darauf an, dass der offizielle Ehemann von Giulia stark schielte und auch sonst eine wenig repräsentative Figur abgab (möglicherweise sogar nur ein Auge hatte).

Für Giulia bedeutete es, in die unmittelbare Umgebung des mächtigen Kirchenfürsten aufzusteigen. Für Historiker bis heute ungeklärt ist die Frage, ob die 15-jährige Giulia schon damals das Bett mit dem 59-jährigen Rodrigo Borgia teilte und seine Sexgespielin war, oder ob diese Phase erst später begann. Da sich seine Beziehung zur vorherigen langjährigen Hauptgeliebten Vanozza schon in den 80er Jahren abzukühlen begonnen hatte, spricht einiges dafür, dass Giulia schon zum Zeitpunkt ihrer Hochzeit die Vanozza vom Rohr des Kirchenmannes verdrängt hatte, und dass die Ehe rein formaljuristisch geschlossen worden war, um das Verhältnis linker Hand zum Kirchenfürsten zu kaschieren. Dass Borgia für Adriana und Giulia kurz nach der Hochzeit einen eigenen Palast in unmittelbarer Nähe zum Vatikan (und zur Behausung Borgias) errichten ließ, stellt einen weiteren Beleg für die Annahme weitergehenden Interesses des Kardinals an der »bis zur Schmerzlichkeit perfekten Schönheit« der jungen Frau dar. Ihr noch jugendlicher Körper war durchaus schon fraulich geformt, und – auf welchem Weg auch immer – hatte sie sich zu

diesem Zeitpunkt schon intime Kenntnisse sexueller Spielarten angeeignet, die normalen Sterblichen unbekannt sein dürften. Dass ihr Bruder Alessandro als Gegengabe zum Kardinal ernannt wurde (und es später sogar noch zum Papst brachte) war für die Familie Farnese natürlich wie ein Lottovolltreffer.
Giulia gebar bald nach der Hochzeit eine Tochter, die sie Laura nannte. Die Anhänglichkeit bzw. Abhängigkeit des Kardinals und Papstes von ihren erotischen Dienstfertigkeiten, deren Vollzug täglich mehrfach erwartet wurde, war dramatisch. So machte sie ihn richtig wütend, als sie sich 1494 ans Sterbebett ihres Bruders einige Tagesreisen außerhalb Roms begab – der Papst hatte ihre Ankündigung nicht mitbekommen oder überhört, und fluchte nun wie ein Bierkutscher, schickte ihr wütende Schmähbriefe, wie sie es wagen konnte, ohne sein Einverständnis einfach Bett und Stadt zu verlassen. Während der französischen Feldzüge in Mittelitalien geriet Giulia dann tatsächlich in Gefangenschaft (und angeblich auch ins Bett) des französischen Söldnerführers Yves d'Allegre, der sich mit den Verhandlungen über eine Freilassung seiner überirdisch schönen Geisel verständlicherweise jede Menge Zeit ließ. Erst nach Monaten und gegen Zahlung eines Lösegeldes im sechsstelligen Bereich ließ er sie auf Anweisung seines Königs, den der Papst mittlerweile eingeschaltet hatte, widerwillig ziehen.
Wohl um 1500 endete die Beziehung zum Papst nach über zehn Jahren Dauerverkehr, und die 24-jährige Giulia zog sich nach dem wenig später eingetretenen Tod ihres offiziellen Ehemannes in das kleine Dörfchen Carbognano zurück (unweit von Viterbo im Norden Latiums), einem ihrem Mann vom Papst 1494 verliehenen Lehen. Giulia kehrte erst nach dem Tod von Borgia nach Rom zurück, 1505, um die Hochzeit ihrer Tochter Laura (damals 13 Jahre alt) vorzubereiten. Sie verheiratete sie mit Niccolò della Rovere, einem Neffen des neuen Papstes Giulio II., und sorgte so für das weitere Wohlergehen der Familie auch nach dem Untergang des Hauses Borgia. Giulia hatte in dieser Zeit wechselnde Liebschaften, bevor sich mit Giovanni Capece di Bozzatto ein neuer Hauptliebhaber herausschälte, der einem niedrigrangigen neapolitaner Adelsclan entstammte. Die 33-jäh-

rige Giulia kümmerte sich des Weiteren um die Verwaltung von Carbognano, um erst 1522 nach Rom zurückzukehren, wo sie 1524 im Haus ihres Bruders, des Kardinals Farnese, im Alter von 48 Jahren starb.

Giuliano della Rovere (1443–1513, Papst als Julius II. 1503–1513)

Neffe des Papstes Sixtus IV., diente er diesem in seiner Jugend als Ministrant, wurde dann dem Franziskanerorden anvertraut, und erhielt vom gerade zum Papst aufgestiegenen Onkel 1471 mit 28 Jahren das Bischofsamt von Carpentras in Frankreich (als Pfründe) sowie das Kardinalat verliehen. Sein Onkel überschüttete ihn mit weiteren einträglichen Bischofspfründen, sodass Giuliano schon bald zu den reichsten Männern Roms gehörte. Er war nicht nur dem Militär und den schönen Künsten zugetan (eine zugegebenermaßen ungewöhnliche Kombination), sondern auch den schönen Dingen des Lebens, und den Frauen. Brachte er es auch nicht auf neun Kinder wie sein Vorgänger Borgia, so konnte er doch wenigstens drei Töchter sein eigen nennen, die er wiederum profitabel mit den Adelsclans Roms verheiratete. Mit 40 Jahren anerkannte er die erste uneheliche Tochter Felice 1483.

Liebe bzw. Sex und Krieg, das waren für ihn zwei Seiten derselben Medaille. Beide Mal ging es um Sturmangriff, um das tiefe Eindringen in feindliches Gebiet, den Einsatz des Rammbocks, um die feindlichen Mauern zum Einsturz zu bringen, um das Abfeuern der großen Kanone, die das Ende des Kampfes markierte. Sosehr er seinen militärischen Neigungen in der Öffentlichkeit frönte, so sehr bemühte er sich – im Gegensatz zu Borgia – seine nächtlichen Streifzüge auf den Spuren von Venus und Diana weniger öffentlichkeitswirksam zu gestalten als sein spanischer Konkurrent und Erzfeind. Giuliano vergnügte sich mit Weiblein wie Männlein auf seinen Eroberungszügen, benutzte beide Geschlechter allerdings am liebsten a tergo und im »falschen Gefäß«, sprich im Analverkehr.

Felice entstammte den sexuellen Begegnungen mit der attraktiven Lucrezia Normanni, Tochter eines altrömischen Familienclans. Giulio hatte sie bei seinen unermüdlichen sexuellen Streifzügen durch die nächtlichen Vergnügungsmeilen Roms getroffen und nach der ersten intimen Begegnung – total begeistert von ihrem wunderschönen, vollschlanken und dennoch muskulösen Körper sowie ihren erotischen Finessen – zu sich in den Palast geholt. Um sich mit ihr uneingeschränkt vergnügen und ihre sexuellen Dienstleistungen tagtäglich in Anspruch nehmen zu können, verheiratete er sie offiziell mit seinem Majordomus Coppi da Montefalco. Damit erhielt sie eine nach außen vertretbare Rolle im päpstlichen Haushalt, und niemand wunderte sich mehr, wenn sie täglich im päpstlichen Schlafzimmer ein und ausging. Nach Felice hatte Lucrezia noch ein weiteres Kind vom Papst, Giovanni Domenico, der später selbst Kardinal werden sollte. Doch der Papst beschränkte sich nicht nur auf heterosexuelle Vergnügungen. Nach dem Urteil von Zeitgenossen erfreute er sich auch am Analverkehr mit jungen Männern bzw. Lustknaben, die ihm speziell während seiner militärischen Kampagnen im Feld zu Dienste sein mussten, und von denen immer wenigsten drei mehr oder weniger nackt in seinem Zelt zu warten hatten.

Einen seiner Lustknaben, Francesco Alidosi, der ihn schon in den 1470er während seines Legats nach Frankreich begleitet hatte, weihte Giulio 1505 zum Kardinal. Alidosi begleitete Giulio auf seinen zahllosen Kriegszügen und beteiligte sich auch persönlich gerne am blutigen Geschehen: so überwachte er nach der Einnahme Bolognas die Hinrichtung von über 30 örtlichen Honoratioren, die sich der Einnahme durch die päpstlichen Truppen so hartnäckig widersetzt hatten. Immer wieder von Feinden Giulios gefangen gesetzt, zögerte dieser nicht, seinen Favoriten gegen hohe Geldsummen loszukaufen. Bei einem gewalttätigen Zusammenstoß mit seinen zahlreichen Feinden wur-

de Alidosi 1511 von seinen Gegner durch Messerstiche verletzt, und schließlich durch wuchtige Schläge mit dem Morgenstern auf seinen Kopf getötet.
Felice ihrerseits wurde erstmals mit 13 Jahren verheiratet, ihr Mann starb jedoch wenig später. Danach lebte sie weiter im päpstlichen Haushalt. Ob sie auch inzestuös mit ihrem Vater verkehrte (wofür die lange Zeit bis zur nächsten Hochzeit sprechen würde), ist umstritten. Erst 1506 wurde sie mit 23 Jahren erneut verheiratet, mit dem 20 Jahre älteren Adligen Giangiordano Orsini. In diese Ehe brachte sie eine Mitgift von 9 000 Dukaten ein (entspricht knapp einer Million Euro). Von diesem Geld kaufte ihr Mann das Schloss Palo (bei Ladispoli an der Tyrrhenischen Küste) und die umliegenden fruchtbaren Ländereien, auf denen Weizen angebaut wurde, der nun mit gutem Gewinn künftig an den Vatikan verkauft wurde, und so zusätzlich zum wachsenden Reichtum Felices beitrug. Nach dem Tod ihres Mannes 1517 übernahm Felice auch offiziell die bisher schon innegehabte Verwaltung ihrer Güter. Zusätzlich fiel ihr das finanzstarke Erbe ihres wohlhabenden Mannes anheim. Sie starb 1536 mit 53 Jahren und hinterließ vier Kinder (zwei Töchter und zwei Söhne), die sie lukrativ mit hochadligen Clans Italiens verheiratet hatte. Während des Pontifikats ihres Vaters, aber auch noch unter seinen Nachfolgern nahm sie eine wichtige politische Rolle im Vatikan ein.[88]
Bereits früh schon Konkurrent von Borgia im Rennen um den nächsten Papsttitel, versuchte Giulio dessen Wahl (vergeblich) zu verhindern. Nach der Amtseinführung Borgias machte Giuliano (von Borgia als »größtes lebendes Arschloch« geschmäht) das klügste, was er tun konnte: er floh zum König von Frankreich, um von dort aus die Bemühungen zur Amtsenthebung des Spaniers zu koordinieren. Er konnte sogar den französischen König zum Kriegszug gegen den Kirchenstaat bewegen, scheiterte allerdings in letzter Sekunde, da Borgia dem französischen König ein besseres Angebot machte und der Franzose daraufhin auf die Dienste Giulianos verzichtete.
Nach dem Tod von Borgia und von dessen unmittelbarem Nachfolger war es endlich geschafft: Giuliano, der genug Zeit gehabt

hatte, während der Übergangsamtszeit alle notwendigen Kardinalsstimmen durch Bestechung, durch Versprechungen oder durch Erpressung auf seine Seite zu bringen, übernahm nun das Spitzenamt und brachte damit die immer noch fast unbegrenzten Machtmittel des Papstes in seine Hand. Giuliano läutete eine neue Epoche ein, aber keineswegs die von vielen nach dem Skandal-Pontifikat Borgias erhoffte »geistig-moralische Wende« zum Spirituellen – im Gegenteil. Er verstand sich nicht als geistiger Oberhirte, sondern als italienischer Territorialfürst mit weltpolitischen Aufgaben. Bis zur Thronbesteigung im Vergleich zu Borgia mehr oder weniger unauffällig (von militärischen und erotischen Abenteuern abgesehen), begann er als Pontifex das große Rad zu drehen. Mit 60 Jahren auf den Bischofsstuhl Roms gelangt, war er finster entschlossen, seine Zeit an der Spitze der »Firma« zu nutzen.

Als erstes sorgte er für den Untergang des Hauses Borgia. Entgegen den Versprechungen vor seiner Wahl (Cesare hatte ihm die Stimmen der 12 spanischen Kardinäle verschafft gegen die Zusicherung, seine Ämter und Würden behalten zu können) entwand er dem Borgia-Spross sofort seine militärischen Machtmittel und ließ ihn festsetzen. Die Räumlichkeiten im Vatikan, die der Borgia bewohnt und »entweiht« hatte, ließ er verschließen.[89] Für sich, seine Mätressen und Günstlinge ließ Giuliano einen anderen Gebäudeflügel prachtvoll herrichten. Er verbot, künftighin Borgia auch nur zu erwähnen, dieser sollte der *damnatio memoriae* unterworfen werden – der Auslöschung sämtlicher Erinnerungen an ihn.

Als nächstes schloss sich Giuliano der aussichtsreichen Liga von Cambrai an, in der sich Deutschland und Frankreich zusammengetan hatten, um die Macht der unermesslichen reichen Adelsrepublik Venedig ein für allemal einzuschränken. Der militärische Sieg gelang, und der Papst konnte für sich einen Gutteil des Kuchens verlangen, der nun zur Verteilung anstand. Damit hatte er erreicht, was Borgia verwehrt geblieben war – die Romagna komplett dem Kirchenstaat einzugliedern. Auch die wichtigen Städte Perugia und Bologna unterstanden nun dem fast schon auf dem Höhepunkt seines Ruhms angekommenen

Pontifex. Für seinen militärischen Erfolg ließ er sich 1507 bei seiner Rückkehr in die Ewige Stadt nach altrömischer Art mit einem Triumphzug feiern. Offenbar verstand er sein Alias weniger im Gefolge des frühchristlichen Papstes Giulio I., sondern im Gefolge des römischen Imperators Julius Caesar. Auch bei weiteren Feldzügen stand er an der Spitze der von ihm finanzierten Söldnertruppen.

Um seine weitergesteckten Ziele zu erreichen, wechselte er nun äußerst geschmeidig die Fronten und schloss sich einem antifranzösischen Bündnis an, um die Franzosen aus Italien zu vertreiben und die von denen besetzten Territorien erobern zu können. Ob bei seinen Feldzügen viele Menschen starben, Städte und Dörfer zerstört wurden, menschliches Leid verursacht wurde, war diesem »Oberhirten« herzlich egal. Wichtiger war ihm sein persönlicher Schutz. Um diesen zu verbessern, wandte er sich dorthin, wo zu dieser Zeit die besten, kampfkräftigsten Söldner herkamen: an die Schweiz. Er engagierte hunderte dieser Söldner und »Militärberater« bzw. privaten militärischen Dienstleister, und stellte mit ihnen seine persönliche Leibgarde zusammen, die bis heute existierende *Schweizergarde* des Vatikans. Der französische König versuchte zwischenzeitlich, ein Konzil zusammenzubringen, das die Absetzung Giulios beschließen sollte. Doch damit hatte er kein Glück.

Seinen eher unchristlichen, irdischen Ruhm zu mehren, benutzte Giuliano auch die Architektur. Er beschloss das größte städtebauliche Umbauprojekt Roms seit der Antike. Die ehrwürdige Kathedrale Alt St. Peter sollte durch einen Neubau ersetzt werden. 1506 legte er den Grundstein für den Neubau, und bald schon begannen unter seinem Pontifikat die Abrissarbeiten, bei denen unersetzliche antike Kunstschätze verloren gingen. Außerdem sollte nach seinem Willen das Straßennetz Roms erneuert und neu gegliedert werden. So ließ er neue Schneisen quer durch die Stadt schlagen, die eine dieser Straßenverbindungen ließ er sogar noch zusätzlich Via Giulia nennen. Für St. Peter hatte er den Architekten Bramante ein Zentralbauprojekt entwickeln lassen. Bramante baute für ihn auch die Gebäudeverbindung vom Apostolischen Palast zum Belvedere, den heute bekannten Cortile del Belvedere. Die von seinem Onkel begonnene Sixtinische Kapelle ließ Giulio von dem berühmten Maler und Bildhauer Michelangelo mit riesigen Fresken ausmalen. Er engagierte Michelangelo gleich noch ein weiteres Mal, diesmal für sein eigenes, prunkvolles Grabmal, das ebenfalls von seinem Ruhm künden sollte. Sein etwas überspanntes oberstes Ziel, ganz Italien zum Kirchenstaat zu machen, sollte er jedoch wider erwarten nicht erreichen.

Die Kardinalserhebungen Giulianos folgten dem bekannten Muster. Im Jahr seiner Machtergreifung ernannte er gleich zwei »Neffen« zu Kardinälen. Auch in den Folgejahren waren mal zwei, mal drei Familienmitglieder oder Lustknaben bedacht worden.[90] Bei seinem Tod 1513 hatte er zwar viele militärische Erfolge errungen, hatte den umfassendsten städtebaulichen Umbau Roms begonnen, war aber weit davon entfernt, alle seine Ziele erreicht zu haben. Statt den Kirchenstaat in den Kreis der europäischen Großmächte einzuführen, hatte er die Zersplitterung der Adelsherrschaften Italiens noch weiter vorangetrieben. Den Venezianer waren zwar ihre festländischen Besitzungen entzogen, die Franzosen über die Alpen vertrieben worden, doch dafür hatten sich die Habsburger und Spanier erneut und auf Dauer in Italien festgesetzt.

Giovanni Lorenzo de' Medici (1475–1521), Papst als Leo X. 1513–1521)

Der Nachfolger von Giuliano, Giovanni Lorenzo, wurde bereits mit 13 Jahren zum Kardinal erhoben. Zu verdanken hatte er das den sehr engen Verbindungen zwischen den Medici und dem regierenden Papst Innozenz VIII. Und auch seine weitere Kirchenkarriere kannte nur eine Richtung: steil aufwärts. Mit dem Tod von Giulio II. 1513 war es schließlich für ihn so weit:

Geld, gute Worte, ein paar fähige Prostituierte reichten aus, um ihm das Pontifikat zu verschaffen (nachdem seine Familie das zwischenzeitlich verlorene Florenz wiedergewonnen hatte). Die entsprechenden Verhandlungen hatte für ihn der Medici-General Manager Bernardo Dovizi (Bibbiena) geführt, der sich zum Dank dafür wenig später über die Erhebung zum Kardinal freuen konnte. Missgünstige Zeitgenossen fügten hinzu, der neue Papst habe sich sein Amt mit dem Arsch erkauft, sprich sich zum Analverkehr mit vielen der älteren Kardinäle bereit erklärt.[91] Zum Zeitpunkt seiner Machtergreifung 37 Jahre alt, soll Giovanni Lorenzo de' Medici bei der Krönung zu seinem anwesenden Neffen gesagt haben: Da uns Gott nun einmal die Papstwürde verschafft hat, lasst sie uns weidlich genießen.

Und das tat er auch. Pracht, Luxus und Verschwendung prägten sein Pontifikat. Bei Ausfahrten durch Rom ließ er sich von einer großen Zahl Bediensteter, Gauklern, Hofnarren und Soldaten sowie einem Tierpark von Löwen, Panthern, einem Nashorn und einem weißen Elefanten begleiten, Festessen bei ihm konnten schon mal 65 Gänge aufweisen. Aber er vergaß natürlich nicht, das politische Instrumentarium der Kirche weiter zu bereichern und zu verfeinern. So ließ er als Papst ein Gesetz verabschieden, demzufolge der Druck von Büchern in Rom und anderswo künftig von einer gesonderten kirchlichen Druckgenehmigung (Imprimatur) abhängig war, ein probates Mittel, um Zensur auszuüben. Die Lektüre der Bibel für unwissende Stände war ja schon Jahrhunderte zuvor verboten worden – in der Furcht, im Volk könne es angesichts der urchristlich-kommunistischen Aussagen im Neuen Testament zu Unruhen kommen.

Giovanni Lorenzo folgte ansonsten dem üblichen Handlungsschema und verschaffte nach Kräften eigenen Familienmitgliedern hochrangige Kirchenposten und Kardinalate. Seine eigene Macht verteidigte er nach Kräften und mit allen Mitteln. Als wenige Jahre nach seiner Machtergreifung eine Verschwörung des mit ihm verfeindeten 26-jährigen Kardinals Alfonso Petrucci (Spross einer Sieneser Adelsfamilie, die kurz zuvor mit Hilfe der Medici aus Siena vertrieben worden war), aufgedeckt wurde, ließ er ihn 1517 vor Publikum mit dem Würgeeisen langsam zu Tode strangulieren, während zwei Mitverschwörer öffentlich gevierteilt wurden. Weitere Mitverschworene, darunter Kardinäle, konnten sich durch Zahlung einer außerordentlich hohen »Strafgebühr« in die persönliche Haushaltskasse des Papstes von weiterer Bestrafung freikaufen. Im Übrigen sicherte Giovanni sein Amt durch weitreichende Sozialleistungen für die Bürger Roms sowie eine erstaunliche Zahl von Kardinalaten für die Adelsclans Roms, die so den in den Jahrzehnten zuvor verlorenen Einfluss wiedererlangten.

Da die auch von ihm weitergeführten Kriege gegen andere Territorialmächte in Norditalien viel Geld verschlangen, wurden jetzt Ämterverkauf und Ablasshandel wieder kräftig angekurbelt. So konnte Albert von Hohenzollern für 10 000 Dukaten (rund 100 Millionen Euro) das Erzbischofsamt in Mainz kaufen. Das Geld hatte sich der Preuße von der berühmten Geldverleiherfamilie Fugger geborgt, zu horrenden Zinsen. Um es zurückzahlen zu können, gestattete der Papst dem Hohenzollern, für die Dauer von sechs Jahren in seinem Erzbistum einen Spezialablass verkaufen zu dürfen. Wie unter Ganoven üblich, vereinbarten die Vertragspartner, die Beute sprich die Einnahmen aus dem Ablassverkauf redlich halbe-halbe zu teilen. Die Einnahmen des Papstes waren offiziell für den Bau der Peterskirche gedacht. Chefverkäufer für dieses Produkt, welches sich aufgrund der weitreichenden Sündenaufhebung großer Nachfrage erfreute, war der Dominikaner-Agitator Johann Tetzel.[92] Der Lebemann Martin Luther hatte damit sein Lebensthema gefunden: den Kampf gegen die Korruption, moralische Perversion und pathologische Amtsführung Giovanni Lorenzos.

Luther begann die Schlacht 1517 mit den in Wittenberg an die Kirchentür genagelten 95 Thesen, lachte über die päpstliche Androhung der Exkommunikation, falls er nicht binnen 60 Tagen widerrufe, und verbrannte die entsprechende Bulle öffentlich in Wittenberg auf dem Marktplatz. Als Giovanni Lorenzo wenig später im Alter von 46 Jahren starb, wurde das von den Anhängern Luthers als gerechtes Gottesurteil propagiert, und auch in Rom kursierten Gerüchte, denen zufolge entweder höhere Mächte oder ganz profanes Gift im Spiel gewesen sein sollte.

Sein Leibkoch wurde kurz verhaftet, aber nach kurzer Zeit erstaunlicherweise wieder freigelassen, weil man ihm die Tat nicht nachweisen konnte (zu diesem Zeitpunkt eigentlich kein Grund dafür, jemanden nicht für eine vorgeschobene Tat hinzurichten). Ein Jahr zuvor war bereits sein Chefberater Bibbiena im Alter von 50 Jahren eines überraschenden Todes gestorben.
Lebemann Giovanni Lorenzo bevorzugte *in eroticis* ein gepflegtes Homosexuellentum. Er umgab sich mit einer ganzen Leibgarde schöngewachsener, junger Männer, denen er gerne und großzügig kirchliche Lehen und Pfründe zuschanzte. Neben Bibbiena soll er mit seinen »Neffen«, aber auch mit einem blutjungen Dichter und Diplomaten wie Marcantonio Flaminio verkehrt haben. Flaminio, 25 Jahre jünger als der Papst, kam mit zarten 14 Jahren an den päpstlichen Hof, und stieg sofort zum gefeierten Lustknaben und Gelegenheitspoeten auf. Er hatte Gunst und Bett des Kirchenfürsten im Sturm erobert, und war fest entschlossen, seine Beute so schnell nicht wieder loszulassen. Als Gegenleistung für die außerordentlichen sexuellen Dienstleistungen des jungen Knaben ließ ihm der Papst eine umfassende Bildung zuteil werden, um sich beim Sex auf hohem Niveau unterhalten zu können. Nach dem Tod des Papstes konnte Flaminio ein Anschlussengagement im Haushalt des in Rom lebenden Erzbischofs von Verona ergattern, wo er die nächsten 20 Jahre verbrachte. Zwischenzeitlich an Syphilis erkrankt, gehörte er nun einem geheimen Zirkel an, der sich jeden Sonntag in der Kirche San Silvestro in Trastevere traf, und dort geheimen Riten und sexuellen Orgien frönte. Nach einem unruhigen Wanderleben in späteren Jahren, immer auf der Suche nach potenten Gönnern, deren Gunst natürlich mit zunehmendem Alter immer schwerer zu ergattern war, starb er 1550.
Nach einem holländischen Zwischenspiel wurde mit Giuliano de' Medici erneut ein Vertreter dieser Familie Papst, mit dem Alias Clemente VII. Der Neffe von Leo X. drehte die sexuelle Orientierung am päpstlichen Hof wieder auf Heterosexualität, und zeugte zahlreiche Kinder, von denen eines, Alessandro, später Herzog von Florenz wurde. Alessandro war von dunkler Hautfarbe, daher »il Moro« (der Schwarze) genannt. Er war

vom Papst vermutlich mit seiner aufreizend schönen, mulattischen Haushälterin Simonetta de Collevecchio gezeugt worden, und starb mit 27 Jahren an den Folgen eines Mordanschlags seines eigenen Cousins.[93]

Aufgrund von zahllosen und auch für Zeitgenossen kaum noch nachvollziehbaren, in rasender Schnelligkeit sich abspielenden politischen Seitenwechseln des Papstes kam es wie es kommen musste: am Ende stand er ganz alleine da, ohne Verbündete, und ein vor Rom kampierender Söldnerhaufen nutzte die Gelegenheit 1527 zum »Sacco di Roma«, zur großen Plünderung der Stadt, bei der viele unersetzliche Kunstwerke zerstört oder verschleppt wurden. Angeblich vergewaltigten die Söldner alle Frauen der Stadt mindestens ein Mal, von der Nonne bis zur Köchin, vom jungen Mädchen bis zur Oma, die attraktivsten natürlich mehrfach. Frauen wurden hordenweise nackt durch die Straßen gepeitscht, in Kirchen wurden Bordelle eingerichtet, auf Altären gevögelt. Insgesamt ein Schock für die Stadt und für die Christenheit, zudem ein wirtschaftlich-kultureller Schaden, von dem sich die Stadt lange nicht erholen sollte.

Nunmehr an der Reihe war Alessandro Farnese, den wir zuvor schon als Bruder von Giulia Farnese kennengelernt haben, der zum Dank für die sexuellen Dienstleistungen seiner Schwester (einer privaten sexuellen Dienstleisterin) von Borgia zum Kardinal erhoben worden war. Unter dem Decknamen *Paul* III. übernahm er 1534 das Ruder, und ließ es bis 1549 nicht mehr los. Bei seiner Wahl schon 66 Jahre alt, hatte er sich zuvor mit Kriegszügen gegen seine Mutter (aus dem Clan der Caetani) ausgezeichnet, die er zeitweise sogar einkerkern ließ. Außerdem hatte er sich dem Zeugen von vielen unehelichen Kindern gewidmet, allein mit Silvia Ruffini hatte er drei Söhne und eine Tochter. Als Papst verkündete er natürlich strenge Sittenmaßregeln, und leitete mit dem Konzil von Trient die Gegenreformation ein, mit der das pestilenzartige Übel der Reformation aus der Welt geschafft werden sollte.

Schon seine erste Amtshandlung war die Erhebung von zwei minderjährigen Enkelknaben, Alessandro Farnese, 14 Jahre alt, und Guido Sforza, 16 Jahre alt, zu Kardinälen. Insgesamt war

sein Pontifikat für seine Familie sehr erfolgreich. Sie legte während dieser Jahre den Grundstein für ihren die nächsten Jahrhunderte ausreichenden Reichtum. Alessandro ließ auch den prachtvollen Palazzo Farnese im Zentrum Roms erbauen, heute die Botschaft Frankreichs in Italien. Als sein 44-jähriger Sohn Pierluigi 1547 in Piacenza ermordet wurde, war die Trauer des Papstes groß. Die anschließenden Streitigkeiten um die Erbschaft des Lieblingssohnes versetzten den 81-jährigen Papst so in Aufruhr, dass er wenig später starb.
Die Lage nach dem Tod des Farnese war kompliziert. Das Kardinalskollegium war in drei Fraktionen zerfallen, die sich bis aufs Blut bekämpften. Da gab es eine Habsburger-Fraktion, die dem Kaiser des Heiligen Römischen Reichs zu Willen sein wollte. Da gab es die Franzosen-Fraktion, die dem Willen des französischen Königs zu folgen gewillt war, und da gab es schließlich noch die Italiener-Fraktion, die nationalstaatliche Verpflichtungen hatte, und die in der Mehrzahl der Familie Farnese verpflichtet war. Die kaiserliche Fraktion wollte als Bedingung das Konzil von Trient, das mittlerweile eingeschlafen war, wiederbeleben. Die Franzosenfraktion wollte das eben nicht (der französische Klerus hatte sich mittlerweile eine große Eigenständigkeit erkämpft, die von einer Erneuerung des Konzils bedroht war). Und die Farnese-Fraktion wollte einen ihrer Clansmitglieder erheben, den Enkel des Amtsvorgängers, Alessandro Farnese, zu diesem Zeitpunkt 30 Jahre alt.[94]
Nach mehreren vergeblichen Wahlgängen wurde schließlich per Kompromiss Giovanni Maria Ciocchi del Monte gewählt, alias Julius III. Seine kirchliche Karriere verdankte er dem Familiennetzwerk der del Montes. So war er von seinem Onkel mit 25 Jahren zum Erzbischof von Manfredonia gekrönt worden, nachdem der Onkel selbst, sein Amtsvorgänger, zum Kardinal erhoben worden war (das Erzbistum war quasi ein erbliches Lehen zu diesem Zeitpunkt). Er beschäftigte sich gerne mit Akten und Traktaten, und genoss ansonsten das Leben. Von seinem Pontifikat ist nichts besonderes zu berichten, außer dass er sich die prachtvolle Villa Giulia außerhalb Roms erbaute, in der er den Großteil seiner Zeit verbrachte, und dass er nur gelegentlich

im Vatikan vorbeischaute. In den Annalen der Geschichtsbücher steht er heute vor allem wegen eines Sexualskandals, der mit seinem Namen verbunden ist.

Es geht dabei um Innozenz Ciocchi del Monte, einem außerordentlich hübschen und willigen Bettlerjungen, der mit sieben Jahren auf Betreiben des späteren Papstes zum Pagen des Familienpalastes in Parma gemacht worden war. Nach der Wahl del Montes zum Papst adoptierte er den hübschen Bengel und machte ihn ganz offiziell zum »Papstneffen«. Binnen kurzer Zeit erhielt Innocenzo vom Papst lukrative Lehen, so die Mönchsinsel Mont Saint Michel in der Normandie und die Kirche San Zeno in Verona. Trotz warnender Stimmen aus dem Kardinalskollegium setzte del Monte die skandalöse Beziehung, bei der ihn der Hübschling bei allen offiziellen Anlässen an seiner rechten Seite (quasi als Ehefrau) begleitete, fort. Und beförderte auch die weitere Karriere seines Analanten, indem er ihn im zarten Alter von 18 Jahren zum Kardinal erhob. Zu diesem Zeitpunkt wohnte sein Loverboy ganz offiziell im päpstlichen Haushalt und schlief im päpstlichen Bett. Als der Loverboy seinerseits eine Beziehung linker Hand zur schönsten Prostituierten Roms, Ersilia Cortese, aufnahm, war seine Position am päpstlichen Hof kurzzeitig gefährdet. Allerdings konnte sich der Papst letztlich nicht dazu durchringen, ihn vom Hof zu verbannen, sodass der Loverboy weiterhin sich aller Gunstbeweise und Pfründe erfreuen konnte, die ihn zu einem der reichsten Männer Roms machten.

Nachdem er 1553 noch die Verbrennung aller hebräischen Bücher in Italien angeordnet hatte (unersetzliche Werke gingen in Flammen auf), verstarb Del Monte 1555. Alle Welt erwartete jetzt ein himmlisches oder wenigstens ein irdisches Strafgericht für seinen ehemaligen Loverboy, der immer wieder Verbrechen begangen hatte, zu Lebzeiten des Papstes aber nie bestraft worden war. Doch es geschah – nichts. Der Lustknabe fand in den Medici – aus welchen Gründen auch immer – potente Fürsprecher, und konnte sogar seinen Kardinalshut behalten. Er wurde ganz offiziell zu den nächsten beiden Papstwahlen als wahlberechtigter Kardinal zugelassen. Kurzfristig aus dem Verkehr gezogen, nachdem er zwei Männer totgeschlagen und eine Reihe von Frauen vergewaltigt hatte, behielt er letztlich bis an sein Lebensende Amt und Würden. Als er Ende 1577 mit 45 Jahren bei einer Orgie mit mehreren Prostituierten einen Herzanfall bekam und starb, ging ein Seufzer der Erleichterung durch den Vatikan und Rom. Er wurde mit auffälliger Hast und ohne jegliche Zeremonien verscharrt, und sein Name aus den päpstlichen Registern getilgt.

Der Neapolitaner Gian Pietro Carafa wurde 1555 gewählt, im 79. Lebensjahr, und nahm den Namen Paul IV. an. Er trat an mit dem Anspruch, die moralische Erneuerung der Katholischen Kirche ins Werk zu setzen. Als erste Amtshandlung veröffentlichte er eine päpstliche Bulle (»Cum nimis absurdum«), der zufolge die Juden Roms ihre bisherigen, über die Stadt verteilten Wohnstätten verlassen und in ein von ihm bezeichnetes Ghetto im Stadtzentrum ziehen mussten.[95] Nachts war ihnen der Ausgang verboten, die Männer mussten gelbe Hüte tragen, die Frauen gelbe Schals. Gemäß der päpstlichen Bulle von 1555 durften die Juden nur noch in einer einzigen Synagoge beten, alle anderen mussten abgerissen werden. Um das Ghetto-Gebiet wurde eine hohe Mauer errichtet, der Zugang war nur über zwei Tore möglich, die nachts verschlossen wurden. Im 19. Jahrhundert lebten dort mehr als 10 000 Menschen – das römische Ghetto war eines der größten Europas.[96] Damit war die Katholische Kirche Anstoßgeber einer Entwicklung, die letztlich im vom »Dritten Reich« in Gang gesetzten Holocaust endete.

Aber damit war Carafas Sündenliste noch nicht zu Ende. Gerade er, der sich der moralischen Erneuerung verschrieben hatte, hielt sich einen eigenen Zirkel von Lustknaben im Vatikan, und betrieb darüberhinaus Nepotismus der übelsten Art. Am Ende war er gezwungen, als erster Papst seine Kardinalsneffen wegen Unfähigkeit und einer Vielzahl von Verbrechen aus dem Amt zu entlassen. Der erste von beiden, Carlo, war zunächst Lustknabe in den Haushalten der Kardinäle Pompeo Colonna und Pierluigi Farnese, und verlegte sich dann auf eine Tätigkeit als Söldner für Spanien und Frankreich, bevor er in päpstliche Dienste trat. Er war in zahlreiche Mordgeschichten verwickelt sowie in von seinen spanischen Mitsöldnern begangene Massaker auf Korsika. Unmittelbar nach der Machtergreifung seines Onkels wurde er von diesem mit 38 Jahren zum Kardinal gemacht. Carlo setzte auch in der neuen Funktion seine skandalumwitterten Aktivitäten fort, wurde auch in Rom in Mordhändel, Vergewaltigungen und die Organisation einer Bande von Zuhältern für homosexuelle Lustknaben verwickelt. Der 83-jährige Gianpietro war im letzten Jahr seines Pontifikats gezwungen, Carlo von allen seinen Ämtern zu entheben und ins Exil zu schicken. Den Kardinalshut übertrug er dem Neffen des Neffen, Alfonso Carafa.

Der andere Neffe war Giovanni Carafa, der 1555 mit 25 Jahren Kommandant der päpstlichen Truppen wurde. Neben den militärischen Aufgaben (die mit einer Reihe von Niederlagen verbunden waren), kümmerte er sich um einen Zirkel von Kurtisanen hochgestellter Persönlichkeiten, über die er wichtige Informationen (und erhebliche Einnahmen) erhielt. Seine eigene (schwangere) Frau prügelte er zu Tode, nachdem ihm Gerüchte zu Ohren gekommen waren, diese könne sich eventuell einen Liebhaber an Land gezogen haben.[97] Beider Karrieren endeten mit dem Tod des Papstes 1559. Den Brüdern wurde unter dem neuen Machthaber, dem 61-jährigen Giovanni Angelo Medici alias Pius IV., der Prozess gemacht. Carlo wurde in der Engelsburg mit dem Würgeeisen getötet, Giovanni vor dem Stadttor Tor di Nona geköpft. Der dritte Bruder Antonio schaffte es, sich nach Neapel zu retten, wo er vor den päpstlichen Nachstellungen sicher war und erst 1588 im Alter von 68 Jahren starb, während sein Sohn, der mit 17 Jahren Kardinal gewordene Alfonso, der es ebenfalls nach Neapel geschafft hatte, dort 1565 mit 25 Jahren starb – vergiftet im Auftrag des neuen Papstes, wie Zeitgenossen vermuteten. Denn zwei Jahre zuvor hatte sich Alfonso bei dem Versuch beteiligt, den Medici-Papst zu ermorden, was allerdings schon im Vorfeld aufgedeckt und verhindert worden war.

Zu den Eigenheiten der unerforschlichen Wege kurialer Rechtsfindungen gehört, dass die Carafas unter dem nächsten Papst, Antonio Ghislieri alias Pius V. (61 Jahre bei der Machtergreifung) vollumfänglich rehabilitiert wurden, und ihnen sogar alle ihre zwischenzeitlich eingezogenen Güter wieder zurückerstattet wurden. Ghislieri hatte sich schon früh als Gegner seines

Vorgängers profiliert, als er ihm die Kardinalserhebung eines 13-jährigen »Neffen« verweigerte – das erste Mal, das so etwas in der jüngeren Kirchengeschichte passierte. Die Erhebung des 22-jährigen Medici-»Neffen« Carlo Borromeo dagegen konnte ohne weiteren Widerstand 1560 vollzogen werden.
Ghislieri war der erste in einer langen Reihe mürrischer, alter Männer, die sich nun auf dem »Stuhl Petri« abwechselten. Die farben- und sinnenfrohe Periode der weltlichen, prassenden und tollenden, dem Leiblichen huldigenden Päpste war vorerst vorbei. Daher passt es auch, dass er die antisemitische Politik seiner Vorgänger fortsetzte und verschärfte, indem er alle Juden innerhalb von drei Monaten aus dem Kirchenstaat zu vertreiben befahl (mit Ausnahme von Rom und Ancona). Diejenigen, die danach noch im Kirchenstaat angetroffen würden, sollten hingerichtet werden. Außerdem geht auf ihn der Index Librorum Prohibitorum (Verzeichnis der verbotenen Bücher) zurück, der bis heute im Vatikan geführt wird. Für den (von ihm nur äußerst indirekt mitzuverantwortenden) Sieg über die türkische Flotte in der Seeschlachte von Lepanto wurde er im 18. Jahrhundert sogar heiliggesprochen.

Obwohl die Zeit des Nepotismus, des Ämterkaufs, der allgemeinen Korruption innerhalb der Katholischen Kirche damit eigentlich vorbei sein sollte, wurde sogar unter so einem »vorbildlichen« Kirchenfürsten Ugo Boncompagni alias Gregor III. noch dessen unehelicher Sohn aus der Verbindung mit der Prostituierten Maddalena Fulchini zum Kommandanten der Engelsburg und Heeresführer der Kirche ernannt. Einen guten Teil seiner Amtszeit als Papst widmete Boncompagni den Versuchen, seinem 24-jährigen »Sohn« ein echtes, erbliches Fürstentum zu verschaffen. Neben der Markgrafschaft Vignola (70 000 Dukaten = 70 Millionen Euro) kamen nach mehreren vergeblichen Anläufen gegen die Zahlung von 100 000 Dukaten (100 Millionen Euro) die Herzogtümer Sora und Arce im Lazio zusammen, natürlich bezahlt aus kirchlichen Mitteln und nicht der päpstlichen Privatschatulle. Zum Preis von 243 000 Dukaten (243 Millionen Euro) kamen später noch die Herzogtümer Aquino und

Arpino hinzu. Um diese Ausgaben zu finanzieren, erhöhte Ugo die Steuern und beschlagnahmte verwaiste Adelsgüter im Kirchenstaat, was ihm natürlich viele Feinde eintrug.
Der nächste Papst Felice Peretti di Montalto alias Sixtus V. machten dann 1585 kurzen Prozess und enthob Giacomo Boncompagni aller seiner kirchlichen Ämter. Da die territorialen Ankäufe jedoch juristisch wasserdicht waren, konnte er ihm diese nicht mehr entziehen, die damit im Besitz der Familie Boncompagni blieben, wie vom Ugo beabsichtigt. Felice war ein Musterbeispiel für die Scheinheiligkeit dieser Institution. Er widmete moralischen Themen hunderte von Seiten lange Abhandlungen, in denen ein genauer Strafenkatalog für Ehebruch, Homosexualität, Inzest, Abtreibung, Kuppelei, Verleumdung, aber auch Selbstbefriedigung stand. Er selbst frönte aber mit der größten Nonchalance dem althergebrachten Nepotismus, und ernannte seinen hübschen Enkel Alessandro zum Kardinal. Gedanken machte sich der Papst des Weiteren über die Ehefähigkeit von Kastraten, speziell aufgrund einer Anfrage aus Spanien, bezüglich von Kastraten, die zwar noch einen Penis haben, aber keine Hoden mehr, dennoch aber zum Samenerguss fähig sind, wenn auch, nach Meinung der Kirche, nicht zu einer »richtigen« Ejakulation. Nach längeren Ausführung plädierte Felice in diesem Fall für die Annullierung der Ehe wegen mangelnder Vollzugsfähigkeit, die nun einmal notwendigerweise mit der Fähigkeit, einen »echten« Samenerguss zu produzieren, verbunden sei.
Durch rigorose Sparmaßnahmen verbunden mit außerordentlichen Steuererhöhungen gelang es diesem Papst, im Lauf eines relativ kurzen Pontifikats die leeren Schatullen der Kurie wieder aufs Schönste zu füllen. Eine Bestandsaufnahme nach seinem Tod ergab den angenehmen Kassenstand von nicht weniger als vier Millionen Dukaten (vier Milliarden Euro). Damit war der Vatikan die reichste Regierungsorganisation Europas ihrer Zeit. Besonderen Ehrgeiz legte Felice in die Bekämpfung des Bandenunwesens im Kirchenstaat. Am Tag seiner Machtergreifung ließ er zur Feier des Tages alle am Vortag gefangenen Banditen an der Engelsbrücke erhängen. Ein sprechendes Abbild seiner Eitelkeit ist das überaus pompöse Grabmal, in dem er nach sei-

nem Tod 1590 beerdigt wurde (in der Kirche Santa Maria Maggiore).

Felice betätigte sich aber auch als Rachegott. Sein »Neffe« Francesco Peretti war mit der überaus anmutigen Vittoria Accoramboni verheiratet. Diese hatte allerdings einen feurigen Geliebten, Paolo Orsino, der zusammen mit ihr die Ermordung ihres Ehemannes einfädelte. Der Papst gab weder Rast noch Ruhe, verfolgte die beiden Liebenden nach ihrer Flucht aus Rom mit seinen Häschern kreuz und quer durch ganz Italien. Schließlich konnten sie in Venedig gestellt werden, und wurden dort von seinen Schergen jämmerlich ersäuft.

Das Nepotentum begleitete das Papsttum noch viele Jahrzehnte lang. So auch bei Giovanni Battista Pamphili alias Innozenz X., der 1644 im Alter von 70 Jahren an die Macht kam. Er beförderte zwar auch den einen oder anderen »Neffen«, doch diese errangen nicht die Machtstellung wie viele ihrer Vorgänger. Denn den ersten Platz an der Seite des Papstes hatte jemand anderes inne: Olimpia Maidalchini. Olimpia stammte aus einer verarmten Adelsfamilie in Viterbo, und ihr oberstes Ziel war Reichtum. Aller irdischen Sorgen ledig zu werden, dafür setzte sie alles ein, natürlich an erster Stelle ihren überaus wohlproportionierten Körper. Dabei hatte sie es schon früh auf ältere, wohlhabende Männer abgesehen, die sich von der Gunst der überirdischen Schönheit geschmeichelt fühlten, und dafür das Portemonnaie weit öffneten. Eine erste Ehe der 20-jährigen mit dem reichsten Mann Viterbos, damals schon hochbetagt in den 70ern, hielt gerade mal ein Jahr, bevor er wie erhofft bald das Zeitliche segnete. In zweiter Ehe angelte sie sich ein Jahr später Pamphilio Pamphilio aus bester römischer Familie, engstens mit dem Vatikan vernetzt, unter anderem eben durch Brüderchen Giovanni Battista, den künftigen Papst, und dreißig Jahre älter als sie.

Pamphilio starb 1639 im Alter von 76 Jahren, sie war zu diesem Zeitpunkt gerade mal zarte 45 Jahre alt und schon etwas aus dem Leim gegangen. Sie musste sich nicht lange nach einem neuen Protektor umschauen. Bruder Giovanni Battista stand gerne bereit, sie in seinen Haushalt aufzunehmen. Ob er ihr schon vorher näher gekommen war (während des langen Siechturns seines Bruders), ist unklar. Fakt ist jedoch, dass sie von nun die Stelle der ersten Dame im Haushalt des 65-jährigen Kardinals einnahm, der schon fünf Jahre später Papst wurde. Mit allergrößter Selbstverständlichkeit zog Olimpia nun ebenfalls in den Vatikan ein. Sprachen manche von ihr als der engsten Beraterin des Papstes, so sahen die meisten sie als die eigentliche Herrscherin im Vatikan und den Papst nur als ihr Sprachrohr. Welcher Art ihre Beziehung genau war, darüber streiten die Zeitgenossen. Am häufigsten wurde eine Art sado-masochistischer Beziehung genannt, dass der Papst es also angeblich liebe, von ihr gezüchtigt zu werden, von seiner »Herrin« für die am Tag begangenen Untaten des Nachts bestraft zu werden.

Der Papst setzte sie am Tag seiner Wahl nicht nur zur Universalerbin ein, er kaufte ihr auch mit kirchlichen Mitteln Ort und Umgebung von San Martino al Cimino (bei Viterbo), ernannte den Ort zum Fürstentum und Olimpia zur Fürstin (nicht nur seines Herzens, sondern nun auch ganz real). Bei kirchlichen Festakten residierte Olimpia an der Seite des Papstes, bald nur noch die Frau mit dem bösen Blick genannt. Denn ihre Willenstärke, um nicht zu sagen ihr Fanatismus in eigener Sache, war ihr am Gesicht buchstäblich abzulesen. Mit den ihr vom Papst zur Verfügung gestellten Finanzmitteln (und natürlich *nicht* mit dem üppigen Erbe aus ihren früheren Ehen) errichtete Olimpia einen der prächtigsten Stadtpaläste Roms, den Palazzo Pamphili an der Piazza Navona (heute Brasilianische Botschaft in Rom). Ihr winziges »Fürstentum« ließ sie ebenfalls üppig ausbauen, nebst einem angemessenen Stadtpalast auch noch den restlichen Ort von einer Mauer in der Grundform der Piazza Navona umgeben.

Der Tod des päpstlichen Gönners 1655 mit 81 Jahren brachte dann auch den tiefen Fall für Donna Olimpia. Sie schaffte es zwar noch, sämtliche Wertgegenstände aus den päpstlichen Apartments in ihren Palast bringen zu lassen, wurde dann aber vom neuen Amtsinhaber, Fabio Chigi alias Alessandro VII., unmittelbar nach Amtsantritt der Stadt verwiesen. Sie zog sich in ihr »Fürstentum« zurück, wo sie zwei Jahre später mit 66 Jahren starb. Sie hinterließ ein Barvermögen von zwei Millionen Du-

katen (200 Millionen Euro). Ob sie – wie vom Volksmund berichtet – tatsächlich jedes Jahr am 7. Januar, dem Todestag ihres päpstlichen Gönners, in einer brennenden Kutsche durch Rom rast und lauthals greinend den Verlust ihrer Macht und Pracht beklagt, bleibt jedem selbst zu glauben überlassen.
Fabio Chigi, aus der durch die Finanzierung des Vatikans reich gewordenen Banker-Familie stammend, berief dann gleich mal nicht weniger als vier Verwandte in hohe Stellungen oder machte sie gleich zu Kardinälen. Auch einen deutschen Adligen hielt er sich angeblich als Lustknaben, Ferdinand von Fürstenberg, Fürsterzbischof von Paderborn und Münster. Er hatte den 30 Jahre älteren Chigi mit 22 Jahren bei den Abschlussverhandlungen zum Westfälischen Frieden kennengelernt und folgte ihm einige Zeit später nach Rom, wo er nach der Papstwahl Chigis zum päpstlichen Geheimkämmerer aufstieg.
Der Umschwung ließ nicht lange auf sich warten. Mit Benedetto Odescalchi vulgo Innozenz XI. betrat 1676 ein Mann die Bühne, der um ein moralischeres Leben im Vatikan aber auch in Rom insgesamt bedacht war (zumindest offiziell). Als erste Amtshandlung ließ er alle Theater Roms schließen, und sorgte so für einen scharfen Einbruch in der Entwicklung der florierenden, berühmten römischen Opernhäuser. Allerdings war diese Entwicklung nicht von Dauer, und schon der nächste Papst inthronisierte wie selbstverständlich wieder Nepoten. Alessandro Pignatelli alias Innozenz XII. versuchte es dann 1691 mit dem expliziten Verbot des Nepotismus (er ließ allerdings im Zweifel noch einen einzigen Nepoten ausnahmsweise zu). Aber auch ohne Nepoten ließ sich etwas machen in Rom. Pietro Francesco Orsini alias Benedikt XIII. vom berühmten altrömischen Adelsclan der Orsini verschrieb sich nach seiner Wahl 1724 dem entschlossenen Kampf gegen die moralische Verlotterung in den Klöstern dieser Welt, dem ständigen Herumhuren hetero- und homosexueller Art, dem ungehemmten Vögeln unter den Talaren und Ordensoutfits. Er untersagte strikt jeglichen Sexualverkehr innerhalb der Klostermauern und bedrohte jedermann und jederfrau mit Exkommunikation, der sich mit der Absicht eines gepflegten Austauschs von Körpersäften dem anderen oder

dem gleichen Geschlecht näherte. Besonders verwerflich wurden einmal mehr der widernatürliche Oralverkehr, der ebenso abscheuliche Analverkehr und selbstverständlich jegliches intime Zusammensein mit Vertretern der Tierwelt gebrandmarkt. Auch den aktiven oder passiven Gebrauch von Lustknaben untersagte er unter Androhung erheblicher Strafen. Auch Lotteriespiele und sogar das Rauchen verbot er ebenfalls bei Strafe der Interdiktion.

Doch es half alles nichts. Gerade dieser besonders heilige und moralisch hehre Mann ernannte kurz nach seiner Wahl einen der schlimmsten Finanzbetrüger der Kirchengeschichte zu seinem Kardinaladministrator. Niccolò Coscia, gebürtig 1682 aus Kampanien, wurde von Orsini mit 42 Jahren ins Amt gehievt und mit allerlei weltlichen und körperlichen Gnadenerweisen für seine Korruptheit belohnt. Coscia betrieb seine Beutelschneidereien so exzessiv, dass sogar die schier unerschöpflichen Mittel der Kirche nach wenigen Jahren restlos geplündert waren und der vatikanische Tresor nur noch gähnende Leere aufwies, während das persönliche Vermögen Coscias geradezu unermesslich geworden war. So hatte er das relativ kurze Pontifikat von Orsini dazu benutzt, nicht weniger als 139 Bischofsämter käuflich zu verticken, sodass eine Großzahl der heutigen Bischöfe in der apostolischen Sukzession (der direkten Übertragung der urchristlichen Weihen durch Handauflegen von einer Popengeneration auf die nächste) indirekt auf ihn zurückgehen.

Kaum war der Papst 1730 mit 81 Jahre gestorben, verbannte der nächste Papst Lorenzo Corsini vulgo Clemente XII., aus alter Florentiner Finanzaristokratie, den ihm verhassten Finanzkorsaren Coscia, der sicherheitshalber schon vorher das Weite gesucht hatte, vom päpstlichen Hof. Doch Coscia hatte längst an der Überwindung der von ihm vorhergesehenen Unterbrechung seines römischen Aufenthalts gearbeitet, und nicht zu knapp. Mit seinen unermesslichen Finanzmitteln schaffte er tatsächlich den erneuten *turnaround*, wurde bald freigesprochen und konnte sogar an den nächsten Papstwahlen als stimmberechtigter Kardinal teilnehmen. Corsini selbst hatte sich im Alter von 33 Jahren für die stattliche Summe von 30 000 Dukaten (30 Millionen

Euro) als Kurialprälat in die päpstliche Hierarchie eingekauft, und folgte somit den Spuren seines kurz zuvor verstorbenen Onkels, dem Kardinal Neri Corsini. 1706 stieg Lorenzo zum Kardinal auf und wurde gleichzeitig päpstlicher Kämmerer (Finanzminister).

Nach seiner Papst-Wahl setzte er als erstes einen Prozess gegen Coscia an und ließ diesen wie auch andere Freibeuter in päpstlichen Finanzgewässern zu langjährigen Haftstrafen verurteilen, von denen sie sich nur durch die Bezahlung hoher Geldsummen freikaufen konnten (wodurch ein Teil der veruntreuten Mittel wieder zurückfloss). Außerdem widerrief er das Verbot des Lotteriespiels und ließ diese nun sogar in kirchlicher Regie veranstalten, sodass weitere erhebliche Mittel den päpstlichen Haushalt stärkten. Allein aus der Lotterie flossen dem Pontifikal-Etat jährlich 500 000 Dukaten (500 Millionen Euro) zu, die meist für Baumaßnahmen genutzt wurden. Bemerkenswert von seinem Pontifikat ist noch – neben der Berufung von gleich zwei Nepoten – die erste päpstliche Bulle gegen Freimaurer (In eminenti), sowie die Tatsache, dass er gegen Geld, gute Worte und wertvolle politische Zusagen mit dem *achtjährigen* spanischen Infanten Antonio de Borbón den jüngsten Kardinal aller Zeiten ernannte.

Carlo della Torre di Rezzonico alias Clemente XIII. trieb dann die neue offiziöse Leibfeindlichkeit im Vatikan so weit, allen dort gesammelten nackten Statuen kleine Blechkleidchen anheften zu lassen, die die Scham verbargen, sowie auf den großen Freskenzyklen im Vatikan ebenfalls alle nackten mit kleinen Schleierchen an den entscheidenden Stellen weniger nackt, weniger intim zu machen (natürlich ging das eigentliche Treiben hinter den verschlossenen Türen munter weiter). Er starb 1769 mitten in Auseinandersetzungen mit dem mächtig gewordenen Jesuitenorden, der mittlerweile einigen europäischen Königen schon zu mächtig geworden war, weswegen sie ihn wie in Spanien, Portugal, Frankreich und England direkt aus dem Land expediert hatten, und nun mächtigen Druck auf den Papst ausübten, das geheime Netzwerk des Ordens durch dessen Auflösung ein für alle Mal zu zerschlagen. Just am Vorabend des entscheidenden

Konsistoriums legte sich Rezzonico mit leichtem Unwohlsein ins Bett, um nie mehr aufzustehen. Er war plötzlich und unerwartet verstorben, im Alter von 76 Jahren, was viele Zeitgenossen nicht wirklich überraschte, da die Frage der Auflösung des Jesuitenordens damit erst einmal wieder auf die lange Bank geschoben worden war.

Nachfolger Lorenzo Ganganelli vulgo Clemente XIV. wollte das Werk fortsetzen und betrieb in den ihm verbleibenden fünf Lebensjahren energisch die Auflösung des Ordens, schloss dessen römische Repräsentanz und zog viele Güter ein. Doch die Geschichte wiederholte sich. Just am Vorabend einer wichtigen Versammlung, auf dem weitere, wesentliche Schritte zur Eindämmung des mächtigen Ordens getroffen werden sollten, legte sich dieser mit Unwohlsein zu Bett, wiederholte seine Prophezeiung, die Jesuiten würden ihm nach dem Leben trachten und damit auch Erfolg haben, und wachte am nächsten Morgen nicht mehr auf. Er war 69 Jahre alt geworden, und hatte sich bis zu diesem Zeitpunkt bester Gesundheit erfreut. Bei mehreren Autopsien in den vergangenen Jahrzehnten konnten keine Spuren eines heute bekannten oder nachweisbaren Giftes gefunden werden. Das Engagement des Jesuitenordens in Südamerika legt jedoch die Vermutung nahe, dass möglicherweise aus den dortigen Schamanenweistum Stoffe gewonnen worden waren, die einerseits sicher zum Tode führten, andererseits aber nicht nachweisbar waren.

Einen einmaligen Tiefpunkt erreichte die Geschichte der Päpste unter Giovanni Angelo Braschi vulgo Pius VI. Dieser hatte zwar das »Verdienst«, mit über 24 Jahren eines der längsten nachweisbaren Pontifikate der bisherigen »Kirchengeschichte« auszusitzen, musste gegen Ende aber auch hinnehmen, was bisher noch niemals geschehen war. Feindliche Truppen, in diesem Fall die Soldaten der Grande Armée unter Napoléon, waren in Italien eingedrungen und ohne größere Hindernisse bis nach Rom marschiert. In Frankreich war bereits kurz nach der Revolution 1789 der gesamte Grundbesitz der Kirche beschlagnahmt worden, die Orden aufgelöst, die Zahl der Bistümer stark reduziert worden. Die wenigen päpstlichen Truppen, die in der Eile hatten zusammengerafft werden können, wurden von den kampferprobten Franzosen mit Leichtigkeit aus dem Feld geschlagen. So kam, was kommen musste. Erst lagerten die französischen Truppen vor der Stadt, doch nach der Ermordung eines ihrer Anführer durch einen römischen Heißsporn besetzten sie auch die Innenstadt und verlangten vom Papst, auf alle weltlichen Regierungsämter und Funktionen zu verzichten, und sich auf das geistliche Amt zu konzentrieren. Der 80-jährige Braschi lehnte empört ab, die Truppen verhafteten ihn und nahmen ihn mit nach Frankreich, wo er in der Festung der ehemaligen päpstlichen Grafschaft Valence inhaftiert wurde. Dort starb Braschi 1799, sein Leichnam wurde nach Rom überführt und in St. Peter begraben.

Schien die Kirchengeschichte an diesem Punkt schon an ihr natürliches Ende geraten, so waren die Beharrungskräfte doch stärker als die Zerfallstendenzen. Von interessierten Seiten (Österreich und Frankreich) zusammengerufen, trat ein Kardinalskonklave 1800 in Venedig zusammen, und wählte nach mehreren Monaten Beratungen, Drohkulissen und Hinter den Kulissen-Geschachere schließlich Luigi Barnaba Niccolò Maria Chiaramonti oder auch Pius VII. zum neuen Pontifex. Dieser hatte nun ein sportliche Aufgabe vor sich, den politischen Rang der Katholischen Kirche unter den Führungsmächten der westlichen Welt wieder zu etablieren, stabile Beziehungen zu den Supermächten herzustellen, und dabei die geostrategischen und finanziellen Interessen der Kurie nicht aus den Augen zu verlieren.

Ein erster wichtiger Erfolg (wie später für Hitler) war der Abschluss eines Konkordats, in diesem Fall mit der in Europa führenden Supermacht Frankreich 1801. Napoléon war an einer Aussöhnung mit dem Katholikenclan gelegen, da er sich bereits auf dem Weg befand, eine Adelsdynastie zu gründen, die künftig Frankreich und Europa auf unabsehbare Zeit beherrschen können sollte. Beide Seiten gingen also Kompromisse ein, und beide Seiten feierten das Konkordat als besonderen Erfolg ihrer eigenen Position. Während Chiaramonti nun dringlich die in Aussicht gestellte Wiederherstellung des Kirchenstaates forderte, ließ sich Napoléon damit Zeit, verlangte vom Papst, ihn zum Kaiser von Frankreich zu krönen, was 1804 auch geschah, und verkündete, der Papst sei sein Untertan. Damit war allerdings für Papst und Kurie die Grenze erreicht. Der Streit eskalierte, französische Truppen besetzten einmal mehr den Kirchenstaat und beschlagnahmten sämtliche Mobilien und Immobilien, während der Papst seinerseits Napoléon exkommunizierte, was diesen allerdings nicht weiter beeindruckte.

Der Korse ließ Chiaramonti gefangennehmen und erst in Savona, anschließend in Fontainebleau unter Hausarrest stellen. Am unbeugsamen Willen sollte sich der politisch an vielen anderen (Kriegs-)Fronten geforderte Korse schließlich die Zähne ausbeißen. Der Papst weigerte sich hartnäckig, neue französische Bischöfe nach den Vorgaben des Kaisers zu ernennen, und trat hierfür zeitweise sogar in Hungerstreik. Doch es dauerte noch bis zur endgültigen militärischen Niederlage des Korsen 1815, bevor der Papst im Zuge der allgemeinen konservativen Restauration des Zustands ante quem zur Revolution wieder im heimischen Rom Wohnstatt nehmen konnte. Er erhielt den Kirchenstaat im Rahmen des Wiener Kongresses zurück, der Vatikan selbst kehrte zurück in den Kreis der Mächte und wurde auch in den Kreis der diplomatischen Mächte aufgenommen. Der Papst ließ nun sogar den Jesuitenorden wieder zu, und schreckte nicht einmal davor zurück – ganz großzügiger Sieger – der auf der Flucht befindlichen Familie Bonapartes in Rom Asyl zu gewähren. Chiaramonti verstarb nach einem ebenfalls rekordverdächtigen Pontifikat von 23 Jahren 1823.

Der technisch-wissenschaftliche Fortschritt und die gesellschaftlichen Veränderungen im 19. Jahrhundert stellten das Papsttum vor besondere Herausforderungen. Bartolomeo Cappellari alias Gregor XVI. machte es sich noch einfach: nach seiner Wahl 1831 agierte er als engagierter Gegner neuer Technologien und republikanisch-demokratischer Bestrebungen, stand für einen rückwärtsgewandten Konservatismus. So war er unter anderem gegen Gasbeleuchtung und Eisenbahnen, deren Einführung im Kirchenstaat er untersagte. Er hielt sie für Instrumente des Teufels, gedacht, den Handel mit weltlichen Gütern zu intensivieren,

dadurch den bürgerlichen Mittelstand zu kräftigen und somit die zu erwartenden Forderungen nach politischen Liberalisierungen zu fördern. Cappellari war dagegen. Die dadurch geförderten aufständischen Bestrebungen wurden mit eiserner Faust unterdrückt. Speziell die Bewegung der antifeudalen Carbonari ließ er mit Hilfe österreichischer Truppen bekämpfen.
Mit Giovanni Maria Mastai-Ferretti betrat dann 1846 der letzte weltliche Herrscher im Kirchenstaat die politische Bühne vor dessen Aufhebung 1870. Er setzte den Kampf gegen die demokratischen Bewegungen, und insbesondere gegen die italienische Einigungsbewegung fort. Die italienische Einigungsbewegung war deswegen besonders gefürchtet im Vatikan, weil klar war, dass dadurch der Kirchenstaat in existenzielle Bedrohungen geraten würde, sollte das ganze umliegende Land tatsächlich unter eine einheitliche Regierung kommen – denn dann gab es keine wirkliche Berechtigung mehr für einen weltlichen Kirchenstaat als gesondertes Gebiet innerhalb eines ansonsten geeinigten Italiens. Die auch den Kirchenstaat erschütternden Revolutionen von 1848 brachten den Papst dazu, sich in die Küstenfestung Gaeta zu flüchten, nachdem ein hoher Repräsentant des Kirchenstaates im Zuge der Unruhen ermordet worden war. Giuseppe Mazzini rief nun auf dem Gebiet des bisherigen Kirchenstaates die Römische Republik aus, die aber wenige Wochen später von französischen und spanischen Repressionstruppen zerschlagen wurde. Im Frühjahr 1850 kehrte Mastai nach Rom zurück. Das Ende des Kirchenstaates kam dann 1870. Im Gefolge des deutsch-französischen Krieges 1870/71 zogen die französischen Schutztruppen aus dem Kirchenstaat ab, und die schon lange auf diese Gelegenheit wartenden italienischen Heere von Garbaldi & Co. zogen im Kirchenstaat ein und übernahmen dort die Macht. Der Kirchenstaat wurde aufgelöst, dem Papst blieben als Staatsgebiet nur noch der eigentliche Vatikan, die Lateransbasilika und seine Sommerresidenz in Castel Gandolfo in den Albaner Bergen bei Rom. Der italienische Staat duldete diesen Zustand zunächst nur, ohne ihn anzuerkennen.
Erst 1929, mit dem Abschluss des Konkordats mit Mussolini, wurde dann eine staatsvertragliche Einigung herbeigeführt. Seit-

dem existieren auf italienischem Staatsgebiet zwei Staaten – die Republik Italien und das Kirchenfürstentum des »souveränen« Vatikanstaats. Mastai selber weigerte sich, die neuen Realitäten anzuerkennen, er betrachtete sich weiterhin als rechtmäßigen Herrscher im Kirchenstaat und die italienische Truppen als illegale Besatzer. Es war naheliegend, dass diese Entwicklungen zu einer Verschärfung des konservativen Kurses der Kurie führen würde. Die Ergebnisse ließen nicht lange auf sich warten. Quasi als Protest erließ er die Enzyklika von der Unfehlbarkeit des Papstes – eine ungeheure Anmaßung, die bis heute als Kirchenrechtsgrundsatz Gültigkeit hat. Dazu verkündete er die endgültige Anerkennung der Unbefleckten Empfängnis der »Mutter Gottes«. Was bisher nur ein kirchlicher Festtag gewesen war, galt nun als unumstößliche Rechtstatsache. Der kirchliche Irrweg steigerte sich in immer neue Aberwitzigkeiten. So untersagte der Papst 1874 alle italienischen Katholiken bei Androhung der Exkommunikation die Teilnahme an demokratischen Wahlen. Logisch, dass das zur weiteren Schwächung des öffentlichen Ansehens von Papst & Co. beitrug. Bei seinem Tod 1878 hatte Mastai mit 31 Jahren das bislang längste Pontifikat und eines der ereignisreichsten und folgenschwersten für die Kirchengeschichte absolviert. Als Staatschef hatte er sich wenig christlich gezeigt und zahlreiche Todesurteile gegen Aufständische und Kirchengegner vollstrecken lassen. 1859 ließ er republikanische Aufstände im päpstlichen Perugia von seinen Truppen blutig niederschlagen, was zu einem Massaker mit hunderten von Toten führte. Und selbstverständlich verdammte er nicht zuletzt Sozialismus und Kommunismus als verabscheuungswürdige Höllengeburten.

Giuseppe Melchiorre Sarto alias Pius X. verbot nach seinem Amtsantritt 1903 als erstes das Engagement kastrierter Knaben im Chor der Sixtinischen Kapelle. Bis dahin war es im Vatikan jahrhundertelang üblich gewesen, besonders die hohen Stimmen im Bereich Sopran und Alt mit entmannten Knaben zu besetzen, teilweise wurden diese speziell für diese Verwendung entmannt, eine barbarische Praxis im Herzen der »Kirche«, die nun, als das 20. Jahrhundert schon drei Jahre alt war, endlich beendet wurde. Ansonsten setzte er sich getreu der kurialen Leitlinie unermüdlich gegen den Modernismus, gegen allgemeine Menschenrechte, gegen Demokratie, gegen die historisch-kritische Exegese der Bibel, aber für den Marien-Aberglauben ein (Enzyklika Ad Diem Illum). Durch den Glauben an Maria sollte das Christentum erneuert werden. Als Allzweckwaffe für den Kampf um die Weltanschauungen führte er den »Antimodernisten-Eid« ein, den ab 1910 alle Angestellten der »Kirche«, aber auch eigentlich alle Gläubigen ablegen sollten, und der bis ins letzte Drittel des 20. Jahrhunderts gültig blieb. Der größte Schock zu Beginn seines Pontifikats war die in Frankreich 1905 durchgeführte, bis heute gültige, konsequente Trennung von Kirche und Staat: kein Religionsunterricht mehr in staatlichen Schulen, kein Kirchensteuer-Einzug durch den Staat, keine Verwendung christlicher Symbole in öffentlichen Amtsstuben und Gebäuden usw. Das traf ihn so tief, dass er umgehend das mit Frankreich bestehende Konkordat kündigte. Sarto starb im August 1914, genau zu Kriegsbeginn, den er durch deutsch- bzw. österreichfreundliche Äußerungen noch befördert hatte, und in denen er durch seinen Kardinalstaatssekretär speziell Österreich aufgefordert hatte, in den Auseinandersetzungen mit dem orthodoxen Serbien konsequent zu bleiben und »bis zum Äußersten« zu gehen – was dann auch geschah, und was geradewegs zum Ersten Weltkrieg führte.[98]

Als vorgeblicher »Friedenspapst« amtierte dann Giacomo della Chiesa alias Benedikt XV. ab 1914 auf dem »Stuhl Petri«. Der Adlige aus Genua war erst drei Monate zuvor zum Kardinal ernannt worden. Nach wortreichen Lamentationen über die vielen Toten der Schlachten, schlug er sich 1917 selbst zum Vermittler zwischen den verfeindeten Lagern vor. Da die Nationalkirchen hüben und drüben allerdings gleichzeitig nach wie vor zum Kampf gegen den »Feind« aufriefen und so halfen, den Krieg zu verlängern, mangelte es ihm letztlich an Glaubwürdigkeit, und bei den Friedensverhandlungen 1918 war der Vatikan daher aus gutem Grund nicht als Verhandlungspartei zugelassen. Nach dem Friedensvertrag von Versailles erklärte sich Chiesa mit wohlfeilen Worten die Versöhnung zwischen den Lagern und bat um Abmilderungen der harten Vertragsbedingungen zuungunsten der unterlegenen Länder. Speziell Deutschland sei zu schwer bestraft worden, und setzte damit die deutschfreundliche Linie im Vatikan fort, auch die Auflösung Österreich-Ungarns (als der katholischen Führungsmacht auf dem Balkan) kritisierte er. Das neue Instrument im Rahmen der Völkerverständigung und Vorläufer der UNO, den Völkerbund in Genf, disqualifizierte er, da nicht auf der Grundlage christlicher Überzeugungen agierend.[99] Im Übrigen widmete er sich dem zum Hauptanliegen der Katholischen Kirche im 20. Jahrhunderte gewordenen Kampf gegen den »teuflischen Kommunismus« sowjetischer Prägung – und der weiteren Intensivierung des Marien-Aberglaubens. Speziell der atheistische, die althergebrachte Klassengesellschaft umstürzende Kommunismus jagten Papst und Kurie Schreckensschauer über den Rücken. Auch der Zerfall des ottomanischen Reiches interessierten Chiesa hauptsächlich unter dem Blickwinkel seiner Auswirkungen auf die Katholiken der Region. Er setzte sich sogar für das Frauenwahlrecht ein – aber nicht etwa aus einem revolutionär anmutenden Philofeminismus, sondern weil er davon ausging, dass Frauen mehrheitlich konservativ-katholisch wählen und daher eine willkommene Stärkung des kirchenfreundlichen Katholischen Lagers darstellen würden. Im Kampf der Weltanschauungen wurde auch das Verbot für Katholiken, sich politisch in demokratischen Parteien zu engagieren, aufgehoben, und nun die Gründung katholischer Parteien auch in Italien gefördert (es entstand der zeitweise einflussreiche *Partito Popolare Italiano* unter dem Popen Don Sturzo, der seinerseits von der Kirche 1923 aus dem Amt gejagt wurde, als der Vatikan sich zur Unterstützung der profaschistischen Unione Nazionale entschieden hatte; im Zweiten Weltkrieg arbeitete der in die USA emigrierte Sturzo mit den alliierten Geheimdiensten zusammen bei der Vorbereitung der Invasion Italiens 1943). Während des Angriffs sowjetischer Truppen auf Warschau 1920 harrte der päpstliche Nuntius als einer der wenigen westlichen Diplomaten in Warschau aus. Kurz darauf engagierte sich der Vatikan vermittelnd während den deutsch-polnischen Auseinandersetzungen um Oberschlesien, da man einen Kampf zwischen bei-

den Ländern als Schwächung des gemeinsamen antibolschewistischen Kreuzzuges ansah.
Der nächste Papst Achille Ratti vulgo Pius XI., 1922 mit 65 Jahren an die Macht gekommen, setzte die Linie seiner Vorgänger fort und widmete sich der »Christianisierung« des säkular gewordenen Alltagslebens der Menschen. Er schloss 1929 das Konkordat mit dem faschistischen Italien, mit dem die Beziehungen des Vatikans zu Italien geregelt wurden. Für Mussolini war das ein willkommener außenpolitischer Erfolg (so wie für Hitler wenige Jahre später das deutsche Konkordat von 1933), und er war gern bereit, einen bedeutenden Preis dafür zu bezahlen, indem er zustimmte, den Katholizismus in Italien zur Staatsreligion zu erklären, was erst 1984 wieder aufgehoben wurde. Ebenso stimmte der Vatikan leichterhand – wie später in Deutschland – der Auflösung der christlichen Partei zu (*Partito Popolare Italiano* ,PPI), da man Teilnahme an demokratischen Prozeduren ohnehin immer noch als unkatholisch ansah. Die meisten Katholiken traten jetzt der Faschistischen Partei Mussolinis bei und beschleunigten so den Zusammenbruch der Demokratie in Italien.
Die Kirche gewann dafür die Bestätigung eines souveränen Staatsgebiets mit dem Vatikanstaat, die Wiedereinführung des katholischen Religionsunterrichts in staatlichen Schulen, sowie die vertragliche Absicherung, dass der italienische Staat künftig wieder für die Bezahlung von Priestern und Würdenträgern in Italien aufkommen würde. Dafür mussten Priester nun Treue zum Faschistischen Staat schwören, und Mussolini wurde ein Vetorecht bei der Besetzung der Bistümer eingeräumt. Gerne beteiligte sich die Kirche am italienischen Engagement zugunsten der faschistischen Machtergreifung in Spanien ab 1936, sowie am faschistischen Eroberungsfeldzug in Äthiopien. Nicht zuletzt ließ Mussolini der Kirche eine Entschädigung für die Beschlagnahmung der Immobilien und Ländereien des Kirchenstaates durch den italienischen Staat nach 1860 in Höhe von 100 Millionen Dollar auszahlen. Mit diesem Geld begann der päpstliche Finanzadjunkt Bernardino Nogaro unter der Aufsicht eines von Pacelli geleiteten Komitees umfangreiche Devisenspekulationen, die das Geld in wenigen Jahren vervielfachten.

Nogara hatte sich ausbedungen, bei seiner Anlagestrategie keinerlei Rücksicht auf kirchliche oder religiöse Belange nehmen zu müssen. So investierte er während der Jahre der Aufrüstung natürlich in Rüstungskonzerne, aber auch in sonstige Industriebetriebe, die später von der NS-Zwangsarbeit profitierten und damit Gewinne erzielten, die an die Anteilseigner, also auch an Nogara und die Kirche, ausgezahlt wurden. Um der Publikationspflicht zu entgehen, wurden viele der Tarnfirmen und Holdings in Offshore-Finanzplätzen eingerichtet, sowie in Luxemburg und in Liechtenstein. Möglicherweise schon 1935 hatte Nogara das kirchliche Finanzvermögen verzehnfacht. Dabei investierte er auch in Pharmazeutikunternehmen, die wiederum Empfängnisverhütungsmittel produzierten (was im diametralen Gegensatz zur kirchlichen Sexualmoral stand und steht). Über den Versicherungskonzern Fondiaria war Nogara direkt an den Raubzügen in Osteuropa beteiligt, da sich das Unternehmen im gesamten besetzten Ostraum engagierte und dort große Gewinne einfuhr.[100]

Eine deutliche Inklination in Richtung der faschistischen Regimes in Europa (Italien, Deutschland, Spanien) war nicht zu übersehen, betrachtet man die kuriale Politik dieser Jahre. Zwar äußerte sich der Papst »mit brennender Sorge« (so der Titel der Enzyklika) über die angeblich bedrängte Lage der Katholischen Kirche in Deutschland, wörtlich klagte er, dass die »Freiheit der Katholischen Heilsmission in Deutschland« bedroht sei, vorgeworfen wurde dem Regime »grundsätzliche Feindschaft gegen Christus und Seine Kirche«, sagte allerdings nichts zur Verfolgung von Andersdenkenden, zur Einrichtung von Konzentrationslagern, zu Judenverfolgungen.[101] Reiner Christusglaube, reiner Kirchenglaube, reiner Glaube an den Primat des Bischofs von Rom (!) sei jetzt das Gebot der Stunde.

Es war also durchaus eine eingeschränkte Darstellung der faktischen Wirklichkeit im Hakenkreuzreich, und eine, die sich in selbstverliebter Weise nur um die Malaisen der ach so bedrohten Kirche drehte, deren Würdenträger bei anderer Gelegenheit – und speziell zu Beginn des Zweiten Weltkriegs – Hitler immer wieder als den von Gott gesandten Erretter, Sieger und

Führer Deutschlands feierten. Auch betonten die Kirchenvertreter zu diesem Zeitpunkt immer wieder – als Argument und Strategie gegen den verteufelten Sozialismus – das angeblich so wirkungs- wie gnadenreiche, bezeichnenderweise aus calvinistischen, und damit protestantischen (!) Ursprüngen stammende Subsidiaritätsprinzip, das den Staat weitgehend von sozialen Aufgaben entlasten, und damit die Privatisierung des sozialen Elends vorantreiben sollte. Autor der Enzyklika war der Jesuit und Sozialwissenschaftler Gustav Gundlach, der später vor allem das Privateigentum (!) als christliche (!!) Errungenschaft feierte und sogar den möglichen Einsatz westlicher Atombomben gegen den Kommunismus rechtfertigte, und damit mit Pius XII. einer Meinung war. Gundlach wurde für seine Verdienste von der BRD 1962 mit dem Großen Bundesverdienstkreuz ausgezeichnet.

Waren also in der Auseinandersetzung mit dem Nationalsozialismus und (Franco-)Faschismus unterschwellige Sympathien spürbar (wegen des gemeinsamen Ziels, der Vernichtung des Kommunismus), so wurde – naturgemäß – die Auseinandersetzung mit dem Kommunismus sehr viel offener, sehr viel schärfer geführt. Mit der Enzyklika »Divini redemptoris« kam es 1937 zu einer förmlichen Kampfansage: »Wir sprechen, wie Ihr, Ehrwürdige Brüder, schon erraten habt, vom bolschewistischen und atheistischen Kommunismus, der die Welt so furchtbar bedroht und darauf ausgeht, die soziale Ordnung umzustürzen und die Fundamente der christlichen Kultur zu untergraben.« Schon Pius IX. habe 1846 zurecht das Kommunistische Manifest verurteilt. Und Ratti stellte jetzt öffentlich die Frage, »wie ein System, das wissenschaftlich schon lange überholt und durch die tatsächliche Entwicklung widerlegt ist«, solche Erfolge einfahren könne und eine solche »rasende« Ausbreitung erfahren könne. Die Erklärung war einfach: die meisten wüssten überhaupt nicht, was der Kommunismus eigentlich sei und wolle, und ließen sich von den »schillernden Verheißungen« blenden. Es handele sich dabei um einen »kalt geplanten und genau vorbereiteten Kampfes des Menschen gegen alles, was göttlich ist.« Den von Pacelli dabei besonders angeprangerten »Gräueln des Kommunismus in

Spanien« standen, wie man heute weiß, tausendfach mehr »linke« Opfer und Ermordete als »Rechte« und Priester gegenüber. Waren die Opferzahlen auf der rechten Seite im mittleren vierstelligen Bereich, so gelten heute über 100 000 Opfer der rechten Gewaltexzesse als gesichert.

Ratti starb im 81. Lebensjahr 1939. Eine seit längerem vorbereitete Enzyklika »Humani Generis Unitas« (Von der Gemeinschaft der menschlichen Rasse) blieb in der Schublade, und auch sein Nachfolger, Rattis langjähriger Leibsekretär Eugenio Pacelli, ließ sie dort. Und das war wohl auch besser so, denn diese Enzyklika strotzte nur so vor antisemitischer Klischees.[102] Nach einer kurzen, eher schwächlichen Rüge bestimmter, aber im Einzelnen ungenannter Länder für die Verfolgung von Juden, wurde ausführlich dargelegt, warum die Juden selbst Schuld an der Verfolgung hätten, und dass die Trennung von Juden und Christen durchaus im kirchlichen Sinne sei. Auch das ebenso abgenutzte wie bei Antisemiten beliebte Argument, die Juden hätten den Tod Christi verschuldet, wurde wieder hervorgezerrt. Dazu wurde Juden ein nahezu grenzenloser Materialismus unterstellt (damit geriet die Argumentation in die Nähe des nationalsozialistischen Klischees von der angeblichen »jüdisch-bolschewistischen Weltverschwörung«). Die Juden seien alles in allem ein unglückliches Volk, Zerstörer ihrer eigenen Zukunft, und letztlich an ihrem Unglück selber schuld, da sie ja die göttliche Rache auf sich selbst herabbeschworen hätten. Daher seien sie dazu verurteilt, auf ewig heimatlos über die Erde zu wandeln, zusammengehalten nur von dem unfassbaren Rassedünkel der Juden.

Ratti hatte der offiziellen Darstellung zufolge mehrere Herzinfarkte erlitten, deren letztem er erlag. Allerdings liegt ein dunkler Schatten über seinem Tod, war doch sein Leibarzt niemand anderer als Francesco Petacci, der Vater von Mussolinis langjähriger Geliebter. Da es hier und da Auseinandersetzungen zwischen Kurie und Faschisten gegeben hatte, zumeist um Geld, Macht, Einflussmöglichkeiten, wird hier, da und dort behauptet, Petacci könne beim Tod des Pontifex etwas nachgeholfen haben, um einen Mussolini noch genehmeren, jüngeren Kandidaten auf den Thron zu hieven.

Eugenio Pacelli (1876–1958, Papst als Pius XII. 1939–1958)

Nachfolger Rattis wurde – wie gerade erwähnt – sein langjähriger Begleiter Eugenio Pacelli, eine der zweifelhaftesten Figuren der Kurialverwaltung im 20. Jahrhundert. Er übernahm die Macht im Vatikanstaat im März 1939, am Vorabend des zweiten großen Völkerbrandes dieses Jahrhunderts. Er war zu diesem Zeitpunkt 63 Jahre alt, und hatte durch seine langjährige Verwendung als Nuntius (Botschafter) in Deutschland eine besondere Beziehung zu diesem Land. Mussolini und Hitler konnten mit dieser Wahl – die sie vermutlich hinter den Kulissen beeinflusst hatten – zufrieden sein. Zum Zeichen seiner inneren Verbundenheit mit dem Vorgänger nannte sich Pacelli Pius XII.

Pacelli, 1876 in Rom geboren, stammte aus einer Beamtenfamilie, deren Mitglieder bereits mehrfach höhere Stellen in der Kurialverwaltung innegehabt hatten. Das Theologiestudium absolvierte er in drei Jahren. Im Gegensatz zu anderen Kommilitonen wurde er in einer Privataudienz beim päpstlichen Regenten Roms, Paolo Cassetta zum Priester geweiht. Mit 23 Jahren begann er 1899 den Dienst in der außenpolitischen Abteilung der Kurie. Im Zentrum der Tätigkeit dieser Behörde stand der weltweite Kampf gegen Säkularismus und Liberalismus. Bereits zwei Jahre später bekam er die Aufgabe übertragen, im Namen des Vatikans die Kondolenzen zum Tod der britischen Königin Viktoria zu übermitteln.

In den folgenden Jahren machte er planmäßig Karriere innerhalb des Kurialapparates. Schwerpunkt seiner Tätigkeit bis 1916 war die Koordinierung der Neufassung des Kirchenrechts. Damit sollte die übermächtige Stellung des Papstes, die einem autoritären Diktator gleichkommt, für alle Zeiten zementiert werden. Er blieb zuständiger Länderbetreuer für Großbritannien, traf sich bei seinen Reisen dorthin auch mit Winston Churchill, und repräsentierte den Vatikan bei den Krönungsfeierlichkeiten für König George V. Im Februar 1914 wurde er mit 38 Jahren Chef der außenpolitischen Abteilung des Staatssekretariats. Seine erste Amtshandlung war der Abschluss des Konkordats mit Serbien wenige Tage vor Ausbruch des Ersten Weltkriegs. Unter Historikern herrscht weitgehende Einigkeit, dass dieses Konkordat den Ausbruch des Ersten Weltkriegs erheblich beschleunigte. Es war ein außenpolitischer Erfolg für das Königreich Serbien nach den Eroberungen des Krieges 1912/13, der von Österreich-Ungarn misstrauisch beobachtet wurde, weil man Serbien als gefährlichen Konkurrenten um die Vorherrschaft auf dem zumindest teilweise von K. u. K. dominierten Balkan ansah. Andererseits wurden die Rechte der (winzigen) katholischen Minderheit in Serbien gestärkt und Religionsfreiheit gewährt, sowie der Kirche volle Handlungsfreiheit auf serbischem Staatsgebiet in den neuen Grenzen gewährt. Österreich-Ungarn als bisherige Patronatsmacht aller Katholiken auf dem Balkan konnte also gar nicht gegen den Abschluss des Konkordats sein. Allerdings musste es hinnehmen, dass das serbische Selbstvertrauen durch diesen außenpolitischen Erfolg gestärkt wurde.

Wenn man den Sektor offizieller Geschichtsdarstellungen verlässt und sich dem Bereich der Verschwörungstheorien nähert, so machte das Konkordat aus kurialer Sicht besonders in folgender Hinsicht Sinn. Die katholische Führungsmacht Österreich-Ungarn wurde zumindest teilweise verärgert (weil das als Störenfried erachtete Serbien einen Erfolg einfahren konnte), außerdem wurde Serbien gestärkt, was im Hinblick auf künftige Auseinandersetzungen zwischen den beiden Balkanmächten also die Spannungen erheblich verschärfen dürfte. Da man im Vatikan immer über den nächsten und übernächsten Zug hinaus dachte, muss also in Betracht gezogen werden, dass man ganz gezielt Öl ins Feuer auf dem Balkan goss – aber zu welchem Ziel? Eine denkbare Möglichkeit wäre es, dass aus kurialer Sicht Serbien mit dem russischen Zarenreich (dem es eng verbunden war; Serbien ist bis heute Russland eng verbunden) als Einheit gedacht wurde. Es war klar, dass wenn es zu Spannungen zwischen Österreich-Ungarn und Serbien käme, dann das Zarenreich sich auf die Seite Serbiens schlagen würde. Die orthodoxe Kirche auf dem Balkan, in Russland, in Osteuropa überhaupt war und ist dem Vatikan ein Dorn im Auge, da sie seine Vor-

machtstellungen in Glaubens- und Politikdingen mindert bzw. nicht anerkennt. Für die orthodoxe Kirche ist der römische Bischof einer unter vielen, und keineswegs ein besonders wichtiger. Wenn man also langfristig die orthodoxen Kirchen schwächen wollte, musste man sie in einen Krieg mit dem Westen treiben, den das seit dem Krieg 1905 angeschlagene Zarenreich mit hoher Wahrscheinlichkeit verlieren würde.
Dachte man sich Österreich-Ungarn als Sieger in einer angenommenen kriegerischen Auseinandersetzung mit dem Zarenreich, dann hatte das den weiteren Vorteil, die deutschen Waffenbrüder unter der Vorherrschaft des protestantischen Preußen zu marginalisieren, da man Österreich-Ungarn als naturgegebene neue, mit einem Sieg gegen Russland erheblich gestärkte Vormacht im Osten ansah, da es ja ohnehin dort schon bis weit ins hintere Galizien engagiert war. Der Katholizismus unter K. u. K.-Vorzeichen würde also gestärkt, der Einflussbereich des Vatikans weit in den Osten vergrößert, der deutsche Bundesgenosse geschwächt (da klar war, das der deutsche Michel sich mit den Entente-Mächten England und Frankreich würde auseinandersetzen müssen), und die Katholische Kirche würde einen schönen Machtgewinn einfahren. Leider nahm der Krieg bekanntlich eine andere Wendung, Österreich-Ungarn verschwand von Gottes Erdboden, in Russland fand eine erfolgreiche kommunistische Revolution statt, und 1918 musste man im Vatikan zur Einsicht gelangen, dass man im Hinblick auf die geplanten Kriegsziele mit Zitronen gehandelt hatte.
Zuvor war Pacelli bereits zu seiner nächsten wichtigen politischen Mission hinausgeschickt worden. In einem einzelnen Luxusabteil ging es per Zug Richtung Norden, quer durch Italien und die Schweiz. In seinem Gepäck ein Koffer für seine persönlichen Habseligkeiten, und ein ganzer Waggon, gefüllt mit nicht weniger als sechzig großen Kisten mit haltbaren Lebensmitteln für seinen empfindlichen Magen. Ab Mai 1917 amtierte er an seinem Bestimmungsort München als päpstlicher Nuntius in Bayern. Da es zu diesem Zeitpunkt kein Konkordat zwischen Deutschland und dem Vatikan gab, und die preußische Nuntiatur unbesetzt war (die Einrichtung einer Reichsnuntiatur

war vom Abschluss eines Reichskonkordats abhängig), amtierte er faktisch als Vertreter des Papstes in Deutschland. Als solcher nahm er sogleich mit den obersten Staatsrepräsentanten Kontakt auf, mit dem bayrischen König und mit dem deutschen Kaiser Wilhelm II. Mit ihnen besprach er die Aussichten auf einen für Deutschland akzeptablen Frieden. Da die Reichsregierung aber nicht bereit war, von vornherein auf Belgien zu verzichten, verflüchtigten sich diese Ansätze wieder. Den Haushalt führt dem 41-jährigen eine äußerst gutaussehende, blonde, blauäugige, in der ihre wohlausgebildeten Rundungen nur mäßig kaschierenden, strengen Nonnentracht noch attraktivere 23 Jahre junge Frau mit sinnlichem Mund – Josefine Lehnert, alias Schwester Pasqualina. Sie wird von nun an bis zu seinem Tod an seiner Seite sein.[103] Schenkt man den seither umlaufenden Gerüchten Glauben, so teilte sie mit ihm nicht nur den Haushalt, sondern auch das Bett.

Während der Münchner Räterepublik 1918/19 zog sich Pacelli mit Pasqualina in ein Nonnenkloster in Rorschach am Bodensee zurück. Er beschrieb in seinen Berichten nach Rom die Zustände im revolutionären München (heute unvorstellbar, da sich München zum kleinbürgerlichsten, konservativsten Provinznest auf deutschem Boden gewandelt hat), und – mit deutlich antisemitischen Untertönen – die teilweise jüdischen Familien entstammenden Revolutionsführer. Umso freudiger begrüßte er die »Befreiung« Münchens durch die reaktionären, mit dem Hakenkreuz geschmückten Freikorps-Truppen, die nun blutige Rache hielten. Waren von den Revolutionären vereinzelt Konterrevolutionäre hingerichtet worden (eine niedrige zweistellige Zahl), so wurden jetzt hunderte, wenn nicht Tausende von tatsächlich, aber hauptsächlich von vermeintlichen Revolutionsanhängern durch Standgerichte abgeurteilt, meist noch gefoltert, die Frauen vergewaltigt, und dann erschossen oder sonstwie zu Tode gebracht.

Seit 1920 amtierte Pacelli in München als päpstlicher Nuntius für Deutschland. Angeblich klopfte zu diesem Zeitpunkt eines Tages ein abgerissener Soldat an seine Tür und wurde auch persönlich von ihm empfangen, angehört, beraten und mit einer

üppigen Geldsumme beschenkt als antikommunistischer Vorkämpfer wieder entlassen – Adolf Hitler. Nach dem Abschluss eines Konkordats zog Pacelli 1925 mit der Nuntiatur nach Berlin um, und nahm Residenz im Diplomatenviertel im Tiergarten, in der vornehmen Rauchstraße (Hausnummer Nr. 21, das Gebäude wurde im Krieg zerstört). Ihn begleiteten die Vertrauenspersonen, die ihn schon in München umsorgt hatten, besonders der gutaussehende 38-jährige Jesuit Robert Leiber, und die nach wie vor rührend um sein leibliches Wohl besorgte Schwester Pasqualina. Zu seinem Umfeld gehörte auch noch der jugendfrische Prälat Ludwig Kaas, 26 Jahre alt, der kurz zuvor im Umfeld von Pacelli aufgetaucht war, und der Pacelli in den nächsten Jahren nicht nur in den Urlaub begleitete, sondern auch mehrere Monate im Jahr in der römischen Wohnung Pacellis verbrachte.
Kaas, dreifach promovierter und habilitierter Bauernsohn, war – eher ungewöhnlich für einen Priester – seit 1920 Mitglied des Reichstags, und zwar als Angehöriger der katholischen Zentrumspartei, deren Vorsitz er 1928 übernahm. Politisch auf dem rechten Flügel angesiedelt, äußerte er sich mehrfach positiv hinsichtlich autoritärer rechter Systeme. 1929 formulierte er, dass die Sehnsucht nach einem »Führertum großen Stils« im Volk unübersehbar geworden sei. Außerdem war Kaas zusammen mit Pacelli an der Aushandlung des Konkordats mit Preußen beteiligt. Ab 1930 verlegte Kaas seinen Wohnsitz nach Sterzing (Südtirol), behielt allerdings seinen Parlamentssitz bei. Er unterstützte den Zentrumkanzler Brüning während dessen Regierung per Notverordnungen. Eine geplante Koalition von Zentrum und NSDAP war nach den Stimmverlusten beider Parteien während der Reichstagswahl 1932 nicht mehr aktuell (da sie keine Mehrheit mehr hatten). Kaas verhandelte zu diesem Zeitpunkt mit Reichspräsident Hindenburg über andere Möglichkeiten der Regierungsbildung unter Einschluss der NSDAP und der Preisgabe des bisherigen Parlamentarismus.
Im Umfeld der Machtergreifung Hitlers war es Kaas, der für die Zustimmung der Zentrumsfraktion zum Ermächtigungsgesetz sorgte, im Tausch für die Zusagen hinsichtlich eines Reichskonkordats, die Hitler gemacht hatte. Kaas war bereit, hierfür die

Zentrumspartei zu opfern, wie dies von Hitler gefordert wurde, und was auch von Pacelli als Preis akzeptiert worden war. Kaas vertraut auf Hitlers Zusage, künftig in einem gemeinsamen Komitee die weitere Zusammenarbeit von Staat und Kirche zu intensivieren. Dieses Komitee traf sich genau dreimal im Vorfeld des Abschlusses des Reichskonkordats. Anschließend fuhr Kaas gemeinsam mit dem Verhandlungsführer von Papen nach Rom, um die Details des Konkordats weiter auszuarbeiten.

Währenddessen wurde Kaas' Reise nach Rom, die zu einem mehrmonatigen Aufenthalt wurde, von seinen ehemaligen Parteikollegen Brüning & Co. als Verrat angesehen. Zumal Kaas jetzt – formell immer noch deutscher Parlamentarier – auf der Seite des Vatikans verhandelte. Kaas verzichtete daraufhin am 5. Mai auf den ohnehin obsolet gewordenen Parteivorsitz, und zog sich auch auf Anweisung Hitlers für die Öffentlichkeit aus den Verhandlungen zurück. Der Vatikan akzeptierte, dass alle politischen und ständischen Aktivitäten des Katholizismus in Deutschland beendet wurden und die Kirche rein auf seelsorgerisch-soziale und Bildungsaktivitäten wie Schulen beschränkt wurde. So konnte das Reichskonkordat abgeschlossen werden. Für die Kurie war Deutschland als Bollwerk und künftiger aktiver Vorkämpfer – gemäß Hitlers unzähligen öffentlichen und privaten Ankündigungen – gegen den Kommunismus viel zu wichtig, um auf solchen Nebensächlichkeiten wie einer demokratischen katholischen Partei oder Ähnlichem zu bestehen. Politische Betätigung wurde ja für Katholiken nach wie vor als nicht ratsam angesehen.

Hitler war hochzufrieden. Das Reichskonkordat hatte seinen Zweck erfüllt und ihn innenpolitisch der Gegnerschaft der Zentrumspartei enthoben, und außenpolitisch den gewünschten ersten wichtigen Erfolg gebracht, die erste internationale Anerkennung des Regimes, und dann auch noch durch die höchste moralische Instanz der westlichen Welt. Kaas, nun plötzlich beschäftigungslos, entwickelte Pläne, einem kurialen Informationsbüro vorzustehen, das die Einhaltung und Umsetzung der Konkordatsvorschriften durch die deutsche Reichsregierung unter Hitler überwachen sollte. Doch das Staatssekretariat hatte

andere Vorstellungen, für sie war Kaas durch seine politische Vergangenheit in der Zentrumspartei kein geeigneter Kandidat, um mit dem neuen Deutschland unter der Hakenkreuzflagge zu verhandeln. Kaas bekam jetzt ebenso klangvolle wie bedeutungslose vatikanische Titel verliehen, und wurde von seinem Freund Pacelli schließlich mit der Leitung der archäologischen Ausgrabungen im Petersdom betraut – eine besondere Form der Beschäftigungstherapie. Nach 1939 wurde er zeitweise in die Kontaktaufnahmeversuche von Teilen des bürgerlichen deutschen Widerstands im Vatikan involviert. Diese endeten jedoch ergebnislos. Kaas starb 1952.
Doch zurück zu Pacelli. Von 1920 bis 1927 betrieb dieser geheime Verhandlungen mit der Sowjetunion. Das Angebot war, gegen humanitäre Hilfslieferung die freie Entfaltungsmöglichkeit der Katholischen Kirche im orthodoxen Kernland zu erlangen. Doch letztlich konnten sich beide Parteien nicht einigen – die Sowjetunion wollte Regelprozeduren zur Kontrolle der kirchlichen Aktivitäten auf ihrem Staatsgebiet, die Kurie dagegen sich nicht in die Karten schauen lassen. Ansonsten unterstützte er deutsche außenpolitische Initiativen nach Kräften. So blockte er französische Ansinnen nach einer kirchenrechtlichen Abtrennung des Saargebietes vom Reichsgebiet ab, kümmerte sich darum, dass für die »Freie Stadt Danzig« ein gesonderter päpstlicher Administrator ernannt wurde, und sorgte für die reibungslose Eingliederung der nach 1918 aus dem nun polnischen Gebiet vertriebenen deutschen Priester in die deutschen Diözesen. Seine Zeit als Botschafter in Deutschland endete nach 12 Jahren zum Jahresende 1929. Er verließ Berlin mit Pascalina und Robert am 10. Dezember dieses Jahres, um seine kirchliche Karriere im Vatikan fortzusetzen, wo man für den verdienten Elitediplomaten schon neue Verwendung hatte. Denn Pacelli war zwischenzeitlich zum Kardinalpriester von San Giovanni e Paolo ernannt worden, wenige Wochen später, im Februar 1930 machte ihn Ratti zum Staatssekretär, also zum Außenminister des Vatikans, 1935 folgte die Ernennung zum Kardinalkämmerer der Heiligen Römischen Kirche, also zum obersten Verwaltungschef des Vatikans für den Fall einer Sedisvakanz und Organisator des entsprechenden Konklaves.

Auch in Rom begleiteten ihn Pascalina, Robert und später auch Ludwig Kaas auf Schritt und Tritt, sie wurden die »deutsche Dreifaltigkeit«, »Germanokratie«, wahlweise auch »deutsche Mafia« genannt von missgünstigen Vatikanbewohnern anderer Ursprungsnationalität. Tatsächlich umgab Pacelli auf diese Weise ein kaum durchdringbarer »deutscher Wall«, wer auch immer zu ihm vordringen wollte, von ihm etwas wollte, mit Pacelli verhandeln wollte, musste sich in der einen oder anderen Form mit seinen deutschen Wachhunden auseinandersetzen. Das erleichterte Pacelli zwar den Alltag, machte ihn andererseits aber auch abhängig von seinen deutschen »Rottweilern«, die den gesamten Informationsfluss hin zu Pacelli kontrollierten.
Der ausgewiesene Konkordatsspezialist setzte nun eine ganze Reihe von Konkordaten ins Werk. Neben dem bayrischen (1925) und preußischen (1929, allerdings ohne Zusicherung kirchlichen Religionsunterrichts in staatlichen Schulen, im Gegensatz zu Bayern), italienischen nun auch ein badisches, danach die für Österreich und Deutschland (1933), Jugoslawien (1935) und Portugal (1940). Auf der Grundlage seines langjährigen Aufenthaltes in Deutschland war das Land zwischen Rhein und Memel eines der Epizentren seiner Außenpolitik. Nachdem die politische Katholikenpartei in Italien schon fürs Konkordat geopfert worden war, plante Pacelli ähnliches für Deutschland. Zunächst setzte er 1931 den damaligen Zentrumschef Brüning unter Druck, keine Koalitionen mehr nach links, sprich mit Sozialdemokraten einzugehen, sondern künftige Bündnisse auf der rechten Seite zu suchen. Brüning widersprach heftig, und wurde im Mai 1932 entmachtet. Mit dem neuen, katholischen Führungsmann Franz von Papen an der Spitze bewegte sich die Zentrumspartei gemäß den Vorgaben aus Rom Richtung rechts, und nahm Fühlung mit der NSDAP unter Adolf Hitler auf. Es war also kein Wunder, dass die Zentrumspartei gemäß den Vorgaben aus Rom, umgesetzt von ihrem Frontmann Ludwig Kaas, dem Ermächtigungsgesetz und ihrer anschließenden Selbstauflösung zustimmte.
Das im Juli 1933 geschlossene Konkordat mit Deutschland – für Hitler unbezahlbar – enthielt (zumindest auf dem Papier) weitreichende Freiheiten für die Kirche im neuen totalitären

Deutschland, so unter anderem Schutzbestimmungen für katholische Vereinigungen, katholische Schulen (samt Unterrichtsfreiheit), Publikationsmöglichkeiten und nicht zuletzt die für künftige Waffengänge wichtige Militärseelsorge (ein wichtiges Element zur moralischen Stabilisierung der künftigen »Kreuzzugsarmee«). Unter den deutschen Katholiken, von denen viele der atheistischen NS-Ideologie skeptisch-ablehnend gegenüberstanden, schlug die Meldung des Konkordats wie eine Bombe ein. Viele waren völlig bestürzt bis wütend über die Sanktionierung der »Weltanschauungsherrschaft« der NSDAP samt der erbarmungslosen Verfolgung Andersdenkender ausgerechnet durch die höchste Moralinstanz der westlichen Welt.[104] Hitler wiederum meinte nur kurz, der Inhalt des Konkordats schere ihn kein bisschen, es sei aber im Hinblick auf die anstehenden internationalen Verhandlungen der erhoffte Ritterschlag durch den Vatikan.

Die weiteren Jahre zeigten, dass die Nazis die im Konkordat zugesicherten Freiheiten nicht zu respektieren gewillt waren. Pacelli schickte zwischen 1933 und 1939 über fünfzig Protestnoten an die Reichsregierung. Höhepunkt seiner Mäkeleien war dann die von ihm mitentwickelte Enzyklika Rattis »Mit brennender Sorge« (s. o.), die sich aber leider auf Allgemeinplätze beschränkte, statt eine – gebotene – umfassende Abrechnung mit dem Unrechtsregime der Nazis aufzustellen. Weitere diplomatische Schwerpunkte dieser Jahre waren die USA, die Pacelli ausführlich bereiste und deren wichtige Politiker er alle persönlich kennenlernte. Außerdem stand er einem internationalen eucharistischen Treffen in Ungarn vor, dessen antisemitische Gesetzgebung er guthieß. Pacelli war wohl auch die treibende Kraft, eine offizielle Verurteilung der »Reichskristallnacht« 1938 durch den Vatikan zu verhindern.

Amtsvorgänger Ratti starb am 10. Februar 1939. Am 2. März wurde der damals 63-jährige Pacelli – Camerlengo des Konklaves! – zum Nachfolger gewählt und gab sich den Tarnnamen »Pius XII.« Damit wurde erstmals seit Jahrhunderten wieder ein Kardinalstaatssekretär und Camerlengo zum Papst gewählt. Gekrönt mit der dreifachen Tiara wurde er am 12. März 1939. Die

Beamten des deutschen Außenministeriums bewerteten seine Wahl sehr positiv. Pacelli werde gemeinhin als deutschfreundlich angesehen, er spreche deutsch, habe sich in der Vergangenheit mehrfach zugunsten Deutschlands innerhalb und außerhalb des Vatikans eingesetzt, und habe ganz explizit bei seiner Ernennung den Wunsch geäußert, freundschaftliche Beziehung zu NS-Deutschland aufrecht zu erhalten.[105] Und Pacelli wurde diesen Erwartungen gerecht. Vier Tage nach seiner Wahl setzte er ein Schreiben an Hitler auf, das vor Servilität nur so troff. Der »Papst der Deutschen« setzte diese Politik während des Zweiten Weltkriegs fort. 1940 empfing er den deutschen Außenminister Ribbentrop zu Besuch, der von der herzlichen Atmosphäre des Gesprächs schwärmte.

Schon seine erste Enzyklika *Summi Pontifici* vom Oktober 1939 hatte den Ton angeben für das weitere Pontifikat. Er bedankt sich sehr ausführlich für die Glückwünsche, die ihm vom italienischen Staat entgegengebracht worden waren, der seit den Lateran-Verträgen eine Ehrenstellung im Diplomatischen Corps am Vatikan eingeräumt worden war (die finanziellen Zuwendungen des italienischen Staates waren ja auch außerordentlich hoch), räumt dann aber – nach endlosen verquast-unkonkreten, nebulösen Wortkaskaden über die Übel der Welt und warum die Kirche der einzige Halt in Zeiten wie diesen ist – gerade mal einen halben von 117 Absätzen etwa dem von Krieg und fürchterlichen Verbrechen getroffenen Polen nach dem deutschen Überfall ein.[106]

Im Gegensatz zu den Kommunisten (1949) drohte er den Nazis niemals mit der Exkommunikation, und widerstand den wiederholten Drängeleien der Alliierten, sich gegen Hitler und für die kriegführenden Alliierten auszusprechen. Seine Verbundenheit zeigte sich auch bei der im März 1941, im Vorfeld des Überfalls auf die Sowjetunion geäußerten Bitte, ein Gastspiel der Berliner Staatsoper im Vatikan zu ermöglichen. Noch 1943 betonte er die Übereinstimmung mit Deutschland bei der Bekämpfung des Bolschewismus. Ein möglicher Sieg der Sowjetunion beunruhige ihn zutiefst, daher sei er bestrebt, Verhandlungen zwischen Deutschland und England hinsichtlich möglicher Friedenslösungen zu befördern. Noch bis 1944 stand er in Treue fest zu »seinem« (Hakenkreuz-Groß-)Deutschland. Zu den auf den »Anschluss« Österreichs, die »Zerschlagung der Rest-Tschechei« und den Überfall auf Polen folgenden deutschen Kriegsaktionen blieb der Vatikan stumm. Überfälle auf Dänemark, Norwegen, Holland, Belgien, Frankreich, Jugoslawien, Griechenland – vom Vatikan keine Reaktion. Protest? Fehlanzeige. Der beginnende Völkermord in Polen, der Genozid an 600 000 Serben durch das faschistische Ustascha-Regime in Kroatien? War dem Vatikan keine Zeile wert.[107] Das ist umso auffälliger, als Pacelli mit 41 Enzykliken mehr »Amtsschreiben« herausgab als die Päpste der fünfzig Jahre zuvor insgesamt.

Die immer häufiger bei den Alliierten eintreffenden und auch im Vatikan bekannt gewordenen Berichte über die massenweise Ermordung jüdischer Menschen (Holocaust mit vermutlich über sechs Millionen Opfern) und den Genozid an der Bevölkerung Polens (der ein Viertel der polnischen Bevölkerung zum Opfer fiel, die Opfer unter der jüdischen Bevölkerung Polens eingerechnet) und der Sowjetunion und den sowjetischen Kriegsgefangenen (mit vermutlich über 30 Millionen Opfern) hielt Pacelli noch Anfang 1943 für übertriebene Propagandapamphlete. Auch während der großen deutschen Judenrazzia in Rom, in Sichtweite des Vatikans, ab dem 15. Oktober 1943, und angesichts des von deutschen Soldaten begangenen Massakers in den nahe Rom gelegenen Ardeatinischen Höhlen am 24. März 1944 mit über 300 Toten blieb Pacelli stumm. Obwohl er mehrfach direkt unmittelbar über die Geschehnisse informiert wurde, beharrte er nach Konsultationen mit dem deutschen Botschafter in Rom (Ernst von Weizsäcker, der Vater des nachmaligen Bundespräsidenten) und dem deutschen Botschafter beim Vatikan auf seiner »Nichteinmischungspolitik«.

Die Begründung war letztlich ganz einfach: er wollte die Millionen katholischer Soldaten in den Hakenkreuz-Armeen nicht in Gewissensnöte bringen, da ihre Kampfkraft für die Überwindung des Bolschewismus-Übels von überragender Bedeutung sei. Der Kommunismus sei immer gewesen und bleibe der Erzfeind für den Vatikan, notierte der deutsche Botschafter nach einer Unterredung 1943. Daher verlegte sich Pacelli jetzt auf die Vermittlung eines Separatfriedens im Westen, um mit den vereinten deutsch-alliierten Heeren den Kampf gegen den Kommunismus fortsetzen und zu einem siegreichen Ende bringen zu können. Der beinharte Antikommunist, Kardinal Spellman, fühlte im Auftrag des Vatikans bei der US-Regierung vor, ob man sich eine solche Lösung vorstellen könne.[108]

Auch nach 1945 blieb der Kampf gegen den Kommunismus an oberster Stelle auf der »päpstlichen« Agenda. Mindestens sein stillschweigendes Einverständnis, wenn nicht gar seine aktive Förderung (das bleibt noch zu klären) unterstützte jene kirchlichen Kreise (der Franziskaner-Orden, aber auch der deutsche Bischof in Rom, Hudal), welche die sogenannte »Rattenlinie« einrichteten, über die Kriegsverbrecher und hochrangige Nazis der Verfolgung durch die alliierten Strafbehörden oder diejenigen ihrer Heimatländer entkommen konnten. Pacelli setzte sich auch immer wieder für eine Strafreduzierung von verurteilten Kriegsverbrechern (»Landsberger«) ein.

Was nun folgte, war der intensivste Abschnitt des vatikanischen Kampfes gegen das »Weltübel« des Kommunismus. Die Gebietsgewinne der Sowjetunion sowie die Schaffung der Warschauer Vertrags-Organisation hatten den Kommunismus auf der Siegerstraße gezeigt, zum Schrecken von Kirchen und westlich-kapitalistischen Länder. Nun verschärfte die Kirche unter Pacelli ihren Einsatz an der »schwarzen Front« und verbündete sich mit den westlichen Geheimdiensten zu diesem Zweck. So mischte sich Pacelli beispielsweise massiv in die ersten Parlamentswahlen im Nachkriegs-Italien ein, und zwar zugunsten des rechten Parteienspektrums. 1949 – in Wahlprognosen rangierten die Linksparteien unter den Parteien mit den meisten Stimmen — wurden Kommunisten sogar mit der Exkommunikation bedroht, sollten sie nicht von ihrem Irrglauben abfallen. Vermeintliche kommunistische »Fünfte Kolonnen« wurden von kirchlichen Publikationen als reale Bedrohung der westlichen Freiheit dargestellt.

In seinen letzten Jahren verfiel Pacelli körperlich zusehends, trotz dreier Frischzellentherapien. Als Nebenwirkung stellten sich furchtbare Alpträume ein (oder sollte der Papst einfach nur von den Gedanken an die eigenen politischen Sünden geplagt worden sein), und seine markerschütternden nächtlichen Schreie seien im ganzen Vatikan zu hören gewesen. Einen der wenigen fortschrittlichen Kleriker, Bischof Carlos Duarte Costa, Zölibatsgegner und Ankläger päpstlicher Indifferenz gegenüber dem Völkermord unter dem Hakenkreuz, wurde dagegen unmittelbar nach Kriegsende exkommuniziert und aller kirchlichen Würden enthoben.

Als Höhepunkt seines Pontifikats betrachteten Pacelli selbst und viele andere die Bekanntgabe der Apostolischen Konstitution *Munificentissimus Deus*, welche die leibliche Aufnahme der Jesusmutter Maria in den Himmel verkündete, eine weitere Runde Irrsinn innerhalb des dem Urchristentum völlig zuwiderlaufenden Marienschwindels. Pacelli machte dabei als erster Papst seit der Verkündigung dieses Dogmas von der päpstlichen Unfehlbarkeit Gebrauch, indem er hinzufügen ließ, dies sei eine irreversible Wahrheit, die von keinem künftigen Papst wieder zurückgenommen werden könne. 1954 fügte er einen weiteren Baustein zum eskalierenden Marienaberglauben mit der Enzyklika *Ad coeli reginam* hinzu, welche das Fest vom Königtum (!) der armen, geplagten, für so viele unchristliche Zwecke missbrauchten Jesusmutter institutionalisierte.

Mit der Ernennung von nicht weniger 56 neuen Kardinälen, darunter die meisten Nichtitaliener bzw. Nichteuropäer, legte Pacelli den Grundstein für die Internationalisierung des Kardinalskollegiums, welche die den Weltprovinzen neu zuerkannte Wichtigkeit widerspiegelten. Pacelli wollte auf diesem Wege dafür sorgen, dass der Kampf der Kirche an der weltanschaulichen Front in jeder Weltgegend mit dem maximal möglichen Nachdruck geführt werde, indem Einheimische der kirchlichen Bewegung vor Ort vorstanden und diese in römischem Sinne lenkten. Pacelli frönte zwar nicht direkt dem Nepotismus, aber er sorgte dafür, dass seine Brüder und Neffen in den vom Vatikan kontrollierten Industriekonzernen hohe, lukrative Stellungen erhielten.

Pacelli starb nach mehreren Schlaganfällen am 9. Oktober

1958. In diesem Jahr war er 40 Jahre mit Pascalina zusammen – sie hätten also Smaragdhochzeit feiern können. Da sein Leibarzt – der unter anderem das Skandalfoto aufgenommen und an den »Paris Match« verkauft hatte, wie eine Nonne dem sterbenskranken Papst Mund-zu-Mund-Beatmung gibt – eine neue Methode zur Konservierung des Leichnams ausprobieren wollte, der neun Tage lang aufgebahrt werden sollte, ließ er ihn in Kräuter einlegen und mit Klarsichtfolie überziehen. Doch leider hatte diese neue Methode nicht den gewünschten Effekt. Stattdessen zersetzte sich die Leiche unter den Augen der entsetzten Gläubigen von Tag zu Tag mehr. Die an seinem Sarkophag Wache stehenden Schweizergardisten fielen der Reihe nach in Ohnmacht angesichts des entsetzlichen Gestanks, der von der zerfallenden Leiche ausging. Die erstaunliche hohe Anzahl positiver jüdischer Stimmen im Hinblick auf sein Pontifikat wurden schon damals allerdings damit relativiert, dass auf diese Weise die Zustimmung des Vatikans zur diplomatischen Anerkennung Israels erkauft werden sollte.

Nach dem polarisierenden Pontifikat Pacellis war jetzt ein Kandidat gefragt, der für Ausgleich, für Versöhnung sorgen könnte. Die Kurie bzw. das Kardinalskollegium wurde fündig in Person von

Angelo Roncalli (1881–1963, Papst als Johannes XXIII. 1958–1963)

Der norditalienische Bauernsohn Roncalli aus der Gegend von Bergamo, eines von dreizehn Kindern seiner Eltern, stieg nach Theologiestudium und Promotion rasch in der Kirchenhierarchie auf. Mächtige Förderer und Freunde sorgten dafür, dass er auf einem bestimmten Posten nicht allzu lange ausharren musste, bevor schon die nächste Beförderung anstand. Schon früh zeigte er sich als devoter Anhänger der »Jungfrau Maria«. Eine Auffälligkeit in seiner Biographie ist, dass er im Ersten Weltkrieg seinen Militärdienst in den königlich italienischen Streitkräften ableistete, als Sanitäter und Kaplan. 1921 wurde er mit 40 Jahren Chef der Apostolischen Prokuratur Propaganda Fide, mit 46 Jahren erhält er 1925 seinen ersten Auslandsauftrag: er wird zum Apostolischen Visitator für Bulgarien ernannt.

Dort fädelte Roncalli einen vermeintlichen diplomatischen Coup ein: er brachte das bulgarische Königshaus, obwohl orthodoxen Glaubens, dazu, die Hochzeit des ältesten Sohnes, Boris III., mit der italienischen Königstochter Giovanna von ihm nach katholischem Brauch organisieren zu lassen, gegen das Versprechen, dass eine Wiederholung der Zeremonie im orthodoxen Ritus unterbliebe und die Kinder ausschließlich katholisch getauft würden. Unmittelbar nach der katholischen Hochzeit im italienischen Assisi reiste das königliche Paar jedoch nach Sofia und wiederholte dort die Vermählung nach orthodoxem Ritus, die in den folgenden Jahren geborenen Kinder wurden dann entgegen dem Versprechen alle orthodox getauft, der vermeintliche Coup erwies sich also als veritabler Flop. Nach weiteren Stationen kam Roncalli 1934 in die Türkei, wo er auch während des Zweiten Weltkriegs blieb und angeblich jüdischen Emigranten zur Flucht verhalf.[109] Anlässlich der Absetzung Mussolinis schrieb er jedoch in sein Tagebuch: »Von mir sind keine Anwürfe gegen ihn zu erwarten, das Große, was er für Italien geleistet hat, bleibt.«[110] Am 22. Dezember 1944 ins befreite Frankreich versetzt, widmete er sich nach den Wirren von Besatzung und Kollaboration dem Neuaufbau der Kirchenstrukturen. Mit 72 Jahren wurde er 1953 zum Kardinal ernannt. 1957 beschrieb er die fünf Hauptplagen der christlichen Welt so: Liberalismus, Marxismus, Demokratie, Freimaurerei und Laizismus (Trennung von Kirche und Staat).[111] Ein Jahr später – Roncalli war bereits 77 Jahre alt – folgte die Wahl zum Papst. Des Ketzertums unverdächtige Zeitgenossen wie Kardinal Oddi nannten ihn den »stursten Konservativen, den Gott jemals erschaffen hat«, und bezogen sich dabei auf das von Roncalli erlassene Verbot für Priester, jemals ein Kino zu besuchen, ins Fußballstadion zu gehen oder auch nur gemein-

sam mit einer Frau in einem Auto zu fahren (selbst wenn es sich dabei um Mutter oder Schwester handeln sollte), sowie allzeit zur Soutane auch den damals schon als antiquiert angesehen Priesterhut zu tragen.[112]
Angeblich wurde in diesem Konklave zunächst jedoch ein ganz anderer gewählt, der erzkonservative Kardinal von Genua, Giuseppe Siri. Dieser habe dann den Namen Gregor XVII. angenommen.[113] Diese Verschwörungstheorie geht auf den realen Umstand zurück, dass während des Konklaves am Morgen des 26. Oktober 1958 zunächst weißer Rauch aus dem Schornstein der Sixtinischen Kapelle aufstieg (= ein Papst wurde erfolgreich gewählt), dass aber eine halbe Stunde später schwarzer Rauch aufstieg (= kein Kandidat konnte die erforderliche Stimmenmehrheit auf sich vereinigen). Offiziell wurde der Rauchwechsel als Irrtum, als mechanisches Versagen des Rauchinstrumentariums hingestellt. Für die Anhänger der Verschwörungstheorien wurde der Vatikan unmittelbar nach der Wahl Siris mit der Drohung einer unmittelbar eintretenden Nuklearexplosion in Rom zur Änderung der Wahl und zur Verkündung von Roncalli als neuem, den Freimaurern genehmen Papst gezwungen. Siri wäre diesen Ansichten zufolge als Gegner der Freimaurer von diesen nicht akzeptiert worden. Angeblich kam der US-Geheimdienst FBI zu denselben Schlussfolgerungen. Allerdings war das in diesem Zusammenhang mit Archiv-Registrierungsnummer benannte Dokument bei späteren Überprüfungen nicht auffindbar.[114] Und dass Siri in diesem Fall mit 52 Jahren einer der jüngsten Päpste aller Zeiten geworden wäre, scheint auch keinen der Verschwörungstheoretiker zu stören. Von offizieller Seite wurden die verschiedenen Rauchfarben wie erwähnt als technische Missgeschicke bezeichnet.
Bleibende Verdienste erwarb sich Roncalli durch die Anpassung des päpstlichen Hofzeremoniells an die neuen Zeiten. So schaffte er den bis dahin obligatorischen Fußkuss ebenso ab wie die vorgeschriebenen drei Kniefälle pro Besuch beim Papst. Zu den Amtshandlungen, die von ihm in Erinnerung bleiben, gehört auch die Abschaffung bzw. Abänderung der Karfreitagsfürbitte für die Juden, die bis zu diesem Zeitpunkt durch das Gebet aus

ihrer Blindheit, Verbohrtheit und Treulosigkeit errettet werden sollten – kein Zweifel, diese Fürbitte war durchtränkt mit Antisemitismus. Im Januar 1962 exkommunizierte er Fidel Castro, der soeben den (ebenso verbrecherischen wie katholischen)Diktator der Insel Kuba gestürzt hatte. Im Oktober 1962 berief Roncalli das Zweite Vatikanische Konzil ein, einen Monat nachdem man bei ihm Magenkrebs diagnostiziert hatte. Er war 82 Jahre alt geworden, als er 1963 starb. Von den härtesten Anhängern des Fatima-Wunders wird ihm vorgeworfen, geheime Informationen zu den eigentlichen Vorhersagen der Marienerscheinung geheimgehalten zu haben. Dabei ging es um die angebliche Wiederkehr von Jesus Christus in New York im Jahr 2000. Von englischen Zeitungen wurde ihm 2003 vorgeworfen, im Zusammenhang mit Kindesmissbrauch durch kirchliche Würdenträger den entsprechenden Stellen die Geheimhaltung solcher Fälle befohlen zu haben.[115] Von Seiten des Vatikans wurde das als Missverständnis hingestellt. Roncalli wurde zusammen mit Wojtyła Ende April 2014 von Bergoglio zum Heiligen erklärt.

Giovanni Montini (1897–1978, Papst als Paul VI. 1963–1978)

Gemäß dem üblichen hin und her bei den »Papstwahlen« folgte auf den alten Übergangs-Papst »Johannes XXIII.« wieder ein jüngerer Vertreter, der ein längeres Pontifikat durchhalten können sollte. Die Wahl traf – wenig überraschend – Giovanni Montini, 1897 in der Nähe von Brescia geboren (also wie sein Amtsvorgänger Norditaliener). Er stammte aus einer kleinbürgerlichen Provinzfamilie, Vater Rechtsanwalt, Mutter Hausfrau, und war der mittlere von drei Söhnen. Die Schulzeit verbrachte er in einem Jesuitenkolleg in Brescia, Höhepunkt seiner Jugend war sicherlich die geheimnisumwitterte Privataudienz der gesamten Familie Montini bei Papst Pius X., die 1907 stattfand und über deren Hintergründe bis heute Unklarheit herrscht. Montini selbst war zu diesem Zeitpunkt 10 Jahre alt. Nach dem Abitur 1916 studierte er am örtlichen Seminar, und trat 1919 der Federazione Universitaria Cattolica Italiana (FUCI – Katholisches Universitätsbündnis Italiens) bei. 1920 zum Priester geweiht, zog er im selben Jahr nach Rom um, wo er sein Studium an den vatikanischen Hochschulen fortsetzte. Ab 1923 spezialisierte er sich wie viele Vorgänger auf den diplomatischen Dienst, der schnelle und weitreichendste Karrierechancen versprach. Dafür war es der Dienst, der vom eigentlichen Priesteramt am meisten entfernt war, sozusagen der weltlichste Job im Vatikan. Ein erstes Praktikum verbrachte er bereits 1923 an der Nuntiatur in Warschau. Insgesamt arbeitete Montini über dreißig Jahre im Staatssekretariat. 1925 rückte er in den Vorstand der FUCI auf, den er 1933 nach internen Streitigkeiten wieder verließ. Ab 1937 arbeitete er im Staatssekretariat (= Außenministerium des Vatikans) unter Eugenio Pacelli, der bald Papst werden und den Namen Pius XII annehmen sollte. Nach 1945 war Montini der führende Antikommunist im Vatikan und beschäftigte sich intensiv mit der Beeinflussung der italienischen Parlamentswahlen im kirchlichen Sinne. 1954 wurde er Erzbischof von Mailand, verbunden mit der Ernennung zum Kardinal. Montini machte sich dort einen Namen als Initiator zahlreicher Kirchenneubauten in den großen Stadterneuerungsgebieten nach 1945. Diese Baupolitik war Teil seines Versuchs einer Neu-Missionierung Italiens und Westeuropas. Nach der Wahl Roncallis 1958 zum Papst wurde Montini bereits im ersten Konsitorium zum Kardinal ernannt, und half im Gegenzug bei den Vorbereitungen für das Zweite Vatikanische Konzil. Schon als Kardinal begann Montini eine intensive Reisemissionstätigkeit, die ihn auf alle fünf Kontinente führte. Nach dem Tod Roncallis wurde Montini seinerseits am 21. Juni 1963 zum Papst gewählt.

Als ersten progressiven Schritt verzeichnen die Geschichtsbücher den 1964 öffentlich erklärten Verzicht auf die althergebrachte, dreifache »Papstkrone« (Tiara). Damit nicht genug, ließ er sie in einem weiteren, möglicherweise gezielt kalkulierten Schritt direkt verkaufen, um die Einnahmen für die Armen zu verwenden. Als Käufer trat jemand auf, der uns noch beschäftigen wird: der ultrakonservative, antikommunistische US-Kardinal Spellman, Vorsteher der reichen Diözese New York, auf. Er bezahlte eine Million Dollar dafür, seither wird die Tiara in der Basilika von Washington, DC ausgestellt. Als nächstes ließ Montini einen weiteren »Zopf« abschneiden, als er die Palastgarde und die Adelsgarde abschaffte, beliebte Ehrenposten beim römischen und italienischen Adel, die bis dahin gerne zur Anbahnung von Geschäften und/oder Ehen genutzt worden waren, und die ihm jetzt die Feindschaft zahlreicher Adliger eintrug. Damit war die Schweizergarde die einzige militärische Gliederung des Vatikanstaates, die bis heute übrig blieb.

1965 ließ Montini eine geheime Akte öffnen, die das Dritte Geheimnis von Fatima enthielt, und beschloss nach der Lektüre des Inhalts diese Akte niemals zu veröffentlichen. Das angebliche dritte Geheimnis bestand – der späteren Veröffentlichung durch eine Kommission unter Kardinal Ratzinger zufolge – in einer kurzen Beschreibung einer apokalyptischen Vision, die aber nichts mit konkreten Ereignissen zu tun habe, sondern nur ganz allgemein daran appelliere, dass Gläubige sich vertrauensvoll im Gebet an Gott und Kirchenobere wenden sollten. Verschwörungstheoretiker hingegen bezogen die vagen, sehr allgemeinen Formulierungen dann wahlweise auf das »Papstattentat« von 1981 oder auf einen kommenden Dritten Weltkrieg. Zeitweise war die Hysterie bezüglich des Geheimnisses so groß, dass ein Trappistenmönch 1981 ein Flugzeug entführte, um die Veröffentlichung zu erzwingen. Nach der für viele Verschwörungstheoretiker enttäuschenden Publikation des »Geheimnisses« im Jahr 2000 wurde als neueste These verkündet, dass vermutlich das eigentliche Geheimnis noch gar nicht publiziert worden sei, weil zu brisant.

Das Zweite Vatikanische Konzil ging 1965 zu Ende. Von Traditionalisten geschmäht, weil es angeblich die wichtigsten Traditionen der Katholischen Kirche geopfert habe (wie die Tridentinische Messe, das Verbot, die Messe in anderen Sprachen als Latein zu halten etc.), wurde es von Seiten »progressiver« Kirchenvertreter als großer Fortschritt und als notwendige Erneuerung der Glaubensinhalte gefeiert, um die Lehre der Kirche mit der geänderten Situation im 20. Jahrhundert in Übereinstimmung zu bringen.

1966 ließ Montini den jahrhundertealten Index der verbotenen Bücher schließen. Zu Weihnachten dieses Jahres zelebrierte er eine Messe in der vom Jahrhundert-Hochwasser getroffenen Stadt Florenz, und erregte einigen Widerspruch von Opfern, als er das vom Maler Cimabue im Mittelalter geschaffene Kruzifix, das ebenfalls von den Fluten beschädigt worden war, als das wichtigste Opfer der Flut bezeichnete. Zu den in jenen Jahren besonders konfliktreichen Themen Zölibat und Empfängnisverhütung veröffentlichte er zwei Enzykliken: Sacerdotalis Caelibatus 1967 und Humanae Vitae 1968. In letzterer untersagte er ultimativ den Gebrauch empfängnisverhütender Mittel durch Katholiken sowie die Sterilisierung als Mittel der Empfängnisverhütung. Denn es sei in keinem Fall erlaubt, Sex ohne die Zeugung von Nachkommen zu praktizieren, das sei unchristlich und reduziere die Frau (deren sexuelle Bedürfnisse in der höheren Kirchenhierarchie entweder unbekannt oder als unwichtig angesehen waren) zum reinen Sexualobjekt.

Montini war der erste der modernen »Reisepäpste« und der erste Papst seit 1809, der die Grenzen Italiens überschritt. Während seines 15-jährigen Pontifikats unternahm er nicht weniger als 18 Reisen, die ihn auf alle fünf Kontinente führten. 1970 besuchte er Venedig, und während einer Messe auf dem Markusplatz legte er dem damaligen Erzbischof der Lagunenstadt, seinem späteren Nachfolger Albino Luciani, seine Stola um die Schultern. Einige Beobachter wollten darin eine Art versteckte Nachfolgeregelung entdecken. Wenige Tage nach der Entführung Aldo Moros 1978 forderte Montini die bedingungslose Freilassung des christdemokratischen Politikers, mit dem er befreundet war. Nachdem die Leiche des Politikers gefunden worden war, nahm Montini sogar an der Totenmesse für Moro teil, was bisherige Grundsätze päpstlicher Amtsführung durchbrach. Wenige Wochen später starb Montini im Alter von 81 Jahren. Da er für sich die Errichtung eines pompösen Grabmals testamentarisch ausgeschlossen hatte, wurde er wunschgemäß unter einem einfachen Grabstein in den vatikanischen Grotten begraben. Zwei Jahre vor seinem Tod wurden Gerüchte bekannt, dass Montini eine jahrelange homosexuelle Beziehung zu dem 25 Jahre jüngeren Schauspieler Paolo Carlini unterhalten haben soll, der wenige Wochen nach dem Papst im Alter von 55 Jahren starb.[116] Bis heute halten sich Gerüchte, dass es sich dabei um Selbstmord handelte. Montini gehört auch zu den frühen Unterstützern der als rechtsextrem angesehenen katholischen Vereinigung Opus Dei. Und natürlich war er wie die meisten modernen Päpste ein entschiedener Förderer und glühender Anhänger des Marienkults. Das zeigte nicht zuletzt sein Apostolisches Schreiben Marialis Cultus (»Über die rechte Pflege und Entfaltung der Marienverehrung« / 1974), in dem er auf die immer dringlicher werdende Intensivierung der Verehrung der »Mutter Gottes« hinwies.

Auch Montinis amerikanischer Gesinnungsgenosse Kardinal Spellman wurde später als Homosexueller geoutet, der Beziehungen unter anderem mit Broadway-Tänzern und Schauspielern unterhalten haben soll.[117] Spellman entstammte einer aus Irland eingewanderten Familie und verbrachte seine Kindheit an der Ostküste. Sein Vater war Schuhmacher. Er war schon früh Messdiener in der örtlichen Kirche, nach der Schule begann er ein Theologiestudium, das er aufgrund einer Empfehlung des New Yorker Erzbischofs am Päpstlichen Nordamerika-College in Rom fortsetzte. Nach seiner Rückkehr kam es möglicherweise aufgrund seiner homosexuellen Eskapaden zum Zerwürfnis mit dem Erzbischof, Spellman verbrachte eine Reihe von Jahren in subalternen Positionen. Sein römisches Netzwerk verhalf ihm zurück auf die Karriereleiter, er wurde nach Rom berufen und freundete sich dort mit Pacelli an, der ihn künftig förderte. Im Alter von 43 Jahren wurde er 1932 zum Bischof geweiht, Pacelli vererbte ihm seine eigenen Kleidungsstücke, die Spellman mit Ehrfurcht trug. Spellman machte sich in Amerika schon früh einen Namen als versierter Spendeneintreiber, aber auch als Polit-Netzwerker, der unter anderem die Wiederwahl Roosevelts 1936 durch seinen öffentlichen Einsatz bei den Katholiken Nordamerikas (zusammen mit Pacelli) entscheidend beeinflusste.

Unmittelbar nach seiner Machtergreifung ernannte Pacelli seinen Freund Spellman 1939 zum Erzbischof New Yorks und zum obersten US-Militärseelsorger, ein Amt, das Spellman, der gerne unter Männern weilte, schon seit dem Ersten Weltkrieg angestrebt hatte. Besonders enge Verbindungen hatte Spellman in der Zwischenzeit zur Familie Kennedy aufgebaut. Begeistert tourte Spellman während des Zweiten Weltkriegs zu den US-Truppen an allen Fronten, wo diese eingesetzt wurden. 1946 wurde er von Pacelli zum Kardinal ernannt. In diesen Jahren begann der erzkonservative Spellman seine Unterstützung für den amerikanischen »Inquisitor« Joseph McCarthy, der Amerika von kommunistischen Wühlern reinigen wollte, und dazu die gesamte kulturelle und politische Elite vor dem »Ausschuss für unamerikanische Umtriebe« öffentlich ins Kreuzverhör nahm, und viele Karrieren zerstörte. Ebenso unterdrückte Spellman jeglichen Versuch gewerkschaftlicher Organisation unter den Kirchenangestellten New Yorks.

Besonders schrill wurden Spellmans Äußerungen während der Auseinandersetzungen um die öffentliche Finanzierung von katholischen Schulen. Damals gab es eine starke Laisierungsbewegung in Nordamerika, die öffentliche Gelder künftig nur noch für staatliche Schulen vorsehen wollte. Ebenso denunzierte er viele Hollywood-Filme als unmoralisch und pervers. Gerne zeigte er sich auf öffentlich mit katholischen Diktatoren wie Anastasio Somoza, der damals Nicaragua terrorisierte. 1960 unterstützte Spellman die Präsidentschaftskandidatur Nixon, obwohl dieser ein Gegenkandidat von J. F. Kennedy, dem Erzkatholiken aus Boston, war. Doch Kennedy hatte sich ebenfalls gegen die öffentliche Förderung von Konfessionsschulen ausgesprochen, und sich damit in Spellmans Augen völlig diskreditiert. Während des Zweiten Vatikanischen Konzils gehörte Spellman zu den führenden Vertretern der konservativen Gruppierung, die sich gegen jegliche Neuerungen aussprach. So wollte er unbedingt am Lateinischen als einziger zugelassener Sprache für die Katholische Messe festhalten.

Mit Kennedys Nachfolger Lyndon B. Johnson verband Spellman eine enge Freundschaft, hatte Johnson doch als eine seiner ersten Amtshandlungen die Förderung konfessioneller Schulen gesetzlich festschreiben lassen. Spellman war ein erklärter Unterstützer des Vietnam-Kriegs, den er als richtig, gerecht und wichtig ansah. Seit 1954 hatte er sich für ein militärisches Engagement der USA dort ausgesprochen. Später traf er sich öfter mit dem südvietnamesischen Diktator Diem. Ebenso reiste er häufig zu Truppenbesuchen nach Vietnam. Die dortigen militärischen Eskapaden der USA sah er als »Kreuzzug gegen den Kommunismus im Allgemeinen und die Vietcong im Speziellen« an. Er segnete die Waffen der dort eingesetzten Soldaten und lobte sie für ihren Einsatz. Im Gegenzug wurde ihm von der US-Militärakademie West Point deren höchste Auszeichnung verliehen.

Albino Luciani (1912–1978, Papst als Johannes Paul I. 1978)

Montinis Nachfolger auf dem römischen Bischofsstuhl wurde eine der merkwürdigsten Gestalten der Kirchengeschichte. Ältestes von vier Kindern einer bäuerlichen Familie aus dem Veneto, wurde der 1912 geborene Luciani auf die Kirchenlaufbahn geschickt, die er planmäßig durchlief, wenn auch auffälligerweise fern des Vatikan, in der Provinz, und vor allem in den kirchlichen Ausbildungsinstituten der Region. 1947 promovierte er im Alter von 35 Jahren. Ein Jahrzehnt später wurde er nach Stationen als Bistumskanzler und Generalvikar 1958 Bischof von Vittorio Veneto. Trotz seiner progressiven Grundeinstellung sprach er sich aber als Bischof vehement gegen die Ehescheidung aus, welche von der Katholischen Kirche nicht akzeptiert werden dürfe. Er nahm an allen Sitzungen des Zweiten Vatikanischen Konzils teil. Im Zuge der kirchlichen Missionierungsbemühungen in Afrika schickte er drei Priester seiner Diözese nach Burundi, die er 1966 bei einer bischöflichen Visitation vor Ort besuchte.

Zuhause zeigte er sich im Zweifelsfall als beinharter Verfechter der kirchlichen Hierarchie. Als vor Ort eine Gemeinde als Nachfolger für den verstorbenen Gemeindepfarrer den bisherigen Stellvertreter als neuen Pfarrer haben wollte, untersagte er das nachdrücklich, unter Hinweis darauf, dass es allein dem Bischof zustehe, kirchliche Stellen zu besetzen. Eine Urwahl sei nicht vorgesehen. Luciani wurde von dem heftigen Widerstand vor Ort überrascht. Die Gemeinde kämpfte mit allen Mitteln für »ihren« Pfarrer, doch letztlich vergebens. Luciani ließ sich nicht erweichen. Inzwischen war die Gemeinde völlig zerstritten und in zwei unversöhnliche Lager zerfallen. Die Unterstützergruppe des jungen Pfarrers unternahm noch einen verzweifelten Versuch, indem sie eine Abordnung nach Rom schickten, die das Gespräch mit Papst Montini suchen sollte, welches nicht zustande kam. Luciani kam nun selbst in die Gemeinde angereist, begleitet von zahlreichen Polizisten und weiterem kirchlichen Ordnungspersonal, ließ das Kruzifix und die Hostien der Kirche einpacken und untersagte als Strafe fürderhin jeglichen Gottesdienst in der Gemeinde. Doch er hatte nicht mit dem Widerstandsgeist der Dorfbewohner gerechnet. Diese gründeten mit dem jungen Pfarrer eine kirchenunabhängige orthodoxe Gemeinde, die bis heute dort existiert.

Die Belohnung ließ nicht lange auf sich warten: 1969 wurde Luciani von Montini zum Patriarchen von Venedig ernannt, also auf den höchsten kirchlichen Posten im Veneto gehievt. Zusätzlich wurde er zum Vorsitzenden der italienischen Bischofskonferenz ernannt. 1972 erwies Montini seinem Schützling die Ehre und stattete der Lagunenstadt den ersten »Papstbesuch« seit Jahrhunderten ab. Während einer gemeinsamen Messe übergab er Luciani seine persönliche Stola als Geschenk. Doch der guten Gaben nicht genug, machte er ihn wenige Monate später zum Kardinal. Als sich die örtliche Studentenvereinigung FUCI für die Ehescheidung aussprach, ließ Luciani sie – ganz im vatikanischen Sinne – kurzerhand auflösen.

Auch Luciani war ein Fan, ein fanatischer Anhänger der »Jungfrau Maria«, und insbesondere des »Marienwunders« von Fatima. Er machte sich auf zu einer Pilgerreise nach Fatima, wo er auch die letzte Überlebende »Teilnehmerin« des angeblichen Wunders, Schwester Lucia, traf. In Berichten heißt es, er sei von der Unterhaltung mit ihr »tief bewegt« gewesen, was auch immer das heißen soll. Angeblich habe diese ihm nicht nur das wahre dritte Geheimnis von Fatima enthüllt, sondern ihm auch seine Wahl zum Papst vorhergesagt.

Nach dem Tod Montinis reiste Luciani am 10. August 1978 von Venedig nach Rom, um am Konklave teilzunehmen, an dessen Ende er am 26. August 1978 zum Papst gewählt wurde. Er galt als Übergangskandidat, da er als weniger intellektuell als Montini angesehen wurde, da er noch keinerlei Erfahrung im Vatikan selbst gemacht hatte (von wenigen kurzen Besuchen abgesehen), und da er Italiener war, was dem italienischen Kardinalskollegium angesichts der zunehmenden Stimmenzahl von Kardinälen anderer Kontinente lieb war. Schon seine Wahl war von Merkwürdigkeiten überschattet, starb doch am Tag seiner Ernennung

der als Gast anwesende Metropolit der Russisch-Orthodoxen Kirche, Boris Georgiewitsch Rotow alias Nikodim, eines plötzlichen und »überraschenden« Todes im Alter von gerade mal 49 Jahren. Später wurden sowohl Gerüchte laut, bei Nikodim habe es sich um einen KGB-Agenten gehandelt, und er sei gezielt ausgeschaltet worden, als auch, er sei ein berüchtigter Krypto-Katholik innerhalb der orthodoxen Kirche gewesen (er hatte eine Dissertation zum Thema des Papsttums unter Johannes XXIII. verfasst). Eine dritte Erklärung besagte, dass das Gift schon zu diesem Zeitpunkt für Luciani vorgesehen war, allerdings durch eine Verwechslung dem russischen Gast serviert wurde.
In Erinnerung an seine direkten Amtsvorgänger nannte sich Luciani als Papst Johannes Paul (I.). Als erstes schaffte er den »pluralis maiestatis« ab, die Angewohnheit der Päpste, von sich in der ersten Person Plural (»wir«) zu sprechen. Ebenso fiel seinen Reformbemühungen die bisher übliche Krönung als Papst zu Opfer, die als nicht mehr zeitgemäß angesehen wurde – sie wurde durch eine feierliche Amtseinführung mit Gottesdienst ersetzt. Auch den obligatorischen Kniefall der Schweizergardisten und die päpstliche Sänfte schaffte er ab, und war angeblich der erste Papst, der selbst das Telefon in die Hand nahm. Teils als Konservativer angesehen und agierend, teils als Progressiver, steht zu vermuten, dass er sich im Zweifelsfall wie schon als Patriarch von Venedig konform zu den Gesetzen und Moralvorstellungen der Kirche verhalten hätte. So sprach er sich dezidiert gegen Abtreibung und Homosexualität aus. Im Vatikan wurde er dennoch angeblich als intellektuelle Luftnummer angesehen und mit Herablassung behandelt. Ein hoher Kurialbeamter sagte, man habe Peter Sellers gewählt (in Anspielung auf den englischen Filmkomiker).
Seine Außenwirkung war gespalten. Auf der einen Seite gab er überzeugend den warmherzigen Übervater, der mit einem Lächeln alle Sünden der Welt und der Sündigen verzeiht, und im Zweifelsfall Großmut walten lässt. Nach Meinung von Menschen aus seiner näheren Umgebung war er allerdings keineswegs der naive Gutmensch, den Teile der Medien, befeuert von Teilen der Kurie, später aus ihm machen wollten. Angesichts seiner sonsti-

gen im Zweifelsfall überaus kirchentreuen Haltung ist auch die These, der zufolge er neunzig Prozent des kirchlichen Gestamtvermögens für wohltätige Zwecke weltweit zur Verfügung stellen wollte, und die restlichen zehn Prozent dem italienischen Staat zur Verwaltung zugunsten der Kirche, als einigermaßen unzutreffend anzusehen (wiewohl sich diese These bis heute hartnäckig als Motiv für seine angebliche Ermordung hält, s. u.). Luciani starb nach einem Pontifikat von 33 Tagen in der Nacht vom 28. auf den 29. September 1978 im Alter von 66 Jahren offiziell an Herzversagen. Die öffentlichen Forderungen nach einer Autopsie des Leichnams lehnte die Kurie ab. Luciani wurde wenig später in den vatikanischen Grotten begraben. Die Verschwörungstheorien rund um seinen frühen Tod füllen seither Bände. Als offizielle Todesursache wurde Herzinfarkt angegeben. Gefunden wurde der leblos im Bett liegende Papst angeblich frühmorgens von seinem Privatsekretär John Magee. Später stellte sich heraus, dass die möglicherweise mehr als nur den Haushalt des Papstes betreuende Nonne Vincenza Taffarel, die Luciani seit seiner Zeit als Bischof in Belluno diente, ihn fand. Magee, schon Privatsekretär von Paul VI. und auch von Johannes Paul II., wurde später wegen Vertuschung von Kindesmissbrauch in seiner Diözese aus dem Amt entfernt.[118] Wojtyła zweiter Privatsekretär Stanislaw Dziwisz erwähnt ihn in seinem Rückblick auf die Jahre mit Wojtyła mit keinem Wort.[119] Als weiterer Hinweis wurde verschwörungstheoretisch die Dauer des Pontifikats von genau 33 Tagen herangezogen, was angeblich mit den 33 Graden der Freimaurer übereinstimme, und daher als »Signatur« der Mörder zu verstehen sei – Grund für die Freimaurer, ihn zu ermorden, sei die Tatsache gewesen, dass Luciani die fest in Freimaurerhand befindliche Vatikanbank samt ihren mafiösen Verbindungen und Strukturen haben säubern wollen, was es zu verhindern galt. Die Vatikanbank war damals eng mit der Ambrosiano-Bank verbandelt, und betrieb mit ihr allerlei illegale Geldwäschegeschäfte. Chef der Vatikanbank war zu diesem Zeitpunkt der amerikanische Bischof Paul Marcinkus, der seine Karriere im Vatikan als Leibwächter von Montini begonnen hatte, und von diesem zum Dank für langjährige Verdienste 1971 mit dem Chefsessel der Bank bedacht worden war. Als der Skandal 1982 nach dem Zusammenbruch der Ambrosiano-Bank aufzufliegen drohte und italienische Strafverfolgungsbehörden Marcinkus dazu ins Verhör nehmen wollten, bunkerte sich dieser mit Zustimmung seines obersten Chefs im Vatikan ein und war damit für die italienische Polizei nicht zu fassen. Die anderen Beteiligten starben eines »überraschenden« Todes: Ambrosiano-Chef Roberto Calvi wurden in London aufgehängt gefunden, baumelnd von der Brücke der Schwarzen Brüder (Blackfriars Bridge). Calvis Sekretärin fiel wenig später aus einem Fenster im fünften Stock der Ambrosiano-Bank. Mafia-Finanzier Michele Sindona wurde in einem italienischen Hochsicherheitsgefängnis vergiftet. Und selbst der Kardinal von Florenz, Benelli, starb 1981 eines überraschenden Todes im Alter von 61 Jahren – sein Tod wird ebenfalls mit dem Vatikanbank-Skandal in Verbindung gebracht. Eine Vorstellung von den Dimensionen des Skandals gibt die Befragung von Marcinkus durch US-Finanzbehörden schon im Jahr 1974 (als er gerade mal drei Jahre im Amt war als Bankchef): damals ging es um die illegale Transaktion von nicht weniger als einer Milliarde Dollar.[120]

Als Beleg für die Freimaurerthese wird angeführt, dass das italienische Magazin *OP – Osservatore Politico* (Politischer Beobachter, eine Anspielung auf den Namen der 1861 gegründeten Tageszeitung des Vatikan, *Osservatore Romano* – Römischer Beobachter), das sich unter seinem Chefredakteur Mino Pecorelli dem gefährlichen Themenschwerpunkt des investigativen Journalismus im Bereich Politik, Wirtschaft und Geheimdienste verschrieben hatte, unmittelbar nach Lucianis Wahl in einer aufsehenerregenden Veröffentlichung eine Liste mit 131 Mitgliedern der Freimaurer unter den Spitzenklerikern des Vatikan abgedruckt hatte – Pecorelli wurde ein halbes Jahr später ermordet, das Blatt stellte sein Erscheinen wenig später ein.[121] Pecorellis Leben und Tod führen tief hinein in den Sumpf der italienischen Politik, wo nach 1945 westliche Geheimdienste, Wirtschaft, Politik, Rechtsradikale und Katholische Kirche eine unheilige Allianz eingingen mit dem Ziel, Italien mit seiner traditionell starken Kommunistischen

Partei vor dem Bolschewismus zu »retten«. Dabei wurden keine Mittel gescheut, die gesamte »Strategie der Spannung« basierte darauf, das Land über viele Jahrzehnte hinweg durch vermeintlich von Linksradikalen, tatsächlich aber aus einem informellen Zusammenschluss der obigen Beteiligten begangene Attentate und terroristische Anschläge so zu verunsichern, dass die Wähler automatisch – wie es dann auch passierte – rechts wählen würden, und der zivile Ungehorsam nach 1968 in sich zusammenbräche.

Pecorelli, selbst Mitglied der rechtsextremen Geheimloge P2, wurde demnach durch Schüsse getötet, für die Projektile der extrem seltenen französischen Marke Gévelot verwendet wurden, wie sie sich später in einem geheimen Waffenversteck der rechtsextremen Verbrechergruppierung *Banda della Magliana* fanden, einem Versteck, das sich in einem Gebäude des italienischen Gesundheitsministeriums befand.[122] Über Pecorelli besteht dann wiederum auch eine mutmaßliche Verbindung zur Entführung und Ermordung des italienischen Ministerpräsidenten Aldo Moro 1978, die angeblich auf das Konto der vermeintlich linksradikalen »Roten Brigaden« ging, welche heute aber als Undercover-Unternehmen von westlichen Geheimdiensten und Rechtsradikalen angesehen werden.

Noch eine Umdrehung weiter ziehen die »Sopravissutisten« die Verschwörungsschraube an – ihnen zufolge sei Paul VI. noch am Leben (und damit heute 117 Jahre alt!) und werde im Vatikan gefangen gehalten, Luciani habe dies herausgefunden und daher sterben müssen. Schon die eigentlich recht simple Frage, ob Luciani bis zu seiner Berufung zum Oberpopen gesundheitlich einigermaßen fit oder ohnehin ziemlich angeschlagen gewesen sei, ist bis heute ungeklärt. Einerseits wird auf eine drei Jahre vor seiner Wahl aufgetretene Embolie im Auge hingewiesen, als Vorbote des heraufziehenden Unglücks, sprich des Infarkts, während andere dagegenhalten, ein angeschlagener und nicht kerngesunder Kandidat wäre gemäß kirchlichen Gepflogenheiten erst gar nicht gewählt worden. Es konnte natürlich nicht ausbleiben, dass selbst die seit über hundert Jahren als Fälschung enttarnten angeblichen »Protokolle der Weisen von Zion« her-

angezogen wurden, um die angeblichen Hintergründe des vorzeitigen Papsttodes aufzuhellen.
Nachdem 2008 das notwendige Wunder kirchenjuristisch als gültig anerkannt wurde, konnte die seit langem geforderte Seligsprechung endlich vollzogen werden. In seinem Heimatort wurde ein Platz nach ihm benannt, eine Statue errichtet und ein Museum eingerichtet.

Karol Wojtyła (1920–2005, Papst als Johannes Paul II. 1978–2005)

Das Dreipäpstejahr 1978 endete mit der Wahl der wohl düstersten Gestalt in der jüngeren Kirchengeschichte auf dem Papstthron, des Polen Karol Wojtyła. Der erste Nicht-Italiener seit einem halben Jahrtausend auf diesem Stuhl (gleichzeitig der erste Slawe) hatte sich schon vorher einen Namen als erzkonservativer Hardliner gemacht, dem zuzutrauen war, dass er den Kurialkurs ohne wenn und aber durchsetzen würde. Nach dem scheinbar so »soften« Johannes Paul I. (Luciani) und dessen »überraschendem« Tod war die ehemalige, ansatzweise »liberale« Luciani-Fraktion eingeschüchtert, zum Zuge kam nun ein beinharter Radikalkonservativer, der zwar offiziell die Namenslinie des Vorgängers fortsetzte, indem er sich »Johannes Paul II.« nannte, der aber einen deutlichen Kontrast zu seinem direkten Amtsvorgänger darstellte, der zwar Kirchentreu, aber verbindlich bis hypokritisch auftrat. In Polen schon an der antikommunistischen Front gestählt, während des hauptsächlich im Untergrund betriebenen Kampfes gegen Regierung und Partei, sollte Wojtyła nun an ungleich wirkungsmächtigerer Stelle sein Werk fortführen und am Ende den Untergang des kommunistischen Machtblocks einläuten.
Wojtyłas Kindheit im südpolnischen Beskidendörfchen Wadowice war von tragischen Todesfällen überschattet. Seine Mutter

starb im Kindbett, als er acht Jahre alt war. Zuvor war schon seine ältere Schwester Olga gestorben. Der junge Wojtyła hielt sich daher eng an seinen 13 Jahre älteren Bruder Edmund, der jedoch schon 1932 während einer Scharlachepidemie starb. Wojtyłas Vater, ein Armeeoffizier, versuchte ihn danach so gut es ging allein zu erziehen. Bald darauf hatte Wojtyła seine erste Freundin, die aus jüdischer Familie stammende Ginka Beer. Während dieser Zeit war er bereits Vorsitzender der örtlichen Mariengesellschaft – weiterer Beleg, in welch hohem Maße sich die »Marienverehrung« als Substitut und Kompensation für persönliche Defizienzen darstellt bzw. darstellen kann.
Mit 18 Jahren begann er im Herbst 1938 sein Studium an der altehrwürdigen Universität Krakau, eingeschrieben in den Fächern Philosophie, Polonistik und Russisch. Außerdem lebte er während des letzten Friedensjahres in der Hochschul-Theatergruppe seine schauspielerischen Ambitionen aus und nahm französischen Sprachunterricht. Nach dem deutschen Überfall auf Polen 1939 floh er zusammen mit seinem Vater von Krakau aus Richtung Osten. Nach dem Hitler-Stalin-Pakt und der erneuten Teilung Polens wurden sie nach Krakau zurückgeschickt. Die Universität war von den deutschen Besatzern geschlossen worden, die Professoren zumeist erschossen oder verhaftet. Wojtyła arbeitete zunächst als Kellner in einem Restaurant, dann bis 1944 in einem Steinbruch des französischen Unternehmens Solvay, das hier kriegswichtige Produkte wie Natronlauge herstellte, sodass alle Angestellten (auch Wojtyła) von Deportation und Zwangsarbeit im »Reich« ausgenommen waren. Er setzte seine Studien heimlich an einer der polnischen Untergrunduniversitäten fort. Nach dem Tod seines Vaters, der 1941 einem Herzanfall erlag, war Wojtyła Vollwaise. Er suchte nun die Nähe zu Ersatzvätern und -müttern (Kirchenhierarchen und der »Mutter Gottes«) und engagierte sich im Untergrundseminar, das der Krakauer Erzbischof damals anbot, um kirchentreuen Nachwuchs zu rekrutieren, im Kampf gegen die auch die polnische Kirche unterdrückenden deutschen Besatzer.
Während des Warschauer Aufstands 1944 wurden in Krakau von der Gestapo großflächige Verhaftungen junger Männer vor-

genommen, um ähnliche Vorkommnisse hier gleich im Vorfeld zu unterdrücken. Wojtyła konnte sich rechtzeitig verstecken und verbrachte die Zeit bis zum Kriegsende in der erzbischöflichen Residenz, wo er vor weiteren Zugriffen einigermaßen sicher war. Die deutschen Besatzer flohen am 17. Januar 1945 kampflos aus der Stadt, nachdem sie Teile der Altstadt, darunter auch das erzbischöfliche Seminar, in Schutt und Asche gelegt hatten. Wojtyła meldete sich freiwillig als Helfer für den Wiederaufbau des Seminars. Der in Rom gut vernetzte Erzbischof kümmerte sich künftig um die weitere Ausbildung Wojtyłas zur höheren kirchlichen Dienstlaufbahn.

1946 wurde Wojtyła im Alter von 26 Jahren zum Priester geweiht. Unmittelbar im Anschluss schickte ihn sein Erzbischof zur Fortsetzung der Studien nach Rom, was für höhere Kirchenkader Pflicht war, gleichzeitig aber auch die Gelegenheit zur Schaffen eines eigenen Netzwerks in der Zentrale bot. Nach seiner Promotion kehrte Wojtyła im Sommer 1948 nach Polen zurück. Als er in seiner ersten Pfarrei in Niegowić bei Krakau eintraf, stieg er aus dem Zug, kniete nieder und küsste den Boden – eine Geste, die er sich von dem radikalkatholischen Eiferer Jean Marie Vianney abgeschaut hatte, der sein großes Vorbild geworden war. In Niegowic musste er nicht lange ausharren, denn sein Erzbischof berief ihn nun als Junglehrer ans kirchliche Lehrerseminar in Krakau. Wojtyła scharte dort seine erste eigene Anhängerschar um sich, mit der er auch die Freizeit verbrachte. 1953 habilitierte er an der Theologischen Fakultät der Universität Krakau. Seine persönlichen theologischen Überzeugungen basierten weithin auf dem erzkonservativen Gedankengut Thomas von Aquins. Während Wojtyła zunächst seinen Ehrgeiz auf eigene literarische Arbeiten legte, publizierte er 1960 sein erstes erfolgreiches Fachbuch unter dem vielversprechenden Titel »Liebe und Verantwortung«. Wojtyła verteidigte darin die offizielle kirchliche Lehrmeinung zu Ehe und Fortpflanzung, und zeigte sich so als williger Erfüllungsgehilfe der römischen Vorgaben. Sex in der Ehe mit dem Ziel der Fortpflanzung wird darin ausdrücklich als Werk Gottes gelobt, bei dessen Ausführung man Gott so nahe wie möglich

sei. Im Sex, in der körperlichen Vereinigung würde das spirituelle und das göttliche Prinzip sichtbar.
1958 wurde Wojtyła Weihbischof in Krakau. Er war damals gerade 38 Jahre alt, und damit der jüngste polnische Bischof seit Menschengedenken. Ab 1962 nahm er am Zweiten Vatikanischen Konzil teil, ohne allerdings besonders auf sich aufmerksam zu machen. Er agierte offenbar mehr im Hintergrund, und legte hier wichtige Grundlagen für seine weitere Kirchenkarriere. Schon 1964 stieg er auf zum Erzbischof von Krakau, gerade mal 44 Jahre alt. Und es ging weiter Schlag auf Schlag. 1967 folgte die Weihe zum Kardinal inklusive dem Recht der Papstwahl. In Polen widmete sich Wojtyła auftragsgemäß der antikommunistischen Agenda. So predigte er für den Freiheitskampf des tibetanischen Volkes gegen die kommunistischen Besatzer aus China. Außerdem drückte er gegen den verzweifelten Widerstand der Staatsmacht den Bau einer riesigen neuen Kirche im Neubaugebiet von Krakau durch.
Im Dreipäpstejahr 1978 nahm der 58-jährige Wojtyła im August am Konklave teil, das Luciani wählte, und im Oktober am nächsten Konklave, an dessen Ende er selber oberster Boss der Katholen wurde. Nachdem das Rennen zwischen dem konservativen italienischen Kardinal Siri (Genua) und dem liberalen italienischen Kardinal Benelli (Florenz) im Oktober zunächst unentschieden endete, schlug der Wiener Kardinal König als Kompromisskandidat völlig überraschend den vergleichsweise jugendlichen, weiteren Kreisen völlig unbekannten Wojtyła vor. Im anschließenden Wahlgang erhielt Wojtyła zur Überraschung vieler Anwesenden die absolute Stimmenmehrheit, und ging von nun an unter dem Namen »Johannes Paul II.« auf Seelenfang. Als erster Papst wandte er sich unmittelbar nach seiner Wahl von der Beneditionsloggia aus an die auf dem Petersplatz versammelte Menschenmenge, und verkündete, in demütigem Gehorsam gegenüber Kirche und Gott und vor allem der »Gottesmutter« Maria habe er die Wahl akzeptiert. Der verhinderte Schauspieler Wojtyła bekam nun die ganze Welt als Bühne und bespielte sie während des nächsten Vierteljahrhunderts mit denkwürdigen Auftritten.[123]

Gleich mit seiner ersten Enzyklika *Redemptor Hominis* schlug er den Ton an, der sein Pontifikat bis zum Sturz der kommunistischen Regierungen in Osteuropa bestimmten sollte. Obwohl es natürlich eigentlich verrückt war, von ihm als Vertreter einer durch und durch hierarchischen, antidemokratischen und letztlich monarchisch-diktatorischen Organisation solches zu hören, verlegte er sich neben der Anbetung der Jungfrau Maria und der Verdammung des Atheismus bevorzugt östlicher Ausprägung vor allem auf die Predigt der – Menschenrechte. Es handelt sich dabei um einen wesentlichen Teil der ex post unschwer auszumachenden westlichen Gesamtstrategie, hatte doch schon seit den 1960er Jahren der »weiche« Hebel der Menschenrechte zu ersten Verwerfungen im Ostblock geführt. Teil dieser westlichen Gesamtstrategie war auch die »Ostpolitik«, die sogenannte »Entspannungs- oder Transformationspolitik« der SPD unter Willy Brandt.[124]

Von christdemokratischen Scharfmachern, die den eigentlichen Sinn der Ostpolitik entweder nicht verstanden hatten, weil sie zu dumm waren, oder die eben ihrer Aufgabe als »Pseudo-Opposition« nachkamen, vehement angegriffen, betrieb Brandt ein mit den »amerikanischen Freunden« abgesprochenes Geschäft. Wie sein Adlatus Egon Bahr schon 1953 vor US-Kongressabgeordneten bekannte, sollte die neue Ostpolitik, die scheinbare Politik der Güte und der guten Nachbarschaft, einem klar definierten Ziel dienen: der Vernichtung des kommunistischen Machtblocks in Osteuropa, der deutschen Wiedervereinigung und der Eroberung der östlichen Märkte für die Industriekonzerne des Westens, ad maiorem Profit gloriam, sozusagen. Über den »Hebel« der Entspannungspolitik, der durch die intensivierte Besuchspolitik verstärkten Infiltration des Ostens mit dem verführerischen Konsumismus des Westens, der Beharrung auf den Menschenrechten gerade nach den KSZE-Verhandlungen in Helsinki als Mittel, den Osten überall und jederzeit öffentlich scheinbar ins Unrecht setzen zu können, sollte das »Regime« zwischen Ostberlin und Moskau langfristig so unterminiert werden, dass es Zusammenbrechen würde. Bahr sagte diesen Zeitpunkt schon in den 1960er Jahren für das Ende der 1980er Jahre voraus.

Als jemand, der hinter dem Eisernen Vorhang groß geworden war, genoss Wojtyła nach seiner Machtergreifung die neue Reisefreiheit. Im Laufe seines Pontifikats besuchte er nicht weniger als 129 Länder – man fragt sich unmittelbar, wie oft er überhaupt zwischendurch in Rom war, und könnte an den Genscher-Witz denken von einem Papst, der sich selbst im Flugzeug begegnet. Jedenfalls stellte er unter den modernen »Reisepäpsten« den unangefochtenen Reiserekord auf. Auf den Reisen ließ er sich feiern (und wurde inszeniert) wie ein Popstar. Überhaupt waren Rekorde sein Steckenpferd bzw. das Markenzeichen seines Pontifikats. So versammelten sich zum Weltjugendtag in Manila (Philippinen) in seiner Anwesenheit angeblich über sieben Millionen Gläubige. Außerdem hält er den inoffiziellen Rekord für den Papst, der die meisten Entschuldigungen für Verbrechen im Lauf der Kirchengeschichte aussprach – aufmerksame Beobachter haben mehr als 100 verschiedene Entschuldigungen gezählt. Die wichtigste Reise seiner Amtszeit unternahm er gleich zu Beginn, noch kein halbes Jahr im Amt. Im Juni 1979 reiste er erstmals nach Polen. Der Besuch des polnischen Papstes im erzkatholischen Land an der Weichsel sorgte dort für Furore. Nationalstolz und Frömmigkeit gingen eine untrennbare Mischung ein. Er wurde gefeiert wie ein Popstar. Viele Hunderttausend kamen zu den Freiluftmessen und hörten, wie der Papst ihnen Mut zu sprach, von Gott als einziger Quelle des Gesetzes sprach, und sie indirekt zu zivilem Ungehorsam gegenüber dem kommunistischen Staatsapparat aufforderte, der dazu angesichts der prominenten Stellung des Besuchers und der hohen Gläubigenrate in Polen gute Miene zum bösen Spiel machen mussten.
Es war kein Zufall, dass unmittelbar nach seiner Abreise die »unabhängige«, strengkatholische, vom Bündnis Vatikan-Westen mit Dollarmillionen alimentierte »Gewerkschaft« »Solidarität« gegründet wurde, die während ihres zehnjährigen Kampfes gegen die kommunistische Regierung Polens von der Kirche unermüdlich unterstützt und angetrieben wurde.[125] Der Vatikan übernahm im etablierten westlichen Bündnis eine führende Rolle, verfügte er doch im Gegensatz zum westlichen Militärbündnis NATO und den Geheimdiensten CIA & Co. über »Fuß-

truppen« im feindlichen Gebiet, die polnischen Priester und die vielen Millionen Gläubigen, von denen nicht wenige bereit waren, für ihre Kirche gegen ihren Staat zu arbeiten. Benutzt wurden hierfür auch dunkle Kanäle, die zu einem der größten Skandale der 1980er Jahre führten. Es ging hierbei um die Dollarmillionen, die der Vatikan nach Polen schmuggeln ließ, um die Arbeit der »Gewerkschaft« (sprich Kampfgruppe) Solidarität zu finanzieren und zu fördern.

Am Sonntag, den 13. Mai 1982, einem strahlendschönen Frühjahrsnachmittag um kurz nach fünf, als Wojtyła gerade auf dem Weg zur Generalaudienz im offenen »Papamobil« das rituelle Bad in der Menschenmenge auf dem Petersplatz genoss, peitschten zwei Schüsse über die Köpfe der schockierten Umstehenden. Der Papst sank getroffen in sich zusammen und wurde in rasender Fahrt zum kirchlichen Gemelli-Krankenhaus gebracht, während eine Nonne und Passanten sich auf den Attentäter warfen und ihn festhielten, bis die Polizei sich den Weg durch die Menge gebahnt hatte. Wie sich herausstellte, handelte es sich bei dem Attentäter um den rechtsradikalen türkischen Killer und Mafioso Ali Agca, der Wojtyła ausgerechnet am Gedenktag der Marienerscheinung in Fatima niederschoss.

Interessierte Kreise, sprich die italienische Regierung, die CIA und die gleichgeschalteten westlichen Medien lasteten das Attentat »natürlich« sofort dem »Reich des Bösen« an, der bolschewistischen Weltverschwörung in Gestalt der Sowjetunion, die hier durch ihre bulgarischen Handlanger die Finger im Spiel gehabt habe, um den Papst für seine Wühlarbeit in Polen zu bestrafen. Auffälligerweise begann Agca erst von dieser angeblichen Bulgarien-Connection zu schwafeln, nachdem ihn Agenten des italienischen Militärgeheimdienstes SISMI in die Mangel genommen hatten. Der ehemalige CIA-Analyst Melvin A. Goodman gibt heute offen zu, dass die »Agency« unmittelbar nach dem Attentat das Bulgaren-Schurkenstück zusammengebastelt hatte, um eine falsche Spur zu legen.[126] Die Verbindung von Grauen Wölfen, dem italienischen und dem US-Geheimdienst CIA bekommt einen ganz neuen Sinn, wenn man bedenkt dass alle drei Gruppierungen im geheimen NATO-Terrornetzwerk *Gladio* über Jahrzehnte zusammenarbeiteten. Der Bulgaren-Blödsinn sei demnach vom deutschen Auslandsgeheimdienst BND ausgeheckt und gegen Bezahlung von drei Millionen D-Mark von den Grauen Wölfen entsprechend publik gemacht worden. Den einzigen angeblichen bulgarischen Mittelsmann, den die Italiener in Rom verhaftet hatten, mussten sie nach drei Jahren vergeblicher Ermittlungen wieder laufen lassen.[127]

Dieses Stück schwarze Propaganda von den angeblichen bulgarisch-sowjetischen Hintermännern hält sich bis heute, wiewohl dafür kein einziger belastbarer Hinweis gefunden werden konnte, und Ali Agcas Hintergrund ausschließlich im Bereich der türkischen Grauen Wölfe und westlicher Geheimdienste zu suchen ist. Die Grauen Wölfe wollten sich beim Papst für die Missionsarbeit in der Türkei und in anderen islamischen Ländern rächen, wo die Kirche in eben diesen Jahren erhebliche Mittel einsetzte, um Menschen mohammedanischen Glaubens auf ihre Seite zu ziehen. Die Grauen Wölfe wiederum wurden von einem Gespinst westlichen Geheimdienste benutzt, die durch einen zum »Märtyrer« gewordenen Papst die psychologische Kriegsführung gegen den kommunistischen Osten auf die Spitze treiben wollten.

Wojtyła selbst erklärte 2002 beim Staatsbesuch in Bulgarien, dass der dortige Geheimdienst nichts mit dem Attentat zu tun gehabt habe. Allerdings entblödete sich sein ehemaliger Privatsekretär Dziwisz in seiner Autobiographie nicht, die Tat erneut dem KGB in die Schuhe zu schieben, wider besseren Wissens. Seine Rettung schrieb der Papst – wem wohl? – der »Jungfrau Maria« zu, die an diesem »ihrem« Gedenktag ihre schützende Hand über ihn gehalten habe.

Ein Jahr später wurde mitten in Rom die 15-jährige Emanuela Orlandi entführt und verschwand spurlos. Sie war die Tochter eines Angestellten im Vatikan. Theorien über die Hintergründe ihrer Entführung gehen von einem geplanten Austausch gegen Ali Agca bis hin zu einer Orgie im Vatikan mit hochrangigen Kirchenhierarchen, in deren Verlauf die unter Drogen gesetzte Orlandi missbraucht und getötet worden sei. Der Fall ist bislang ungeklärt. Ihr Leichnam wurde nie gefunden. Kurz zuvor war bereits die ebenfalls 15-jährige Mirella Gregori verschwunden und nie wieder aufgetaucht. Auch die mysteriösen Vorgänge rund um den sowjetischen Filmjournalisten Oleg G. Bitov, der während des Besuchs des Filmfestivals in Venedig im Herbst desselben Jahres spurlos verschwand, werden in Verbindung mit diesen beiden Entführungsfällen gebracht.

Ein geschickter Schachzug war die Intensivierung der Beziehungen zu Israel durch Wojtyła. Eingeleitet durch den ersten Besuch eines Papstes einer Synagoge, in diesem Fall der römischen 1986, ließ er die diplomatischen Beziehungen, die lange eingefroren waren, 1993 wieder normalisieren, und anerkannte die Staatlichkeit Israels. Im Jahr 2000 entschuldigte er sich im Vorfeld einer Reise nach Israel im Namen der Kirche für die (vielen) Verbrechen, die im Namen des Katholizismus gegen Juden verübt worden waren.

Bei seiner Wahl gerade mal 58 Jahre alt und eine seit der Jugend gern an der frischen Luft sich bewegenden Frohnatur, setzte er sein Sportprogramm im Vatikan fort, joggte in den dortigen Gärten, betrieb Gewichtheben, ging jeden Tat schwimmen und verbrachte die Sommermonate mit Bergwanderungen und den Winter mit Skifahren. Hinweise, er habe während seiner Zeit als Erzbischof von Krakau (und auch noch danach) mit der attraktiven Redaktionsssekretärin der katholischen Wochenzeitung Tygodnik Powszechny, Irena Kinaszewska, eine sexuelle Beziehung unterhalten, und mit ihr einen unehelichen Sohn gezeugt, wurden später als »kommunistische Fälschungsversuche« abgetan.

2001 wurde bei ihm eine beginnende Parkinson-Erkrankung festgestellt wurde. Öffentlich zugegeben wurde dies seitens des Vatikan erst 2003. Eine fiebrige Erkältungskrankheit zwang den 85-jährigen 2005 zu einem Krankenhausaufenthalt. Er verließ das Hospital zwar wenige Tage später wieder, nur um kurz darauf erneut eingeliefert zu werden. Diesmal musste sogar ein Luftröhrenschnitt vorgenommen werden, um ihn beatmen zu können. Im März 2005 kam es nach einer Harnwegsentzündung zu einem septischen Schock, Wojtyła wurde jedoch nicht in ein Krankenhaus gebracht, sondern im vatikanischen Palast von Ärzten behandelt. Am Nachmittag des 2. April 2005 fiel er ins Koma und starb wenige Stunden später, umgeben von seinen polnischen Nonnen und seinem Privatsekretär. Zu seiner Beerdigung kamen vier Könige, fünf Königinnen, über siebzig Präsidenten und Ministerpräsidenten sowie 14 Religionsführer. Geleitet vom Vorsitzenden des Kardinalskollegiums, Ratzinger, wurde er am 8. April 2005 in einer pompösen Zeremonie beerdigt. Während die Jubel-Katholiken auf dem Petersplatz »Santo Subito« schrien bis zur völligen Erschöpfung, also dem Wunsch nachdrücklich Ausdruck verliehen, dass man bzw. die Kurie Wojtyła sofort zum Heiligen erklären möge, griffen Versuche um sich, seinem Namen sofort das Suffix »der Große« anzuhängen, um schon vom Titel her seine Bedeutung zu unterstreichen bzw. ins Übermenschliche zu vergrößern, auf einer Linie mit den drei legendären Päpsten, denen man bis heute dieses Suffix zugestanden hat, und die alle im Frühmittelalter lebten.

Und auch nach seinem Tod wurden geltende (Kirchen-)Gesetze für Wojtyła außer Kraft gesetzt. So begann Papa Ratzi, sein Nachfolger (s. u.) unmittelbar nach Wojtyłas Beerdigung damit, den Seligsprechungsprozess einzuleiten, für den formalkirchenjuristisch eigentlich eine Mindestwartefrist von fünf Jahren nach dem Tod der betreffenden Person vorgeschrieben ist. Ein Jahr später stellte sich auch pünktlich das für die Seligsprechung verlangte Wunder ein, als eine französische Nonne zu Protokoll gab, ihre Parkinson-Erkrankung sei vollständig und irreversibel geheilt. Kurze Zeit später begann sie wieder an ihrem alten Arbeitsplatz im Ordensspital, den sie wegen ihrer Erkrankung hatte aufgeben müssen, tätig zu werden. »Ich war krank, und jetzt bin ich geheilt. Ob das ein Wunder ist, muss die Kirche beurteilen«, sagte sie erstaunlich nüchtern hinterher der Presse.[128] Am 1. Mai 2011 wurde die Seligsprechung abgeschlossen, und der Sarg mit den sterblichen Überresten Wojtyłas jetzt von den Grotten hinaufgetragen und in einem Seitenaltar des Langschiffs von St. Peter beigesetzt, wo ihn die Gläubigen besser anbeten können.

Ratzingers ursprüngliches Heiligsprechungsprojekt hatte allerdings eine etwas andere Konstellation vorgesehen: ursprünglich sollten Wojtyła und Pacelli (Pius XII.) heiliggesprochen werden. Doch gegen den Nazi-Freund Pacelli war der Widerstand innerhalb und außerhalb der Kirche zu groß, deshalb verzichtete Ratzi schweren Herzens auf diese seine Herzensangelegenheit mit Pacelli. Und verlegte sich auf den weniger kritischen Roncalli, da er von dem Doppelschlag ins Heiligenkontor nun mal nicht lassen wollte. Die notwendigen Wunder waren schnell beschafft. Es handelte sich genau um zwei Stück (s. o.). Merkwürdig, dass sich von den Milliarden Gläubigen niemand ernsthaft fragt, warum ein Papst mit wundersamen, heiligen Kräften sich auf so wenige Wunder beschränkt, und die Gebete von so vielen anderen sterbenskranken Gläubigen ignorieren sollte.

Es war wohl kein Zufall, dass Bergoglio ausgerechnet am 4. Juli 2013, dem amerikanischen Nationalfeiertag, die Heiligsprechung Wojtyłas ankündigte, und damit jener Nation ein »Geschenk« machte, die am meisten von der Untergrundwühlarbeit Wojtyłas profitierte, durch den Sturz des verhassten kommunistischen Systems in Polen und ganz Osteuropa ab 1989. Gegner der Heiligsprechung stoßen sich hauptsächlich an seiner Haltung zur Empfängnisverhütung, zur Ordinierung von Frauen, zur Ehe, und zu den kirchlichen Sexskandalen während seines Pontifikats. Gerade hinsichtlich des Kindesmissbrauchs durch Kirchenhierarchen habe er zu spät und zu zögerlich reagiert. Zwar wurden seinerzeit erstmals Hintergrundchecks für Bewerber um Kirchenämter und der Ausschluss von überzeugten Homosexuellen vom Priesteramt angeordnet. Im April 2002 bestellte der schon an Parkinson erkrankte Wojtyła alle US-Bischöfe in den Vatikan ein, um mit ihnen über die vor allem in den USA verbreiteten Missbrauchsfälle zu sprechen. 2002 wurde auch der Erzbischof von Posen, Juliusz Paetz, des Kindesmissbrauchs beschuldigt und von Wojtyła seines Amtes enthoben – Ratzinger hob diese Strafe 2010 wieder auf. Paetz hatte sich offenbar regelmäßig homosexuelle Opfer unter den Studenten des örtlichen Priesterseminars gesucht, und diese mit Drohungen oder mit Geld gefügig gemacht, um sie sexuell missbrauchen zu können. Er hatte das so offen betrieben, dass schließlich der Direktor des Seminars dem Erzbischof das Betreten der Schulgebäude untersagte.

Der Erzbischof von Boston, Francis Law, trat 2002 nach einer

Vielzahl von Kindermissbrauchsfällen durch Priester in seiner Diözese von seinem Amt zurück, wurde jedoch 2004 von Wojtyła zum Erzpriester von Santa Maria Maggiore in Rom gemacht, eine Position, die Law erst 2011 aus Altersgründen mit 80 Jahren aufgab. Er lebt weiterhin in einem Apartment im Kirchenannex. Law, der sich in den 1960er Jahren als Bürgerrechtsaktivist im US-Bundesstaat Mississippi einen Namen gemacht hatte, reagierte auf den aufkommenden Kindesmissbrauchsskandal, der mit ersten Enthüllungen in seiner Diözese begann, durch Vertuschungsmaßnahmen. Über sechzig Priester wurden in aller Stille ihrer Ämter enthoben, bevor er zurücktrat. Zuvor hatte er vielfach des Missbrauchs beschuldigte Priester einfach von einer Pfarrei in die nächste versetzt (und so dem weiteren Kindesmissbrauch dort Vorschub geleistet), statt die betroffenen Popen zu suspendieren und die Vorwürfe aufzuklären. Die beschuldigten Priester hatten teilweise hunderte von Opfern missbraucht. Die später bereitgestellten kirchlichen Entschädigungszahlungen beliefen sich allein in der Diözese Boston auf über 100 Millionen Dollar.[129] Von staatlicher Seite wurde der Erzdiözese unter Laws Leitung ein erhebliches Defizit in Aufklärungsarbeit und Aufklärungsunterstützung im Zusammenhang mit dem Kindesmissbrauchsskandal vorgeworfen. Insbesondere hervorzuheben sei die mangelnde Kooperationsbereitschaft der Kirche gegenüber den Strafverfolgungsbehörden, deren Arbeit von kirchlicher Seite nach Möglichkeit behindert worden sei. Law verließ Boston im Dezember 2002 nur Stunden, bevor Staatsbeamte mit einer Vorladung und einer Aussageverpflichtung ihn mitnehmen wollten. Auf der anderen Seite wurde Wojtyła auch und gerade von Homosexuellen-Verbänden immer wieder seine offiziell repressive Haltung gegenüber der Homosexualität vorgeworfen.

Der in den 1960er Jahren gegründete Nonnenverband Nordamerikas, der wiederholt die Zulassung von Frauen zum Priesteramt gefordert hatte, wurde 2008 einer päpstlichen Visitation (Untersuchung) unterzogen. Unter Androhung der Auflösung des Verbandes bei Nichtgehorsam wurde der Verband wieder auf kirchlichen Kurs gebracht. Bergoglio rechtfertigte 2013 die Untersuchung und die Auflage an den Verband, seine Satzung entsprechend den kirchlichen Vorgaben anzupassen und sich künftig nur noch gemäß der offiziellen kirchlichen Lehre öffentlich zu äußern.

Kritisch wurde auch Wojtyłas Haltung zur rechtskonservativen Kirchenvereinigung Opus Dei und insbesondere die Heiligsprechung von deren Gründer Escrivá 2002 angesehen. Die Verbindung zwischen dem Polenpapst und der Geheimsekte geht bis zum Anfang der 1960er Jahre zurück, als Wojtyła im Vorfeld und während des Zweiten Vatikanischen Konzils wiederholt Kontakt mit Opus-Mitgliedern hatte. Diese unterstützten ihn auch in seinen antikommunistischen Unternehmungen als Erzbischof von Krakau. Nach seiner Wahl zum Papst zeigte sich Wojtyła dann erkenntlich: Er erhob das OD in den Rang einer Personalprälatur und entzog sie damit der Kontrolle der Bischöfe vor Ort, indem er sich nun persönlich für das OD zuständig erklärte, und verstärkte allgemein die schon von seinen Vorgängern praktizierte Förderung der Sekte noch erheblich, indem er OD-Mitglieder nun auch auf offizielle Positionen im Vatikan berief. So machte Wojtyła 1984 das Opus Dei-Mitglied Navarro-Valls zum offiziellen Pressesprecher des Vatikan. Wojtyła galt zu diesem Zeitpunkt längst als prominentester Förderer von OD. Speziell der von zahlreichen Unklarheiten begleitete Heiligsprechungsprozess Escrivás verstärkte die öffentlich geäußerte Kritik an Wojtyła. So war als Hauptzeuge Escrivás ehemaliger Beichtvater, natürlich ebenfalls OD-Mitglied. Kritische Stimmen wurden im Verfahren offenbar überhaupt nicht zur Kenntnis genommen. Für das OD war die schlussendliche Heiligsprechung 2002 ein Triumph. Wojtyłas Nachfolger Ratzinger setzte die uneingeschränkte OD-Förderung nachdrücklich fort. Das 1928 gegründete Opus Dei selbst hatte sich schon seit den 1940er Jahren zugunsten der rechten spanischen Franco-Diktatur engagiert, und damit seine antikommunistische Kampfbereitschaft bewiesen, mehrere seiner Mitglieder wurden Minister in den verschiedenen Franco-Regierungen.

Das Gefährliche daran ist, dass Opus Dei seine Mitglieder angeblich sektenähnlichen Gehirnwäscheverfahren unterzieht und seinen Einfluss in der Kirchenhierarchie permanent auszuwei-

ten sucht. Doch Wojtyła beließ es nicht bei der Förderung der rechtsextremen Geheimsekte. Neben Escrivá sprach er unter vielen anderen den faschistischen kroatischen Ustascha-Bischof Stepinac heilig. Auch der Skandal um den »Legionäre Christi«-Gründer Maciel nahm während der Amtszeit Wojtyłas seinen Anfang (s. u.). Wojtyła machte ebenfalls keine besonders gute Figur im Skandal um die mit dem Vatikan verbundene Ambrosiano-Bank, die in verschiedene zwielichtige Geschäfte verwickelt war, deren Aufklärung er eher behinderte als beförderte. So war sie in der illegalen Parteienfinanzierung Italiens engagiert (zugunsten des rechten Spektrums), in der Unterstützung des Diktators Somoza in Nicaragua, sowie in der illegalen Finanzierung der »Gewerkschaft« Solidarität.
Insbesondere Wojtyłas restriktive Haltung zur Geburtenregelung und zum Gebrauch von empfängnisverhütenden Mitteln wurde schon zu seinen Lebzeiten kritisiert. Insbesondere im Hinblick auf die in Afrika grassierende AIDS-Epidemie, die nur durch einen massenhaften Gebrauch von Kondomen eingeschränkt werden kann, welcher aber durch die Katholische Kirche strikt untersagt wurde, selbst in den schlimmsten AIDS-Gebieten. Wie schon den Menschen in AIDS-Gebieten, so empfahl Wojtyła auch Schwulen und Lesben sein Allheilmittel: sexuelle Enthaltsamkeit. Auch sprach er sich dezidiert gegen die Anerkennung der Homosexuellen-Ehe aus. Abtreibungen bezeichnete er rundheraus als »Mord« und kämpfte besonders vehement in seinem Heimatland Polen gegen entsprechende Gesetzesvorhaben, die diese Form der Schwangerschaftsunterbrechung legalisieren sollten. Die in Deutschland eingeführte Schwangerschaftskonfliktberatungen durch kirchliche Stellen, die im Zweifelsfall auch Empfehlungen für einen Schwangerschaftsabbruch ausstellten, schränkte er Kraft seines Amtes stark ein. Nach dem Fall des Kommunismus äußerte er sich zwar in den folgenden Jahrzehnten wohlfeil kritisch über die kapitalistische Wirtschaftsordnung. Eucharistische Gottesdienste von Katholiken und Protestanten untersagte er aber ebenso wie die in Südamerika populäre linke »Theologie der Befreiung«, deren Exponenten sich für soziale Gerechtigkeit und Umweltschutz einsetzen. Generell ließ er

»kritische« Theologen und Kirchenmitarbeiter im Zweifelsfall umgehend entlassen.
Rekorde stellte Wojtyła auch in anderer Hinsicht auf: mit 1338 Seligsprechungen und 482 Heiligsprechungen hat er seine Amtsvorgänger der letzten vier Jahrhunderte insgesamt um das Doppelte übertroffen. Zu den durch die fast schon wahllosen Heiligsprechungen Erhöhten gehört die polnische Nonne Maria Kowalska ebenso wie die italienische Kinderärztin und fanatische Abtreibungsgegnerin Gianna Molla. Auch ernannte er so viele Kardinäle wie kein anderer Papst vor ihm: 231 neue Träger des violetten Hutes nahmen ihre Ernennung von ihm in Empfang. Sie stellten 48 Wahlberechtigte in dem seinem Tod folgenden Konklave.
Wojtyła war auch persönlich verantwortlich für die skandalöse Selig- und Heiligsprechung von Josemaria Escrivá, dem Gründer des erzkonservativen bis rechtsextremen Ordens und Netzwerks »Opus Dei« (»Werk Gottes«). Immer wieder sorgten – gerade im deutschsprachigen Raum – seine Bischofs- und Erzbischofsernennungen für Kritik, so im Fall von Meisner/Köln, Haas/Chur, Krenn/St. Pölten und Gröer/Wien, da sie ausschließlich konservative Kandidaten bevorzugten. Die Weihe von Frauen zu Priestern verbot er. Auch sein Besuch beim chilenischen Diktator Pinochet stieß weltweit auf Kritik. Insbesondere Wojtyłas Tatenlosigkeit angesichts der skandalösen Verwicklungen rund um den Erzbischof und Kardinal von Chicago John Cody empörten Gläubige in Nordamerika und darüber hinaus. Cody hatte nicht nur seine Geliebte mit in die Diözese gebracht (sie begleitete ihn auch auf der Reise zum Konklave 1978), sondern mehrere Millionen Dollar aus den Einkünften seines Bistums für private Zwecke abgezweigt, und damit unter anderem die luxuriöse Lebensführung seiner Geliebten finanziert.[130] Vor weltlichen Strafverfolgungsmaßnahmen schützten den Kardinal seine langjährige Verzögerungstaktik und schließlich sein Tod 1982.
Nach Pius IX. mit 32 Jahren war Wojtyła mit 27 Jahren Pontifikat der am zweitlängsten amtierende Papst der gesamten Kirchengeschichte der letzten zweitausend Jahre. Woytiłas sterbliche Überreste wurden erst in den Grüften des Petersdoms beigesetzt

(dafür musste Johannes XXIII. seinen Platz räumen). Um dem militärisch erfolgreichsten Kirchenfürsten des zweiten Jahrtausends einen gebührenden Platz einzuräumen, und den nach wie vor zahlreich zu seinem Grab pilgernden Verblendeten einen leichteren Zugang zu ermöglich, aber auch seine prominentere Stellung zu veranschaulichen, wurde er 2011 umgebettet, und zwar direkt ins Hauptschiff der Peterskirche, in die Kapelle des Heiligen Sebastian. Nachdem schon Ratzinger ein für die *Seligsprechung* notwendiges Wunder (Heilung einer zur Verfügung stehenden Nonne von Parkinson) kraft seines Amtes für gültig erklärt hatte, zog Bergoglio im Juli 2013 nach und anerkannte kraft himmlischer Eingebung die Heilung einer weiteren zur Verfügung stehenden Nonne von einem Aneurysma, notwendig für den Abschluss des *Heiligsprechungsprozesses*, der im April 2014 erfolgte, womit der Welt dann endlich wieder ein Heiliger Papst präsentiert werden konnte, ein Ereignis, auf das die gesamte Welt schon sooo lange gewartet hat, und das alle anstehenden Probleme aufs einfachste lösbar werden lässt.[131] Gedenktag ist der Tag seiner Machtergreifung, der 22. Oktober 1978.

Josef Aloisius Ratzinger

(Papst als Benedikt XVI. 2005–2013)

Der knochenkonservative Kardinal Ratzinger stand als Nachfolger von Johannes Paul II. für die Kontinuität der erzkonservativen Ausrichtung der Kurie und des Vatikan wie der gesamten katholischen Kirche. Ratzinger trat sein Amt unter dem päpstlichen Pseudonym Benedikt XVI. an. Damit stellte er sich natürlich in eine denkwürdige Reihe. Während er selbst »Friedenspapst« Benedikt XV. als Inspirationsquelle für seinen Tarnnamen angab (neben dem allgegenwärtigen Benedikt von Nursia), war es vermutlich doch eher ein älterer Benedikt, nämlich der XIV. seines

Namens, der ihn bei seiner Namenswahl inspirierte. Speziell die Marienverehrung, um nicht zu sagen der ins Abergläubische reichende Marienfanatismus des vierzehnten Benedikt könnte für den erneuerten und fortgeführten Marienwahnsinn unter »Papa-Ratzi« ausschlaggeben gewesen sein, da Ratzinger gerade sie zu einem wesentlichen Charakteristikum seines Pontifikats machte. Sein 14. Namensvetter hatte nicht nur eine Marienverehrungs-Bulle verkündet (Gloriosae Dominae), sondern auch die Marianischen Kongregationen nach Kräften gefördert. Er hatte die Mutterschaft Mariens und ihre unbefleckte Empfängnis (also die der Maria schon durch ihre Eltern!) als »würdigen« Anlass zur Einführung neuer, hocheminenter kirchlicher Feste genutzt. Diese rein-geistige Empfängnis schon der »Mutter Gottes« zum Dogma zu erheben, davor war der 14. Benedikt noch zurückgeschreckt, das überließ er späteren ~~Trotteln~~ Amtsnachfolgern. Nicht zuletzt engagierte sich B14 in antisemitischem Sinne, als er die Verehrung des angeblich 1462 bei einem jüdischen Ritualmord gestorbenen dreijährigen Anderl Oxner aus Rinn/Tirol gestattete. Es blieb der Tiroler Kirche und ihrer Amtsträger im späten 20. Jahrhundert vorbehalten, auch diese schwarze Propagandalegende aus der Welt zu schaffen und den gesamten Humbug für gegenstandslos zu erklären.[132]

Ratzinger entstammt einer kleinbürgerlichen provinzbayrischen Familie. 1927 geboren, wurde er ebenso wie sein Bruder Georg früh Ministrant, und von den Eltern zwecks höherer Schulbildung auf das erzbischöfliche Seminar in Traunstein geschickt. 1944 im Alter von 17 Jahren zur Wehrmacht eingezogen, konnte er nach Kriegsende seine Schulzeit mit dem Abitur abschließen. 1948 wurde er mit 21 Jahren zum Priester geweiht. Ratzinger studierte Theologie in Freising und München, promovierte 1953 und wurde 1957 unter Schwierigkeiten habilitiert – ein Mitglied des Kollegiums war nicht mit seinen Schlussfolgerungen zur Geschichtstheologie des Heiligen Bonaventura einverstanden. Er begann seine Professorenlaufbahn in Freising und setzte sie in Bonn fort. Zu diesem Zeitpunkt führte seine Schwester Maria (!) ihm den Haushalt. Über Münster kam er 1966 mit 39 Jahren nach Tübingen. Im Zuge der 1968er Unruhen nahm er einen

Ruf ins deutlich beschaulichere Regensburg an und verbrachte dort die nächsten Jahre. 1977 wurde er 50-jährig Erzbischof von München und Kardinal.
Am Zweiten Vatikanischen Konzil hatte Ratzinger als Berater des Kölner Erzbischofs Frings teilgenommen, der auch Mitglied des Konzilspräsidiums war. Ratzinger kam damals mit der obersten Führungsebene der Kurie in Kontakt, und sollte diese Verbindung im Weiteren vorteilhaft nutzen. Damals galt er als Teil des »progressiven« Flügels und sprach sich für mehr Transparenz in der Arbeit der Kurie aus. 1981 wurde der 54-jährige Ratzinger von Wojtyła auf den wichtigen Posten des Chefs der Glaubenskongregation berufen, der obersten Institution für Glaubensfragen in der kirchlichen Hierarchie unterhalb des Papstes. Vorwürfe, er habe während seiner Zeit in München sexuellen Missbrauch von Kindern durch seiner Jurisdiktion unterstehende Pfarrer vertuscht, konnten durch Verweise auf die formaljuristische Zuständigkeit untergeordneter Stellen abgebügelt werden. Der ehemalige »Progressive« zeigte sich im neuen Amt als unnahbarer Verfechter der reinen Lehre. So sprach er sich »natürlich« für den Fortbestand des obligatorischen Zölibats aus, gegen die Befreiungstheologie, gegen Frauenordination, gegen gleichgeschlechtliche Ehen, gegen pluralistische Ansätze und gegen Dezentralisierung der Kirchenhierarchie. Insbesondere den liberalen Kardinal Lehmann von Mainz ging Ratzinger wiederholt an. Seinem weiteren kirchlichen Aufstieg schadete das nicht, 2002 wurde er mit 75 Jahren zum mächtigen Dekan des Kardinalskollegiums ernannt.
Bei seiner Wahl zum Papst war Ratzinger bereits 78 Jahre alt und damit einer der ältesten Päpste seit langem. Da Hadrian VI. Holländer war, war Ratzi der erste deutsche Papst seit über einem Jahrtausend. Er zog mit seiner aus Deutschland stammenden, geistig und körperlich gebildeten, musisch-musikalischen, weiblich-anmutigen, dominant-lachenden »Haushälterin« und dem »schönen Georg«, seinem gutaussehenden, einem Model Konkurrenz machenden, körperlich kräftig-muskulösen, großgewachsenen, beweglich-sportlichen, maskulin-dominant wirkenden, erotische Phantasien nährenden, willensstark-durchsetzungsfähig

wirkenden, eindringlich-eindringenden, gnädig-herablassenden, allgegenwärtig-überwachenden Privatsekretär Gänswein ins päpstliche Apartment ein. Während er so für sein persönliches Wohlergehen bzw. Kondominium bzw. Kohabitation gesorgt hatte, stellte er nach außen in der üblichen Weise den beinharten moralinsauren Konservativen zur Schau. Von der langjährigen attraktiven Haushälterin trennte er sich erst im Zuge der Vatileaks-Affäre, als eine Fülle interner, geheimer Dokumente aus dem Vatikan an die Presse gelangte und im Jahr 2012 für Wirbel sorgte. Als Drahtzieher (oder Sündenbock?) wurde am Ende Ratzingers Kammerdiener Paolo Gabriele zu drei Jahren Haft im Vatikan verurteilt, jedoch nach drei Monaten schon wieder begnadigt.

Mitten in die Amtszeit Ratzingers fiel der internationale Skandalwelle um sexuellen Missbrauch in den Institutionen der Katholischen Kirche rund um die Welt. Seinen Anfang genommen hatte der Skandal in der Mitte der Neunzigerjahre, als vor allem im englischen Sprachraum die ersten Publikationen auf massenweisen Missbrauch in kirchlichen Instituten hinwiesen (s. o.).[133] Zu diesem Zeitpunkt wurden erkannte Täter auch in deutschen Diözesen keineswegs bestraft, sondern einfach in andere Diözesen versetzt, wo sie meist ihrem schändlichen Treiben von Neuem nachgehen und weitere Kinder missbrauchen konnten. 2002 räumten mehr als die Hälfte der deutschen Diözesen in einem Fernsehbericht ein, dass es zu Missbrauch in ihren Organisationen gekommen sei.[134]

In der Folge kam es immer wieder zu Berichten über Einzelfälle, die manchmal sogar zu Gerichtsverfahren und Verurteilungen der Täter führten. 2006 erschien ein Buch über massenhaften Missbrauch und Gewalt gegen Kinder in katholischen Erziehungsanstalten.[135] Die Misshandlungen und entsetzlichen Missstände in bundesdeutschen »Kinderverwahranstalten« waren durch die Proteste und Aktionen im Zuge der »Heimkampagne« der APO (Außerparlamentarische Opposition) in der BRD seit den 1960er Jahren bekannt geworden, dadurch kam es in der Folge zu Reformen in den Institutionen, was die Zahl der Missbrauchsfälle in der Folge deutlich reduzierte. Zur Aufarbeitung der Missbrauchsfälle in kirchlichen Einrichtungen wurde 2009 der *Runde Tisch Heimerziehung* eingerichtet.[136] In der Folge ergab sich eine Fülle neuer Erkenntnisse über Missbrauchsfälle in kirchlichen Institutionen, weil sich Betroffene jetzt endlich an die Öffentlichkeit wagten, und die Kirchen nicht mehr sofort alles unter dem Deckel zu halten versuchten. Diese lassen auf einen flächendeckenden Missbrauch von Schutzbefohlenen unter dem Deckmantel der christlichen Kirchen schließen. Selbst CSU-Politiker plädierten in der Folge für die Aufhebung des Zölibats, um das Grundproblem zu lösen: die Verdrängung und Unterdrückung der menschlichen Sexualität vor allem in der Katholischen Kirche.[137]

Spektakulär im Sinne sexueller Abirrungen und deren Ahndung durch die Kirche war auch der folgende Fall, der zeigt, wie die Kirche durch spektakuläre Befreiungsschläge das Thema vom Tisch zu bekommen versuchte. Denn Ratzinger schreckte nicht davor zurück, im Mai 2011 per Federstrich die altehrwürdige Zisterzienserabtei an der Kirche Santa Croce in Gerusalemme in Rom aufzulösen, die ein halbes Jahrtausend für den geistlichen Beistand und den Unterhalt der Kirche Sorge getragen hatte.[138] Die Kirche nimmt unter den römischen Kultstätten eine Sonderrolle ein durch die Kreuzesreliquie, die der Sage nach Kaiserin Helena aus Jerusalem nach Rom hatte bringen lassen und die dort von Pilgermassen verehrt wird. Die dreißig Mönche erhielten zwei Monate Zeit, Rom zu verlassen und sich anderen italienischen Zisterzienserklöstern anzuschließen. Es war einer der spektakuläreren Fälle. Die Mönche hatten unter der Führung von Abt Simone Fioraso, einem ehemaligen Modedesigner, der für Armani und Missoni tätig gewesen war, begonnen, sich unternehmerisch zu betätigen. Sie richteten in einem Teil ihres gigantisches Klosterkomplexes in Sichtweite des Lateran ein Luxushotel ein, die umliegenden Gärten wurden – finanziert von der Fiat-Gattin Marella Agnelli und der Bankers-Gattin Mary de Rothschild – vom Gartenarchitekten Paolo Pejrone umgestaltet, eine Tabledancerin wurde für liturgische Tänze engagiert (und wälzte sich dann telegen vor den Kameras des italienischen Fernsehens vor dem Altar), und überhaupt stand das Kloster im

Verdacht, ein Hotspot für schwule Priester zu sein. Auch die angeblich im Kloster hergestellten Spezialitäten wurden, wie sich in einer Reportage des italienischen Fernsehens herausstellte, frühmorgens per Lastwagen von einem Supermarkt angeliefert und anschließend umetikettiert.

Einige Jahre zuvor hatte Benedikt selber sich im Herbst 2008 noch sehr bereitwillig als Zugtier für eine spektakuläre, medienwirksame Aktion in der Kirche Santa Croce in Gerusalemme zur Verfügung gestellt: dem Lesemarathon »Die Bibel Tag und Nacht«, und die Aktion gestartet, in dem er das erste Kapitel des Buches Genesis vorlas. Von weiteren prominenten Vortragenden, aber auch unbekannten Laien wurden das gesamte Alte und Neue Testament vorgelesen, in einer Liveübertragung des italienischen Fernsehens.

Die Amtsenthebung des australischen Bischofs William Morris (von der Diözese Toowoomba), der sich 2006 – man höre und staune – für die Ordination von Frauen und verheirateten Männern ausgesprochen hatte, fiel ebenfalls in jenen denkwürdigen Mai 2011, der offenbar dem großen Aufräumen bzw. zumindest der punktuellen, öffentlichkeitswirksamen Disziplinierung zur Abschreckung von Nachahmungstätern dienen sollte. Nachdem der australische Bischof derart wider den Stachel gelöckt hatte, ließ die Antwort aus Rom nicht lange auf sich warten. Sie kam prompt in Gestalt einer apostolischen Visitation durch Erzbischof Chaput (Denver/USA), der erste seines Amtes indianischer Abstammung. Ratzinger nutzte die Gelegenheit, und setzte den australischen Würdenträger mit Aplomb vor die Tür.

Ebenfalls in die Amtszeit Benedikts fiel der Skandal um die *Legionäre Christi*.[139] Dieser 1941 von Pater Marcial Maciel (1920–2008) gegründete ultrakonservative mexikanische Orden hatte sich zum Ziel gesetzt, Gottlosigkeit und Kommunismus zu bekämpfen. Die 1965 von Papst Paul VI. mit dem Titel »Römisch-katholische Kongregation päpstlichen Rechts« ausgezeichnete Massenorganisation – mit rund tausend Priestern und einer Laienorganisation »Regnum Christi« von 70 000 Mitgliedern, tätig in 22 Ländern – war seit den 1960er Jahren immer wieder in die

Schlagzeilen geraten. Maciel war nachgesagt worden, drogenabhängig zu sein und möglicherweise bis zu 100 minderjährige Seminaristen seines Ordens vergewaltigt zu haben, mit mehreren Frauen Kinder gezeugt und auch diese, seine eigenen Kinder, sexuell missbraucht zu haben. Gleichzeitig hatte er schon früh ein Netzwerk zu den Reichen und Schönen Mexikos aufgebaut, und den reichsten Mann der Welt, den mexikanischen Medienunternehmer Carlos Slim, getraut. Dem Orden hatte Maciel so ein Vermögen von angeblich 25 Milliarden Dollar verschafft, was den »milionarios de cristo« einen Jahreshaushalt von über sechshundert Millionen Dollar ermögliche.

Die Kongregation für die Glaubenslehre, mit der Untersuchung der Vorwürfe betraut, verzichtete 2006 nach der Vernehmung von über tausend Ordensangehörigen auf die Einleitung eines förmlichen Verfahrens gegen den 86-jährigen Ordensgründer, und empfahl ihm stattdessen, sich von der Öffentlichkeit zurückzuziehen. Nach dessen Tod 2008 drangen Nachrichten an die Öffentlichkeit, dass Maciel in mehreren Ländern Kinder gezeugt hatte. Der Orden bedauerte in öffentlichen Erklärungen der Folgejahre mehrfach die Abirrungen seines Gründers. Maciels literarisches »Hauptwerk«, das Buch *El salterio de mis dias* (Psalter meiner Tage), wurde 2009 als Plagiat enttarnt.[140] Ratzinger rang sich dazu durch, öffentlich anzuerkennen, dass Maciel veritable Straftaten begangen habe. Dem Orden wurde auferlegt, jegliche Verehrung seines Gründers zu beenden.

Dem Orden wurden und werden sektenartige Verhaltensweisen vorgeworfen, Seminaristen seien während ihrer Ausbildungszeit stark in ihrer Bewegungsfreiheit eingeschränkt, und psychologisch manipuliert worden. Dazu wurden weitere Missbrauchsfälle in Einrichtungen des Ordens bekannt. 2004 wurde dem Orden in sieben nordamerikanischen Diözesen förmlich jegliche Betätigung untersagt, mit dem Vorwurf, die Organisation arbeite daran, eine Parallelkirche aufzubauen. 2009 ordnete Ratzinger eine päpstliche Visitation des Ordens an, um den zahlreichen Vorwürfen nachzugehen. Gleich fünf Bischöfe wurden mit dieser Aufgabe betraut, und überreichten 2010 ihren Bericht an den Vorsitzenden der Kongregation, Kardinal Bertone. Sie kamen zu dem Schluss, der Orden bedürfe einer grundlegenden Reinigung. Es habe Opfer sexuellen Missbrauchs gegeben, die innere Struktur des Ordens sei auf Machtmissbrauch angelegt. Es wurde ein päpstlicher Delegat als Leiter des Ordens eingesetzt. 2014 wurde ein Generalkapitel des Ordens einberufen, mit dem der Erneuerungsprozess zum Abschluss gebracht und die päpstliche Visitation beendet werden sollte.

Ein Tiefpunkt seiner Amtszeit und seines Literaturausstoßes war sicherlich die nonchalante Mitteilung von 2007, die Ureinwohner Südamerikas hätten die Christianisierung ihres Kontinents – der mit einem Völkermord an Millionen Indios durch die spanischen Raubmörder und mit der Plünderung des gesamten Kontinents verbunden war – unbewusst herbeigesehnt (!). Die vom venezolanischen Präsidenten Hugo Chávez geforderte Abbitte des Papstes für diese Unverschämtheit blieb Ratzi schuldig. Lobend sprach sich der Bayernpope dagegen über die »tiefe Spiritualität« (!) der Vereinigten Staaten von Amerika aus. Schwerpunkt seines Pontifikats waren Neu-Evangelisierung und Missionierung, zwei seit den 1960er Jahren klassische Topoi kirchlicher Machtpolitik. Seine Schriften, insbesondere zur Person Jesu, zeichnen sich durch eine nicht mehr zeitgemäße, unkritische Verwendung von Bibelstellen und Quellen aus. Ratzinger behielt auch die Linie bei, die Protestantischen Kirchen nur als »Kirchengemeinschaften« zu bezeichnen, und damit den Graben zwischen den Konfessionen weiter zu vertiefen.

In Bezug auf die Beziehungen zur jüdischen Glaubensgemeinschaft agierte Ratzi mehr als einmal eher unglücklich. So unterließ er es bei seinem Besuch in Polen (inklusive KZ Auschwitz) auf den gerade in radikalen kirchlichen Kreisen grassierenden Antisemitismus einzugehen. Auch die Aufhebung der Exkommunikation von Mitgliedern der rechtsradikalen Pius-Bruderschaft – darunter der Holocaust-Leugner Williamson – war der Verbesserung der Beziehungen zum Judentum nicht gerade förderlich. Ratzi begründete diesen Schritt damit, dass die Exkommunizierten mittlerweile schriftlich den Primat des Papsttums im Allgemeinen und des amtierenden Papstes im Speziellen vorbehaltlos anerkannt hätten. Über ihre weltanschauliche Aus-

richtung verlor er kein Wort. Auch mit dem Islam schuf Ratzi neue Probleme, als er 2006 bei einem Vortrag in Regensburg in missverständlicher Weise eine mittelalterliche Quelle zitierte, die den Islam als schlecht und blutrünstig hinstellte.
Seinem langjährigen Weggefährten, den häufig als »Model« bezeichneten »schönen Georg«, Georg Gänswein, dem mit dem päpstlichen Amtsverzicht die Arbeitslosigkeit drohte, sicherte Ratzinger am Ende seines achtjährigen Pontifikats in einem Manöver, das auch aus der Politik zum Ende einer Regierungsperiode bekannt ist, die Stelle des »Präfekten des päpstlichen Hauses«, also einer Art besserer Hausmeister im Vatikan. Immerhin eine gutbezahlte Position, die es Gänswein erlaubt, weiterhin im Vatikan zu agieren. Seine langjährige gutaussehende »Hausdame«, die studierte Musikwissenschaftlerin Ingrid Stampa, kam ihm während der Vatileaks-Affäre abhanden. Wie anderen bisherigen Vertrauten aus seinem engeren Umfeld entzog ihr Ratzi das Vertrauen. Sie wurde ins Staatssekretariat abgeschoben und mit der weiteren Übersetzung der ach so wichtigen Ratzinger-Pamphlete betraut, die die Welt nicht braucht.
Mit durchschnittlich sechs Reisen pro Amtsjahr übertraf Ratzi seinen Amtsvorgänger Wojtyła (vier) in Sachen Reisefreudigkeit noch deutlich, wenn auch durch das kürzere Pontifikat die Gesamtzahl der Reisen deutlich unter der des Polenpapstes blieb. Äußerungen wie die, dass die Kirchenkrise der heutigen Zeit ganz zentral mit dem »Zerfall« der Liturgie zusammenhänge, zeigten, wie weit Ratzi sich von der Gegenwart und von einem wirklichen Verständnis der aktuellen Situation bereits entfernt hatte.[141] Damit stellte er auch nach dem überwiegenden Eindruck in der Öffentlichkeit die Liturgiereform des Zweiten Vatikanischen Konzils insgesamt in Frage, da er eine nach Osten gekehrte Messhandlung des Pfarrers der dem Volk zugewandten vorziehe. Dass es in der Bibel für die Tridentinische Form keinen einzigen Anhaltspunkt gibt, und diese nur dem hierarchisch-monarchistischen Gedanken Ausdruck verleiht, entging dem Papst offensichtlich. Im gleichen Zuge ließ er die teilweise antisemitische vorkonziliare Karfreitagsfürbitte in Bezug auf das jüdische Volk wieder zu.

Auch das Ende der Amtszeit Ratzingers erregte Aufsehen. Als erster Papst seit mehr als einem Jahrtausend erklärte er zu Lebzeiten und noch bei scheinbar weitgehender Gesundheit seinen Rücktritt im Alter von 86 Jahren. Als Grund gab er an, dass seine Kräfte für eine Ausübung des apostolischen Amts nicht mehr genügten. Ob die gleichzeitige Aufdeckung des Schwulen-Netzwerks unter den Kurienangestellten und Kardinälen ein wesentlicher Grund für diesen Rücktritt war, bleibt bislang Vermutung. Allerdings soll er auf den von ihm in Auftrag gegebenen Untersuchungsbericht hierzu, den er kurz vor seiner Rücktrittserklärung erhielt, schockiert reagiert haben.[142] Im Report soll die Rede von homosexuellen Orgien, weitverbreiteter Korruption, Amtsmissbrauch und Erpressung sein. Erst ein Jahr nach seinem Rücktritt wurde bekannt, dass »Ratzi« in den letzten beiden Amtsjahren immerhin 400 Priester aus dem Amt entlassen hatte wegen Missbrauchsvorwürfen – auch das vermutlich nur ein Tropfen auf dem heißen Stein, aber immerhin ein (vom Vatikan geheimgehaltenes und nur durch Zufall bekanntgewordenes) Einverständnis, dass die Lage wirklich dramatisch war und ist.[143] Dass gerade die Soldaten der Schweizergarde für die angeblich im Vatikan ihr Unwesen treibende »Schwulenlobby« unter Priestern und Kardinälen bevorzugte Jagdbeute waren, wurde ebenfalls Anfang 2014 in mehreren Interviews bekannt.[144] So berichtete ein Schweizergardist von nächtlichen Anrufen mit Einladungen zu hochrangigen Kurienmitgliedern, Esseneinladungen, überbrachte Alkoholikaflaschen mit der Aufforderung, diese gemeinsam zu genießen etc. Bei Versuchen, diese Übergriffe bei Vorgesetzten zu melden, sei er abgewimmelt, die Sache verharmlost worden. Einen Anschlussjob nach seiner Dienstzeit habe er aufgrund seines Verhaltens nicht mehr bekommen. Der ehemalige Kommandant der Schweizergarde, Elmar Mäder, bestätigte, dass es solche Anmach-Versuche gegenüber den Soldaten immer wieder gebe. Angeblich wurde Mäder entlassen, weil er die Kurienleitung dazu bringen wollte, derlei Avancen zu unterbinden. Als 1998 Alois Estermann, der damalige Kommandant der Schweizergarde, ermordet wurde, wurde über homosexuelle Motivationen gemutmaßt.[145]

Unmittelbar nach Ratzis Abgang wurde eine weitere pikante Affäre aus dem Umfeld des Vatikan bekannt. Dem Bericht der italienischen Tageszeitung *La Repubblica* zufolge kaufte die lange Jahre von Ratzinger geleitete Vatikanische Glaubenskongregation 2008 einen Gebäudeblock in der Via Giosuè Carducci im vornehmen römischen Stadtteil Sallustiano (zwischen Hauptbahnhof und Arbeitsministerium).[146] Das prachtvolle historische Gebäude, bisher Botschaft des Staates Benin in Italien, sollte künftig dazu dienen, dort zusätzliche Büros der Glaubenskongregation einzurichten, sowie ihren Angestellten und ihrem Chef, Kardinal Ivan Dias aus Kolumbien, als Wohnung zu dienen. Dias, der Zeit seiner Tätigkeit für die Kongregation Homosexualität in schärfsten Formulierungen verurteilte, bezog in diesem Gebäude eine Zwölf-Zimmer-Wohnung im ersten Stock. Die Glaubenskongregation übernahm mit dem Kauf auch die gültigen Mietverträge von verschiedenen Geschäften im Erdgeschoss des Gebäudes. Darunter befindet sich – der größte schwule Saunaclub Europas, genannt Europa Multiclub (der Eingang befindet sich nicht in der Via Carducci, sondern um die Ecke in der Via Aurelia).
Doch damit nicht genug. Der Vatikan hat sich bei diesem Immobilienkauf offenbar auch noch kräftig übers Ohr hauen lassen. Das Gebäude befand sich zum Zeitpunkt des Kaufs im Besitz der Bank Italease, die wenig später in einen schlagzeilenträchtigen Prozess in Mailand verwickelt werden sollte. Der Verkauf an die Glaubenskongregation wurde am 30. Mai 2008 in mehreren Etappen abgewickelt. An diesem Tag erschien vor dem Notar Pasquale Landi zunächst der Geschäftsführer der kleinen Immobilienfirma Mag. Industrie srl, Eligio Cucchetti, und unterzeichnete einen Kaufvertrag für das Gebäude, das er nun, beraten von der Firma Cig srl aus Arezzo, von der Italease für neun Millionen Euro erwirbt. Die Cig srl erhält hierfür eine Beratungsgebühr von 350 000 Euro. Kurze Zeit später betreten die Vertreter der Glaubenskongregation das Notariat, in Begleitung der jugendlichen Chefin einer weiteren Immobilienfirma aus Arezzo namens Arrigucci Immobiliare di Nepitella Irene & Co., Irene Nepitella, das Gebäude. Nun wird der Kaufvertrag zwischen der

Glaubenskongregation und der Mag Industrie srl unterschrieben. Die Glaubenkongregation erwirbt das Gebäude für sage und schreibe 20 Millionen Euro, der Wert des Gebäudes hat sich also in wenigen Minuten mehr als verdoppelt. Ein schönes Schnäppchen für Cucchetti. Die Firma Arrigucci stellt für die Beratung rund um den Erwerb der Immobilie eine Rechnung über 300 000 Euro an die Glaubenskongregation aus. Hochzufrieden verlassen alle Beteiligte wenig später wieder das Notariat. Die Häme, die deswegen nun kurz nach dem Rücktritt von Papa Ratzi und kurz vor dem Amtsantritt von Bergoglio über die Glaubenskongregation und den Vatikan allgemein hereinbricht, kennt keine Grenzen. Und es gibt noch ein weiteres pikantes Detail an dem kirchlichen Immobiliendeal rund um die Riesenschwulensauna: der italienische Staat, normalerweise über Steuern und Gebühren an solchen Deals beteiligt, bekommt – keinen einzigen Cent. Denn die Kurie hat für das Gebäude den Status der Extraterritorialität bei Kauf beantragt, das heißt, das Gebäude zählt im Augenblick der Vertragsunterzeichnung zum Staatsgebiet des Vatikan, daher unterbleiben jegliche Steuerzahlungen an den italienischen Staat im Zusammenhang mit diesem Millionendeal.

Jorge Mario Bergoglio SJ

(Papst als Franziskus I. seit 2013)

Auch der scheinbar so liberale, sozial engagierte, bescheidene und sich nach außen väterlich-generös-nachsichtig gebende neue Papst, der erste Lateinamerikaner und der erste Jesuit auf dem »Throne Petri«[147], setzt im Kern die erzkonservative Politik seiner Vorgänger fort. So beendete er das Visitationsverfahren gegen den australischen Pater Greg Reynolds, das unter seinem Vorgänger Ratzinger bereits eingeleitet worden war, durch die Exkommunikation *latae sententiae* (*»Tatstrafe« – automatisch eintre-*

tende Exkommunikation) des Priesters. Das Vergehen? Reynolds hatte sich in Sachen Homo-Ehe und Frauenpriestertum gegen die vatikanischen Leitlinien gestellt. Das kostete ihn Amt und Würden.[148] Allerdings hat sich der aus der Kirche ausgeschlossene Priester nicht unterkriegen lassen und gründete mittlerweile in Australien eine eigene katholische Bewegung, die »Inclusive Catholics«.[149]

Überhaupt steht über Bergoglios bisheriger Amtsführung als Kirchenvertreter seit seinem Eintritt in den Jesuitenorden 1958 ein düsterer Schatten. So soll er in den 1970er Jahren Mitglied der reaktionären Peronisten-Garde seines Heimatlandes gewesen sein. Als Provinzial des Jesuitenordens für Argentinien berief er mehrere führende Gardisten als Lehrer an die ihm unterstehende Jesuiten-Hochschule. Die in diesen Jahren in Südamerika immer populärer werdende sozialkritische Theologie der Befreiung lehnte er rundheraus ab. Eine in Deutschland an der Jesuitenhochschule St. Georgen in Frankfurt am Main begonnene Dissertation zu Romano Guardini ließ er unvollendet.[150] Speziell die Zeit der Militärdiktatur in Argentinien (1976–1983) wirft viele Fragen auf, was Bergoglios damaliges Verhalten betrifft.

So wurden offenbar zwei von ihm in Elendsviertel entsandte Jesuitenpadres im Mai 1976 von Regierungssoldaten entführt und in ein Folterlager der Armee verschleppt. Nach fünf Monaten Haft kamen sie wieder frei und verließen Argentinien umgehend. Anschließend warfen sie ihrem Chef Bergoglio vor, sie sich nicht für ihre Freilassung eingesetzt zu haben und sie höchstwahrscheinlich sogar selbst beim Militär denunziert zu haben. Ihre Folterer hätten ihnen Fragen gestellt, die nur auf ordensinternen Informationen basieren konnten. Unter anderem wegen negativer Äußerungen Bergoglios über sie wurden ihre Pässe 1979 nicht verlängert. Auch die Darstellung Bergoglios, er habe von der massenhaften Kindesentführung durch die Militärs nichts gewusst, stößt in Argentinien auf Ablehnung. Die Verschleppung der Kinder von Folteropfern sei ihm während der Militärdiktatur mehrfach angezeigt worden. Sich jetzt hinzustellen und zu behaupten, er habe von nichts gewusst, sei unglaubwürdig.[151]
Anfragen zur Ermordung eines französischen und eines argenti-

nischen Jesuiten während der Militärdiktatur ließ Bergoglio unbeantwortet. In diesem Fall könnte es schlechtes Gewissen sein, dass Bergoglio jetzt angeblich die Seligsprechung der beiden Patres vorantreibt.[152] Ob die Villa, in der die Militärs vor dem Besuch einer Menschenrechtskommission sechzig Gefangene versteckten, zur Jurisdiktion Bergoglios oder des Erzbischofs von Buenos Aires gehörte, ist bislang nicht abschließend geklärt.[153]
Insgesamt gab sich Bergoglio in den letzten Jahren seiner Amtszeit in Argentinien vermeintlich populär, globalisierungskritisch und offen für Andersdenkende. Wie weit dies tatsächlich einem Gesinnungswandel entspricht, wird seine Amtsführung der nächsten Jahre zeigen. Dass er die Abtreibung selbst nach Vergewaltigung, die gleichgeschlechtliche Ehe (im Gegensatz zur Lebenspartnerschaft ohne Trauschein) sowie die Adoption von Kindern durch homosexuelle Paare nach wie vor rigoros ablehnt, und gelegentlich auch die Falklandinseln als ureigenstes argentinisches Territorium bezeichnet, lässt Zweifel zu, wie weit Bergoglio sich tatsächlich von seiner Vergangenheit lösen kann. Im Hinblick auf seine Vergangenheit während der Militärdiktatur beließ es Bergoglio bis heute dabei, die gegenseitige Gewalt von Regimegegnern und Militärs gleichermaßen zu kritisieren. Dazu passt, dass Anfang 2014 der 72-jährige Jesuitenpater, der in Berlin am Canisius-Kolleg jahrzehntelang Schüler missbraucht und deren Leben damit zerstört haben soll, von einem Kirchengericht wegen eines ganz anderen Falles zu einer äußerst milden Geldstrafe von viertausend Euro und dem Ausschluss vom Pfarrerdienst verurteilt wurde – für jemanden, der bereits in Rente ist, ist diese Form der Strafe natürlich lächerlich.[154]
Immerhin hat mittlerweile eine externe Firma den Auftrag erhalten, die Geschäfte der Vatikanbank zu überprüfen.[155] Bergoglio benannte am 19. Juli 2013 zusätzlich eine achtköpfige Kommission zur Neuregelung der wirtschaftlichen Angelegenheiten des Vatikans. Deren Besetzung – verantwortet vom Sekretär der Präfektur für die wirtschaftlichen Angelegenheiten des Heiligenstuhls, Lucio Angel Vallejo Balda[156] – rief allerdings einiges Entsetzen in der Öffentlichkeit hervor. Denn Mitglied dort ist unter anderem eine knapp 30-jährige, äußerst attraktive Italienerin

marokkanischer Abstammung, zu deren Social-Media-Präsentation unter anderem ein Oben-ohne-Foto gehört. Francesca Immacolata Chaouqui, so ihr Name, ist bislang für eine internationale Wirtschaftsberatungsfirma tätig, allerdings nicht als Ökonomin, sondern als Kommunikationsberaterin. Solche Angriffsflächen macht sie in Kirchenkreisen allerdings durch ihre Verbundenheit zur erzreaktionären spanischen Vereinigung *Opus Dei* wieder wett, die seit Johannes Paul II. eine wichtige Rolle in den innerkirchlichen Machtkämpfen spielt.
Wären da nicht ihre kirchenkritischen Kommentare auf Twitter, die Sache wäre vermutlich nicht weiter aufgefallen. Wer allerdings dort einen bekannten italienischen Vatikan-Kritiker für sein neuestes Enthüllungsbuch lobt, einen der obersten Würdenträger der Kurie als korrupt bezeichnet und einen ehemaligen Minister als schwul, der muss schon über eine gehörige Portion Chuzpe verfügen, um sich anschließend ebenso selbstverständlich sich in den Dienst des Vatikan zu stellen.[157] Sie dementierte lahm, ihr mittlerweile gelöschtes Twitter-Konto *@FrancyChaouqui* sei gehackt worden und diese Mitteilungen ohne ihr Einverständnis dort veröffentlicht worden. Wie lange sie ihr Amt ausüben wird und mit welchem Erfolg, das wird die Zukunft erweisen. Inzwischen kam auch heraus, dass ihr Lebenslauf hier und da geschönt ist (so hat sie ein Uni-Examen entgegen anderslautender Behauptungen nicht vorzuweisen, und unter ihren Karrierestationen findet sich auch die Mitarbeit bei dem verurteilten italienischen Finanzbetrüger Alessandro Proto; an der römischen katholischen Privatuni, vom italienischen Arbeitgeberverband gesponsort, LUISS – Libera Università Internazionale degli Studi Sociali – kennt man auch keine Dozentin ihres Namens, entgegen Chaouquis Behauptungen).[158]
Ein Schlaglicht auf die langjährigen Geldwäsche-Aktivitäten im Vatikan warf die Verhaftung des Prälaten der Vatikanischen Vermögensverwaltung APSA (*Administratio Patrimonii Sedis Apostolicae*), Nunzio Scarano im Juni 2013. Mit dem Geistlichen wurden auch ein Ex-Geheimdienstmitarbeiter und ein Finanzbroker hinter schwedische Gardinen bugsiert. Scarano soll den Auftrag gegeben haben, 20 Millionen Euro Schwarzgeld einer

bekannten italienischen Reedersfamilie mit Privatjet (also ohne durchsucht zu werden beim Grenzübertritt) in den Vatikan zu fliegen, um das Geld an der italienischen Steuerbehörde vorbei dort einzuzahlen. Der Bote, der ehemalige Schlapphut, soll dafür nicht weniger als vierhunderttausend Euro kassiert haben.[159]
Erste Ergebnisse der päpstlichen Revisionsbemühungen durch die Promontory Group waren bereits in verschiedenen Medien zu lesen. So sollen mindestens tausend Personen bei der Vatikanbank Konten unterhalten haben, ohne dazu gemäß Statuten berechtigt zu sein. Offiziell steht die Bank nämlich nur Einwohnern des Vatikanstaats bzw. katholischen Würdenträgern und offiziellen Kircheninstitutionen zur Verfügung. Bei den tausend Kunden handelte es sich allerdings um italienische Staatsbürger, die dort nicht weniger als 300 Millionen Euro horteten, gut verborgen vor den Augen der italienischen Steuerbehörden. Zudem müssen im Vatikan keine Steuern auf Kontoeinlagen bezahlt werden. Der Vatikanbank wird vorgeworfen, unter anderem Gelder der italienischen Mafien gewaschen zu haben, den italienischen Aktienmarkt illegal beeinflusst zu haben und illegal Milliarden Euro transferiert zu haben.[160]
Im Hinblick auf die 2014 weiterhin ausgetragenen Konflikten in Syrien und der Ukraine rief Bergoglio zur Mäßigung, zum Frieden auf. Gerade im Hinblick auf die Ukraine ließ er am ersten Sonntag im neuen Jahr zwei Friedenstauben von der Benediktionsloggia aus losfliegen, die jedoch schon nach wenigen Flügelschlägen von einem Raben und einer Möwe attackiert wurden und aus dem Blickfeld verschwanden – für viele Beobachter ein böses Omen. Dabei sind beide Konflikte – sieht man von den in der westlichen Presse verbreiteten Einheitsdarstellungen und -schuldzuweisungen (jeweils an die »böse« Regierung vor Ort) ab – einigermaßen absurd: In Syrien unterstützen die USA mit Milliardenaufwand Al-Qaida-Kämpfer, die gegen das »sozialistische« Regime von Baschar al-Assad kämpfen und das Land mit Terror, Leid und Zerstörung überziehen, mit dem Ziel, dort einen islamistischen Gottesstaat zu errichten, während die USA gleichzeitig in Irak, Afghanistan und vielen anderen Orten der Welt Al-Qaida mit Milliar-

denaufwand bekämpft. Das säkulare Assad-Regime hat in den vergangenen Jahrzehnten die religiösen Minderheiten, insbesondere die Christen in Syrien, rund zehn Prozent der Bevölkerung, unter gesetzlichen Schutz gestellt und diesen immer aufrecht erhalten. Bei einer Machtergreifung durch Al-Qaida in Syrien ist mit Pogromen, Genozid, ethnischen Säuberungen und Zwangsmigration zu rechnen, und natürlich mit der Einführung der steinzeitlichen Strafordnung der Scharia (Steinigung, Hand abhacken etc.).

In der Ukraine wiederum werden rechtsradikale Schlägerbanden hofiert und mit Besuchen hochrangiger EU- und US-Politiker geehrt, Schlägerbanden, die in allen EU-Ländern und ganz besonders in den USA schon längst hinter Schloss und Riegel bzw. mit Waffeneinsatz bekämpft worden wären.[161] Ablesen kann man an all dem nur einerseits das massive, über das normale Maß weit hinausgehende Interesse von USA und EU, diesen zweitgrößten Flächenstaat Europas ins westliche Boot zu holen, und so die Ostgrenze der NATO so bald als möglich direkt an die russische Grenze zu verschieben. Und andererseits den Hass auf das im Nahe Osten verbliebene »sozialistische« Regime der Baath-Partei, und die Gier auf die dortigen Bodenschätze (Bodenschätze waren ja auch schon im völkerrechtswidrigen NATO-Krieg gegen Jugoslawien offenbar das eigentliche Movens, da sich alle anderen Gründe als vorgeschoben, aufgebauscht bzw. gefälscht herausgestellt haben, es sei nur an den absurden »Hufeisenplan« unseligen Angedenkens – danke, Rudolf Scharping – und an die angeblich notwendige Verhinderung eines neuen »Auschwitz auf dem Balkan«,[162] eine Unverschämtheit gegenüber allen echten Opfern des Holocaust und der NS-Gewaltherrschaft, erinnert – danke, Joschka Fischer).[163]

»Irres Bambi«

Einen päpstlichen Visitator (einen offiziellen Aufsichtsbeamten) in Person des 78-jährigen Kardinals Giovanni Lajolo (1995 bis 2003 apostolischer Nuntius – Botschafter – in Deutschland) wert war Bergoglio das Treiben im idyllischen hessischen Städtchen Limburg an der Lahn. Dort hatte der örtliche Bischof Franz-Peter Tebartz-van Elst (54, im Volksmund schon als »verschwendungssüchtiger Fürsterzbischof« bzw. »Prass-Prediger« verspottet, in der internationalen Presse als »bishop bling-bling«), sich in einem Anfall von atemberaubender, beispielloser Verschwendungssucht eine neue Residenz erbauen lassen. Diese sollte ursprünglich zwei Millionen kosten, letztlich waren für den »Palazzo Prozzo« des Bischofs dann aber tatsächlich über 30 Millionen Euro zu berappen (wobei Baufolgekosten in Millionenhöhe durch Bauschäden an umliegenden Privatbauten und Erschließungswegen einschließlich Kanalisation noch gar nicht eingerechnet sind, die Gesamtkosten könnten so noch auf über 40 Millionen Euro steigen).[164]

Die Mehrkosten am Baukomplex selbst sollen allein und ausschließlich auf bischöfliche Sonderwünsche und nachträgliche Änderungsanweisungen zurückzuführen sein[165] – allein die bischöfliche Badewanne schlug mit angeblich fünfzehntausend Euro zu Buche.[166] Insgesamt beliefen sich die Kosten nur für die bischöflichen Privatgemächer auf rund drei Millionen Euro, hinzu kamen Schreinerarbeiten für die gediegene Innenausstattung in Höhe von einer halben Million Euro. Besondere Brisanz erhält die bischöfliche Geldvernichtung (die an den buchstäblichen Schönbornschen »bauwurmb« seliger fürsterzbischöflicher Zeiten erinnert) durch die Tatsache, dass in eben diesem Bistum seit 2002 ein Programm namens »Sparen und erneuern« im Umfang von 30 Millionen Euro in Kraft ist, im Zuge dessen Gehälter, Zulagen und sonstige Ausgaben gekürzt, Pfarreien geschlossen und Pfarrgemeindesäle aufgegeben worden waren. Kardinal Lajolo weilte von 9. bis 13. September 2013 in Limburg. Zum Abschluss gab es nur eine nichtssagende Erklärung, der Besuch sei abgeschlossen, der Kardinal werde dem Papst Bericht erstatten.

Dem einem westfälischen Großbauerngeschlecht entstammenden Bischof, schon bald nach seiner Amtsergreifung in Limburg vom Volksbund ob seines erratischen Verhaltens »irres Bambi« getauft, war es in den vergangenen Jahren gelungen, die tatsächlichen Ausgaben für seine neue, fürstliche Residenzanlage lange Zeit (bis Herbst 2013) geheim zu halten.[167] Ein Großteil der Kosten für den prunkvollen Neubau wurde von der 1827 gegründeten Stiftung »Bischöflicher Stuhl« getragen, die seit einer Änderung der Bistumsverfassung 2008 nur noch dem Bischof und dem Generalvikar, aber nicht mehr dem Domkapitel Rechenschaft schuldig ist. Wie hoch das Gesamtvermögen des »Bischöflichen Stuhls« ist, ist bis heute unbekannt.[168] Allerdings gelang die Irreführung der Ratsmitglieder offenbar nur, weil der Bischof dem Aufsichtsgremium die Haushaltszahlen für 2011 und 2012 vorenthielt.

Die Situation eskalierte binnen kurzem so weit, dass selbst das Mitglied des Vermögensverwaltungsrats, Jochen Riebel (CDU), ehemals Leiter der hessischen Staatskanzlei, öffentlich verlauten ließ, Tebartz sei »entweder ein raffinierter Betrüger oder krank«.[169] Es stellt wohl einen einzigartigen Vorfall in der jüngeren Geschichte der katholischen Kirche dar, dass ein so hoher Würdenträger von einem Mitglied seiner eigenen Bistumshierarchie derart öffentlich abgekanzelt und als »Betrüger« bezeichnet wird. Gleichzeitig ist die Staatsanwaltschaft Limburg offenbar der Meinung, dass der Bischof auch ein Lügner ist (s. u.). Riebel zufolge hatte der Vermögensverwaltungsrat 2011 lediglich eine Anfinanzierung von rund 800 000 Euro genehmigt.[170] Seither habe es keine neuen Zahlen und keine weiteren Genehmigungen gegeben, mithin sei der gesamte Bau also im Prinzip illegal finanziert. Mittlerweile mehren sich die Stimmen, denen zufolge Tebartz-van Elst, gleich nach Beginn seiner Amtszeit in Limburg als »irres Bambi« tituliert (zu dessen Umfeld ein braungebrannter Mittfünfziger gehört, der ihm unter anderem als Fahrer und Zeremoniar dient) möglicherweise tatsächlich an einer psychischen Störung leidet, werden Zweifel an der geistigen Gesundheit seiner fürstlich auftretenden Präpotenz immer lauter geäußert.[171]

Gegen den Limburger Bischof sind außerdem noch Verfahren wegen falscher Eidesstattlicher Versicherungen anhängig, und zwar im Zusammenhang mit einem Erste-Klasse-Flug nach Indien, den er zusammen mit seinem Generalvikar Franz Kaspar absolvierte, um dort Slums zu besuchen (ausgerechnet!).[172] Zuletzt kamen auch noch massenweise Strafanzeigen wegen Untreue hinzu. Es passt ins Bild, dass der Bischof Mitglied der ultrakonservativen Vereinigung des »Ritterordens vom Heiligen Grab zu Jerusalem« ist, in dem – wie behauptet wird – bekannte Strippenzieher aus Politik und Hochfinanz ihre Machenschaften koordinieren. Da auch der für Tebartz direkt zuständige Chef der Bischofskongregation, Kardinal Joseph Armand Marc Ouellet, dem Ritterorden angehört, war für die nötige Protektion an Papstnaher Stelle gesorgt.[173]

Besonders pikant an der Sache ist noch die Stilistik. Weist doch der gemäß Gesamtentwurf aus der Feder des Präsidenten des Deutschen Architektenbundes, Michael Frielinghaus, stammende Entwurf für den Lichthof der Residenz deutliche Anleihen an den Ehrenhof der »Reichskanzlei« auf, die Albert Speer in den Dreißigerjahren für Adolf Hitler in Berlin errichtete.[174]

Zuletzt spitzte sich die Sache dramatisch zu. Hatte der Vorsitzende der Deutschen Bischofskonferenz, Erzbischof Robert Zollitsch aus Freiburg, Anfang Oktober 2013 bekanntgegeben, während einer seit längerem geplanten Romreise um die Monatsmitte mit dem Papst auch über das Thema Limburg sprechen zu wollen, so gab Bischof Tebartz-von Elst am 11. Oktober 2013 bekannt, vorab am 12. Oktober 2013 allein nach Rom reisen zu wollen, um vor Zollitsch das persönliche Gespräch mit dem Papst suchen zu wollen.[175] Ein für diesen Tag angekündigter Hirtenbrief von Tebartz an die Kirchenmitglieder seines Bistums, mit dem er zu den geballten Vorwürfen Stellung nehmen wollte, wurde ohne Angabe von Gründen doch nicht publiziert.[176] Etwa zu diesem Zeitpunkt entzog auch der bislang den Bischof uneingeschränkt stützende und fördernde Dienstherr, der Metropolit der kirchlichen Rheinprovinz, Kardinal Joachim

Meisner aus Köln, Tebartz seine Gunst und gab bekannt, von den letzten Neuigkeiten doch in erheblichem Umfang irritiert worden zu sein, mit den jüngsten Vorwürfen sei mithin eine neue Lage eingetreten.

Nach längerer Zeit der Ungewissheit erhielt Tebartz schließlich doch noch kurzfristig eine Audienz beim Papst. Nach dem knapp zwanzigminütigen Gespräch beim Papst am Montag, den 21. Oktober 2013, über dessen Inhalt offiziell nichts verbreitet wurde, ließ Tebartz noch verlauten, er danke dem Heiligen Vater für die ermutigende Begegnung. Zwei Tage später, am 23. Oktober 2013, gab der Vatikan dann die getroffene Entscheidung bekannt. Der Sprecher des Papstes verkündete, dass Tebartz nicht mehr in sein Bistum Limburg zurückkehren werde. Dies solle nun vom neuen Generalvikar (und bisherigen Wiesbadener Stadtdekan) Wolfgang Rösch übernommen werden (interimsmäßig, bis zur Berufung eines neuen Bischofs), der statt im Januar 2014 (wie geplant) ab sofort den ebenfalls geschassten bisherigen Generalvikar Franz-Josef Kaspar ablöste. Offiziell hieß es, dem Bischof werde »eine Zeit außerhalb seines Bistums« gewährt, doch es war eindeutig klar, dass der Papst damit den Weg für einen Neuanfang im aufgewühlten Bistum freimachen wollte.

So scheint der Abstieg des Kirchenfürsten von der Lahn unaufhaltsam. Sein Sündenregister ist lang, selbst die kirchlichen Todsünden der *Luxuria* (teilweise als Wolllust, aber auch als Verschwendung gemeint, eigentlich *Prodigentia*), der *Superbia* (Hochmut, Eitelkeit, Stolz, Übermut), der *Vana Gloria* (Ruhmsucht) und der *Acedia* (Faulheit, Feigheit, Ignoranz, Trägheit des Herzens) ließen sich hier aufführen, ganz abgesehen vom achten Gebot des Dekalogs, und würden allein schon dafür sorgen, dass der Kleriker gemäß aktueller katholischer Glaubenslehre auf direktem Weg in die Hölle ist, sollte er in letzter Minute nicht noch tätige Reue an den Tag legen und für seine Frevel wahre Buße tun. Von den bekannten Kardinaltugenden (wie vom Kardinalshut) ist Tebartz jedenfalls derzeit weit entfernt, zumal von der schon bei Platon gerühmten *Temperantia*, der Mäßigung, und der *Modestia* (Bescheidenheit).

Einzig der Präfekt der vatikanischen Glaubenskongregation, der ehemalige Regensburger Erzbischof Gerhard Ludwig Müller (66 Jahre alt), stand weiterhin in »Nibelungentreue fest« zu Tebartz und bezeichnete sämtliche Vorwürfe pauschal als »Medienkampagne« und »Erfindung der Journaille«.[177] Müller ist wie Bergoglio von einer offen zur Schau getragenen Schein-Sozialität, sorgte aber als Amtsinhaber in Regensburg beispielsweise für die gnadenlose Verfolgung von Andersdenkenden in der Diözese, ließ missliebige, kritische Religionslehrer und Pfarrer maßregeln, teilweise direkt hinauswerfen. In seiner eigenen Diözese schaffte Müller den Diözesanrat kurzerhand ab. Als das Zentralkomitee der deutschen Katholiken ihm daraufhin vorwarf, zu weit gegangen zu sein, ließ er die Zahlungen der Diözese Regensburg an das ZdK einstellen.[178]

Ein weiterer, reichlich lendenlahmer Verteidigungsversuch kam von Bernd »Paulus« Terwitte, einem Mönch des Kapuzinerordens, vermutlich einer der wenigen mit einem Profileintrag auf der Karriereplattform Xing, aktuell *Guardian* (sprich Abt) des Kapuzinerklosters in Frankfurt am Main, gerngesehener Gast in vielen Talkshows und bei Industrieverbänden. Terwitte meinte im Kölner Bistums-»Domradio«, dass die 31 Millionen doch gar nicht so viel seien für einen umfangreichen Baukomplex, zumal wenn man wisse, dass ein Autobahnkilometer in Deutschland 40 Millionen Euro kosteten, dann seien die 31 Millionen für die neue, nun kirchenoffiziell »Diözesanzentrum« genannte Prunkresidenz in Limburg vergleichsweise gut angelegtes Geld – übersah dabei aber, dass der durchschnittliche Autobahnkilometer in Deutschland keineswegs wie von ihm behauptet 40, sondern nur vier Millionen Euro kostet, mithin also bescheidene zehn Prozent der in Limburg verbuddelten Summe.[179]

Aber auch anderswo greift der neue Papst zwar zu radikalen Mitteln, lässt es aber gleichzeitig an der wortreich und vielerorts versprochenen neuen Transparenz mangeln. So berief er im August 2013 den Nuntius (Botschafter) in der Dominikanischen Republik, den polnischen Erzbischof Josef Wesolowski ab. Presseberichten zufolge war dies auf Medienberichte im Land zurückzuführen, denen zufolge Wesolowski die Angewohnheit gehabt haben soll, die Messdiener der Kathedrale in seinem privaten Schlafzimmer nächtigen zu lassen.[180] Der Vatikan gab hierzu zunächst keine Stellungnahme ab. Die sofortige Abberufung des Nuntius lässt jedoch darauf schließen, dass an den Vorwürfen mehr dran gewesen sein muss als reine Medienspekulationen. Ein weiterer Fall, wieder mit einem Legionär Christi verbunden, ist derzeit in Chile pendent. Dort steht Ordensmitglied John O'Reilly, Leiter des Colegio Cumbres in Santiago de Chile, einer exklusiven Privatschule der Legionäre, unter Hausarrest, Vorwurf war auch hier sexueller Missbrauch von Minderjährigen.[181] Zwanzig weitere Priester sollen in den Fall verwickelt sein.

In der amerikanischen Diözese Los Angeles wurden in den vergangenen Jahren rund 660 Millionen Dollar an Missbrauchsopfer bezahlt, als Teil der kirchlichen Wiedergutmachung für Kindesmissbrauchsfälle, die vereinzelt noch aus den Sechzigerjahren stammen. Der zuständige Erzbischof Robert Mahony wurde im Januar 2013 aller Kirchenämter enthoben, weil der die Aufklärung dieser Fälle behindert haben soll.[182] Mahony nahm dessen ungeachtet als Kardinal am Konklave teil, das zur Wahl Bergoglios führte. »Interessehalber« ließ der Vatikan offenbar in der zweiten Jahreshälfte 2013 eine internationale Umfrage zur Bewertung der Sexualmoral der Katholischen Kirche unter Gläubigen und Nichtgläubigen durchführen. Das Ergebnis war so katastrophal, dass die Ergebnisse vorerst nicht publiziert wurden.[183]

Im November 2013 veranlasste Bergoglio weitere öffentlichkeitswirksame Maßnahmen – neben seiner demonstrativen Nutzung eines dreißig Jahren R4, in dem er sich durch Rom kutschieren lässt, während deutsche Kardinäle mit größter Selbstverständlichkeit 7er BMW und Mercedes S-Klasse fahren (ein Wunder, dass noch keiner in einem Rolls Royce oder einem Bentley vorgefahren kam). So setzte er eine spezielle Kommission ein, die sich dem künftigen Kampf gegen Kindesmissbrauch durch Kirchenvertreter widmen soll, unter dem Vorsitz von Kardinal Sean Patrick O'Malley. Ebenso sollen nun alle Straftaten gegen Minderjährige verfolgt werden: so auch etwa das Herunterladen kinderpornografischer Inhalte aus dem Internet.[184] Die Vatikanbank (IOR – Istituto per le Opere di Religione), von Skandalen geprägt und von dunklen Geheimnissen umwittert, soll nun angeblich in ein ganz normales Bankinstitut umgebaut werden.[185] Kurz zuvor war der Vatikanbank von der italienischen Bankenaufsicht der Kredit- und EC-Kartenverkehr mit dem Ausland untersagt worden, weil gerade erneut illegale Geldtransfers italienischer Staatsbürger via Vatikanbank aufgedeckt worden waren. Der langjährige Rechnungsprüfer des Vatikans, Prälat Nunzio Scarano, wurde in diesem Zusammenhang – allerdings wirkungslos, weil der Vatikan niemand ausliefert – vor einem italienischen Gericht angeklagt. Die nach Schweizer Vorbild eingerichteten anonymen Nummernkonten der Bank wurden mittlerweile abgeschafft. Mit der Überwachung der Bankenumbaukommission und der neueingerichteten vatikanischen Finanzkommission, die sämtliche Geldgeschäfte des Kirchenstaates überprüfen soll, beauftragte Bergoglio seinen aus Malta stammenden Privatsekretär Prälat Dr. Alfred Xuereb, der schon zuvor in derselben Position bei Ratzinger gearbeitet hatte. Mit diesen populistischen Maßnahmen machte sich Bergoglio innerhalb und außerhalb des Vatikans nicht nur Freunde.[186] Und die von ihm im ersten Jahr seines Pontifikats ausgesprochene rekordverdächtige Ernennung von gleich 19 neuen Kardinälen zeigte ebenfalls, dass die von Bergoglio eingeschlagene Richtung keineswegs so eindeutig ist, wie das viele angesichts der naiven Presseberichterstattung über ihn wahrhaben wollen. Denn er ernannte unter anderem auch den letzten Tebartz-Verteidiger und aktuellen Chef der Glaubenskongregation, den erzkonservativen Erzbischof Gerhard L. Müller zum neuen Kardinal. Mit seinen gerade mal 66 Jahren ist Müller auch beim nächsten Konklave wahlberechtigt (erst bei einem Alter von 80 Jahren und mehr endet die Wahlberechtigung wegen zu befürchtender progressiver Senilität der jeweiligen Amtsinhaber).[187]

Bergoglio veröffentlichte am 24. November 2013 seine erste eigene Enzyklika *Evangelium gaudii*.[188] Darin gibt er sich zwar populistisch kapitalismuskritisch und sozialkritisch, allerdings bleiben natürlich die ebenso fatalen wie verqueren Urfesten der Katholischen Kirche, der Zölibat und das Abtreibungsverbot, unangetastet. Er spielt damit den Revolutionär *light*, ein bisschen Revolution soll sein, ein bisschen Aufschwung, ein Evolutiönchen, mehr aber auch nicht, nicht zu viel, damit nicht etwa plötzlich doch ein Momentum entsteht, das die gesamte Kirche hinwegfegen könnte, was eigentlich längst hätte geschehen müssen, wie man seit Voltaire und seinem Ausspruch *écrasez l'infâme* weiß.[189] Und bezeichnend war auch, dass die umfang- und wortreiche Enzyklika (mehr als 50 000 Worte) nirgends anders endete als bei der ebenso unsäglichen wie den Aberglauben befördernden, aus heidnischen Überresten »konstruierten« »Maria Mutter Gottes«, die hier als Schutzgöttin für die – Missionierung (!) herausgestellt wird. Also bleibt es trotz neuem, modischen Farbanstrich des päpstlichen Lehrgebäudes, bei also neuen, jedoch mit altem Wein befüllten Schläuchen, sprich: bei dem alten Ziel der Weltherrschaft, das über die Missionierung immer neuer Völkerscharen erreicht werden soll. Und bekanntlich ist seit Ratzinger das neue Ziel die Volksrepublik China. Diese soll in einer ähnlichen Strategie wie damals Polen bzw. der Warschauer Pakt ausgehebelt und »heimgeführt« werden. Wobei im Nachhinein die Frage zu stellen wäre, was die Kirche von solchen exorbitant weltpolitischen Eingriffen letztlich hat, bzw. welchen Preis sie für derart säkulare Ausgriffe bezahlt.

Gerade in ihrem »Stammland« Polen, wo vor 1989 über 80 Prozent der Menschen gläubige Katholiken und treue, fanatische Messebesucher waren, ist die Säkularisierung besonders schnell vorangeschritten, sodass die Kirche mittlerweile sogar hier sonntags immer öfter die Messe vor halbleeren Auditorien feiert. Immer häufiger zelebrieren die Priester die Heilige Messe vor einem oder zwei alten Mütterchen. Dabei sind dann auf der »Bühne« mit dem Priester, seinen Konzelebranten und den Ministranten häufig mehr Menschen versammelt als im »Zuschauerraum«, im Kirchenschiff, bei den »idiotae«, den normalen, sterblichen Gläubigen.

Dennoch scheint es sich gelohnt zu haben für die Kirche, andernfalls würde sie nicht nach wie vor so triumphierend von dieser ihrer »Großtat« im 20. Jahrhundert schwadronieren, hätte sie nicht ihren obersten Heeresführer Woytiła heiliggesprochen, und würde sie es sich nicht auf ewige Zeiten anrechnen, das Schreckgespenst des konsumkritischen, kapitalismuskritischen, sozial versöhnenden Sozialismus bzw. Kommunismus weitgehend vom Antlitz der Erde radiert zu haben. Wäre da nicht noch die letzte verbliebene kommunistische Großmacht (wenn auch mittlerweile mit staatsmonopolistisch-kapitalistischem Antlitz), die Volksrepublik China und ihr pubertierendes Anhängsel Nordkorea. Vermutlich wird die Kirche sich erst dann endgültig zurücklehnen und nur noch den Triumph genießen, wenn auch dieser Widersacher vom Erdboden verschwunden ist, wenn Hammer und Sichel endgültig und unwiederbringlich der Vergangenheit angehören. Niemals mehr soll es jemand wagen, zu behaupten, dass alle Menschen, und sogar alle Gläubigen gleich sind, und friedlich und vom Staat sozial abgesichert zusammenleben sollen. Aber wenn es eine geschichtliche Wahrheit gibt, dann die, dass man niemals nie sagen soll …

Nachwort

In einer Zeit, in der bekannt wird, dass US-Präsidenten mit einem Drogencocktail für TV-Duelle fitgespritzt wurden (John F. Kennedy), in der die umfassende, alles bisher da gewesene bei Weitem übertreffende Überwachung der gesamten Welt durch amerikanische Geheimdienste Schlagzeilen macht, in dieser Zeit der zusammenbrechenden Leitfiguren und ewiggültig geglaubter Konventionen, schien es angezeigt, einen Blick auf eine der letzten, äußerlich scheinbaren intakten moralischen Instanzen dieser Welt zu werfen.

Nein, die Rede ist nicht von Nordkorea, sondern vom Vatikan – von der katholischen Kirche – vom Papsttum – zweitausend Jahre Geschichte, 307 Päpste (die Gegenpäpste einberechnet), und noch kein Ende abzusehen.

Eben dieses Papsttum und der Vatikan beanspruchen seit über tausend Jahren einen Status, der ihnen nicht zusteht. Die Macht und die weltlichen Besitztümer des Vatikans beruhen auf Lügen, auf Dokumentenfälschungen. Das ist seit Jahrhunderten bekannt. Dennoch beruft sich die Katholische Kirche bis heute erfolgreich auf ihren angeblichen Vorrangstatus unter den anderen christlichen Kirchen und den orthodoxen Glaubensrichtungen im Osten sowie auf die ihr zustehenden Latifundien. Da ist zum Beispiel die angebliche »Konstantinische Schenkung« (*Constitutum Constantini*). Mit diesem gefälschten Dokument ließen sich die Päpste seit dem 9. Jahrhundert als Grundbesitzer in Rom-Stadt behandeln, und nutzten die Grundstücke und Gebäude (etwa den Lateranspalast) entsprechend, die ihnen rechtlich gesehen überhaupt nicht zustehen, da gefälschte Dokumente bekanntlich juristisch nichts wert sind. Also gehört der Grund und Boden, über dem sich der Petersdom und die restlichen Gebäude des Vatikanstaates in der Innenstadt von Rom erheben, gar nicht dem Papst, sondern im Zweifelsfall dem italienischen Staat.

Hat das irgendwelche Auswirkungen gehabt, seit der Aufdeckung der Fälschung im 15. (!) Jahrhundert? Natürlich nicht. Denn bis heute hat der italienische Staat keine Veranlassung, es sich mit Millionen ~~doofen~~ treuen Gläubigen in Italien zu verderben – schließlich sind in vier Jahren wieder Wahlen. Des Weiteren wird die »Konstantinische Schenkung« auch noch dazu herangezogen, dem römischen Bischof die Rolle eines *primus inter pares* zuzuschreiben, eines Vorgesetzten der übrigen katholischen Bischöfe. Deshalb habe der Kaiser dem Papst seinerzeit auch die kaiserlichen Insignien verliehen (Diadem, Zepter, Purpurmantel und Prozessionsrecht) sowie die Herrschaft über Italien. Nichts könnte falscher sein. Auch dieser Anspruch beruht nur – auf einer Dokumentenfälschung. Spätestens mit dem *Dictatus Papae* (den sogenannten Merksätzen Papst Gregors VII.), vom damaligen Amtsinhaber – auf der Basis der ebenfalls gefälschten pseudo-isidorischen Briefsammlungen – einfach dekretierten Rechtssätzen ohne jegliche weitere Grundlage, erhob sich das Papsttum auch über alle anderen weltlichen Herrscher und nahm für sich das Recht in Anspruch, Könige und Kaiser einzusetzen, aber auch wieder abzusetzen. Seit 1870 brüsten sich die Päpste zusätzlich damit, grundsätzlich in Glaubensdingen unfehlbar zu sein.

Was ist nun von einer solchen Institution zu halten, die auf Lügen, auf einer eklatanten Verletzung des achten Gebots des Dekalogs gegründet ist? Einer Institution, die für sich absolute Macht in Glaubensdingen beansprucht, aber keinerlei geschichtlichen Anspruch dafür beibringen kann? Was ist von einer Institution zu halten, die das Denken und Handeln von Milliarden von Menschen auf der ganzen Welt zu steuern sich anmaßt, ohne dazu wirklich berechtigt zu sein? Was ist von einer Institution zu halten, die für ihre Amtspersonen den Zölibat, die generelle, konsequente, ausnahmslose sexuelle Enthaltsamkeit (mit allen naheliegenden furchtbaren Folgen für die Amtspersonen und den ihnen zugeordneten Untergebenen und Schutzbefohlenen) fordert, sogar bei Vergewaltigungen die Abtreibung verbietet, und in Ländern mit hoher AIDS-Infektionsrate dennoch den Gebrauch von Kondomen untersagt? Die also lieber die Infektion ihrer Gläubigen mit einer unheilbaren Krankheit in Kauf nimmt, als von ihren eigenen Grundsätzen zugunsten der Menschen ein Stück weit abzurücken?

Die historischen Ereignisse während der vergangenen zweitausend Jahre, die auf den vorhergehenden Seiten geschildert wurden, belegen, dass die Katholische Kirche, dass das Papsttum die an seine Schäflein, an die Gläubigen gestellten Ansprüche an Rechtschaffenheit, an die Beachtung der zehn Gebote, des Zölibats, selbst nur allzu selten erfüllte. Die meisten seiner Vertreter setzen sich mit großer Nonchalance, um nicht zu sagen Maß- und Rücksichtslosigkeit, über die selbstgesetzten Grenzen und Schranken hinweg. Zu erzählen war daher von Grenzüberschreitungen libidinöser, krimineller, militärischer, und anderer Art.

Gerade erleben wir eine epochale Wende, wie sie mit den Stichworten »Big Data«, Snowden, Obama, NSA, CIA, umrissen werden kann. Künftig wird die Zeitrechnung der modernen westlichen Geschichtsbetrachtung in die Zeit vor und nach Snowden eingeteilt werden. Seine Enthüllungen sorgen dafür, dass nichts mehr so ist wie zuvor. Die schonungslose Enthüllung der Machenschaften der US-Geheimdienste und ihrer Partnerdienste in der westlichen Welt lässt ein Szenario erkennen, dessen Schrecken kaum zu überbieten sind: das Szenario einer von Geheimdiensten dominierten Welt, in der die Geheimdienste uneingeschränkt und selbstherrlich agieren können, einem Szenario, wie es – unter anderen Vorzeichen – die Schriftsteller Orwell und Huxley unter dem Titel »Schöne neue Welt« und »1984« vorweggenommen haben. Bezog sich ihre Dystopie – eingebunden in die von der CIA instrumentierte und alimentierte kulturpropagandistische Kampagne gegen die kommunistischen Regimes in Osteuropa im Rahmen der Gesamtkriegsführung des »Kalten Krieges« bzw. der psychologischen Kriegsführung – auf die Staaten des Warschauer Paktes, so zeigt sich heute, dass die Dienste, die nominell den Regierungen der »freien westlichen Welt« unterstellt sind, in einem ganz anderen, weitaus umfassenderen, technisch früher unvorstellbaren Maße die Masse der Menschen beobachten, ausspionieren, ausspähen, dabei die demokratische Grundordnung untergraben und an jeglichen gesetzlichen Bestimmungen und Grundrechten souverän vorbei agieren.

Ob in nächster Zeit mit einem ähnlichen Paradigmenwechsel in Bezug auf die Katholische Kirche zu rechnen ist, lässt sich derzeit nur schwer vorhersagen. Zwar ist in Deutschland im Zuge der Limburger Bischofsaffäre die Zahl der Kirchenaustritte in die Höhe geschnellt, aber ob das zu einem grundlegenden Wandel ausreicht, oder ob sich die Aufregung bald wieder legt, wenn die nächste Sau durchs Dorf gejagt wird – wer vermag das vorauszusagen? Fakt ist, dass die Kirche in den letzten zweitausend Jahren sämtliche Epochenwechsel, Umschwünge, Revolutionen überlebt hat, und heute nach wie vor beispielsweise größter Grundbesitzer in Deutschland (aber auch in vielen anderen Weltregionen) ist.[190] Wenn es Verluste gab, so werden diese durch die nach wie vor zahlreichen Gläubigen ausgeglichen, die nichts Besseres zu tun haben, als ihren gesamten irdischen Besitz eben jener Kultgemeinschaft zu vermachen. Zudem ist die vatikanische Diplomatie schon immer gut darin gewesen, sich mit den jeweils Mächtigen auf gewinnbringende Weise zu arrangieren.

So wurde zwar mit der Säkularisierung eines gewissen Teils des kirchlichen Grund- und Immobilienbesitzes 1803 deren Portfolio etwas zurückgestutzt. Im Gegenzug sorgten die von der vatikanischen Diplomatie eingefädelten Verträge dafür, dass die deutschen Steuerzahler bis heute hierfür Entschädigungszahlungen leisten, und so ein Großteil der kirchlichen Gehälter aus dem allgemeinen Steueraufkommen (also keineswegs nur aus den Kirchensteuern, sondern aus den Steuerzahlungen aller BRD-Bewohner, also auch der aus der Kirche ausgetretenen und Kirchengegnern) bezahlt wird. Der Staat übernimmt auch die Alimentierung eines Großteils der »kirchlichen« Sozialeinrichtungen, in denen dann, zum »Dank«, auf die Einrichtung von sozialstaatlichen Errungenschaften wie Betriebsräten und dem Abschluss von Tarifverträgen verzichtet wird. Nicht zuletzt werden auch die Theologischen Fakultäten und die Priesterseminare vom Staat bezahlt. Die offiziell verkündete und oft beschworene Trennung von Kirche und Staat ist also de facto kaum vorhanden, im Gegenteil. Staat und Kirchen existieren in einer engen, symbiotischen Verbindung. In der jüngeren deutschen Geschichte ist hierfür eine Einzelperson verantwortlich, die man eigentlich aus anderen Zusammenhängen kennt.

Adolf Hitler ist – neben zahllosen anderen Verbrechen – auch noch für zwei bis heute andauernde Knebelverträge verantwortlich, die die westdeutschen, und seit 1990 auch die gesamtdeutschen Regierungen (natürlich nicht die Regierungen der DDR) beibehalten und weiter eingehalten haben. Dazu gehört neben dem bis heute ungebrochen agierenden Stromkartell, sprich der Schaffung von kartellähnlichen Energiegroßkonzernstrukturen (damals geschaffen zur Förderung der Aufrüstung im Hinblick auf den geplanten Weltkrieg), auch der der Abschluss des »Reichskonkordats« mit dem Vatikan am 20. Juli (!) 1933. Es handelte sich dabei um den ersten außenpolitischen Vertragsschluss des damals noch jungen Regimes, durch den es seine anfängliche außenpolitische Isolierung durchbrechen konnte – Danke, Vatikan. In den Bestimmungen des Reichskonkordats ist eben auch der Einzug der »Kirchensteuer« durch die staatlichen Finanzämter vereinbart worden.

So bequem wie in Deutschland (und in Italien, danke, Duce) hat es die Kirche anderswo kaum. Dass es auch anders geht, zeigen vergleichbare Länder wie Österreich und die Schweiz, wo die Amtskirchen selbst für den Einzug der Steuern zuständig sind.[191] In Frankreich herrscht seit 1789 eine konsequente Trennung von Kirche und Staat, hier ist die Bezahlung der Kirchensteuer freiwillig. In Großbritannien lebt die Kirche seit jeher von Spenden und eigenem Vermögen. In der BRD mit der staatlichen Zwangssteuer pro Kirche kommen die beiden großen christlichen Kultorganisationen zusammen jährlich auf über zehn Milliarden Euro an Einnahmen aus der Kirchensteuer.[192] Davon geht ein Großteil für die Gehälter der Pfarrer und sonstiger hauptamtlicher Angestellter drauf – allerdings nicht für die Bischöfe, die werden seit dem »Reichsdeputationshauptschluss« 1803 direkt vom Staat bezahlt.[193] Rechnet man die umfangreichen Steuererlässe dazu, von denen die Kirchen profitieren, ergibt das weitere Einnahmen bzw. Ersparnisse in Höhe von rund 17 Milliarden Euro.

Das Gesamtvermögen der Kirchen in Deutschland wird vereinzelt noch auf über 500 Milliarden Euro geschätzt.[194] Für den Vatikan sind noch höheren Summen anzunehmen, die – alle weltweiten Besitztümer des katholischen Kultes zusammenge-

nommen – die Billionengrenze locker übersteigen dürften.
Die Abschaffung der Staatsleistungen für die Kirchen in Deutschland – bzw. deren Überführung in Landesrecht, sprich in die Zuständigkeit der einzelnen Bundesländer – ist seit 1919 geplant, aber bisher nicht umgesetzt worden;[195] das dürfte auch noch bis zum St. Nimmerleinstag auf sich warten lassen. Zu groß ist die Furcht der staatlichen Stellen, unter den noch immer kopfstarken Gläubigenkohorten Wähler zu verprellen. Dabei unterliegen die Kirchen nur ansatzweise einer staatlichen Aufsicht. Die Gebote der Religionsfreiheit und andere sorgen dafür, dass die Kirchen intern nach eigenem Gutdünken schalten und walten können, sie können dafür vor staatlichen, weltlichen Gerichten nicht belangt werden, sind mithin ein Staat im Staat. Papst und Bischof stehen noch mal eine Stufe höher über dem Gesetz, da für sie eine direkte Leitungsvollmacht postuliert wird, die sich aus der von Petrus initiierten Tradition der Hoheitsübertragung speist, der Comunio hierarchica.

Danksagung

Paul Kennedy, Robert Harris, Amory B. Lovins, Sander Leach, Thomas Wolf, Bruno Szulc, Ksawery Pruszynski, Bruno Camille Norwid, Jarosław Stańczuk (Świebodzin bzw. Guljajewka), Jaroslaw Drohobycz, Frytyov Hauttamäki, Enrique Carrasco, Hagen Adler-Regenspurger BDG, Stanislaw Mazowiecki (Braniewo), Genrik Gofman, Leo Szacgrebr (Lomonossow), Jan Mazurski, Mikk Tartus-Emajögi, Franky Arouet, Franz Willy Bernhardt, Bruno und Francis Brindisi, Peter Waidele, Herr Pietsch, Cheesy, Veit und Karin Klingler, Gundula Grams, Thomas Sautter, Andreas Spannagel, Eva Traub, Uta Dannenberg, Axel Rudolph, Heinrich von Geymüller, Kiril Metodovich Gelfand, Marcus Cochemer, Robert Barnes, Giampiero Anelli, Fausto Leali, Walter Molina, Carla Bissi.

Endnoten

1 Diese klassischen *Topoi* waren damals so verbreitet, dass sie schon fast trivial waren, also heute – im Zeitalter der medialen Suprematie bzw. des medialen Overkills, der allumfassenden gesellschaftlichen Dominanz der Massenmedien und der Massenbeeinflussung durch Massenmedien, welche die Prediger der Antike ersetzt haben – mit Erscheinungen wie DSDS, GNTM, X-Faktor, Big Brother, Big Data oder Big Raushole o. ä. zu vergleichen wären. In einer Analogie würde man heute also einer neuen Kultführerfigur Eigenschaften von Medienstars andichten bzw. mediale Berühmtheit zu erzeugen versuchen. In der Antike waren tatsächlich die mythischen Gestalten – ob Kaiser, Götter oder Retter – und ihre medialen Vertreter (Propheten) Superstars im heutigen Sinne.

2 Wörtliche Bedeutung: ›Hurenherrschaft‹.

3 Massenweiser Missbrauch trat aber, wie man der Ehrlichkeit halber zugeben muss, auch in weltlichen (in Gefängnissen und anderswo), ja sogar in reformpädagogischen Einrichtungen wie der Odenwaldschule (und ihren internationalen Entsprechungen) auf. Dennoch unterscheidet sich der Missbrauch in der Katholischen Kirche fundamental von den übrigen Missbrauchsfällen durch das massenhafte und zeitüberdauernde Auftreten dieser Verbrechen.

4 Art. 27 des bis heute gültigen Reichskonkordats von 1933.

5 Der Titel »Papst« ist für die römische Kirche erst seit dem 5. Jahrhundert nachweisbar, vorher wurden die Gemeindevorsteher – die zunächst den einfachen Gläubigen keineswegs übergeordnet waren, sondern Koordinationsaufgaben hatten – Bischöfe oder Älteste genannt. Der erste Bischof, der sich »Papst« nannte, war der Patriarch von Alexandria, Heracleas, um die Mitte des dritten Jahrhunderts. In Rom folgten einzelne Nennungen knapp ein Jahrhundert später, der erste »Papst«, der das dann als reguläre Dienstbezeichnung durchsetzte, war Leo I. im fünften Jahrhundert.

6 Rainer Metzner: *Die Prominenten im Neuen Testament – Ein prosopographischer Kommentar.* Göttingen 2008, S. 83.

7 Mk 1,21,29 f.; Lk 4,38; Mt 8,14.

8 Mk 8,29 ff., Mt 4,1–11; Lk 22,31.

9 »Du bist Petrus, und auf diesen Felsen werde ich meine Kirche bauen, und die Mächte der Unterwelt werden sie nicht überwältigen« (Mt 16,18).

10 Mk 14,66–72.

11 Apg 2,36.

12 Am 24. November 2013 wurden zum Abschluss des von Ratzinger 2012 ausgerufenen »Jahres des Glaubens« die angeblichen Gebeine des Apostels in Rom von Bergoglio öffentlich präsentiert. Die Zweifel an deren Echtheit wurden dadurch nicht aus der Welt geschafft, vgl. Hans-Jürgen Schlamp: »Debatte über Vatikan – Reliquien«. In: *Der Spiegel*, 22.11.2013.

13 Bemerkenswerterweise existiert ausgerechnet in Reykjavík (Island) das weltweit einzige Phallus-Museum, vgl. www.phallus.is.

14 Wahlweise als Murcia, als Cloacina, als Venus Salacia, als Venus Fisica, als Venus Ericyna, als Venus Libitina oder als Venus Libentina.

15 Hans Peter Obermayer: *Martial und der Diskurs über männliche »Homosexualität« in der Literatur der frühen Kaiserzeit.* Tübingen 1998, S. 190 ff.

16 Von dem Historiker und Pazifisten Ludwig Quidde (1858–1941) in seinem Werk *Caligula – Eine Studie über römischen Cäsarenwahnsinn.* Berlin 1894.

17 Sein Leben wurde 1979 Gegenstand des umstrittenen, teilweise pornographischen Spielfilms *Caligula* des Regisseurs Tinto Brass.

18 Tacitus, *Annalen* 11, 2.

19 Tacitus, *Annalen* 14, 59.

20 Josephus, *Antiquitates* 20, 8, 11.

21 Sueton, *Nero* 35.

22 Cassius Dio 62, 28, 2.

23 Für die nach offizieller kirchlicher Lehre angeblich in die

Tausende gehenden Opferzahlen gibt es keine Belege. Nero selbst starb vier Jahre später. Nach einer skandalösen Griechenlandreise in Begleitung seines Lustknaben, auf der Nero sich vor allem als Künstler den konsternierten Griechen präsentierte, zog sich die Schlinge um seinen Hals zusammen. Als immer mehr Kommandeure der römischen Legionen in den verschiedenen Provinzen des Reiches gegen ihn rebellierten, floh er aus Rom. Seine Leibwache zog ab, nachdem sie mit einer hohen Geldsumme bestochen war. Schließlich stach er sich selbst einen Dolch in den Hals und starb.

24 Zuvor gab es der Sage nach noch eine Begegnung zwischen dem Apostel und seinem obersten Boss außerhalb der Porta San Sebastiano im Süden Roms, dabei habe Petrus Jesus gefragt: »Domine, quo vadis?« (Herr, wohin gehst Du?), und dieser habe daraufhin geantwortet, nach Rom, um mich kreuzigen zu lassen. Daraufhin habe der eigentlich zur Flucht entschlossene Petrus umgekehrt und den Weg in sein Martyrium angetreten. An der Stelle der angeblichen Begegnung steht seit dem 9. Jahrhundert die Kirche Santa Maria in Palmis, besser bekannt als *Domine, quo vadis* (in ihrer heutigen Gestalt von Francesco Barberini im 17. Jahrhundert neu errichtet). Aus diesem Zitat nahm auch Henryk Sienkiewicz den Titel seines erfolgreichsten Romans *Quo vadis* (1895), eine Liebesgeschichte zwischen einem römischen General und einer Christin, innerhalb derer auch die Apostel Petrus und Paulus vorkommen. Sienkiewicz erhielt hierfür den Literaturnobelpreis, bekannt wurde die gigantomanische Hollywoodverfilmung aus dem Jahr 1951 (Regie: Mervyn LeRoy).

25 Röm 12.

26 Apg 28,17–31.

27 Dem Kirchenvater Hieronymus zufolge soll er nämlich vom Jahr 40 bis zum Jahr 68 Bischof von Rom gewesen sein. Dem wäre das NT entgegen zu halten, wo es heißt, Petrus sei bis zum Apostelkonzil von 48 Leiter der Gemeinde in Jerusalem gewesen, vgl. Apg 15,7, und danach in Antiochia,

vgl. Gal 2,11–14.

28 *Codex des kanonischen Rechts*, Can. 331.

29 Bei Ausgrabungen auf dem vatikanischen Hügel unter dem Petersdom wurden in den vergangen Jahrhunderten mehrere prachtvolle Taurobolium-Altare des Kybele- und Attiskults gefunden, vgl. James G. Frazer: *Adonis Attis Osiris – Studies in the History of Oriental Religion*. London & New York 1906, Bd. 1, S. 275, sowie Glen W. Bowersock: »Peter and Constantine«. In: William Tronzo (Hrsg.): *St. Peter's in the Vatican*. Cambridge 2005, S. 6–15.

30 Als eines der ersten Werke dieser Richtung sei verwiesen auf Otto Pfleiderer: *Der Paulinismus*. Leipzig 1873.

31 Dort wurde 2005 angeblich seine Grabstätte entdeckt, was wissenschaftlich jedoch angezweifelt wird.

32 Vgl. Johannes Gießauf, Petra Penz und Wolfgang Wiesecker (Hrsg.): *Im Bett mit der Macht – Kulturgeschichtliche Blicke in die Schlafzimmer der Herrschenden*. Wien u. a. 2011, S. 81 ff. Dort wird als Verurteilungsort für die christlichen Bergwerkssklaven allerdings irrtümlich Sizilien angegeben.

33 Klaus Martin Girardet: »Vom Sonnen-Tag zum Sonntag – Der *dies solis* in Gesetzgebung und Politik Konstantin des Großen«. In: *Zeitschrift für antikes Christentum* 11 (2007), S. 279–310.

34 Athanasius, *De morte Arii*.

35 In diesem zeitlichen Zusammenhang wurde auch der Altar der heidnischen Siegesgöttin Victoria im Senatsgebäude in Rom abgebaut, vgl. Klaus Rosen: »Fides contra dissimulationem – Ambrosius und Symmachus im Kampf um den Victoriaaltar«. In: *Jahrbuch für Antike und Christentum* 37 (1994), S. 29–36.

36 Pierre Coustant: *Epistolae romanorum pontificum et quae ad eos scriptae sunt*, Bd. 1 (Paris 1721), Appendix 52. Obwohl ihre Fälschung seit langem erwiesen ist, ist diese Behauptung ins Kirchenrecht eingegangen und steht bis heute wortgetreu im gültigen Kirchenrechtscodex (Can. 1404).

37 Ob sie, wie in manchen Quellen behauptet wird, auch die Sodomie mit Tieren (Hunden, Eseln, Hengsten) praktizier-

te, ist umstritten.

38 Gregor, *Epistolae* 9, 204.

39 »Non Angli, sed Angeli«, *Historia ecclesiastica gentis Anglorum* II.1.

40 Einer dieser jungen Aspiranten war der später heilig gesprochene Wynfred, mit Kirchennamen Bonifaz, der so genannte Apostel der Deutschen.

41 Ralph-Johannes Lilie: *Byzanz – Das zweite Rom.* Berlin 2003, S. 75–81.

42 Bei der Renovierung des Aachener Karlsschreins, in dem bis heute die Gebeine von Karl dem Großen liegen, kam man im 19. Jahrhundert auf eine Körpergröße von 2,04 Metern, eine neuere Untersuchung von 2009 durch das Zürcher Institut für Anatomie allerdings nur auf 1,84 Meter – das wäre immer noch genug, um im Mittelalter (bei einer durchschnittlichen Körpergröße von 1,60 Meter) wie ein Riese zu wirken, vgl. Achim Thomas Hack: *Alter, Krankheit, Tod und Herrschaft im frühen Mittelalter – Das Beispiel der Karolinger.* Stuttgart 2009, S. 70. Auch eine seiner zahlreichen Frauen, Himiltrude, war mit 1,82 Meter für damalige Verhältnisse riesengroß, vgl. Annette Bruhns: »Karl der Große – Ein Ochse für den Hof«. In: *Der Spiegel*, 27.11.2012.

43 Die dabei angewendete, äußerst wirksame Strategie hat sich über die Jahrhunderte kaum verändert, und wurde in den 1980er Jahren von den Terroristen in den Gebirgszügen Afghanistans mit großem Erfolg gegen die sowjetischen Schutztruppen angewendet. Allerdings wurde die Taktik dahingehend verfeinert, nicht nur die Nachhut zu überfallen, sondern durch gezielte Schüsse auf die ersten und die letzten Fahrzeuge des Trosses auf den engen Gebirgsstraßen die Marschkolonne zum Stillstand zu bringen und anschließend durch konzentriertes Feuer von den oberhalb liegenden Abhängen hinunter die betroffenen Einheiten der Sowjetunion zu vernichten. Gefangene wurden nicht gemacht. Verletzte Sowjetsoldaten, die in die Hände der Terroristen fielen, wurden unter Beteiligung westlicher Söldner gefoltert und ermordet.

44 Die Legende, der zufolge Leo aufgrund einer spontanen Eingebung dem in Andacht vor dem Altar knienden Karl die Krone zur allgemeinen Überraschung aufgesetzt habe (zurückgehend auf seinen Biograph Einhard), wird seit langem als unglaubwürdig angesehen. Möglicherweise gibt es jedoch noch eine andere Erklärung: Einer Quelle zufolge hat Karl 798 mit Irene, der Kindsmörderin auf dem byzantinischen Kaiserthron, über seine Erhebung zum Kaiser, ja über die Hochzeit mit Irene verhandelt. Er habe dieser quasi die Ehe versprochen, den Kaiserthron dann bestiegen, aber die verabredete Hochzeit sausen lassen, weil ihm das Westreich genug war, und er sich das intrigante, teilweise lebensgefährliche Ostreich mit seinem Intrigantenstadl als Hof nicht antun wollte, zumal mit einer Frau, die schon ihr eigenes Kind aus Machtgeilheit hatte umbringen lassen und vermutlich auch vor weiteren Morden nicht zurückschrecken würde, vgl. Steffen Patzold: »Karl der Große – Geheimnis einer Weihnachtstages«. In: *Der Spiegel*, 27.11.2012.

45 Vgl. Karl der Große: »Das Bild eines Kaisers – Legenden verdecken das historische Bild«. In: ZDF 14.11.2010.

46 Walter Berschin & Hermann Knittel: *Visio Wettini nach Heito und Walahfrid Strabo*. Heidelberg 2009.

47 Vgl. hierzu Emil Pauls: »Zauberwesen und Hexenwahn am Niederrhein«. In: *Beiträge zur Geschichte des Niederrheins*, 13 (1898), S. 134–242, hier S. 146. Vgl. zudem Hans-Werner Goetz: »Lothar II.«. In: *LMA* 5 (1991), S. 2124–2125; Bernd Schneidmüller: »Theutberga«. In: *LMA* 8 (1997) S. 689; ders.: »Waldrada«. In: *LMA* 8 (1997) S. 1958–1959; Thomas Bauer: »Rechtliche Implikationen des Ehestreits Lothars II. – Eine Fallstudie zu Theorie und Praxis des geltenden Eherechts in der späten Karolingerzeit. Zugleich ein Beitrag zur Geschichte des frühmittelalterlichen Eherechtes«. In: *ZSRG* 80 (1994), S. 41–87; Antonia Fiori: »La prima condanna canonica del duello e il suo contesto storico. Niccolò I e il divorzio di Lotario e Teutberga«, in: Orazio Condorelli (Hrsg.): »Panta Rei« – Studi dedicati a Manlio Bellomo. Roma 2004, S. 353–374; Hans Grotz: »Händel

um König Lothars II. Ehen«. In: Alfred Raddatz, Bruno Primetshofer, Hermann Hold, Rudolf Leeb (Hrsg.): *11.-13. Symposion der Internationalen Kommission für Vergleichende Kirchengeschichte, Subkommission Österreich. Alfred Raddatz zum 65. Geburtstag*. Wien 1989, S. 35–50; Silvia Konecny: *Die Frauen des karolingischen Königshauses. Die politische Bedeutung der Ehe und die Stellung der Frau in der fränkischen Herrscherfamilie vom 7. bis zum 10. Jahrhundert*. Wien 1976, S. 103–117; Raymund Kottje: »Kirchliches Recht und Päpstlicher Autoritätsanspruch. Zu den Auseinandersetzungen über die Ehe Lothars II.«. In: Hubert Mordek (Hrsg.): *Aus Kirche und Reich. Studien zu Theologie, Politik und Recht im Mittelalter* (Festschrift Friedrich Kempf). Sigmaringen 1983, S. 97–103; Theodor Schieffer: »Eheschließung und Ehescheidung im Hause der karolingischen Kaiser und Könige«. In: *Theologisch-praktische Quartalschrift* 116 (1968), S. 37–43; Max Sdralek: *Hinkmars von Rheims kanonistisches Gutachten über die Ehescheidung des Königs Lothar II. – Ein Beitrag zur Kirchen-, Staats- und Rechtsgeschichte des IX. Jahrhunderts*. Freiburg (i. Br.) 1881.

48 Die verbreitetste Fassung der Legende stammt aus der Schedelschen Weltchronik (Nürnberg 1493), Folio CLXIX verso.

49 Diese ist aber höchstwahrscheinlich nach der stadtrömischen Adelsfamilie »Papes« benannt worden. In der Unterkirche von San Clemente befand sich in frühchristlicher Zeit ein Mithrasheiligtum. In dessen Ruinen wurde eine Inschrift »P:P:P:P:P:P:P« gefunden, und als Beleg für die Niederkunft der Päpstin interpretiert: Petre : Pater : Patrum : Papisse : Prodito : Partum« (»Petrus, Vater der Väter, enthüllte die Niederkunft des weiblichen Papstes«). In Wahrheit handelte es sich um eine Weiheinschrift des Mithraskultes.

50 Ältere Quellen: Georg Scherer: *Ob es wahr sey, daß auff ein Zeit ein Bapst zu Rom schwanger gewesen, und ein Kind geboren habe? Gründtlicher Bericht*. Ingolstadt 1584; Leone Allacci: *Confutatio fabulae de Joanna Papissa*. Colonia Agrippina 1645; Friedrich Spanheim: Histoire de la Papesse Jeanne. Fidelment tirée de la Dissertation Latine. La Haye 1720; Jüngere Quellen: Franz Werner: *Die Päpstin Johanna, keine wahre Geschichte*.

Mainz 1821; *Wilhelm Smets: Kurze Geschichte der Päpste, Supplement-Band V – Das Mährchen von der Päpstin Johanna. Hersel bei Bonn & Köln 1829*; Ignaz von Döllinger: *Die Papst-Fabeln des Mittelalters. Ein Beitrag zur Kirchengeschichte*. München 1868, S. 1–45; Werner Kraft: *Die Päpstin Johanna, eine motivgeschichtliche Untersuchung*. Frankfurt am Main 1925; Cesare D'Onofrio: *Mille anni di leggenda: una donna sul trono di Pietro*. Rom 1978; ders.: *La papessa Giovanna: Roma e papato tra storia e leggenda*. Rom 1979; Alain Boureau: *La papesse Jeanne*. Paris 1988; Klaus Herbers: »Die Päpstin Johanna«. In: *Historisches Jahrbuch*, 108 (1988) S. 174–194; Karin Groll: »Johanna, angebliche Päpstin«. In: *Biographisch-Bibliographisches Kirchenlexikon*, Bd. 3, Herzberg 1992, S. 190–192; Elisabeth Gössmann: *Die Päpstin Johanna. Der Skandal eines weiblichen Papstes*. Berlin 2000; Michael Hesemann: *Die Dunkelmänner. Mythen, Lügen und Legenden um die Kirchengeschichte*. Augsburg 2007; Max Kerner & Klaus Herbers: *Die Päpstin Johanna. Biographie einer Legende*. Köln u. a. 2010; Michael Mott: »Johannes VII. – Ein weiblicher Papst und ehemals Fuldaer Mönch?«, »Päpstinnen-Legenden gehen im wesentlichen auf Martin von Troppau (+1278) zurück«, »Gab es sie, oder gab es sie nicht?« »Die Fakten sprechen für die Nichtexistenz einer Päpstin Johanna VII«. In: *Fuldaer Zeitung*, 11. Januar 2011, S. 10; Ingeborg Kruse: *Johanna von Ingelheim. Das wahre Leben der Päpstin Johanna*. Berlin 2002; Peter Stanford: *Die wahre Geschichte der Päpstin Johanna*. Berlin 2000.

51 Catherine Clément: *Opera – or the undoing of Women*. Minneapolis 1988, S. 105.

52 Valeria Palumbo: *Svestite da uomo*. Milano 2007, S. 126.

53 Vgl. zum Folgenden Werner Goez: *Lebensbilder aus dem Mittelalter*. Darmstadt 2010, S. 83–94.

54 Ambrogio M. Piazzoni: *Storia delle elezioni pontificie*. Casale Monferrato 2005, S. 102.

55 Urkunde Nr. 255 vom 01.10.997. In: Theodor Sickel (Hg.): *Diplomata 13 – Die Urkunden Otto* II. *und Otto* III. Hannover 1893, S. 671.

56 Sie starb wohl wenig später, da sie in den Urkunden des

Folgejahres und später nicht mehr erwähnt wird. Die Liebe muss groß gewesen sein, lebte Otto doch nach ihrem Tod ehelos weiter, statt sich dynastisch mit einer der starken Adelsfamilien Europas zu verbinden, was ihm strategische Vorteile gebracht hätte. Auch die Werbung um eine Byzantinerprinzessin auf Anraten seiner Berater scheint er eher halbherzig betrieben zu haben.

57 Silvester II.: *Gerberti Opera Mathematica*, hrsg. v. Nicolaus Bubnov. Hildesheim 1963; Fritz Eichengrün: *Gerbert (Silvester II.) als Persönlichkeit*, Leipzig & Berlin 1928; Hans-Henning Kortüm: »Gerbertus et Silvester. Papsttum um die Jahrtausendwende«. In: *Deutsches Archiv für Erforschung des Mittelalters*, 55 (1999), S. 29–62; Hans-Henning Kortüm: »Silvester II.«. In: *Neue Deutsche Biographie* (NDB) Band 24 (2010), S. 415 f.; Sylvester II.: *The Letters of Gerbert with his Papal Privileges as Sylvester II*, hrsg. v. Harriet Peatt Lattin. New York 1961; Uta Lindgren: *Gerbert von Aurillac und das Quadrivium. Untersuchungen zur Bildung im Zeitalter der Ottonen*. Wiesbaden 1976; Massimo Oldoni: »Silvestro II«. In: *Enciclopedia dei Papi*. Roma 2000; Pierre Riché: *Gerbert d'Aurillac – Le pape de l'an mil*. Paris 1987.

58 Klaus-Jürgen Herrmann: *Das Tuskulaner-Papsttum 1012–1046. Benedikt* VIII., *Johannes XIX., Benedikt IX.* Stuttgart 1973.

59 MGH Bd. II, Hannover 1837, S. 562 f.

60 Bruno, *De bello Saxonico*, Kap. 7 & 8.

61 Rolf Dörrlamm: *Magenza – Die Geschichte des jüdischen Mainz*, Mainz 1995; Eva Haverkamp (Hrsg.): *Hebräische Berichte über die Judenverfolgungen während des Ersten Kreuzzugs*. München 2005. Den Anführer der Pogrome, Emicho von Flonheim, einen verarmten, 40-jährigen Adligen aus Rheinhessen, schildern die jüdischen Zeitzeugen so: »Emicho, der Feind aller Juden, war der Schlimmste all unserer Dränger, er schonte weder Greis noch Jungfrau und hatte nicht für Kind noch Säugling noch Kranke Erbarmen. Das Volk Gottes zertrat er wie Staub, die Jünglinge schlug er mit dem Schwerte und schlitzte die schwangeren Frauen auf.« »Be-

richt des Salomo bar Simeon«. In: *Quellen zur Geschichte der Juden in Deutschland*, hrsg. durch die historische Comission für Geschichte der Juden in Deutschland. Bd. II: *Hebräische Berichte über die Judenverfolgungen während der Kreuzzüge*. Berln 1892, S. 92.

62 Letztlich müsste man in diesem Zusammenhang natürlich auch an *Big Data* nennen, das weltweite Ausspionieren aller restlichen 205 Staaten durch der USA, NSA & Co., als Beispiel für die dahintersteckende Geisteshaltung.

63 Vgl. Radulf von Caen: *Gesta Tancredi in Expeditione Hierosolymitana*, Abschnitt XCVII: »Fames horribilis in castris fidelium«: »Audivi namque qui dicerint cibi se coactos inopia, ad humanae carnis edulium transisse, adultos gentilium cacabo immersisse, pueros infixisse verubus, et vorasse adustos: vorando aemulati sunt feras, torrendo homines, sed caninos«. Joseph François Michaud: *Histoire de Croisades*, Bd. 1, Paris 1812, S. 357, 372ff., 577; Joseph François Michaud: *Bibliographie des Croisades*, Bd. 1, Paris 1822, S. 357, 577; Bernard S. Bachrach & David S. Bachrach: *The Gesta Tancredi of Ralph of Caen – A History of the Normans on the First Crusade*, Farnham 2005, S. 117. Amin Maalouf: *Der Heilige Krieg der Barbaren – Die Kreuzzüge aus der Sicht der Araber*. München 2003, S. 52 ff.

64 Wie so etwas heute noch funktioniert, wurde ja in den USA in den letzten Jahren durch die Wandlung des Präsidenten Barack Obama vom Paulus (Friedensfürst) zum Saulus (rücksichtsloser Kriegstreiber) eindrucksvoll belegt – wenn man nicht davon ausgehen will, dass Obama von vornherein eine »Sockenpuppe des Kapitalismus« war und sich im Wahlkampf nur so pseudo-progressiv gegeben hatte (wofür er ja nicht weniger als den *Friedensnobelpreis* vor Amtsantritt bekommen hatte, also bevor er noch durch irgendeine Regierungshandlung unter Beweis stellen konnte, dass es ihm tatsächlich ernst war mit den fundamentalen Änderungen in der US-Politik, von denen er im – zugegebenermaßen geschickt inszenierten – Wahlkampf schwadroniert hatte), also nicht weniger als eine Mogelpackung gewesen war, auf die

Millionen US-Amerikaner (und weitere Milliarden weltweit) hereingefallen waren.

65 Seine Anhänger, die so genannten Wibertisten, wählten zu seinem – kaisertreuen – Nachfolger mit finanzieller Unterstützung aus Deutschland Teodorico, den Kardinalbischof von Albano. 1102 gefangengenommen, wurde er nach Salerno verbannt, wo er noch im selben Jahr verstarb. Sein Nachfolger wurde Alberto di Sabina, der jedoch nach kurzer Zeit an den kaiserfeindlichen Papst ausgeliefert und getötet wurde.

66 Offenbar hatte er zuvor schon sexuelle Erfahrungen mit Frauen aus Afrika gesammelt, schreibt er doch in einem seiner Briefe an Heloise: »Die Haut dunkelfarbiger Frauen ist zwar weniger lockend für das Auge, aber um so reizvoller bei der Berührung, und darum ist der geheime Liebesgenuss, welchen sie spenden, größer und süßer als öffentliche Freuden; und um ihn zu genießen, werden solche Frauen lieber in das Schlafgemach geführt als in die Öffentlichkeit.« Vgl. Peter Abaelard: *Briefwechsel zwischen Abaelard und Heloise mit der Leidensgeschichte Abaelards*, hrsg. v. Peter Baumgärtner. Leipzig 1894, S. 107. Auch die Reize von Heloises Dienerin Agata, die ihn angeblich später an Fulbert verriet, scheinen Abaelard nicht unbeeindruckt gelassen zu haben. Sie war ein wohlgeformtes Mädchen vom Land. Wo die Stadtfrauen sorgsam ihren blassen Teint vor jeglichem Sonnenschein schützten, wies diese eine vitale Bräune auf, und dies nicht nur im Gesicht, sondern am ganzen wohlgeformten Körper, ohne Ausnahme.

67 Die nach der französischen Revolution ausgegrabenen Überreste beider Skelette wurden im 19. Jahrhundert in Paris auf dem Prominentenfriedhof Père Lachaise beigesetzt.

68 Vgl. Jeffery Burton Russell: *Witchcraft in the Middle Ages*, Ithaca 1972, S. 160.

69 Angesichts der damaligen Sitten und Gebräuche sowie Konrads außerordentlich guten Beziehungen zur obersten Kirchenhierarchie ist der Gedanke, dass er etwas mit dem Tod des Landgrafen in Otranto zu tun gehabt haben könne, nicht ganz von der Hand zu weisen.

70 Wenn das keine banale Kompensation für den nach außen hin angeblich so inbrünstig gelebten Zölibat war, dann weiß ich es auch nicht.

71 »Libellus de dictis quatuor ancillarum S. Elisabeth confectus (Büchlein über die Aussagen der vier Dienerinnen)«. In: *Elisabeth von Thüringen*, hrsg. V. Walter Nigg. Düsseldorf 1963, S. 69–107, hier S. 80.

72 Durch unzählige Spenden auch hochrangiger Gönner – sei es finanzieller, sei es immobiler Art – wurden die Ketzerbewegungen schnell sehr reich, was sie unter anderem in die Lage versetzte, ihren katholischen Verfolgern für zeitweises Aussetzen des Kampfes hohe Bestechungsgelder zu bezahlen, die allerdings an ihrem endgültigen Schicksal nichts änderten.

73 Ferdinand Gregorovius: *Geschichte der Stadt Rom im Mittelalter*, München 1973, S. 1358 ff.

74 Vgl. Dante Alighieri, *Göttliche Komödie*, Der Läuterungsberg, III. Gesang, Vers 124–132.

75 Angeblich flüsterte Caetani nachts durch ein zu diesem Zweck in die Wand neben dem Bett des Eremiten gebohrtes Loch diesem zu: »Tritt zurück, Piero, tritt zurück!« Nach der dritten Nacht tat der Einsiedler dann, wie ihm – seiner Meinung nach – vom »Heiligen Geist« geheißen.

76 Der Einsiedler revanchierte sich bei Caetani bei der Übergabe der Insignien mit der Prophezeiung: »Du hast dir den Thron erschlichen wie eine Schlange, du wirst regieren wie ein Wolf und sterben wie ein Hund.«

77 Die Kirche Santa Maria di Collemaggio wird derzeit – finanziert vom Ölkonzern ENI – wieder aufgebaut, die Arbeiten sollen 2016 abgeschlossen sein.

78 Vgl. zum Folgenden Eugène Muntz, »L'argent et le luxe à la Cour pontificale d'Avignon«. In: *Revue des questions historiques* 65 (1899), passim; Eugène Désprez, »La guerre de Cent Ans à la mort de Benoît XII – L'intervention des cardinaux avant le conclave et du pape Clément VI avant son couronnement (25 avril et 19 mai 1342)«. In: *Revue Historique* 83 (1903).

79 Albert Speer: *Erinnerungen*. Berlin 1966, S. 375.

80 Seine Gebeine befinden sich seit dem Neubau von St. Peter im 16. Jahrhundert in der Kirche Santa Maria di Montserrato in Rom.

81 Ihr Grabstein befindet sich heute im Portikus der Kirche San Marco.

82 Carlotta heiratete stattdessen Guy de Laval aus einer bedeutenden Adelsfamilie der Bretagne, und starb 1506 im Alter von 26 Jahren bei der Geburt ihres zweiten Kindes.

83 »Viana conmemora el 500 aniversario de la muerte de César Borgia«. In: *Las Provincias*, 15.03.2007.

84 Via delle Botteghe Oscure 32, 00186 Roma. Webadresse: *www.fondazionecamillocaetani.it*. Vgl. Elisabeth Bemis: *The Sword of Cesar Borgia – A redating with an examination of his personal iconography*. Tallahassee 2007.

85 Bemis: *The Sword*, 51 ff.

86 Lucrecia musste sich bei ihrer nächsten Heirat mit dem Stadtherrn von Ferrara verpflichten, das Kind fortzugeben, und nicht mit nach Ferrara zu bringen. Rodrigo, benannt nach dem Vater – daher die zeitgenössischen Gerüchte, der Papst sei der Erzeuger gewesen – wuchs daher seit seinem zweiten Lebensjahr bei Francesco Borgia, dem Kardinal von Cosenza (Kalabrien) auf. Rodrigo sollte seine Mutter nie wiedersehen. Nach dem Tod des Pontifex wurde er nach Neapel gebracht, zu den Schwiegereltern seines im Jahr 1500 ermordeten, offiziellen Vaters Alfonso. Dort kümmerte sich bis zu ihrem Tod 1506 seine Tante Sancha um ihn. Der siebenjährige kam anschließend zu deren Schwester Isabella nach Bari. Er starb im Alter von 13 Jahren 1512 am »Fieber«, der Prozess um sein von Lucrecia beanspruchtes Erbe zog sich bis 1518 hin.

87 Strozzi kam am 6. Juni 1508 unter ungeklärten Umständen nächtens in Ferrara bei einem brutalen Anschlag auf sein Leben zu Tode. Ob seine ausschweifenden Liebesnächte mit Lucrecia, während der Lustschreie durch die Strassen von Ferrara hallten, daran schuld waren oder nicht, darüber streiten sich die Experten bis heute.

88 Caroline Murphy: *The Pope's Daughter – The Extraordinary Life of Felice della Rovere*. New York 2005.

89 Erst im 19. Jahrhundert wurden diese wieder geöffnet, nach jahrhundertelangem Dornröschenschlaf.

90 1511 ernannte er sogar mit Matthäus Lang von Wellenburg, Bischof im österreichischen Gurk, erstmals nach langer Zeit wieder einen deutschsprachigen Kardinal.

91 Pierre Bayle: *Dictionnaire historique et chronique*, Paris 1697.

92 1460–1519. Von ihm stammt das bekannte Zitat: »Sobald der Gulden im Becken klingt, im Huy die Seel im Himmel springt.«

93 In der 2004 unter dem Medici-Grabmal in der Florentiner Kirche San Lorenzo gefundenen Geheimkrypta lagen acht Skelette, darunter auch Kinder. Ob das unerwünschte, uneheliche Kinder waren, die auf diesem Wege beseitigt wurden, oder andere Mordopfer, wird derzeit noch untersucht. Vgl. »I Bambini dei Medici«. In: *Corriere Fiorentino*, 12.06.2013.

94 Er war zu diesem Zeitpunkt bereits Erzbischof und Inhaber vieler lukrativer Pfründe, unter anderem war er Administrator des Bistums Würzburg. Auch er frönte der Familientradition und zeugte viele uneheliche Kinder.

95 Das Ghetto in Venedig bestand zwar schon seit 1414, allerdings diente dieses neben der Absonderung auch dem Schutz der Juden, die in Venedig nicht der Inquisition unterworfen waren. Übergriffe gegen Juden wurden juristisch geahndet. Dieses Ghetto wurde im Zuge der napoleonischen Besetzung 1797 aufgelöst. Das römische Ghetto bestand in dieser Form bis zur italienischen Einigung 1870, welche den Juden normale Bürgerrechte verschaffte – außerhalb des Kirchenstaates.

96 Vgl. hierzu generell: *Thomas Brechenmacher: Der Vatikan und die Juden – Geschichte einer unheiligen Beziehung vom 16. Jahrhundert bis zur Gegenwart. München 2005*; sowie: Kenneth Stow: *Jewish Life in Early Modern Rome – Challenge, Conversion, and Private Life*. Aldershot 2007.

97 Nach italienischem Recht waren solche Morde, bei denen

die Frau (der Ehepartner) in flagranti mit dem Liebhaber (der Liebhaberin) erwischt hatte, als Affekthandlungen bis 1981 straffrei.

98 Karlheinz Deschner: »Leo XIII., Pius X. und der Erste Weltkrieg«. In: *Neue Rheinische Zeitung*, 3.10.2007.

99 John Pollard: *Benedict XV – The Unknown Pope and the Pursuit of Peace*. London 1999, S. 141.

100 Michael Phayer: *Pius XII, the Holocaust, and the Cold War*. Indianapolis 2008, S. 96–133.

101 Hubert Wolf: »Pius XI. und die ›Zeitirrtümer‹ – die Initiativen der römischen Inquisition gegen Rassismus und Nationalismus«. In: *Vierteljahrshefte für Zeitgeschichte* 1 (2005), S. 1–42.

102 Vgl. hierzu John Cornwell: *Hitler's Pope – The secret History of Pius* XII. New York 1999.

103 Martha Schad: *Gottes mächtige Dienerin – Schwester Pascalina und Papst Pius* XII. München [4]2013.

104 Klaus Scholder: *Die Kirchen und das Dritte Reich*. Bd. 1: *Vorgeschichte und Zeit der Illusionen (1918–1934)*. Berlin 1977, S. 154.

105 »Papst der Deutschen«. In: *Der Spiegel*, 18.11.1964.

106 *www.vatican.va/holy_father/pius_xii/encyclicals/documents/hf_p-xii_enc_20101939_summi-pontificatus_en.html* (abgerufen am 05.03.2014).

107 Stattdessen empfing Pacelli den kroatischen Faschistenführer Pavelic zu einer Audienz und ernannte einen Pavelic-Freund zum Kardinal.

108 Zu den letzten Tagen der lange Jahre von Pacelli geleiteten Nuntiatur in Berlin 1945, vgl. Eduard Gehrmann: »Ein Augenzeugenbericht über die letzten Tage der Apostolischen Nuntiatur in Berlin beim Kriegsende 1945«. In: *In Verbo Tuo – Festschrift zum 50jährigen Bestehen des Missionspriesterseminars St. Augustin bei Siegburg/Rheinland 1913–1963 (Veröffentlichungen des Missionspriesterseminars St. Augustin 12)*. Steyl 1963, S. 113–117. Schon Anfang Februar 1945, und damit früher als jede andere diplomatische Vertretung, die noch in Berlin aktiv war, durfte die Nuntiatur über Nedlitz bei

Potsdam dann nach Eichstätt in Bayern (künftige US-Zone) umsiedeln.

109 Die Quelle hierfür ist der – naturgemäß, weil auf seine eigene Reputation bedacht, parteiische – damalige deutsche Botschafter in der Türkei, Franz von Papen, der von gemeinsamen Rettungsaktionen in seiner Biographie berichtet, vgl. Franz von Papen: *Der Wahrheit eine Gasse*. München 1952, S. 596, 646. Die mehrfach und von verschiedenen Seiten beantragte Anerkennung als »Gerechter unter den Völkern« in Yad Vashem unterblieb bisher (Stand: Anfang 2014). In der aktuellen Liste ist er unter den 563 namentlich aufgeführten Italienern nicht zu finden, für den Vatikanstaat ist kein einziger Name eingetragen, vgl. *www.yadvashem.org/yv/en/righteous/statistics/italy.pdf* (abgerufen am: 05.03.2014).

110 Marco Roncalli: *Giovanni XXIII. – Angelo Giuseppe Roncalli, Una vita nella Storia*, Milano 2006, 273f.

111 *Enciclopedia Treccani*: »Giovanni XXIII«, vgl. *www.treccani.it/enciclopedia/beato-giovanni-xxiii_%28Enciclopedia_dei_Papi%29/* (abgerufen am: 05.03.2014).

112 Gernot Facius: »Johannes XXIII. – Der sturste aller Päpste«. In: *Die Welt*, 27.10.2008.

113 Vgl. Michael W. Cuneo: *The Smoke of Satan – Conservative and Traditionalist Dissent in Contemporary American Catholicism*. New York 1999, S. 84 ff.

114 Paul L. Williams: *The Vatican Exposed – Money, Murder, and the Mafia*. New York 2003, S. 90–92.

115 Anthony Barnett: »Vatican told bishops to cover up sex abuse«. In: *The Guardian*, 17.08. 2003.

116 Peter de Rosa: *Vicars of Christ – The dark Side of the Papacy*. Montreal 1988, S. 390 ff., 538. Die Gerüchte waren ursprünglich von dem französischen Skandalautor Roger Peyrefitte aufgebracht worden, angeblich als Rache für die 1976 ausgesprochene Verdammung der Homosexualität durch Montini. Vgl. »Gemeine Attacke«. In: *Der Spiegel*, 12.04.1976.

117 John Cooney: *The American Pope – The Life and Times of Francis Cardinal Spellman*. New York 1984, S. 109.

118 Dabei ging es um Kindesmissbrauch durch über 30 Kleriker.

119 Stanislaw Dziwisz: *Una Vita con Karol*. Milano 2007.

120 Joseph Coffey & Jerry Schmetterer: *The Coffey Files – One Cop's War Against the Mob*. New York 1992, S. 187.

121 Massimo Franco: *Andreotti – La vita di un uomo politico, la storia di un'epoca*. Milano 2010. Marco Corrias & Roberto Duiz: *Pecorelli – L'uomo che sapeva troppo*. Roma 1996; Sergio Flamini: *Le idi di marzo – Il delitto Moro secondo Mino Pecorelli*. Milano 2006; Philipp Willan: *Puppetmasters – The Political Use of Terrorism in Italy*. Lincoln 2002; Alessandro Silj: *Malpaese – Criminalità, corruzione e politica nell'Italia della prima Repubblica 1943–1994*. Roma 1994.

122 Zu dieser Gruppierung vgl. Cristiano Armati: *Italia Criminale – La Banda della Magliana*. Roma 2013; Ferdinando Imposimato: *Italia Segreta degli Sequestri*. Roma 2013; John Dickie: *Omertà – Die ganze Geschichte der Mafia*. Frankfurt am Main 2013, S. 604 ff.; Otello Lupacchini: *Banda della Magliana – Alleanza tra Mafiosi, Terroristi, Spioni, Politici, Prelati*. Roma 2003; Raffaella Notariale: *Il Boss della Banda della Magliana*. Roma 2012.

123 Leopold Ledl: *Im Auftrag des Vatikan*, Wien 1989, S. 261 f.

124 Vgl. hierzu Oliver Bange: »Der KSZE-Prozess und die sicherheitspolitische Dynamik des Ost-West Konflikts 1970–1990«. In: ders. & Bernd Lemke (Hrsg.): *Wege zur Wiedervereinigung – Die beiden deutschen Staaten in ihren Bündnissen 1970–1990*. München 2013, S. 85–102, sowie Gottfried Niedhardt: »Ost-West-Konflikt und Deutsche Frage 1949–1969«. In: ebd., S. 31–44.

125 Vgl. Angelo M. Codevilla: »Political Warfare – A Set of Means for Achieving Political Ends«. In: J. Michael Waller (Hg.): *Strategic Influence – Public Diplomacy, Counterpropaganda, and Political Warfare*, Washington, D.C. 2008, S. 206–223.

126 Martin A. Lee: »Les liaisons dangereuses de la police turque«. In: *Le Monde diplomatique* 03 (1997), S. 9. Die enge Zusammenarbeit von türkischer Regierung, Mafia, Drogenhandel, und antikommunistischen kurdischen Split-

tergruppen, die – vom türkischen Staat alimentiert – der übermächtigen PKK Konkurrenz machen sollten, wurde schlagartig offenbar, als 1996 in der Südtürkei ein Mercedes von der Straße abkam, in dem vier Exponenten der genannten Gruppierung einträchtig zusammengesessen hatten, die sich auf Urlaubsfahrt befanden, als der Wagen während eines Gewitters verunglückte, ebd.

127 Vgl. zu diesem Themenkomplex generell das grundlegende Buch des Schweizer Gladio-Experten Daniele Ganser: *NATO's Secret Armies – Operation Gladio and Terrorism in Western Europe*. London 2005.

128 »Nun Who Claims Cure by John Paul II Emerges to Make Her Case«. In: *The New York Times*, 30.03.2007.

129 Michael Paulson: »Diocesan Headquarters sold to Boston College«. In: *Boston Globe*, 21.04.2004. Die Diözese verkaufte ihre Zentralgebäude samt dem Sitz des Erzbischofs an das benachbarten Jesuitenkolleg (Boston College), das mit seinem Stiftungsvermögen von über einer Milliarde Dollar den Kaufpreis von 100 Millionen Dollar cash bezahlen konnte. Mit den Einnahmen aus diesem Verkauf wurden die Entschädigungszahlungen finanziert.

130 Linda Witt & John McGuire: »A deepening Scandal over Church Funds rocks a Cardinal and his controversial Cousin«. In: *People*, 28.09.1981.

131 Anfang 2014 wurde bekannt, dass Unbekannte eine Blutreliquie von Woytila, die dessen Privatsekretär Dziwis nach dem Tod Woytilas dem Abruzzenweiler San Pietro della Ienca hatte zukommen lassen, wo Woytila öfter Urlaub machte, gestohlen hatten. Welchen Hintergrund die Tat hat, wurde nicht bekannt. Vgl. »Blut von Johannes Paul II. gestohlen«. In: *Süddeutsche*, 27.01.2014. Insgesamt gibt es weltweit offenbar drei Blutreliquien des Polenpapstes. Wenige Tage wurde der zertrümmerte Reliquiar und das blutgetränkte Tuch wiedergefunden. Vgl. »Polizei stellt Papstblut sicher«. In: *Der Spiegel*, 31.01.2014.

132 Reinhold Stecher (Bischof): »Dekret zur Beendigung des Kultes des Seligen Anderle von Rinn«. In: *Verordnungsblatt der*

Diözese Innsbruck, 6 (1994). Seither treffen sich nur noch ganz vernagelte Hardliner jedes einmal zur »Wallfahrt« in Rinn am »Judenstein«.

133 Vgl. hierzu etwa den Murphy-Bericht zu sexuellem Missbrauch in der Erzdiözese Dublin, der unter dem Vorsitz der Richterin Yvonne Murphy erstellt wurde, und der systematischen Missbrauch in Einrichtungen der Erzdiözese zwischen 1975 und 2004 nachwies. Vgl. *Commission of Investigation: Report into the Catholic Archdiocese of Dublin July 2009*. In einer zweiten Untersuchung, dem sogenannten Ryan-Bericht, war für ganz Irland zuvor der Kindesmissbrauch in staatlichen und kirchlichen Institutionen untersucht worden, vgl. *Towards Redress and Recovery – Report to the Minister for Education and Science. The Compensation Advisory Committee*. Dublin 2002.

134 Manche Diözesen verweigerten allerdings auch rundheraus jeglichen Information über solche Fälle, vgl. Annette Wagner & Thomas Leif: »Tatort Kirche«, SWF, 01.09.2002.

135 Peter Wensierski: *Schläge im Namen des Herrn – Die verdrängte Geschichte der Heimkinder in der Bundesrepublik*. München 2006.

136 Zwischen 1945 und 1975 unterstanden rund 65% der 3000 Heime in der BRD den beiden christlichen Konfessionen. Rund 800 000 Kinder wurden dort »verwahrt«. *Runder Tisch – Heimerziehung in den 50er und 60er Jahren. Zwischenbericht*. Berlin 2010, S. 5.

137 »Missbrauchsfälle – Vatikan sieht Papst als Opfer einer Kampagne«. In: *Der Spiegel*, 13.03.2010.

138 Giacomo Galeazzi: »Roma«, »Dopo cinquecento anni i Monaci sono stati trasferiti ngeli altri conventi di San Bernardo«, »Il Papa chiude l'abbazia dei VIP«, »Troppi intrighi e mondanità!«, »A Santa Croce in Gerusalemme abusi liturgici e poca disciplina«. In: *La Stampa*, 21.05.2011, S. 20. Paolo Boccacci: »Santa Croce, sfrattati i monaci«, »Ma l'abate non è un ladro«. In: *La Repubblica*, 27.05.2011.

139 Vgl. zum Folgenden Miguel A. Zamorano: »Die geheime Akte der Legionäre Christi«. In: *Die Zeit*, 01.05.2010; Daniel Deckers: »Der falsche Prophet – Marcial Maciel Degolla-

do«. In: *rankfurter Allgemeine Zeitung*, 28.03.2012; »Erklärung des Heiligen Stuhls zur Apostolischen Visitation der Kongregation der Legionäre Christi«, 01.05.2010 (*http://www.vatican.va/resources/resources_comunicato-legionari-cristo-2010_ge.html*, abgerufen am 05.04.2013); »Papst-Delegat beruft Legionäre-Generalkapitel ein«, Radio Vatikan, 06.10.2013.

140 José Manuel Vidal: »Maciel plagió el libro de cabecera de los Legionarios«. In: *El Mundo*, 12.12.2009. Maciel hatte aus dem Buch des katholischen spanischen Autors und Politikers Luis Lucia Lucía: *El salterio de mis horas* (1956) abgeschrieben, und dabei mehr als 80 Prozent des Inhalts plagiiert.

141 Vgl. Josef Ratzinger: *Aus meinem Leben*, Stuttgart 1998, S. 174.

142 Papst Franziskus über das Netzwerk im Vatikan: »Die Schwulenlobby ist da«. In. *Der Spiegel*, 12.06.2013. Josh Vorhees: »Italian Media tell story of ›Underground gay network‹ at Vatikan«. In: *Slate*, 22.02.2013; Concita de Gregorio: »Sesso e carriera – I ricatti in Vaticano dietra la rinuncia di Benedetto XVIII«. In: *La Repubblica*, 21.02.2013.

143 Vatikanpapiere – Alter Papst verstieß 400 Priester wegen Kindesmissbrauchs, in: *Der Spiegel*, 18.01.2014.

144 Henry Habegger & Beat Kraushaar: »Schweizergardist packt aus – ›Habe von Kardinälen Sexangebote erhalten‹«. In: *Schweiz am Sonntag*, 04.01.2014. Regina Kerner: »Begehrte Schweizergardisten«. In: *Frankfurter Rundschau*, 21.01.2014.

145 »Schweizergarde als Callboys für Kardinäle«. In: *news.de* vom 06.01.2014.

146 Carlo Bonini. Lo strano affare del palazzo del cardinale che in un giorno raddoppiò il suo prezzo: In: La Repubblica, 11. März 2013.

147 Sein Papstwappen enthält das Symbol der Jesuiten, das Christusmonogramm IHS (griech. Anfangsbuchstaben für Jesus bzw. *Iesum habemus Socium* – Wir haben Jesus als Gefährten) mit rotem Kreuz. Sein Motto »miserando atque eligendo«, das schon sein Wappen als Erzbischof zierte, ließe sich am ehesten mit »In Barmherzigkeit wählen« – sprich entscheiden – übersetzen.

148 Allerdings gibt es auch einen Zeitungsbericht, demzufolge ein Messebesucher die ihm gereichte Hostie an seinen mitgebrachten Hund verfüttert habe, ohne dass der Pfarrer protestiert habe, vgl. Damian Thompson: Excommunicated Priest Greg Reynolds celebrated illicit Mass at which Communion was given to a dog, in: *The Telegraph*, 27.09.2013.

149 Vgl. *www.inclusive-catholics.com*.

150 Dass Bergoglio sich gerade für Guardini interessierte, spricht Bände im Hinblick auf Anpassungsfähigkeit und Verhalten unter diktatorischen Verhältnissen, da Guardinis Bezug zum und Verhalten im »Dritten Reich«, sein Maß an Anpassung und Kompromisschließerei mit der nationalsozialistischen Diktatur noch zu untersuchen ist. Bisherige Biographien übergehen diese Phase meist schnell oder konzentrieren sich auf diejenigen Schriften, die auch nach 1945 wiederaufgelegt wurden. Wenn jemand noch 1944 unterm Hakenkreuz publizieren konnte (etwa mit Titeln wie »Hölderlin und die Leidenschaft«. Tübingen 1944), spricht das dafür, dass er den NS-Machthabern nicht ganz ungelegen kam. Siehe auch seine weiteren Veröffentlichungen in der Endphase des Hakenkreuzregimes: *Über das Rosenkranzgebet – Ein Versuch*, Kolmar 1944; *Theologische Gebete*. Frankfurt am Main 1944; *Form und Sinn der Landschaft in den Dichtungen Hölderlins*. Tübingen 1944; *Der Tod des Socrates – Eine Interpretation*. Berlin1944. Letzeres Werk ist im Verlag Helmut Küpper erschienen, der aus dem Verlag Georg Bondi, dem ehemaligen Hausverlag des Stefan-George-Kreises, hervorgegangen war (1935 von Küpper übernommen). Küppers damalige Ehefrau Paraskewe Bereskine gehörte zu den von Hermann Göring geförderten Künstlerinnen während der NS-Diktatur. Sie hatte auch dessen erste Frau Karin porträtiert (das Bild wurde nach 1945 Karin Görings Sohn aus erster Ehe, Thomas von Kantzow, restituiert). Vgl. Helena Kletter: *Zum Bild der Frau in der Malerei des Nationalsozialismus*. 1999. Münster 2002, S. 231 f. Zu diesem Zeitpunkt war in NS-Deutschland schon eine allgemeine Papierrationierung eingeführt worden und nur noch »kriegswichtige« Publi-

kationen durften erscheinen. Ein ähnlicher Fall ist Ernesto Grassi, dessen Rolle in München von 1933–1945 noch genauer zu untersuchen wäre.

151 Heiko Haupt: *Franziskus – Papst der Armen*. München 2013, S. 175 ff.

152 Vgl. »Papst stieß Heiligsprechungsprozess für Junta-Opfer an« In: *Die Welt*, 20.03.2013, sowie eine Meldung von Radio Vatikan hierzu *www.radiovaticana.va/tedesco/tedarchi/2010/Juli10/ted22.07.10.htm* (abgerufen am 05.04.13).

153 Hugh O'Shaughnessy: »The sins of the Argentinian church – New pope's role during Argentina military era disputed«. In: *The Guardian*, 04.01.2011.

154 Jens Witte: »Kirchengerichts-Urteil zu Missbrauch – ›Das ist beschämend‹«. In: *Der Spiegel*, 16.01.2014. Geahndet wurde damit ein Fall aus der Zeit des Täters als Pfarrer in Hildesheim, die Missbrauchsfälle am Canisius-Kolleg standen überhaupt nicht zur Verhandlung an. Das Verfahren an sich war völlig intransparent, die Öffentlichkeit von den Verhandlungen ausgeschlossen.

155 Die *Promontory Financial Group* (Washington, DC/USA) wurde 2001 gegründet und steht amerikanischen Regierungsbehörden nahe; ihre Mailänder Niederlassung wird von einem Italiener mit guten Drähten zur Landespolitik geleitet.

156 Dieser scheint entgegen anderslautenden Meldungen offenbar kein getarntes Alien vom »grünen Stern« Balda 7/3 (vgl. Ellis Kraut: *Schlupp vom grünen Stern*. München 1974) zu sein. Dagegen gesichert ist seine Mitgliedschaft bzw. Nähe zum erzkonservativen spanischen *Opus Dei*, dem sich auch Chaouqui verpflichtet fühlt.

157 Der auf ihrem Twitter-Account denunzierte Minister, Giulio Tremonti, hat mittlerweile angekündigt, gegen diese Anschuldigungen juristisch vorgehen zu wollen, vgl. »›Tremonti gay‹ – Giulio furioso querela la manager del Papa«. In: *Libero Quotidiano*, 15.08.2013.

158 Constanze Reuscher: »Aufklärerin gibt Vatikan-Geheimnisse preis«. In *Die Welt*, 12.08.2013. Zumindest ungeschickt (und allen vatikanischen Verschwiegenheitsregeln wider-

sprechend) ist es auch, das päpstliche Ernennungsschreiben, in dem auch die Namen, Adressen und Handynummerns aller anderen Mitglieder aufgelistet sind, voller Stolz an die eigene Follower-Gruppe zu senden.

159 Tobias Bayer: »Der Pakt des Nunzio Scarano mit dem Teufel«. In: *Die Welt*, 28.06.2013.

160 Fidelius Schmid: »Mutmaßliche Schwarzgeld-Konten / Prüfer finden tausend illegitime Konten bei der Vatikanbank«. In: *Der Spiegel*, 06.10.2013.

161 Gerade der Aufmarsch von »Millionen« Regimegegnern (tatsächlich in der Spitze geschätzt maximal 100 000) in der Ukraine 2013/2014 folgt dem nur allzu bekannten Drehbuch à la Gene Sharp. Sharp ist ein den US-Geheimdiensten verbandelter Politikwissenschaftler, der für US-genehme Umstürze die passende, fast universal anwendbare »Rezeptur« verfasst hat, die erfolgreich in Serbien, in Georgien, in der Ukraine 2004 und im sogenannten Arabischen Frühling funktionierte. Dabei geht es – persönlich beraten von Sharp - im Kern darum, weltweit publikumswirksame Bilder zu produzieren (junge Leute, bunten Fahnen, einprägsames Logo & Motto, dazu westliche Finanzunterstützung, die schon mal hundert Millionen Dollar betragen kann, Polizei ins Unrecht setzen, Druck aufbauen, Familien von führenden Politikern unter Druck setzen, klassische Zersetzungsarbeit etc.). Berater vor Ort ist offenbar in vielen Fällen der US-Oberst a.D. Robert Helvey, langjähriger Mitarbeiter des US-Militärgeheimdienstes DIA, vgl. Georg Mascolo: »Robert Helvey – Umsturzhelfer«. In: Der Spiegel, 21.11.2005. In Weißrussland, Aserbaidschan und Kirgistan verfingen die ausgelegten Schlingen allerdings nicht, trotz mehrfacher Versuche, vgl. Mia Raben: »Lachen, bis Lukaschenko endlich stürzt«. In: *Der Spiegel*, 29.11.2005.

162 Markus Deggerich: »Kosovo Krieg – Wurden die Deutschen belogen?«. In: *Der Spiegel*, 16.02.2001.

163 Siehe hierzu die überzeugenden Beiträge von Peter Scholl-Latour, der von seiner Position als Rentner aus mit schöner Unabhängigkeit von Mächten und Finanziers die

Lage beurteilen kann. Zu Syrien: »Ein US-Angriff auf Syrien wäre nur Show«. In: *Focus*, 07.09.2013; »Assad droht Gaddafis Schicksal«, In: *Münchner Merkur*, 21.07.2012; zur Ukraine: *Russland im Zangengriff – Putins Reich zwischen* NATO, *China und Islam*. Berlin [2]2006. Vgl. zu Jugoslawien, Kosovo, NATO-Bombardement, »Hufeisenplan« und »Auschwitz auf dem Balkan« auch die WDR-Dokumentation »Es begann mit einer Lüge« (2001).

164 Und damit etwa in Höhe von einem Drittel des Gesamtvermögens des Bistums Limburg, vgl. Thomas Gutschker, Volker Zastrow & Jörg Bremer: »Tebart-van Elst und das Bischofsamt – im Vatikan bahnt sich ein Showdown an«. in: *Frankfurter Allgemeine Zeitung*, 12.10.2013.

165 Von jeder Dienstreise sei der Bischof mit neuen Ideen zurückgekommen, die dann ohne Rücksicht auf Kosten im laufenden Baubetrieb umgesetzt werden mussten. Vgl. »Strafbefehl gegen Luxusbischof«. In: *Tages-Anzeiger*, 10.10.2013. So ließ er im Privatbereich unter anderem statt Gardinen extrem teures Spezialfensterglas Marke Priva-Lite des Herstellers Saint-Gobain einbauen, das auf Knopfdruck verdunkelt werden kann.

166 Vgl. Frank Patalong: »Bischöflicher Bauskandal – Gläubige drängen Tebartz zum Rücktritt«. In: *www.spiegel.de/panorama/bischof-tebartz-van-elst-limburger-fordern-ruecktritt-a-927011.* html.

167 Zu diesem »Ehrentitel« passt, dass Tebartz' Familie auf dem elterlichen Latifundiensitz, dem Woltershof im niederrheinischen Twisteden (nahe dem berühmten Wallfahrtsort Kevelaer) mittlerweile einen »Irrland« genannten Freizeitpark betreibt, der mehr abwirft als die großgrundbesitzerische Landwirtschaft, die vorher auf den sich von Horizont zu Horizont erstreckenden Ländereien der Familie.

168 Die ursprüngliche Stiftung stammte vom Bistumsgründenden Herzog von Nassau aus dem Jahr 1821. Der davon unabhängige, veröffentlichte, aus Kirchensteuern gespeiste Haushalt des Gesamtbistums belief sich 2012 auf rund 200 Millionen Euro. Vgl. Benjamin Schulz: »Finanzen des Bis-

tums Limburg – ›Nur ein paar Milliönchen‹«. In: *Der Spiegel*, 10.10.2013. Bis heute weigern sich die meisten deutschen Diözesen, ihren Vermögenshaushalt zu veröffentlichen, vermutlich aus Angst, dass es dann zu einem öffentlichen Aufschrei und einer Welle der Empörung kommt, wenn das Gesamtvermögen der katholischen Kirche in Deutschland in vollem Umfang bekannt werden würde. Schätzungen besagen, dass das Vermögen der deutschen katholischen Bistümer bis zu 70 Milliarden Euro betragen könne.

169 Helmut Schwan & Stefan Töpfer: »Limburger Bischof Tebartz-van Elst – ›Der Bischof ist ein raffinierter Betrüger oder krank‹«. In: *Frankfurter Allgemeine Zeitung*, 08.10.2013.

170 Allerdings musste Riebel später zugeben, er habe die Zahl 16 Millionen Euro als Baukosten per Zwischenbescheid erhalten. Das war aber nur knapp die Hälfte der gesamten Baukosten für die bischöfliche »Reichskanzlei« (s.u.). Vgl. »Bistum Limburg – Staatsanwaltschaft prüft Untreueverdacht gegen Bischof«. In: *Frankfurter Allgemeine Zeitung*, 11.10.2013. Das Gesamtbauvorhaben sei dabei in zehn einzelne Baubschnitte aufgeteilt und nur gesondert vorgetragen worden, sodass jede einzelne Baumaßnahme bewusst unter der Schwelle von fünf Millionen Euro blieb, ab der Neu- und Umbauten dem Vatikan angezeigt werden müssen. In den Medien wurde kolportiert, der zuständige Dombaumeister Tilman Staudt habe sich weinend Riebel geoffenbart, er hab jahrelang auf Anweisung des Bischofs gelogen, was die Kosten für den Neubau anging. Vgl. auch Volker Zastrow: »Lügen, Gebäude«. in: *Frankfurter Allgemeine Zeitung*, 13.10.2013. Zu dem Verwirrspiel um die Romreise von Tebartz vgl. Oliver Haustein-Teßmer: »Limburger Bischof fliegt mit Billig-Airline Ryanair nach Rom«. In: *Trierer Volksfreund*, 13.10.2013. Dem Bericht zufolge nahm Tebartz den Flug mit der Linie Ryanair am 13.10.2013 um 06.25 Uhr ab Frankfurt-Hahn, in Begleitung eines Leibwächters. Tebartz kam um 08.25 Uhr in Rom an, Zollitsch um 14.37 Uhr.

171 Vgl. »Experte nennt Bischof ›unfähig, uneinsichtig, krank‹«.

In: *Die Welt*, 09.10.2013. Vgl. auch Volker Zastrow: »Lügen, Gebäude«. In: *Frankfurter Allgemeine Zeitung* 13.10.2013, der die entsprechende Aussage des Frankfurter Stadtdekans Johannes zu Eltz zitiert (wie Anm. 21). Vgl. hierzu auch Daniel Deckers: »Bistum Limburg – Dem Glauben Gestalt geben«. In: *Frankfurter Allgemeine Zeitung*, 23.06.2013.

172 Kaspar wiederum, ebenfalls aus vermögender Familie stammend, spielte eine unrühmliche Rolle bei der Vertuschung der Missbrauchsfälle in dem von ihm 36 Jahre geleiteten St. Vincenz-Stift in Rüdesheim-Aulhausen, wo sein Amtsvorgänger Rudolf Müller von Opfern übereinstimmend als einer der Täter benannt worden war, vgl. Pitt von Bebenburg: »Bistum Limburg – Generalvikar Kaspar unter Druck«. In: *Frankfurter Rundschau*, 17.09.2013.

173 Ouellet gehört dem Orden der Sulpizianer (PSS) an, der sich insbesondere durch die Marienverehrung auszeichnet. Der Marienkult eint alle rechtskonservativen Kräfte im Vatikan und der Katholischen Kirche.

174 Vgl. Dietmar Arnold: *Reichskanzlei und »Führerbunker« – Legenden und Wirklichkeit*. Berlin 2005.

175 Nachdem seine Flugdaten bekannt geworden waren, hieß es dann am 11. Oktober 2013, er sei doch nicht gereist, wobei sich am 12. Oktober 2013 herausstellte, dass er doch gereist war, aber mit einer anderen Maschine, vgl. »Tebartz-van Elst überraschend doch schon in Rom«. In: *Tagesspiegel*, 13.10.2013. Die einzige Erklärung, zu der sich Tebartz verstehen konnte, blieb, er sei betroffen von der Eskalation der gegenwärtigen Diskussion und bedauere den Umstand, dass viele Gläubige im Bistum und weit darüber hinaus unter der gegenwärtigen Situation leiden. Einsicht in die eigene Fehlbarkeit sieht gemeinhin anders aus.

176 »Fall Tebartz-van Elst – Limburger Bischof fliegt nach Rom«. In: *Frankfurter Allgemeine Zeitung*, 12.10.2013.

177 Ebd.

178 Gernot Facius: »Eklat – Bischöfe lassen ›Linkskatholiken‹ durchfallen«. In: *Die Welt*, 01.05.2009.

179 »Bruder Paulus nimmt Limburger Bischof in Schutz – ›Ein

Kilometer Autobahn kostet 40 Millionen««. In: Domradio Köln, 08.10.2013.

180 »Schlief der Erzbischof mit den Messdienern im gleichen Zimmer?«. In: *Tages-Anzeiger*, 05.09.2013.

181 »Irish-born priest detained in Chile as part of child abuse investigation«. In: *thejournal.ie*, 04.09.2013.

182 »Erzdiözese bezahlt Missbrauchsopfern Entschädigung – Verantwortlicher Kardinal nimmt an Papstwahl teil«. In: *Tages-Anzeiger*, 13.03.2013.

183 »Herausgefordert – Gläubige aus aller Welt durften in einer Vatikan-Umfrage die katholische Sexualmoral bewerten«. In: *Der Spiegel*, 26.01.2014.

184 »Katholische Kirche – Papst Franziskus setzt Ausschuss gegen Kindesmissbrauch ein«. In: *Der Spiegel*, 05.12.2013.

185 Hans-Jürgen Schlamp: »Kampf gegen Korruption – Franziskus baut Vatikanbank um«. In: *Der Spiegel*, 04.12.2013.

186 »Papst-Sekretär Gänswein warf Franziskus Affront gegen Benedikt XVI. vor«. In: *Der Spiegel*, 04.12.2013. Gänswein, der zum Präfekten des päpstlichen Hauses degradiert wurde, fühlt sich nun natürlich gegenüber den als Sekretären übernommenen Kollegen zurückgesetzt. S. dazu auch: »Die Feinde von Franziskus – Der historische Machtkampf im Vatikan um die Erneuerung der Kirche«. In: Deutschlandradio Kultur, 05.12.2013.

187 »Vatikan: Glaubenspräfekt Müller wird Kardinal« In: *Der Spiegel*, 12.01.2014.

188 Vgl. *www.vatican.va/holy_father/francesco/apost_exhortations/documents/papa-francesco_esortazione-ap_20131124_evangelii-gaudium_ge.html#Nein_zu_einer_Wirtschaft_der_Ausschlie%C3%9Fung* (abgerufen am 05.04.2014).

189 Vernichtet die Infame – gemünzt auf die heuchlerische, in äußerlicher Pracht erstarrte Katholische Kirche. Voltaire pflegte eine Vielzahl seiner Briefe mit diesem Satz zu schließen, in Anlehnung an Ciceros unermüdlich wiederholte Forderung nach einer Zerstörung Karthagos.

190 Der kirchliche Grundbesitz in der BRD wird auf rund 82000 Quadratkilometer geschätzt, bei einer Gesamtflä-

che des Landes von 357 000 Quadratkilometer also fast ein Viertel der gesamten Landesfläche. Vgl. Carsten Frerk: *Finanzen und Vermögen der Kirchen in Deutschland.* Aschaffenburg 2002, S. 34.

191 Wobei es dort allerdings eine vom Staat verbriefte und gestützte Zahlungspflicht für die Kirchenmitglieder gibt. Die Kirchensteuer wird von kircheneigenen »Kirchenbeitragsstellen« eingezogen.

192 Der Staat erhält davon als Entgelt für seine Bemühungen jährlich zwei Prozent, sprich ca. 200 Millionen Euro zurück.

193 Horst Herrmann: *Die Kirche und unser Geld. Daten – Tatsachen – Hintergründe.* Hamburg 1990, S. 45ff.

194 Vgl. »Christoph Schäfer: Kirchenvermögen – Der Kölner Dom ist 1 Euro wert«. In: *Frankfurter Allgemeine Zeitung,* 24.10.2013.

195 Vgl. Art. 138 der Weimarer Verfassung bzw. des Grundgesetzes der BRD.